LE NOUVEAU MANUEL DE LA PECHE

LE NOUVEAU MANUEL DE LA PECHE

Pascal DURANTEL

SOLAR

3e réimpression

Avec la participation de :
Serge Dupuy et
Jacques Theillard (dessins),
Laurence Borot,
Stéphanie Castaing,
Thierry Curren,
Anne Guillemain,
Nathalie Mathonnat,
Odile Wolfstirn.

ISBN : 2-263-01758-5
N° d'éditeur 1897

Imprimé en Italie par Milanostampa S.p.A. - Farigliano (CN)

Introduction

Quatre millions d'adeptes pratiquent la pêche à la ligne en eau douce, et si l'on y ajoute les nombreux spécialistes de l'eau salée, c'est tout un monde qui s'offre aux goûts et aux motivations de chacun. La pêche connaît aujourd'hui une évolution rapide : apparition d'un nouvel esprit sportif, lié au plaisir des captures sur les matériaux les plus fins, pratique du no kill (respect des prises, qui sont systématiquement relâchées), recherche de l'effort physique, par exemple à travers l'exploration des canyons ; ces nouveaux centres d'intérêt priment sur la réalisation de «scores».

Il y a d'autres facteurs de changement, la modernisation des matériaux, bien sûr, mais aussi les mutations qui interviennent au sein même des populations piscicoles. C'est ainsi que la véritable «explosion» des poissons blancs – notamment des brèmes et des carpes –, liée au réchauffement des eaux et à la raréfaction des prédateurs, a provoqué un renouveau inattendu de la pêche à la ligne, avec l'avènement de techniques modernes, dites «à l'anglaise». L'image du grand-père débonnaire endormi sur son pliant est révolue... Place à l'électronique, aux parfums, aux amorces magiques, aux bouillettes et autres subtilités d'un loisir qui devient assurément une science complexe, à l'éthique irréprochable.

Si la prolifération des poissons blancs offre une nouvelle chance aux pêcheurs à la ligne, les amateurs de salmonidés ou de carnassiers n'obtiennent pas les mêmes satisfactions. Malgré les énormes efforts consentis, le saumon disparaît de nombreux cours d'eau ; et la vraie truite sauvage, suite à de multiples hybridations dues à un mauvais contrôle génétique des souches introduites, appartient à l'histoire ancienne. La truite de mer, qui avait bénéficié de ces mêmes déversements de poissons appartenant à des souches nordiques, et qui fait encore la joie des pêcheurs au filet dans les estuaires, se raréfie elle aussi. Seul le sandre paraît relativement bien se porter, et si les «fonds de bateau»

•••

d'antan ne sont plus de mise aujourd'hui, c'est sans doute à cause d'une certaine forme d'accoutumance du poisson aux techniques de pêche qui lui sont destinées. Le brochet, roi des carnassiers, se porte mal dans les eaux libres… et ce n'est pas la multiplication des barrages destinés à «domestiquer» nos grands fleuves qui contribuera à améliorer la situation. L'avenir nous dira si le développement actuel des populations de silures répond à nos espérances.

Reste encore la pêche en mer qui, pratiquée depuis le rivage, peut réserver de belles surprises… dans la mesure où le pillage organisé par certains professionnels, pêchant au filet des poissons qui n'atteignent même pas la taille réglementaire, peut cesser.

Sans vouloir être exagérément pessimiste, il est vrai que la situation de nombreux poissons en France (et de leurs biotopes) est alarmante, malgré les efforts consentis par les pêcheurs, les fédérations et le Conseil Supérieur de la Pêche (CSP) en matière d'études, de repeuplement ou d'entretien des rivières. Mais les actions ne resteront que vœux pieux si aucune concertation sérieuse n'a lieu entre les différentes instances chargées de faire appliquer la réglementation : les disparités administratives font qu'un même poisson, bénéficiant de mesures de protection spécifiques en eau douce, instaurées par le ministère de l'Environnement, est livré en pâture à des intérêts privés, en eau salée, avec la bienveillance du ministère de la Mer !

Pascal Durantel

Sommaire

Les poissons d'eau douce

La pêche en eau douce est pratiquée par quelques millions de passionnés, qui opèrent sur 250 000 kilomètres de fleuves, rivières, torrents et canaux, et plus de 100 000 hectares de retenues, lacs et réservoirs. La France possède certainement le plus beau réseau hydrographique européen, et le plus varié. A ce titre, notre pays devrait constituer une destination halieutique privilégiée, ce qui n'est malheureusement pas le cas, faute d'une gestion adaptée : grands barrages et micro-centrales, pollutions diverses, massacre des migrateurs dans les estuaires, organisé par les inscrits maritimes, ruinent un patrimoine naturel irremplaçable et nous placent loin derrière d'autres nations qui ont su préserver leurs rivières et la faune qui s'y développe.

Les salmonidés

Les salmonidés excitent passions et convoitises, en particulier la truite, qui, si elle n'est pas le poisson le plus pêché en France, est en tout cas celui qui a fait l'objet de la plus abondante littérature. La pêche des salmonidés est le domaine réservé de tous les solitaires qui ont le goût de l'effort, de la difficulté, qui apprécient les grands espaces sauvages ainsi qu'une nature intacte et préservée. Certains, en particulier les saumoniers, sont dotés d'une persévérance proche du sacerdoce. D'autres affectionnent plutôt les longues randonnées dans les canyons les plus escarpés, à la recherche de vraies truites sauvages. Et puis il y a les inconditionnels de la mouche, pour qui la pêche de la truite est synonyme de cette pratique subtile, bien qu'elle s'adresse à des poissons de plus en plus éduqués et difficiles à leurrer. Avec les carnassiers, ce sont les salmonidés, et en particulier le saumon, qui ont le plus souffert des nombreuses atteintes portées au milieu naturel. Malgré les efforts importants entrepris par les pêcheurs, il semble bien que le roi des poissons soit condamné à disparaître de la plus belle de ses rivières : l'Allier.

La truite de rivière

Salmo trutta fario

Salmonidés

Peu d'espèces animales suscitent autant de passions et de convoitises. Une encyclopédie ne suffirait pas à décrire les seules mouches artificielles créées tout spécialement pour cette belle dame.

LES PÊCHES DE LA TRUITE

La pêche aux appâts naturels

La pêche aux appâts naturels est certainement l'une des techniques les plus populaires. Il faut dire que la grande variété d'insectes et autres invertébrés figurant au menu de la truite permet au pêcheur d'adapter au mieux sa technique et le choix de ses esches selon les saisons, l'état des eaux, le profil de la rivière... cela afin de satisfaire la gourmandise d'un poisson toujours en quête de bestioles dérivant au gré du courant. Ne nous fions pas à l'apparence rustique de cette pêche, base de toutes les autres, qui fait appel à un sens aigu de l'eau, une profonde connaissance des tenues, des habitudes et des rythmes alimentaires du poisson, une extrême sensibilité tactile. Si un matériel rudimentaire permet au pêcheur habile d'obtenir des résultats surprenants, les véritables passionnés ont su profiter d'un progrès rapide qui met à leur disposition des cannes aux performances incomparables, adaptées à toutes les situations. Un bon pêcheur aux appâts naturels a tous les atouts en main pour devenir rapidement un spécialiste du lancer ou de la mouche.

La pêche au toc

C'est la seule qui permette d'obtenir des résultats honorables en début de saison, au ver, lorque les eaux sont fortes et teintées. Les spécialistes préféreront ensuite modifier leurs esches, et choisir des larves telles que la teigne ou la patraque pour prospecter les eaux claires et basses de l'été.

Le matériel

Si dans son principe il peut être qualifié d'élémentaire, beaucoup des adeptes de la pêche au toc sont à la recherche des meilleurs matériaux, aux performances élevées, très légers malgré une solidité étonnante.

- *La canne* : il en existe plusieurs modèles selon le profil des cours d'eau prospectés, ou les budgets. Les modèles dits de 1re génération correspondent à de simples cannes télescopiques ou à emmanchement, longues de 4 à 5 m. Une courte bannière de nylon, fixe, complète cet ensemble rustique qui satisfait le pêcheur occasionnel ou l'amateur prospectant uniquement rigoles et ruisselets, où il suffit de poser une esche sur un poste précis.

Une grande majorité de pêcheurs utilisent des cannes téléréglables à anneaux classiques, dites de 2e génération, longues de 5 à 6 m, voire plus longues lorsqu'on pêche sous le scion les grandes rivières. Un petit moulinet à tambour tournant complète cette panoplie qui a fait ses preuves. La longueur peut être modifiée en cours d'action par simple coulissement des éléments, et permet de faire face à toutes les situations rencontrées lors d'une pêche itinérante.

Les pêcheurs pyrénéens préfèrent les nouvelles cannes à anneaux intérieurs (cannes de 3e génération), formées de 3 ou 4 brins coniques à emmanchement droit ou inversé. Elles présentent l'énorme avantage de pouvoir raccourcir la bannière pour glisser l'appât à travers une fenêtre de feuillage sans risquer d'accrocher le corps de ligne coulissant dans des anneaux surélevés. Le nylon glisse avec un minimum de frottement sur ces 12 anneaux intérieurs qui guident le fil et le maintiennent éloigné des parois afin d'éviter qu'il n'y adhère une fois mouillé. Ces modèles présentent toutefois un inconvénient : la difficulté de remontage de la ligne au-delà du 16 ou 18/100e.

La modernisation des matériaux a incité de nombreux pêcheurs au toc à utiliser les cannes dites de 4e génération, qui correspondent à une idée sportive de la pêche appliquée à des truites sauvages de plus en plus éduquées. Ils ont donc choisi les cannes à l'anglaise, longues de 3,50 à 3,80 m, qui leur permettent de mieux prospecter les longues coulées qui caractérisent les grandes rivières et d'effectuer des lancers précis et moelleux à plus de 10 m, en utilisant des montages aux plombées de

plus en plus fines. Les anneaux surélevés suppriment le collage à la fibre et le scion, fin et nerveux, amortit les réactions des grosses truites.
- *Le moulinet* : en ruisseau, il ne sert que de réserve de nylon et permet accessoirement de rendre du fil lors du combat avec une grosse truite. Un simple moulinet capoté à tambour tournant est donc suffisant, auquel il est possible d'adapter un prolongateur qui évite au nylon de venir s'entortiller autour du pied ou du bras de la manivelle.
En rivière, le rôle du moulinet devient prépondérant. Il doit permettre une récupération rapide et des lancers longs. Pour la canne à l'anglaise, pas d'hésitation : on portera son choix sur un petit moulinet à tambour fixe dont le poids ne doit pas rompre l'équilibre de l'ensemble. Certains pêcheurs au toc apprécient un moulinet à mouche manuel, préalablement garni de vieille soie. Le fil y sèche vite et n'adhère pas à la fibre.
- *Les montages* : l'une des difficultés de cette pêche consiste à bien doser le plombage de la ligne pour que l'esche dérive naturellement dans les courants à la bonne hauteur. Le montage est donc de première importance.
Le corps de ligne, selon l'état des eaux et les poissons rencontrés, varie du 18 au 16/100e. Le bas de ligne, en 16 à 14/100e, peut descendre à 12 voire 10/100e lorsqu'on pêche à la larve (patraque) dans des eaux limpides. La taille de l'hameçon varie selon la grosseur des esches du n° 6 au 10 pour le ver, du 12 au 14 pour la teigne ou le porte-bois, 16 pour la patraque.
Lorsque toute dérive paraît impossible (pied d'une chute, tourbillon sous une pierre, coup précis situé au milieu de branchages dans une rivière encombrée), il est préférable d'utiliser une plombée très groupée ou, mieux, une olivette qui permet de descendre le fil verticalement sur un poste précis, à l'aplomb du scion. En rivière forte, 2 ou 3 plombs situés à 2 cm les uns des autres (le premier à 10 cm au-dessus de l'hameçon) sont suffisants. Il suffit de varier leur diamètre selon la force du courant. Dans les eaux claires et lors-

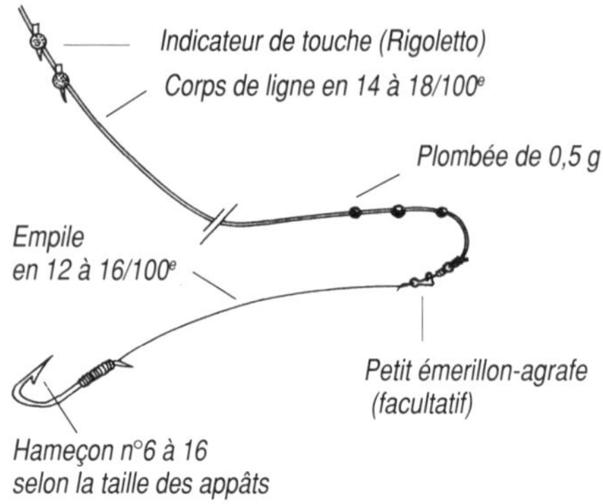

Montage destiné aux appâts naturels (vers, larves)

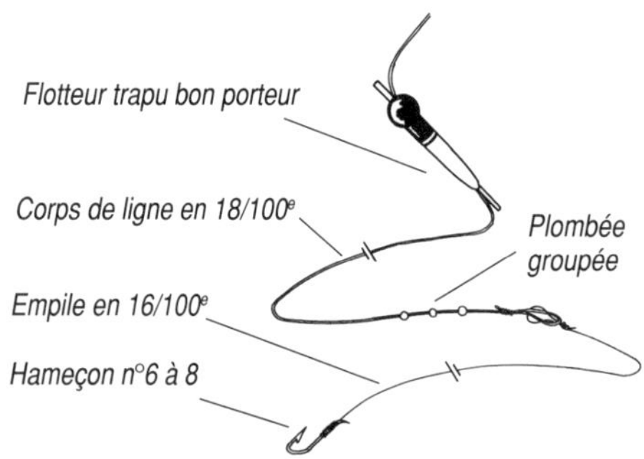

Montage destiné à la pêche à la ligne flottante (longue coulée)

qu'on a affaire à des poissons très éduqués, il semble préférable d'utiliser une plombée fine et étalée, plus discrète. Pour explorer les grandes coulées, les remous, ou laisser dériver l'appât vers des repaires inaccessibles, certains pêcheurs utilisent un flotteur qui conduira l'appât au loin, sous les branchages. Les puristes qui pêchent avec un matériel à l'anglaise emploient des flotteurs coulissants à deux points d'attache, stoppés par une ligature.

Les esches

- *Les vers* : de toutes les esches, voici certainement les plus utilisées. Un ver n'a pas son pareil pour décider une truite à mordre en début de saison, lorsque les eaux sont hautes, froides et sales. Les très

gros lombrics, en raison de leur taille, conviennent mal. Il vaut mieux leur préférer les vers à tête noire, qui tiennent parfaitement à l'hameçon, ou les vers de berge, brun-rouge à reflets irisés, que l'on rencontre dans le sable et les mottes des rives. Le ver de terreau peut se montrer excellent l'été par eau basse. Le ver de fumier, qui dégage un liquide jaune et caustique, est peu employé par les pêcheurs, en raison de son odeur nauséabonde et de sa mauvaise tenue à l'hameçon. Le citadin qui ne peut récolter lui-même ses esches peut se procurer chez son marchand d'articles de pêche des vers du Canada ou de Californie qui conviennent tout à fait.
Les vers se conservent très bien dans un récipient garni de terre et de mousse humide, maintenu au frais. Pour améliorer leur tenue à l'hameçon, on peut les laisser séjourner quelques jours dans le marc de café. Selon la taille, les vers sont eschés sur hameçon n° 6 à 10.

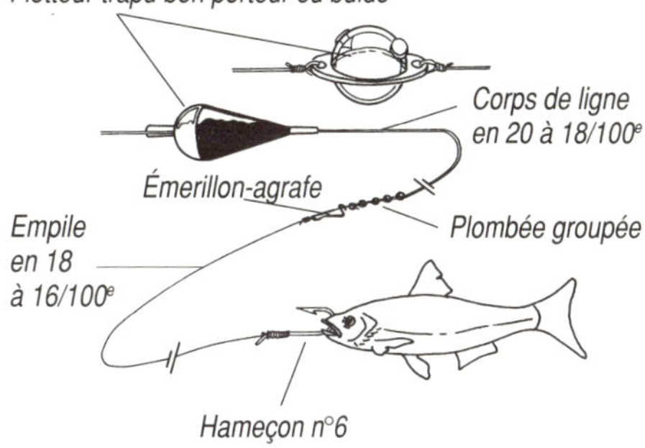

Montage pour la pêche au petit vif

- *La fausse teigne* : on peut éventuellement se procurer cet appât de tout premier ordre, surtout valable dans les eaux basses et claires, auprès d'apiculteurs qui nettoient de vieilles ruches. On le trouve facilement dans le commerce, vendu enfermé dans les spires d'un morceau de carton enroulé. Les fausses teignes peuvent être conservées plusieurs jours au frigo (tant mieux car le prix est élevé !).
- *Les porte-bois* : ils forment un important groupe d'invertébrés aquatiques, dont larves et adultes (les fameux sedges !) sont appréciés de tous les poissons d'eau vive. Le stade larvaire de certains se déroule dans des fourreaux constitués de différents matériaux col-

La pêche au toc, base de toutes les autres techniques, exige un sens profond de l'eau et une parfaite connaissance des habitudes des poissons. L'action se déroule ici dans le cadre fabuleux des gorges de la Vis (Hérault).

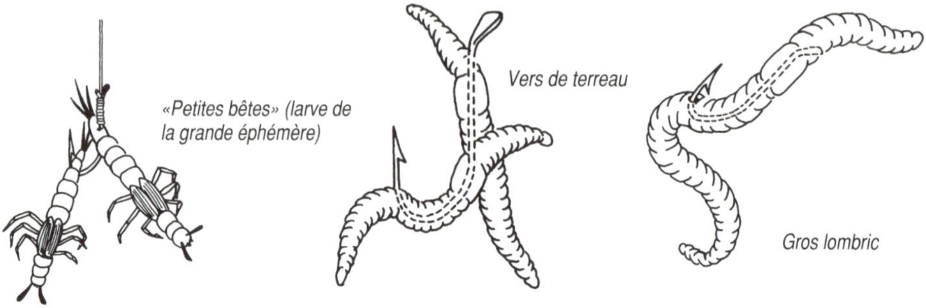

Différentes manières d'escher des appâts naturels

lés les uns aux autres, tels que brindilles, grains de sable, graviers. D'autres formes, dites libres, sont dépourvues de fourreau. Ces Trichoptères occupent des milieux très variés. On peut, selon les genres, les rencontrer aussi bien dans les eaux stagnantes des étangs que dans les torrents d'altitude. Ils sont facilement récoltés à vue, en soulevant les pierres plates, et conservés quelques jours au frigo dans une boîte de bois garnie de mousse humide. Il est possible d'en récolter toute l'année en raison de la durée de leur cycle, qui est de trois ans. Bien que la truite les consomme avec leur étui de protection, il est préférable d'ôter délicatement le fourreau lors de l'eschage, sur hameçon n°12 ou 14. Les larves jaunes semblent meilleures que les «grises».

- *La patraque* : ce terme regroupe les larves d'éphémères appartenant à la famille des Heptagéniidés. Caractérisées par leur forme aplatie qui leur permet de résister aux courants violents, elles vivent dans les eaux rapides et tumultueuses exemptes de pollution. Très appréciées de la truite, elles présentent l'inconvénient d'une mauvaise tenue à l'hameçon dont la taille (n°16 ou plus petit) n'est pas toujours compatible avec la prise d'un gros poisson.

Pêche réalisée au toc dans une «rase» corrézienne. Des petites truites, certes, mais méfiantes et combatives en diable !

On les récolte en soulevant les pierres, et en plaçant dans le même temps un tamis en aval.

- *La petite bête* : c'est la larve de la grande éphémère, évoquée dans le chapitre consacré à la perche.

- *Le ver de farine* : d'une longueur d'environ 2 cm, il tient très bien à l'hameçon et semble plutôt réservé à la pêche en eau légèrement teintée.

- *Le gammare* : ce petit crustacé d'eau douce est apprécié de la truite. La chair rose des truites saumonées est entre autres due à l'absorption massive de ces crevettes, eschées par 2 ou 3 au niveau du dernier segment de la queue sur hameçon n° 14 à 16. Ils sont récoltés en soulevant les pierres, et en plaçant en aval un tamis ou une épuisette à mailles fines.

- *La lamproie de Planer* : notre seule lamproie sédentaire, qui ne mesure guère plus de 15 à 16 cm, peut tenter une grosse truite, eschée sur le dos, la pointe de l'hameçon passée deux fois sous la peau.

L'action de pêche

Dans les petits cours d'eau, les rigoles qui serpentent sur les plateaux, les ruisseaux très encombrés, la prospection se fait en retrait des berges. Le pêcheur doit faire preuve de la plus parfaite discrétion en utilisant au mieux tous les obstacles pour masquer sa silhouette et sa progression. L'action se déroule généralement sous la canne. Les postes nombreux, bien marqués, facilitent la tâche du débutant qui aura tout intérêt à faire ses premières armes «au toc» dans ce type de cours d'eau. Il n'en va pas de même dans les grandes rivières, où les tenues du poisson sont moins visibles et réparties tout au long de coulées parfois profondes. L'une des principales difficultés consiste à bien se positionner afin d'assurer un parfait contrôle de la ligne sans pour cela effrayer le poisson. On pêche généralement en face de soi puis vers l'aval, après un lancer perpendiculaire au courant qui permet un bon contrôle de la dérive et une meilleure présentation de l'esche, qui va évoluer naturellement sur une plus longue distance. L'appât est propulsé par un balancé sous la canne nettement en amont de l'endroit où la présence d'une truite semble le plus probable. Il doit arriver porté par le courant et non pas tomber brutalement sur la tête du poisson. Pour cela, il est impératif de ne jamais brider son évolution, mais de la guider en le soulevant de manière qu'il se déplace juste au-dessus du fond, ou entre deux eaux selon les circonstances. Toutes les veines d'eau qui se rejoignent au voisinage d'une souche, d'un bloc rocheux, qui s'insinuent sous les

LA PÊCHE À ROULER

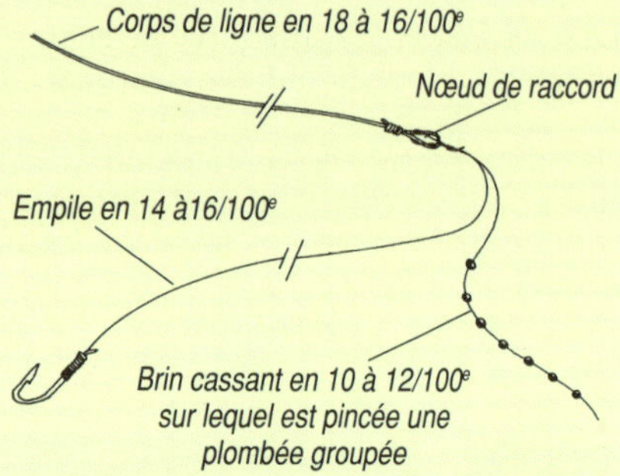

Une variante de la pêche au toc, communément appelée pêche à rouler, consiste à lancer 3/4 amont un ver lourdement lesté, de préférence par un chapelet de plombs pincé sur un brin cassant fixé en dérivation. Un parfait contrôle de la dérive de l'appât, qui évolue au ras du fond, est nécessaire à une bonne perception des touches. Cette méthode est très efficace dans les rivières larges et puissantes gonflées par les eaux de crue. Elle est pratiquée à l'aide d'une canne à l'anglaise de 3,80 à 4 m.

LA RÉCOLTE DES VERS

La récolte des vers n'est pas toujours aisée. Certains enfoncent un pieu dans le sol et l'agitent en tous sens. Les vibrations émises, censées imiter le travail de sape d'une taupe, font remonter les bestioles à la surface. On peut également arroser le sol d'eau additionnée de sel, de permanganate ou de javel pour obtenir le même effet. Une promenade nocturne après la pluie, avec une lampe-torche, permet de faire ample provision de vers dont on doit se saisir rapidement, car ils font preuve d'une rare habileté pour disparaître sous terre en quelques fractions de seconde lorsqu'ils se sentent menacés.

Les pêcheurs organisés fabriquent des vermillières. Le plus simple consiste à disposer à plat sur le sol des bâches de plastique (bâche d'ensilage) ou des toiles de jute régulièrement arrosées, sous lesquelles se développent les vers, en surface ou à faible profondeur. La véritable vermillière est une fosse de 80 cm de profondeur pour 1 m de côté, dans laquelle on entasse en couches successives feuilles mortes, paille humide, vieux journaux, terreau. L'ensemble est arrosé régulièrement, et au départ ensemencé de quelques vers.

berges, sont ainsi peignées par passes parallèles. Lorsqu'on lance à l'aide d'un moulinet à tambour tournant, les quelques mètres de spires destinés à atteindre le but visé sont préalablement lovés dans la main gauche, puis libérés en prenant garde aux perruques. Le vent, qui gonfle la bannière et nuit à une bonne perception des touches, est l'ennemi du pêcheur au toc.
La touche, transmise au scion ou à la main gauche, qui tient le nylon et contrôle la dérive, se traduit par des séries de tirées nerveuses, par un arrêt de la dérive ou une sensation diffuse d'accrochage. On rend la main quelques secondes et le ferrage intervient ; il est d'autant plus ample que la longueur de bannière déployée est importante.

LA PÊCHE AU VAIRON MORT

Le vairon, tout comme la loche, le chabot, les alevins de Cyprinidés d'eau vive et même les truitelles, figure au menu des Salmonidés, et plus particulièrement des truites. A ce titre, c'est un appât très efficace, pas seulement valable, comme on a trop souvent tendance à le croire, en début de saison, mais également tout au long des périodes printanière ou estivale. Seules les eaux très hautes et boueuses ne semblent pas adaptées à cette technique, qui figure parmi les plus redoutables pour la capture de grosses truites méfiantes et sélectives, éduquées par les centaines de leurres qui défilent devant leurs repaires. On se demande pourquoi elle intéresse un nombre aussi réduit de pêcheurs. Les difficultés d'approvisionnement en appâts frais et de préférence vivants, le sentiment inconscient qu'il s'agit d'une pratique, au même titre que la mouche fouettée, réservée à une élite versée dans un art subtil, expliquent sans doute ce faible engouement... et les succès enregistrés par les adeptes de cette discipline.

Le matériel

- *La canne :* sa longueur dépend de la technique d'animation envisagée et du profil des milieux prospectés. Dans les petites rivières, en ruisseau très encombré ou en

TROIS MONTURES CLASSIQUES À VAIRON MORT

(voir monture de l'Aulne dans la truite de mer)

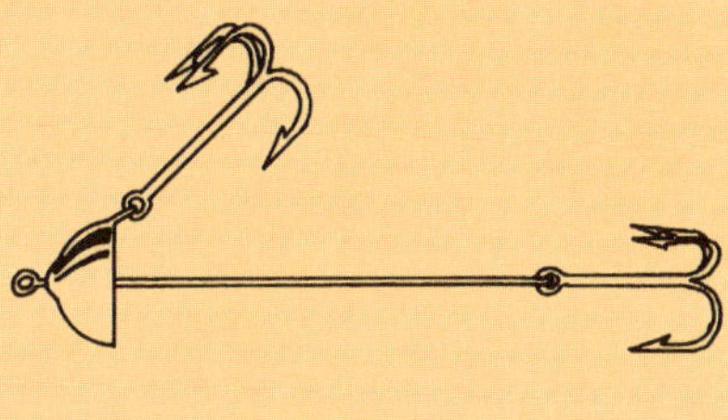

La monture casquée (bohémienne) est très intéressante pour explorer les fosses profondes sous le scion à l'aide d'une grande canne.

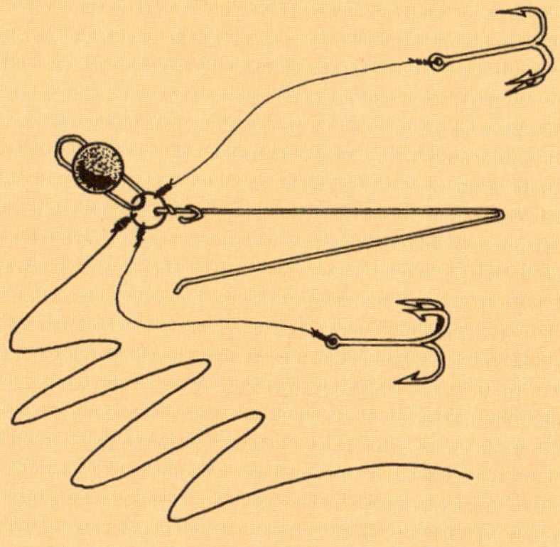

Monture à plombée articulée en tête (mini Drachko n°0, lestée de 4 à 6 g), qui facilite les cullbutes rapides et précises, et réagit bien aux plongeons suivis de brusques remontées. Le vairon, maintenu fermement par une attache simple et rapide, conserve sa souplesse naturelle.

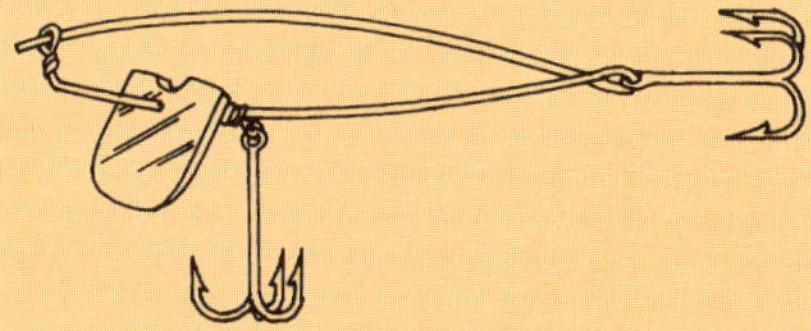

Monture nageuse type Laurens

Cette truite de la Sioule a succombé à l'attrait d'un vairon mort fixé sur une «monture de l'Aulne».

torrent, il est préférable d'utiliser une canne longue d'au moins 4 m, qui permet de prospecter verticalement sous le scion, «à la dandine», afin d'atteindre les postes les plus difficiles d'accès.

En rivière, une bonne canne à vairon doit avoir une longueur et une raideur suffisantes pour permettre une animation et un ferrage efficaces à distance (jusqu'à une vingtaine de mètres) ainsi qu'un meilleur contrôle de la dérive qui facilite la perception des touches. Mesurant 2,40 à 2,80 m, sa puissance de 400-500 g doit lui permettre de propulser des montures de plus de 12 g. Il faut se souvenir qu'un poids excessif ralentit la cadence des animations en raison de la fatigue accrue, et qu'une trop grande souplesse absorbe les impulsions données et efface le travail imprimé au leurre. Certains modèles téléréglables (2,20 m en position courte, 3,50 m en position longue) sont polyvalents.

- *Le moulinet :* ses qualités sont celles de tout bon moulinet à tambour fixe destiné au lancer léger. La bobine est garnie de 100 m en 20 à 22/100e. Ce diamètre semble excessif, mais il faut se souvenir qu'à distance, un fil fin et élastique absorbe toutes les impulsions imprimées au poissonnet.

On peut descendre au 16/100e dans les petits ruisseaux et lorsqu'on utilise des montures légères.

Les esches

Le vairon frais, tué juste avant utilisation, présente l'avantage de la durée (il est plus résistant aux différents lancers), de la souplesse, de la brillance et surtout de l'odeur. Malheureusement, cet appât est rare et cher ! L'importation du vairon canadien, utilisé par la plupart des pêcheurs européens, est interdite en France. Certains pêcheurs emploient avec bonheur des queues de lançons, qui ondulent de manière très attractive, et dont les truites semblent apprécier l'odeur. Les vairons vivants peuvent être conservés dans un thermos ou une simple gourde remplie à moitié, à condition que l'eau soit renouvelée fréquemment. Enfin, il faut éviter d'utiliser des poissonnets congelés, et proscrire absolument ceux conservés dans le formol !

L'action de pêche

Il existe deux manières de concevoir la pêche au poisson mort : la dandine sous le scion à l'aide d'une grande canne au toc ou la pêche au lancer. Dans tous les cas, l'animation est de première importance. Elle doit simuler la nage d'un poisson malade, blessé ou en difficulté, ballotté par les courants.

- *La dandine :* voici une manière agréable et efficace de pêcher au vairon mort, adaptée à la prospection des petites rivières, des torrents, des ruisseaux très encombrés qui interdisent la pratique du lancer. Le leurre est travaillé sur place au bout d'une canne longue, au milieu des espaces les plus restreints, qui suffisent à peine à poser un insecte !

On va vraiment chercher la grosse truite chez elle ! Cette action de dandine permet d'insister dans les tenues les plus encombrées sans risque d'accrochage, tout en conservant un parfait contrôle de l'animation, de la position et du ferrage. Les montures casquées, ainsi que les «mini Drachko», sont tout particulièrement destinées à cette pêche, qui peut aussi se pratiquer dans les «gours» ou les fosses profondes.

- *La pêche au lancer* : par eaux moyennes à fortes, dans les rivières de plaine à courant vif dont les postes sont peu marqués, la monture de l'Aulne (ou similaire) est tout indiquée. On lance plein travers ou 3/4 aval en direction de la berge opposée. Le leurre doit parvenir à destination en douceur. Dès qu'il atteint la surface de l'eau, le disque, qui s'appuie contre le courant, oblige la monture à décrire un arc de cercle. On soutient cette dérive en l'animant par des retenues, des relâchers, et des mouvements verticaux ou latéraux du scion. Le vairon glisse, frétille, culbute et virevolte à proximité du fond, tout spécialement dans les amortis, les veines d'eau, au ras des berges, des rochers et autres obstacles.

Cette pêche aveugle à soutenir est combinée à un travail plus précis au niveau des postes. La récupération au moulinet est tout juste suffisante pour maintenir une légère tension du fil, qui permet de mieux percevoir les touches. Comme il est d'usage dans toutes les pêches au lancer, on pêche d'abord sa propre rive en privilégiant précision et discrétion. Une fois peignés les obstacles situés à proximité immédiate, le tir est allongé.

En cours de dérive, la touche est souvent discrète, correspondant à une sensation d'accrochage diffus, à un toc léger auquel on répond par un ferrage ample et instantané.

Dans les eaux hautes et profondes, lorsqu'on prospecte à l'aide d'une monture casquée, le lancer s'effectue 3/4 amont vers la berge opposée. Il s'agit ici d'une pêche plus précise sur les postes. Le leurre est propulsé légèrement en amont du poste. Lorsqu'il atteint la profondeur et le niveau voulus, il est animé de saccades irrégulières simulant les mouvements de fuite d'un poisson apeuré ou blessé.

On peut accélérer le mouvement en direction de la surface au niveau de la tenue présumée ; cette brutale récupération au moulinet, combinée à des saccades imprimées de la pointe du scion, provoque souvent l'attaque. Il est important d'insister sur les meilleurs postes, en effectuant plusieurs passages au cours desquels profondeur de pêche, vitesse de récupération, ampleur et rythme des animations sont variés. Lorsque les eaux sont très fortes ou teintées, la monture casquée est confiée au courant, en maintenant toutefois un contrôle de la dérive par une légère tension du fil : elle va rouler et virevolter sur le fond, grâce à quelques mouvements du scion.

Parfois, la truite se contente de taper sur le vairon ou de le mettre en charpie sans jamais mordre franchement.

La pêche au lancer léger, aux leurres

La pêche au lancer léger a connu un engouement spectaculaire à partir de 1950, lié à l'apparition et à la diffusion du moulinet à tambour fixe, qui a grandement facilité l'utilisation de leurres de toutes tailles destinés à la truite et aux autres poissons chasseurs. Le succès énorme remporté par cette technique a hélas contribué à la désertion de nombre de nos cours d'eau par truites et brochetons, aveuglément prélevés alors qu'ils se jetaient avidement sur toute une panoplie de leurres jusqu'alors inconnus. Le lancer léger est considéré aujourd'hui par de nombreux pêcheurs comme une technique facile et monotone, pas toujours efficace face à des poissons éduqués devenus très sélectifs. C'est une erreur, car il ne s'agit pas de lancer au hasard devant soi puis de récupérer mécaniquement pour inciter une truite à attaquer. Cette prati-

que très subtile demande une excellente adresse, un sens de l'eau très sûr, une bonne connaissance des postes occupés par le poisson, et demeure très efficace entre des mains expertes. Elle a cependant ses limites et semble mal adaptée aux eaux gonflées et froides de début de saison qui caractérisent les grandes rivières. La trop faible densité des leurres, leur petite dimension les font travailler à des hauteurs où ne se situe qu'exceptionnellement la truite fario à cette époque de l'année. Mieux vaut alors prospecter les petits ruisseaux, et attendre avril-mai pour se consacrer à la prospection des cours d'eau plus importants.

Le matériel

- *La canne :* l'énorme succès remporté par les moulinets à tambour fixe a eu des répercussions sur l'ensemble du matériel à lancer. Il a fallu repenser des modèles de canne à la fois souples, compte tenu des faibles poids des leurres, et suffisamment nerveuses pour mater de gros poissons. Les nouveaux matériaux en carbone conviennent très bien. L'action parabolique doit permettre des lancers précis et moelleux. La puissance des cannes est généralement satisfaisante : elle s'exprime en grammes et correspond à la masse à suspendre au bout du scion pour obtenir un angle de 90° par rapport à l'horizontale. En pratique, le poids des leurres adaptés à la canne se situe entre 1 et 3 % par rapport à sa puissance. Un bon modèle polyvalent aura une puissance d'environ 300 g, adaptée à propulser des leurres de 2 à 8 g. En revanche, il est difficile de trouver une longueur suffisante ou, dans ce cas, les puissances seront incompatibles avec la pratique du lancer léger. Une bonne canne à truite mesure entre 1,80 et 2,40 m, longueur tout juste suffisante pour bien contrôler la dérive des leurres dans les rivières puissantes, mater de gros poissons ou même prospecter au toc ou à la dandine en secteur encombré. La poignée en liège est dotée d'anneaux porte-moulinets en aluminium, hélas souvent peu performants. Le pêcheur qui lance souvent et beaucoup aura tôt fait de remplacer ces gadgets par une solide lanière de caoutchouc (chambre à air de vélo) qui immobilise parfaitement le moulinet. Les anneaux, légers, résistants, sont inattaquables par le frottement du nylon ou les intempéries et disposés en nombre suffisant (au moins 5). Les ligatures doivent être parfaites et recou-

Les remous situés au pied des chutes offrent toujours d'excellents postes pour la truite.

vertes de plusieurs couches de vernis.

- *Le moulinet* : autre pièce maîtresse de l'équipement, sa qualité est irréprochable compte tenu de la fréquence des lancers. Rien n'est plus désagréable qu'un moulinet au fonctionnement défectueux, notamment au niveau de l'anse de panier, qui peut se fermer en cours de lancer ou avec un temps de retard. D'autre part, la grande majorité des modèles sont dotés d'un ressort de pick-up inadapté à un usage intensif, qui casse régulièrement en cours de partie de pêche. Sans vouloir faire de publicité, la seule marque qui propose un moulinet réellement indestructible est Penn. Ce problème de ressort n'est pourtant qu'un simple détail auquel nos ingénieurs devraient réfléchir... mais qui gâche une partie de pêche ! La vitesse de récupération, élevée, doit atteindre au moins 70 cm par tour de manivelle. N'oublions pas que cette vitesse réelle n'est obtenue que lors des derniers enroulements des spires de nylon, d'où l'intérêt d'une bobine large, remplie à ras bord pour la précision du lancer, qui donne cette vitesse dès les premiers enroulements sur le moyeu. Le frein, fiable et progressif, est parfaitement réglé (en accrochant un leurre à une dizaine de mètres de la canne et en tirant de manière à obtenir un réglage situé à la limite de rupture du nylon). Le diamètre du nylon est adapté à la puissance de la canne et au poids des leurres. Il se situe aux alentours de 15-16/100e pour des leurres de 3 à 5 g, et 18/100e pour des leurres de 5 à 7 g.

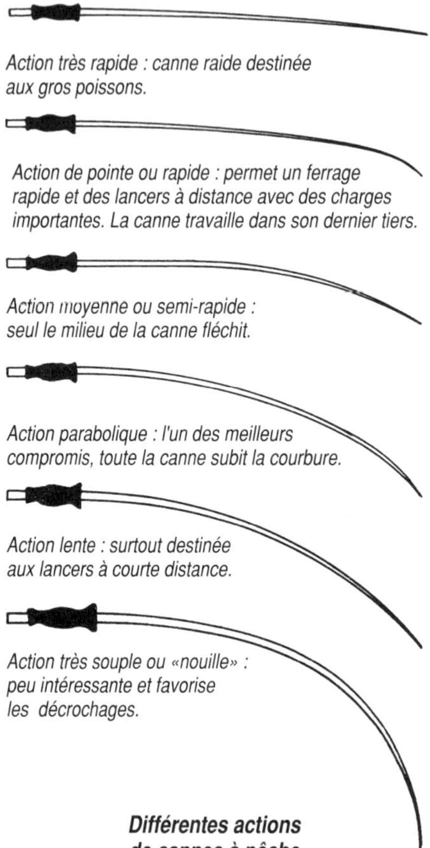

Différentes actions de cannes à pêche

Les cuillers

- *Les tournantes* : il en existe d'innombrables modèles, les meilleurs étant certainement ceux en qui on place toute sa confiance ! Il semble que la taille et le poids des cuillers, la forme de la palette qui détermine la vitesse de rotation et la profondeur de la nage soient beaucoup plus importants que la décoration. Une bonne cuiller ne tourne pas forcément très vite, mais la palette entame sa rotation à la moindre sollicitation. Les modèles les plus polyvalents sont plombés sous la palette. Celle-ci, en forme d'ongle, large, papillonne sans trop tirer et amorce sa rotation au premier tour de manivelle. Les modèles les plus célèbres sont les cuillers Mepps Comet et Aglia, les Celta bronzées rayées de vert et de noir de chez Rublex. En principe, les petites tailles (0 et 1) sont destinées aux eaux basses et claires, les plus grandes (2 et 3) aux eaux fortes. La couleur dépend également de l'état des eaux, mais aussi des parcours. Généralement, les palettes unies dorées ou argentées prennent du poisson partout. Les cuillers noires sont réservées aux eaux très claires. Elles figurent parmi les meilleures dans les eaux limpides des torrents corses ou cévenols. Les modèles à palette longue (feuille de saule), qui pêchent plus creux, font merveille dans les courants rapides (elles tirent moins !) lorsqu'on pêche *down stream*, ou pour prospecter les fonds lorsque les truites sont calées parmi les galets. La décoration (habillage de l'hameçon, décoration de la palette), en faisant varier les signaux optiques, peut décider une truite récalcitrante à mordre sur un leurre classique.

- *Les ondulantes* : difficiles à trouver dans le commerce, injustement délaissées par la plupart des pêcheurs au lancer, il s'agit pourtant de leurres formidablement efficaces certains jours, qui peuvent supplanter la tournante ou le vairon mort le mieux manié, surtout dans les eaux où la truite, accoutumée aux panoplies proposées par les pêcheurs au lancer, est devenue très sélective. Elles font merveille dans les courants très puissants où les cuillers tournantes sont souvent inopérantes car ramenées près de la surface. La cuiller ondulante est lancée plein travers ou 3/4

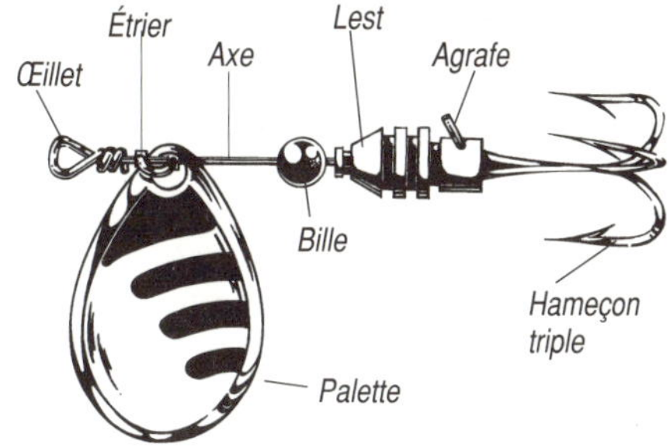

Cuiller tournante

aval, puis effectue une «dérive à soutenir» en arc de cercle, travaillée de la pointe du scion à la manière d'un poisson mort au ras des rochers, des caves sous les berges et autres postes favorables. Les meilleurs modèles présentent une palette fine. Les

Les nouvelles teintes de palettes fluorescentes peuvent inciter une truite récalcitrante à mordre.

Toby de 4 g mesurant 45 mm ou les modèles de 7 g mesurant 60 mm de chez Abu sont très efficaces.

Les autres leurres

- *Les leurres souples:* il eût été dommage que la vogue des leurres souples ne s'adresse qu'aux carnassiers. D'excellents modèles ont été conçus pour la pêche de la truite, tels les Minrag et Kat de 6 cm, décorés façon truitelle, perchette ou vairon. On peut également les monter sur des têtes plombées de 2 à 8 g, les associer à des palettes de cuillers tournantes ou à des montures Jig. Les cuillers vaironnées conservent toujours leurs farouches partisans.
- *Les poissons-nageurs :* ils peuvent rendre d'inestimables services en certaines circonstances, notamment dans les endroits très encombrés où les Rapala flottants font merveille. On les laisse alors dériver en les guidant vers les parties les plus inaccessibles avant de donner le coup de manivelle qui les fait plonger sur le repaire secret de la truite. Les modèles adaptés à la truite mesurent 3 à 5 cm. Les Rapala Count Down s'enfoncent lentement et se mettent en mouvement horizontalement à la hauteur à laquelle on commence à récupérer. On prospecte ainsi toute la couche d'eau car, au moindre relâcher, le leurre reprend sa descente. Un poisson-nageur gagne beaucoup à être travaillé par une récupération que l'on prend soin de ne jamais rendre monotone, et des écarts latéraux du scion.
- *Les devons :* aussi efficaces que les cuillers ondulantes, ils présentent l'intérêt supplémentaire d'émettre des vibrations différentes (avantage non négligeable dans les eaux où les truites sont devenues très sélectives) et surtout de pêcher plus creux pour les modèles à haute densité. Ils sont malheureusement tombés en désuétude, sans doute en raison du vrillage qu'ils font subir aux fils de plus en plus fins utilisés de nos jours. Un antivrilleur doit permettre de pallier cet inconvénient, formé par une palette de rhodoïd désaxée montée en amont sur le nylon, ou par un petit plomb sphérique pendu à une potence elle-même fixée à un émerillon situé à 40 cm devant le leurre. Les modèles polyvalents pèsent entre 3 et 12 g ; ils sont colorés d'or, d'argent, ou zébrés. En action de pêche, il est important de soutenir la dérive du devon dès son entrée dans l'eau, en l'amenant à proximité des postes habités, et éventuellement en lui faisant faire du sur place à proximité des secteurs jugés les plus favorables (pour cela, il suffit d'abaisser et de relever le scion). Le leurre effectue une trajectoire en arc de cercle. La touche a souvent lieu dans le dernier tiers de la dérive. Un dernier détail : les devons armés de 2 triples sont inintéressants et augmentent les risques d'accrochage. Un seul suffit, situé en queue.

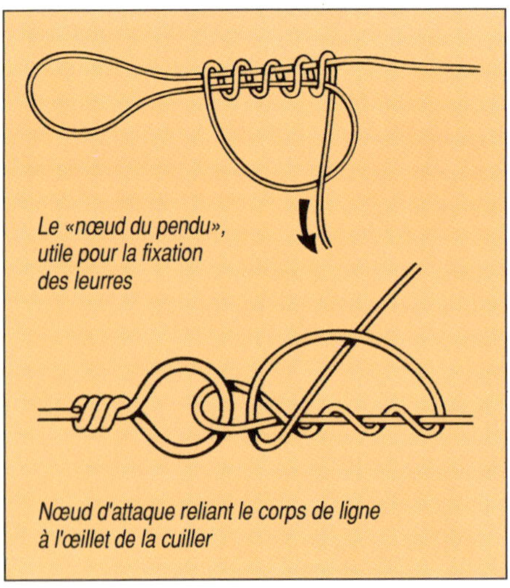

L'action de pêche

La truite ne s'est jamais réellement habituée à la cuiller, même si elle ne l'attaque plus avec cette frénésie qui a fait les beaux jours du lancer léger au début de son apparition. Nul ne sait pourquoi elle attaque ce leurre, et plusieurs hypothèses sont retenues : faim, gourmandise, agressivité, curiosité, énervement. Il est toutefois certain que l'effet de surprise joue un rôle déterminant dans ce comportement, et qu'un pêcheur qui a su placer son leurre sur le «périmètre d'attaque» d'un poisson mordeur sans trahir sa présence a toutes les chances d'enregistrer une touche. A voir pratiquer certains, on pourrait croire qu'une cuiller travaille seule tant elle est ramenée avec monotonie. En rivière, de nombreux pêcheurs se contentent d'un ratissage aveugle des grands trous où pourtant le poisson ne se nourrit guère. Cet aspect mécanique de la pêche au lancer explique beaucoup d'échecs et de découragements. Pourtant, c'est dans ce type de cours d'eau que s'exprime toute la science du pêcheur, sa connaissance intuitive des postes de chasse. Un courant n'est en effet jamais uniforme aux yeux de celui qui sait le lire, qui sait interpréter la formation d'une ride, d'une veine d'eau, d'une turbulence en surface, aussi minimes soient-elles. Ces manifestations n'échappent pas au pêcheur confirmé ; elles lui indiquent la présence d'autant de postes de chasse situés en profondeur, qu'il devine plus qu'il n'observe réellement, l'expérience aidant. La réussite à la pêche au lancer, qui s'adresse à des poissons voyant défiler quantité de leurres, est liée au moins autant à ce sens de l'eau développé qu'à la précision du jet ou à la discrétion dans les déplacements.

La vitesse de récupération est également très importante : on doit mouliner à la cadence minimum qui permet à la cuiller de tourner. Si cette dernière n'entre pas en action dès son entrée dans l'eau, instant souvent choisi par la truite pour attaquer, on éveille la méfiance du poisson qui ne mordra plus. Ce leurre est donc éliminé de notre panoplie. Le posé doit aussi être discret, un impact brutal entraînant immanquablement la fuite de la fario.

Il est également important de découvrir les types de postes occupés par le poisson mordeur, dont le comportement alimentaire obéit bien souvent à des règles qui nous échappent. Selon la température, l'état des eaux, les variations de l'éclairement, on débusquera la truite en activité à des étages fort différents. En début de saison, il vaut mieux prospecter les fosses, les pools profonds, les grands trous. Lorsque l'eau est forte, suite à une crue ou à un lâcher de barrage, elle se tient souvent au ras des berges dans quelques centimètres d'eau. Ce comportement est également adopté l'été, lorsqu'elle pourchasse les bancs de vairons dans les premières lueurs de l'aube. Durant cette même période, elle recherche les secteurs vifs et oxygénés situés dans les courants rapides, les plats envahis d'herbiers et toutes les parties où l'eau cascade bruyamment au milieu de blocs rocheux. La pêche s'effectue généralement d'aval en amont, démarche traduite par la terminologie anglo-saxonne *up stream*. On peut lancer

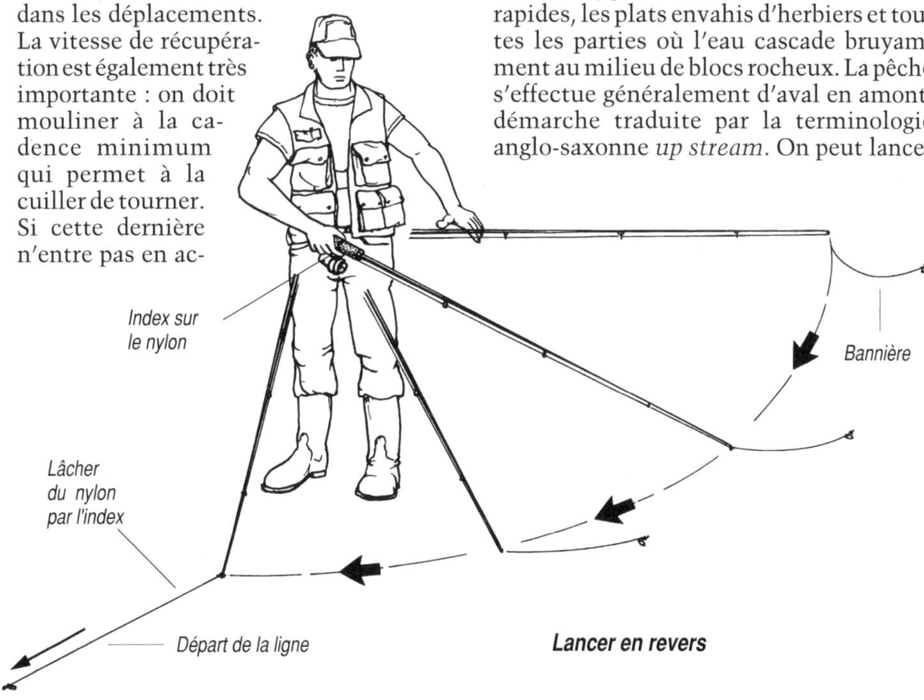

Lancer en revers

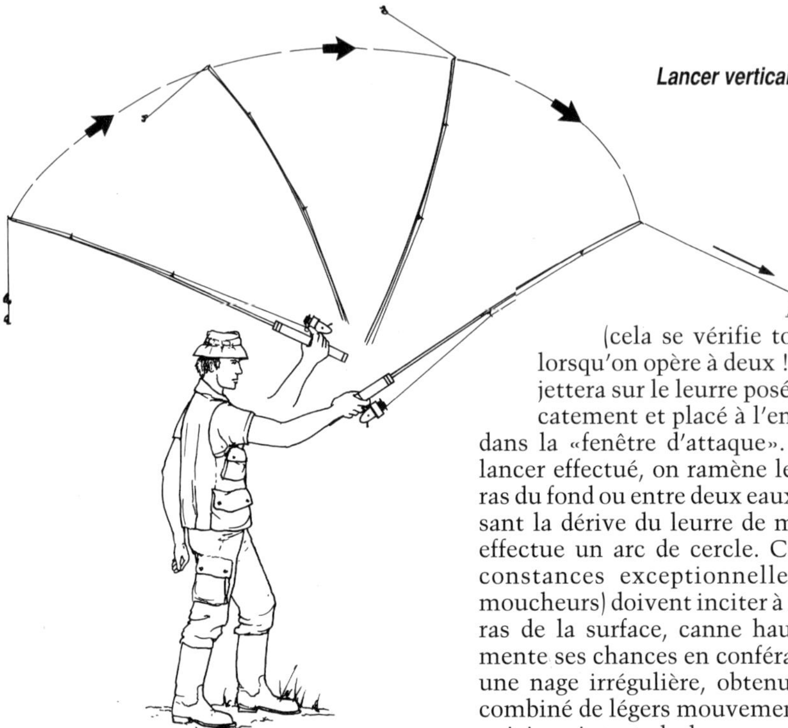

Lancer vertical

directement sur les postes présumés qui sont tous explorés méthodiquement, ou légèrement au-delà s'ils sont situés en profondeur, afin que le leurre parvienne au bon endroit et à la hauteur voulue. La précision et la discrétion du posé sont alors très importantes.

A 10 cm près (cela se vérifie tous les jours lorsqu'on opère à deux !), la truite se jettera sur le leurre posé le plus délicatement et placé à l'endroit voulu, dans la «fenêtre d'attaque». Une fois le lancer effectué, on ramène lentement au ras du fond ou entre deux eaux, en conduisant la dérive du leurre de manière qu'il effectue un arc de cercle. Certaines circonstances exceptionnelles (poissons moucheurs) doivent inciter à récupérer au ras de la surface, canne haute. On augmente ses chances en conférant au leurre une nage irrégulière, obtenue par le jeu combiné de légers mouvements du scion, qui impriment de brusques écarts latéraux, et d'accélération dans la récupération au moulinet. La cuiller ainsi déséquilibrée amorce de brusques plongeons avant de remonter dès qu'on reprend du fil. La palette, qui tourne de manière désordonnée, renvoie alors des éclats très attractifs ! La vitesse de récupération est adaptée à la configuration de chaque poste. On s'atta-

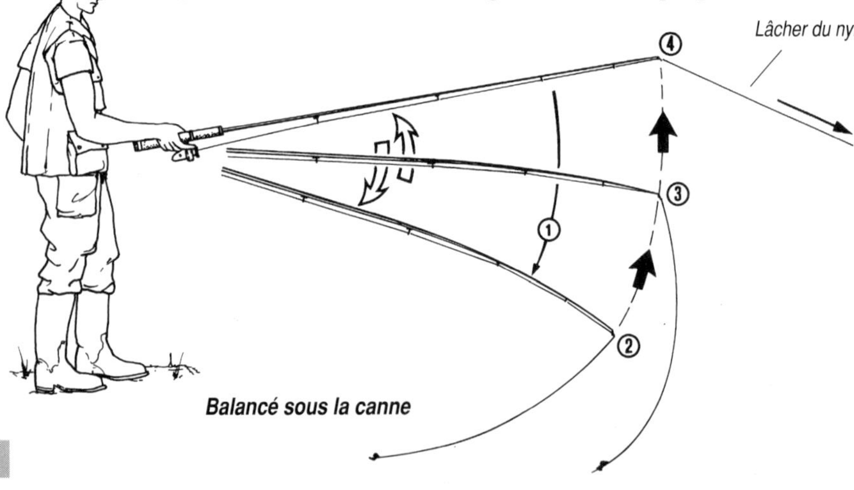

Balancé sous la canne

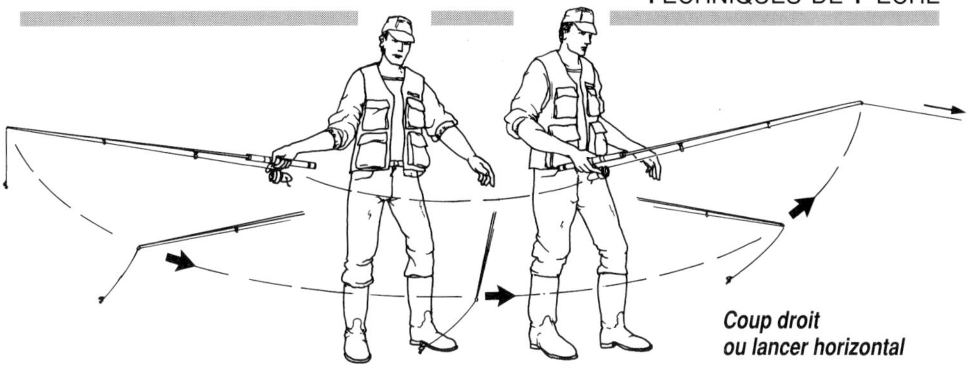

Coup droit ou lancer horizontal

che à prospecter toute la hauteur de la couche d'eau, de la surface au fond, en faisant varier éventuellement le poids et la taille du leurre, liés à la forme de la palette. Lancer systématiquement sur la rive opposée est une erreur.

Il convient de commencer à explorer systématiquement sa propre berge, afin de ne pas alerter des poissons qui peuvent se trouver à proximité immédiate de nos bottes... et que l'on a trop souvent tendance à oublier !

On allonge ensuite progressivement les jets en éventail vers le milieu du cours d'eau, en faisant contourner au leurre tous les obstacles immergés. Attention aux contre-courants ! Les truites se tiennent alors face au pêcheur, qui devra donc les attaquer à plus longue distance afin de ne pas dévoiler sa présence. Certains grands courants puissants peuvent avantageusement être prospectés en dérive aval à soutenir, à la manière d'un devon. Cette même pêche d'amont en aval (ou *down stream*) peut donner d'excellents résultats lorqu'on pêche au ras des berges.

Dans les petits ruisseaux plutôt réservés à l'ultra-léger, la difficulté consiste en une approche discrète et silencieuse liée à la précision absolue du lancer beaucoup plus qu'à la lecture des postes, souvent bien marqués. Lorsqu'on pêche *up stream*, la touche peut se traduire par une sensation diffuse d'accrochage au fond. Il convient de ferrer d'un geste ample, à la volée, au moindre doute.

LE LANCER ULTRA-LÉGER

Le lancer ultra-léger est défini par le poids des leurres ou des appâts utilisés, ainsi que par le diamètre des nylons employés, qui ne dépasse pas le 14/100e. Cette pratique passionnante, toute de finesse et de précision, est réservée aux amateurs qui maîtrisent parfaitement les subtilités du lancer léger.

Toute la difficulté (et le plaisir!) de cet art s'inscrit dans l'adresse à propulser des poids infimes jusqu'à un poste précis situé parfois au travers d'une simple fenêtre de branchages. Car le pêcheur à l'ultra-léger s'échine à exploiter les endroits les plus scabreux, dédaignés par ses confrères, où sa haute technicité s'impose. Chaque prise, aussi modeste soit-elle, est pour lui digne du plus grand intérêt. Elle nécessite une attention de tous les instants, un coup d'œil infaillible, un sens de l'eau approfondi. Véritable chasseur à l'approche, il progresse silencieusement, sachant profiter des jeux d'ombre et de lumière, fondant sa silhouette dans l'environnement végétal qui l'entoure. D'un geste précis, il sait surprendre le poisson dans ses repaires les plus secrets. L'accrochage, la casse sont les tributs du pêcheur à l'ultra-léger débutant... mais quelle magnifique école pour celui qui se montre persévérant ! Voici la technique reine des petits ruisseaux ; elle peut aussi se montrer irremplaçable en rivière pour qui sait «lire» les postes et a épuisé tous les artifices permettant habituellement de déjouer la méfiance des truites. On peut, selon les circonstances, employer une vaste panoplie de leurres, mais également des appâts naturels. La pêche à l'ultra-léger est réellement efficace l'été, lorsque les eaux sont basses et que les truites, sélectives, s'intéressent à des proies de petite taille.

Le matériel

- *La canne :* en pure théorie, les longueurs préconisées sont de 1 m pour les ruisseaux encombrés et 2 m pour les rivières larges et dégagées. En pratique, une longueur inférieure à 1,80 m n'est guère compatible avec des lancers précis et le travail prudent d'un gros poisson. Les fabricants proposent bien peu de cannes et de moulinets spécifiquement destinés à l'ultra-léger, sans doute en raison de l'étroitesse du marché (cela en dépit d'une demande croissante !). Il apparaît à l'usage qu'une grande canne, dont la longueur dépasse les 2 m, rend bien des services dans la mesure où sa puissance (environ 80 g) est adaptée à l'usage de leurres compris entre 0,5 et 3 g. Dans les ruisseaux les plus encombrés, elle permet d'exploiter certains postes inaccessibles à un lancer classique, à la manière du pêcheur au toc. On augmente aussi considérablement la distance et la précision des lancers, atouts majeurs en grande rivière lorsqu'on s'adresse à des truites méfiantes et très sélectives. Ce type de canne facilite également le travail de gros poissons dans les courants puissants, surtout lorsqu'ils sont «pendus» à un 10/100e ! La marque Hardy propose une canne de 2,40 m «spéciale pêche à l'insecte» excellente, qui a permis à l'un de mes amis de mettre au sec en Irlande plusieurs saumons d'été et truites de mer sur du 14/100e. Browning a créé également de très bons modèles, notamment dans les tailles comprises entre 1,80 et 2,10 m. Pour les fortunés et les amateurs d'objets d'art, il reste l'incomparable BBO de Pezon et Michel, en bambou refendu. L'action de la canne est parabolique ou semi-parabolique. Pour ne pas briser l'homogénéité de cette action, les deux brins, à emboîtement inversé, sont dotés d'anneaux monopattes. La poignée, en liège, pêche souvent à cause des anneaux de fixation qui tiennent mal. La haute fréquence des lancers exige une fixation du moulinet à l'aide d'une lanière de caoutchouc.

- *Le moulinet :* léger, son poids doit être inférieur à 200 g afin de ne pas déséquilibrer la canne. Sa bobine est large, afin de limiter les risques de vrillage. Une faible contenance évite les «bourrages» laborieux préalables. Enveloppante et conique, elle assure un enroulement propre et régulier sans chevauchement des spires et permet une sortie aisée du fil. Les nouvelles bobines striées sont excellentes. En raison de la haute fréquence des lancers et des chutes nombreuses, la qualité du moulinet doit être irréprochable. D'une robustesse à toute épreuve, il est doté d'un frein fiable et progressif. La vitesse de récupération doit correspondre au moins à 70 cm par tour de manivelle.

- *Le nylon* : 100 à 150 m de nylon en 10 à 14/100e garnissent à ras bord la bobine. Cela est impératif et conditionne la précision du lancer. Il est préférable de choisir des fils sans mémoire (peu élastiques), moins sujets au vrillage. Les nylons destinés à la pêche à l'anglaise, qui coulent immédiatement, sont très discrets. Ils limitent ainsi l'ombre portée et surtout la formation d'un sillage lors de la récupération.

Les leurres et appâts

- *Les cuillers tournantes :* elles sont choisies dans les numéros 0 à 00 à palettes unies ou or, zébrées or, noir et vert, entièrement noires l'été pour les eaux basses et très claires, garnies ou non de *hackles* (Aglia 0 dont le triple est orné d'un Red Tag) et autres *teasers* (pompons, leurres souples, poissonnets), de façon à varier les signaux. Il faut veiller à choisir des leurres suffisamment denses lorsqu'on pêche en eau profonde ou dans les rivières à courant puissant.

Les cuillers Panther Martin répondent bien à ces exigences. Leurs palettes, dépourvues d'étrier, tournent directement sur l'axe de rotation. Elles peuvent occasionner malheureusement des vrillages.

PÊCHE EXTRÊME

Certains pêcheurs n'hésitent pas à s'aventurer au fond de canyons inaccessibles pour assouvir leur passion. Les truites y sont nombreuses, peu pêchées, le cadre sublime. L'accès de ces «lieux interdits» nécessite l'usage d'un matériel adapté : corde de rappel, baudrier, mousquetons appartiennent à la panoplie du pêcheur extrême, qui est avant tout un grimpeur confirmé connaissant parfaitement les dangers de l'eau et de la montagne.

- *Les mini-ondulantes,* travaillées à la manière d'un vairon mort, sont peu employées. Elles sont pourtant d'une rare efficacité dans la prospection des courants qui «tirent», et permettent de pêcher à la bonne profondeur des truites sélectives qui n'hésitent pas à attaquer ces leurres qu'elles n'ont pas l'habitude d'observer.
- *Les devons :* tombés en désuétude, ils demeurent efficaces. Leur seul inconvénient est de vriller le fil déjà sujet à désagrément en raison du faible diamètre.
- *Les nymphes et mouches à hélice :* ce sont typiquement des leurres à ultra-léger, efficaces dans les eaux surpêchées à la cuiller, particulièrement en période estivale lorsqu'on prospecte les bordures ombragées. Leur faible poids permet de ratisser les zones d'herbiers inexploitables avec des moyens classiques. Difficiles à trouver dans le commerce, on peut néanmoins les fabriquer facilement soi-même. Les streamers peuvent tenter une truite effrayée par des leurres à hélice bruyants et moins souples. Montés sur des hameçons 6 à 10 à hampe longue, ils sont légèrement lestés en tête. Ils trouvent leur plein emploi en été.
- *Les poppers* dragués en surface de manière à imiter une proie apeurée (gros hanneton, chenille) donnent quelques résultats en pleine canicule ou au coup du soir.
- *Les appâts naturels :* le grillon est l'appât-roi jusqu'à juillet. Sauterelles et mouches de maison lestées prennent ensuite le relais, ainsi que tous les insectes vivant aux alentours de l'eau, tels que la grande tipule ou les éphémères. Le petit ver de terreau, le lombric peuvent tenter une truite récalcitrante qui aura refusé un leurre métallique. Un pêcheur à l'ultra-léger doit tou-

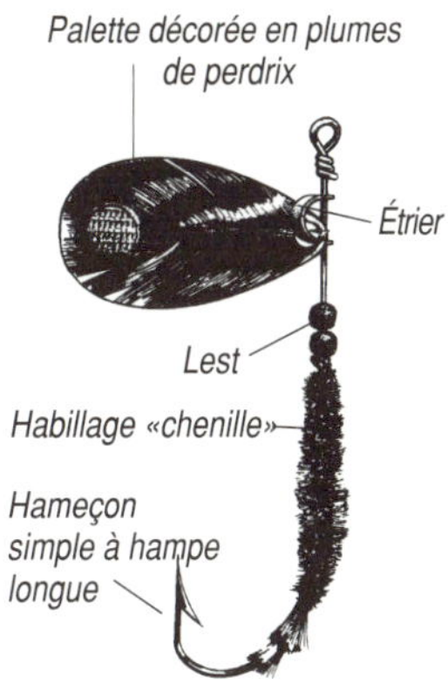

Cuiller-mouche Duborgel

Streamer à hélice

jours porter sur lui, dans cette optique, quelques hameçons simples n° 8 à 10.

L'action de pêche

Précision et discrétion sont les clés de la réussite, d'autant plus que l'on pratique généralement l'été par eau basse et claire, et que l'on s'adresse à des poissons très sélectifs fuyant au moindre mouvement suspect. Ombre silencieuse fondue dans son environnement végétal, le pêcheur s'approche lentement des postes, évitant de dévoiler sa présence par un bruit suspect. Il sait qu'il ne peut généralement lancer à grande distance en ruisseau, en raison du poids du leurre et de l'encombrement des lieux, et que le succès dépendra de la réussite de son approche ainsi que de sa connaissance intuitive mais précise du cours d'eau et des tenues du poisson.

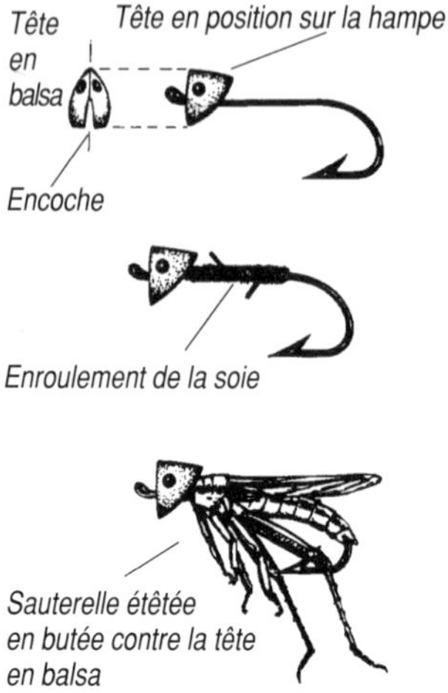

Mise en place d'une sauterelle sur balsa

Il est également conscient qu'une mauvaise présentation, une arrivée bruyante du leurre équivalent à l'échec assuré. D'un geste précis, évitant tout mouvement ample ou trop brusque, il propulse le leurre qui va se poser au millimètre près sur le poste visé. L'arrivée dans l'eau, discrète, telle celle d'une proie tombant des feuillages, est obtenue en rabattant le scion vers la surface à l'instant même ou le leurre parvient à destination.

Cette précaution excite la convoitise de la truite, endort sa méfiance naturelle. La prise de contact, immédiate, permet à la cuiller-mouche ou au streamer à hélice d'entrer en action dès l'arrivée dans l'eau. Il arrive fréquemment qu'un poisson inquiété ou peu en appétit suive le leurre en donnant de petits coups de nez, sans attaquer franchement. Dans ce cas, il suffit de varier la vitesse de récupération par une brusque accélération de la manivelle ou de petits coups de scion dans les derniers mètres, jusqu'à l'instant où le leurre quitte l'eau, choisi généralement par la truite pour s'en saisir. Si elle fait la fine gueule, inutile d'insister. Il est préférable alors de lui proposer un petit lombric bien frétillant ou une sauterelle. En grande rivière et particulièrement l'été, où l'activité de la truite est très limitée dans le temps, il est important de visualiser au plus vite le type de poste où le poisson est mordeur, afin de profiter au mieux de ces instants favorables. Il s'agit souvent de tenues très inhabituelles, telles les bordures situées sous quelques centimètres d'eau. Seul le balancé sous la main apporte une précision suffisante sans pour autant entamer la discrétion nécessaire, lorsqu'on se trouve entouré par un rideau d'arbres implantés sur chaque rive et surplombé d'une voûte de feuillage. Après avoir sorti une bonne longueur de bannière (40 à 60 cm), un mouvement pendulaire bande le ressort de la canne. On libère le fil au moment du lancer, effectué d'un coup de poignet sec et discret lorsque le leurre se trouve en arrière.

Les débutants doivent s'appliquer dans un premier temps à «travailler» leurs approches, à savoir reconnaître tous les postes et surtout à lancer juste, tout d'abord à des distances de 7-8 m. Le ferrage est toujours effectué en douceur, compte tenu de la finesse des nylons utilisés. Le poisson ne doit pas être trop bridé, sans qu'il soit pour cela nécessaire de prolonger inutilement un combat qui comporte toujours des risques de décrochage. En grande rivière, surtout lorsqu'on opère en *wading*, l'épuisette est indispensable. En ruisseau, une truite de belle taille ne doit jamais être soulevée mais échouée, dans la mesure du possible, sur un banc de sable. On risque en effet la rupture du nylon, et surtout la fatigue du nerf de la canne. Les nœuds d'attache ainsi que le bon fonctionnement du frein sont régulièrement et soigneusement vérifiés.

BIOLOGIE-ÉCOLOGIE DE LA TRUITE DE RIVIÈRE

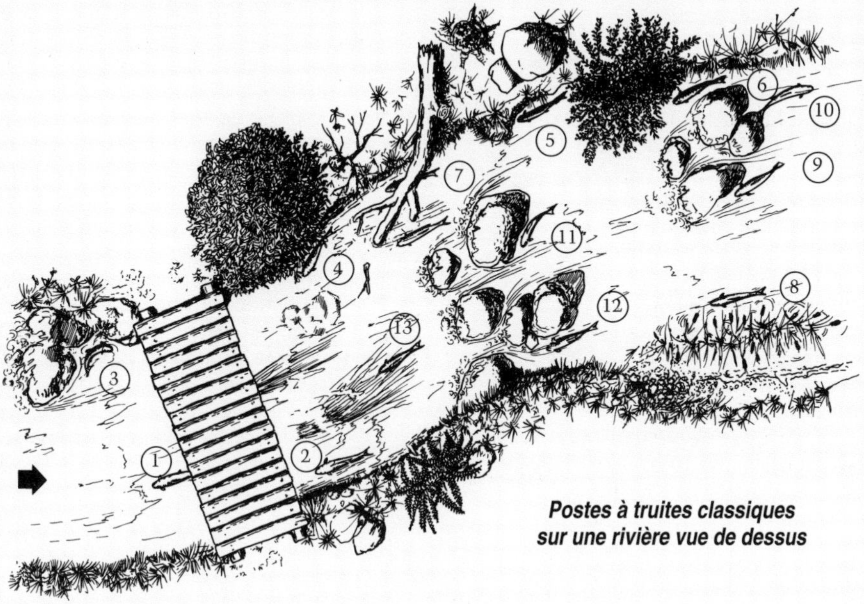

Postes à truites classiques sur une rivière vue de dessus

1-2 - La fameuse «truite du pont», en amont, en aval ou sous la passerelle.
3-4-5-6-7-8 - Les bordures, à l'abri d'un obstacle (ceinture végétale, buisson, rocher, arbre mort).
9-10-11-12 - L'aval immédiat de blocs rocheux brisant la force du courant.
13 - Zone d'herbier immergé.

Description

Les magnifiques formes fuselées de la truite fario, son hydrodynamisme évoquent irrésistiblement une parfaite adaptation aux eaux vives, à la nage rapide, au franchissement d'obstacles. Sa tête massive, à la bouche largement fendue dont les mâchoires sont armées de nombreuses dents, indique un comportement de prédateur. D'ailleurs, son appellation vient du bas latin *tructa* qui proviendrait du grec *troktes,* signifiant vorace. Ce trait de caractère est loin d'être évident quand on se place du côté du pêcheur, et l'image que nous avons de la truite est plutôt celle d'un poisson délicat dans le choix de sa nourriture, méfiant et craintif. La commissure des mâchoires est située en arrière de l'aplomb de l'œil, plus ou moins selon les souches. La truite fario est dotée d'un gros œil noir, joliment cerclé d'or chez certaines souches. La deuxième nageoire dorsale, réduite, indique son appartenance à la famille des Salmonidés ; c'est la nageoire adipeuse, dépourvue de rayons. Selon les formes, elle est plus ou moins teintée de rouge ou d'orangé. Le pédoncule caudal, épais, est terminé par une nageoire caudale puissante au bord sensiblement droit. Le corps est recouvert de petites écailles au nombre de 110 à 125, le long de la ligne latérale.

La magie des couleurs

Que de coquetterie chez la truite, dont la robe a des coloris certainement aussi variés que le sont les aspects de nos différents cours d'eau ! Ils reflètent l'appartenance à une certaine souche, locale ou régionale, mais indiquent également une merveilleuse adaptation à un milieu donné. La truite, toujours parfaitement mimétique, peut ainsi se fondre dans son environnement de galets, d'herbiers ou de bancs de sable. Nous connaissons tous les truites noires des petits ruisseaux d'Auvergne qui coulent sur un lit sombre de granit, les blondes normandes qui s'ébattent parmi les herbiers des *chalk-streams*, les truites zébrées de Franche-Comté, celles vêtues d'or et de pourpre du Haut-Allier dont les courants puissants roulent des galets étonnamment dorés. Quant aux truites vivant parmi nos cours d'eau de plaine ou de bocage, à fond de sable, tels ceux du Bourbonnais, elles sont beaucoup plus ternes. La modestie de cette robe est cependant rehaussée de quelques ponctuations rubis qui indiquent leur sang royal !

La palme revient sans doute aux truites irlandaises, évoluant dans les sombres lacs de tourbières aux eaux aussi noires que de l'encre. Le cœur le plus endurci ne pourra s'empêcher de déposer délicatement parmi les sphaignes ou les bruyères un de ces magnifiques poissons, afin d'admirer son étonnante robe aux couleurs resplendissantes. D'énormes points rouges cerclés de blanc parsèment les flancs d'un jaune éclatant, qui contraste avec le noir du dos et de la tête.

L'observateur attentif remarquera les digitations bleutées sur le flanc de certaines petites truites, qui attestent d'un état juvénile.

Croissance

Selon les conditions offertes par le milieu, la taille des truites est très variable (de 14 à 30 cm pour un âge de 3 ans). Les sujets de plaine présentent généralement des dimensions plus élevées que ceux de montagne, car les eaux sont en principe moins riches en nourriture dans les rivières d'altitude. C'est surtout la nature des sédiments sur lesquels s'écoule la rivière qui détermine la taille des truites. Les petits ruisseaux coulant sur un substrat granitique ou tourbeux, aux eaux très acides, sont moins favorables à une croissance rapide que les rivières traversant les régions calcaires, surtout si, de surcroît, la température moyenne est basse.

Bons postes sur une rivière vue en coupe

1 - Tête du pool.
2 - Aval immédiat d'un radier.
3 - Amont du radier (queue de pool).
4-5 - Partie profonde du pool à prospecter en début de saison.
6 - Aval d'un rocher barrant le courant.
7 - Radier ou lisse qui précède un pool profond (zone oxygénée intéressante en période estivale).
8 - Aval d'une cascade : excellent l'été.

L'eau cristalline des ruisseaux de montagne oblige le pêcheur à une approche prudente, pour tromper la vigilance des truites postées.

Habitat

Aux yeux de tous, la truite passe pour l'habitant typique des eaux vives et fraîches de nos torrents montagnards. En ce sens, d'ailleurs, son habitat détermine la première zone dans la classification de Huet. En fait, elle montre une étonnante capacité d'adaptation à de nombreux milieux, s'accommodant même fort bien d'un certain taux de pollution organique. C'est ainsi qu'autrefois elle fut présente dans la plupart de nos cours d'eau de moyenne montagne ou de plaine. Aujourd'hui encore, on peut rencontrer de magnifiques truites grasses à souhait et apparemment en bonne santé à la sortie de rejets d'égouts, d'abattoirs ou de laiteries ! Le facteur limitant, responsable de sa distribution, semble être le taux d'oxygène dissous. Le bon développement de la truite de rivière ne s'observe pas, en principe, au-delà d'un seuil que le biologiste Nikolsky a fixé à 9,5 mg d'oxygène par litre d'eau, soit 7 cm^3 d'oxygène par litre, facilement atteint dans des eaux non agitées, quand la température ne dépasse pas 16 °C. Nous savons en effet que le taux d'oxygène dissous dans l'eau est étroitement lié à la température ; il sera d'autant plus bas que la température sera élevée. Les deux valeurs limites citées ci-dessus sont en réalité étroitement liées à d'autres facteurs tels que le brassage de l'eau. Dans les eaux courantes, turbulentes, la truite peut supporter des températures de l'ordre de 18 à 20 °C. Au-delà, elle souffre d'anorexie si la situation se prolonge et meurt lorsque la température dépasse 25 °C.

En Normandie, la présence d'herbiers dans les *chalk-streams*, en libérant une quantité considérable d'oxygène par photosynthèse, compense le manque de brassage de l'eau et des températures élevées. Comme nous le voyons, la truite fait preuve d'un grand pouvoir d'adaptation et, à ce titre, n'est pas un excellent indicateur de la qualité biologique des eaux.

La diversité physique, et notamment la présence d'abris, modèle le fonctionnement d'une rivière à truites. Poisson d'eau vive, il ne s'en fatigue pas moins très vite dans sa lutte contre le courant et a besoin d'un poste-refuge pour s'abriter, se reposer, ou échapper aux prédateurs.

De plus, son comportement territorial l'incite à rechercher un certain périmètre de chasse autour de l'abri-refuge, qu'elle n'entend partager avec personne. Le nombre de truites dans un parcours sera donc proportionnel à la quantité de nourriture disponible et surtout à la présence d'abris individuels tels que des sous-berges, des blocs de pierre au milieu du lit, des souches et amas de branchages ou tout autre obstacle.

Régime alimentaire

Prédateur actif, carnassier vorace à ses heures, la truite fait preuve d'un bel opportunisme dans le choix de son menu, qui est fonction des saisons et des disponibilités offertes par le milieu. Elle sait profiter de toutes les sources de nourriture et les pêcheurs qui lui proposent de petits cubes de crème de gruyère en savent quelque chose ! Selon l'état des eaux et les saisons, elle se nourrit à tous les niveaux de la rivière, afin de capturer des invertébrés aquatiques (surtout les insectes), qui représentent une grande part dans son alimentation. L'été, elle se poste volontiers sous la surface, surtout en fin de soirée, pour guetter les sedges qui effectuent leurs ballets aériens au-dessus de l'eau, les éphémères ou les Plécoptères à la dérive. Les gobages de la truite, à ces occasions, ne reflètent qu'une fraction limitée de son activité car les éclosions sont brèves, l'essentiel de son alimentation provenant d'insectes à la dérive, capturés entre deux eaux ou au fond, à tous les autres stades du développement, larvaire lorsqu'ils sont entraînés accidentellement par le courant, nymphal lorsqu'ils remontent à la surface pour éclore. Elle capture volontiers d'autres invertébrés tels que des petits mollusques ou des crustacés (gammare, aselle, petite écrevisse) ainsi que des poissonnets (vairons, loches, chabots, lamproies de Planer, alevins de Cyprinidés) sur lesquels elle peut se spécialiser lorsqu'elle atteint de grosses tailles. A cela, ajoutons les apports du milieu extérieur, qui peuvent représenter une forte proportion dans le régime alimentaire en certaines circonstances : vers en cas de pluviosité abondante, mouches, taons et surtout Orthoptères (sauterelles, criquets, grillons). Dans les lacs d'altitude pyrénéens, nous pouvons ainsi assister à des manifestations spectaculaires de l'activité prédatrice des truites en surface, qui se traduisent par des centaines de gobages… sur des criquets ! A l'occasion, la truite peut capturer une grenouille, un triton ou même un petit rongeur aquatique.

La boîte Vibert
Elle ressemble à une sorte de cube de 70 mm x 63 mm x 45 mm, contenant environ 1 000 œufs embryonnés, et percée de trous permettant au courant de «lécher» les œufs. La taille de ces ouvertures est calculée de telle manière que les œufs ne puissent s'échapper mais que l'évacuation des alevins se fasse normalement. L'intérêt d'une telle méthode est évident : on installe le poisson avant sa naissance dans le cours d'eau où il sera amené à vivre. Les œufs incubent à la même place que celle occupée par un frai naturel, puis les alevins mèneront ensuite une existence entièrement «naturelle», jusqu'au stade adulte.
Les boîtes sont posées dans la rivière un mois environ après l'époque normale de ponte, sur des frayères naturelles ou aménagées pour les besoins de la cause. Le courant doit être assez vif, richement oxygéné, mais pas trop violent afin que les alevins ne soient pas entraînés et dispersés vers l'aval lors de l'éclosion. La boîte est recouverte de galets très propres, environ de la grosseur d'une noisette.

Certaines truites, notamment dans les rivières de plaine, présentent une belle chair rose saumon des plus appétissantes ! A ce titre, elles ont d'ailleurs été nommées «truites saumonées». Nous n'avons pas là affaire à une quelconque espèce nouvelle issue d'on ne sait quelle mutation génétique. Les tissus du poisson ont tout simplement été teintés par un colorant naturel, le carotène, contenu dans le phytoplancton plus ou moins abondant dans nos eaux, puis consommé par des insectes aquatiques ou des crustacés (le gammare en fixe de grandes quantités) que la truite aura finalement capturés.

Reproduction

La truite de rivière atteint sa maturité sexuelle à l'âge de 3 ans. Le frai se déroule de la fin de l'automne au début de l'hiver, entre la mi-novembre et la mi-décembre, alors que les eaux ont atteint la température adéquate de 5 à 10 °C. Il est précédé d'une migration vers l'amont des cours d'eau, d'amplitude variable mais pouvant atteindre 10 km et plus dans les rivières de plaine, où les poissons cherchent à gagner les petits tributaires qui offrent les meilleures conditions de température et d'oxygénation, ainsi que le susbstrat propre requis. Des obstacles peuvent entraver cette migration. Dans ce cas, les poissons se rassemblent en aval, frayant en zone peu favorable : une entreprise vouée à l'échec.

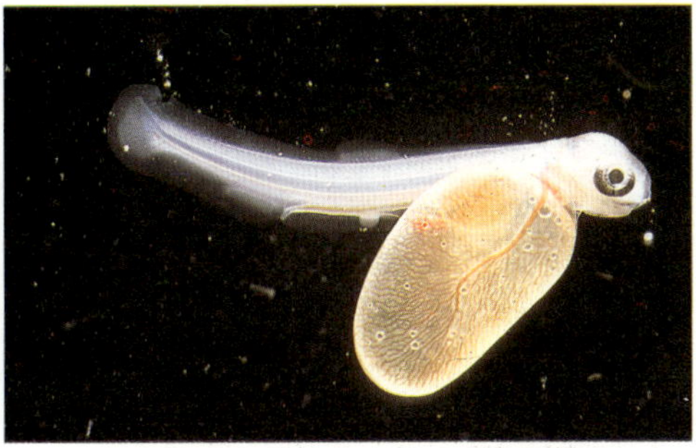

Alevin à vésicule de truite fario. A ce stade, il reste dissimulé parmi les graviers du fond.

Lorsque les truites sont parvenues à destination, elles se rassemblent en petites troupes. Les mâles deviennent alors très agressifs et se précipitent sur tout intrus qui peut représenter un danger. C'est à la femelle que revient le choix de la frayère, qui répond à des normes précises : fond d'au moins 50 cm d'épaisseur et 4 m^2 de superficie, recouvert de galets dont le diamètre (granulométrie) varie de 5 à 60 mm, et sur lequel s'écoule une eau froide et richement oxygénée, à la vitesse de 40 cm/s. Le substrat est dépourvu de vase, sable et autres sédiments afin de conserver des interstices entre les galets, nécessaires pour alimenter les alevins et laisser passer le courant d'eau essentiel à l'aération des œufs. La génitrice creuse un sillon – à l'aide de la partie postérieure de son corps, et notamment de la nageoire caudale – dont la profondeur est égale ou supérieure à la hauteur du poisson, soit une vingtaine de centimètres pour une belle truite. Elle pond ensuite 1 000 à 2 000 œufs par kilo, aussitôt fécondés par le mâle. Cet instant est primordial, la durée de vie des spermatozoïdes dans l'eau ne dépassant pas 20 s. La ponte est enfin recouverte de graviers, jusqu'au raccordement avec le lit de la rivière, afin de l'abriter de la lumière et des prédateurs. L'eau, qui coule à travers les galets, baigne la ponte, dispensant l'oxygène indispensable.

Durant toute la période d'incubation, la plus longue observée chez les Salmonidés, les œufs sont à la merci des facteurs extérieurs : une crue dévastatrice peut les disperser en aval ou, plus simplement (et régulièrement), l'extraction de granulats en amont provoque la formation d'une couche de sédiments qui bouchent les interstices entre les galets, entraînant la mort des embryons par asphyxie. L'incubation dure 90 à 120, voire 150 jours, selon la température de l'eau. Durant les premiers stades de son existence, l'alevin repose, inerte, à l'abri des galets, vivant sur les réserves accumulées dans sa vésicule vitelline, qui se résorbe en un mois et demi. Il a alors atteint la taille de 2 cm : c'est l'alevin vésiculé ou alevin à résorption de vésicule, qui se nourrit de plancton et commence à adopter un comportement territorial. A l'âge de 1 an, il mesure 10 à 15 cm.

Les pertes enregistrées durant toutes les étapes qui le conduisent au stade adulte sont énormes. On estime que, pour un seul couple mature âgé de 3 ans, 800 œufs sont nécessaires !

Dissimulée parmi les herbiers aquatiques, cette fario guette l'arrivée d'un insecte, flottant à la dérive dans le courant.

Comportement

Fondamentalement individualiste, la truite fario occupe généralement une aire déterminée (que l'on pourrait qualifier de territoire défendu âprement contre toute intrusion) qui correspond à ses postes de chasse, associée à une zone-refuge (sous-berge, bloc rocheux, souche, herbier) qu'elle regagne en cas de danger ou tout simplement lors de ses périodes d'inactivité. La situation des postes de chasse varie selon les saisons, mais ils sont toujours situés sur le trajet de la nourriture apportée par le courant. La répartition de tous les poissons dans une rivière obéit à des règles hiérarchiques très strictes, établies selon la taille des individus, les plus grosses truites occupant bien évidemment les meilleurs postes ! Chaque poisson devant posséder son propre territoire situé à proximité d'un repaire quelconque, c'est d'abord en augmentant le nombre d'abris potentiels qu'on améliorera la densité des populations salmonicoles. Certains tronçons de cours d'eau bien pourvus en abris peuvent aussi être désertés sur plusieurs dizaines de mètres lorsqu'une très grosse truite s'y est établie, chassant (ou dévorant !) les individus de plus petite taille. L'existence de la truite est rythmée par des périodes de prises de nourriture suivies de périodes de repos où elle reste calée dans son refuge. La durée de chacune de ces phases est étroitement liée à la température de l'eau, à l'oxygénation, aux conditions atmosphériques et aux disponibilités en nourriture. Peu active en début de saison, elle consomme «du bout des dents» les quelques particules qui dérivent vers son refuge, situé dans les fosses profondes.

Dès l'arrivée des beaux jours, elle gagne les courants où elle chasse activement durant une bonne partie de la journée. L'été venu, en période d'étiage, la baisse de l'oxygène dissous, qui l'incommode, l'oblige de nouveau à demeurer inactive, embusquée dans une zone turbulente, derrière une petite chute. Elle chassera alors le matin à l'aube, pendant les rares instants de fraîcheur, le soir au crépuscule ou parfois seulement la nuit ! Elle n'hésite pas, durant cette période, à poursuivre les vairons dans quelques centimètres d'eau, au ras des berges ou des bancs de sable.

Le champ de vision total de la truite embrasse 270°. Elle voit donc sur les côtés, mais aussi derrière, dans le plan horizontal ou vertical. Lors de leur approche, les pêcheurs devront tenir compte de cette formidable capacité à percevoir une silhouette anormale sur une rive. Il semblerait qu'elle distingue les couleurs car sa rétine contient des cellules en cônes et en bâtonnets. La fonction sensorielle est réalisée par la ligne latérale, et l'équilibre assuré par l'oreille interne.

GESTION-AMÉNAGEMENTS

La truite souffre des atteintes directes bien connues que sont les diverses pollutions minérales ou organiques, la destruction de ses habitats (microcentrales, barrages hydroélectriques). D'autres menaces l'affectent, beaucoup plus insidieuses : la pollution génétique liée aux déversements aveugles de souches «domestiques», ainsi que l'envasement progressif des cours d'eau dû à l'absence d'entretien. Les aménageurs cynégétiques l'ont compris depuis longtemps : toute opération de repeuplement dans un milieu qui ne répond pas aux exigences de l'espèce introduite est vouée à l'échec.

La gestion des populations salmonicoles passe d'abord par la protection, l'entretien ou la restauration de ses habitats, et la sauvegarde des géniteurs sauvages sur leurs frayères naturelles.

L'envasement des cours d'eau

L'ensemble de notre réseau hydrogaphique classé en 1re catégorie représente environ 150 000 km de cours d'eau, véritable richesse pour nous, pêcheurs sportifs, dont pourtant à peine le quart est aujourd'hui en état de permettre la reproduction naturelle des poissons sauvages, cela en raison de l'envasement des frayères ! Si les géniteurs parviennent toujours à pondre, les œufs, déposés sur un substrat peu propice, sont asphyxiés ensuite par des dépôts de sédiments. Des pollutions dites physiques, comme celles occasionnées par les extractions de granulats, ne suffisent pas à expliquer ce phénomène, notamment dans de nombreux petits cours d'eau inexploités. En fait, nos rivières souffrent dans l'ensemble d'une absence totale d'entretien, depuis plus d'un demi-siècle. Les berges, qui autrefois étaient régulièrement nettoyées afin de récolter le bois indispensable au chauffage des habitations, sont progressivement laissées à l'abandon. Une main-d'œuvre rare et coûteuse, la substitution d'autres formes d'énergie expliquent sans doute cette absence d'entretien qui demeure cependant obligatoire (selon le Code rural) et à la charge du propriétaire riverain détenteur du droit de pêche. En d'autres termes, et pour établir un constat, de véritables jungles se développent aujourd'hui sur les rives de nos cours d'eau, qui limitent l'éclairement de la rivière dont le lit est de plus encombré de souches, sacs plastiques et autres détritus freinant l'écoulement des eaux, favorisant les dépôts de sédiments et la diminution du taux d'oxygène, autant de facteurs défavorables à la reproduction des Salmonidés. Les moulins qui égayaient nos campagnes contribuaient également, par des mouvements de vannage réguliers, à l'autocurage de la rivière, entraînant vers l'aval sédiments et menus détritus, et ils maintenaient en période d'étiage un débit suffisant. A l'abandon aujourd'hui, ils contribuent par effet de barrage à l'envasement. Dans l'ensemble, les AAPP (Associations agréées de pêche et de pisciculture) ont préféré ignorer ce mal en se contentant d'effectuer des opérations de repeuplement onéreuses et bien sûr sans effets bénéfiques à long terme.

Les remèdes

Les pêcheurs bretons, bien connus pour leur dynamisme, ont été les premiers à montrer l'exemple en 1969, avec l'Association pour la protection du saumon en Bretagne (rebaptisée aujourd'hui «Eaux et Rivières en Bretagne»). Leur but était de réagir concrètement face à la diminution des effectifs de saumons due en partic – ce sont les premiers qui l'ont soupçonné – au manque d'entretien des rivières.

«Une rivière vivante est éclairée, respire, coule» : partant de ce principe, nos innovateurs ont appliqué des méthodes «douces» de nettoyage, supprimant l'excès de végétation des rives, ôtant les obstacles à l'écoulement des eaux. Ces travaux délicats exigent une grande expérience. Il ne s'agit pas en effet d'effectuer des coupes à blanc sur les berges, mais de créer une succession harmonieuse de secteurs éclairés puis ombragés. Par exemple, les zones de courant peu profondes et bien oxygénées, coulant sur un fond de galets, offrent des conditions idéales pour l'installation de frayères. Elles doivent donc profiter d'un ensoleillement maximal, qui aura aussi pour effet bénéfique de favoriser le développement d'herbiers aquatiques, sources d'oxygène et refuges de nombreux invertébrés. Les zones-refuges profondes et calmes doivent en revanche être ombragées. Tous les arbres (ou leurs souches) qui stabilisent les berges sont maintenus, afin de ne pas les fragiliser et les exposer aux effets dévastateurs des crues. La plupart des obstacles à l'écoulement de l'eau (souches, troncs d'arbres abattus), situés au milieu du lit, sont ôtés. Tous ces travaux sont réalisés l'été, pour des raisons évidentes de facilité. Les crues automnales se chargeront ensuite de balayer les sédiments accumulés en amont et en aval des obstacles enlevés. Ainsi, à la fin de ces travaux, l'éclaircissement des berges expose le lit à la lumière, la végétation renaît et, avec elle, apparaît une multitude d'insectes. La rivière, qui s'écoule sans obstacles majeurs, peut à nouveau s'autocurer... Le fond est redevenu propice à la reproduction des Salmonidés ! Certaines agences de bassin financent à 50 % ces travaux, qui peuvent partiellement être pris en charge par les communes, à travers les syndicats intercommunaux.

La minéralisation des vases

La craie cocolithique est utilisée depuis longtemps pour minéraliser les vases et entraîner leur dispersion. L'aqua-plancton (plancton végétal fossilisé) remplace avantageusement la craie, distribué à raison d'une ou deux tonnes par hectare. Il déclenche une activité biologique intense, accélère les processus de minéralisation du limon, qui est ainsi éliminé sous l'action des micro-organismes.

Quelques aménagements spécifiques

La densité de truites sur un parcours est rarement limitée par la quantité de nourriture disponible, généralement abondante dans le milieu. Elle est en revanche étroitement liée à la présence d'abris, car notre fario, territoriale, occupe toujours un poste marqué par un obstacle. Voilà pourquoi un torrent de montagne, dont les innombrables blocs rocheux offrent autant d'abris, est plus riche en truites que certaines rivières de plaine à fond de sable. Certains aménageurs affirment d'ailleurs qu'il est préférable de «repeupler en pierres qu'en poissons !» Partant de ce principe, pourquoi ne pas mettre à disposition des truites quelques abris judicieusement placés, afin d'agrémenter la diversité du cheptel, par exemple :

■ des alignements de blocs rocheux en épis simples ou doubles, qui modifient la ligne du courant et offrent des zones-refuges de choix,

■ des tuiles,

■ des briques alvéolaires ou parpaings cloisonnés, disposés avec les ouvertures perpendiculaires au courant, pour permettre aux truitelles de se reposer, d'échapper aux prédateurs et de trouver une abondante nourriture en invertébrés,

■ des sous-berges artificielles le long des berges verticales,

■ des déflecteurs qui accélèrent le courant dans les parties calmes.

Les réempoissonnements

Ces opérations de repeuplement ont servi de base pendant des décennies à la gestion salmonicole, notamment le déversement surdensitaire de truites-portions, destiné à satisfaire une certaine «clientèle» de pêcheurs dès les premiers jours de l'ouverture.

Des risques majeurs

■ Le déversement surdensitaire dans de petits cours d'eau entraîne toujours un déséquilibre grave car la capacité d'accueil du milieu est alors généralement dépassée. De plus, les poissons voraces issus de pisciculture chassent activement les truitelles autochtones.

■ Plus grave et plus insidieux : l'introduction de sujets de repeuplement est venue modifier certaines données génétiques. De multiples croisements se sont effectués entre poissons de diverses origines, au point qu'il est désormais impossible de déterminer s'il existe encore de «vraies» truites sauvages appartenant à une souche locale précise. Il est probable que ces nouveaux poissons perdent beaucoup en rusticité ou en adaptabilité à des conditions particulières. Fragilisés, ils deviennent plus vulnérables à des conditions difficiles et leur aptitude à se reproduire en souffre. Les scientifiques restent muets sur cette «pollution génétique» qui pourrait, à long terme, se révéler désastreuse.

Que faire pour résoudre ce problème particulièrement délicat ?

■ Certains aménageurs proposent de n'introduire que des poissons stériles destinés uniquement à la capture.

■ D'autres, et c'est certainement la solution, préconisent de n'introduire que des œufs, alevins, truitelles ou truites-portions, issus de géniteurs prélevés directement dans le milieu. Ce type d'opération, onéreux, est pratiqué par quelques piscicultures fédérales, comme celle de Besse-en-Chandesse dans le Puy-de-Dôme.

■ Enfin, en sachant qu'il existe trois «formes» principales en France (Atlantique, Méditerranée, Corse), il serait souhaitable d'éviter des transferts de bassin. Repeupler un petit ruisseau corse occupé par la variété *macrostigma* à l'aide de poissons issus d'une souche atlantique est absurde et catastrophique sur le plan écologique. Nous assistons alors tout simplement à la disparition d'une espèce !

L'histoire d'une disparition : *a trutta nostrale* !

La truite méditerranéenne appartenant à la variété *Salmo trutta macrostigma* est présente dans les oueds montagnards du Maroc, en Sicile, en Sardaigne, en Italie (Apennins), en Turquie dans quelques rivières d'Anatolie, en Grèce dans le Péloponnèse, ainsi que dans quelques torrents corses où on la rencontre aujourd'hui à l'état relictuel. En Corse, cette souche très particulière est reconnaissable à ses larges ponctuations orange. Au Maroc, la forme habitant les oueds du Haut Atlas montre des flancs barrés de digitations bleuâtres et parsemés d'innombrables taches noires minuscules.

Les populations corses ont connu un déclin momentané au cours de la Seconde Guerre mondiale, victimes d'un braconnage effréné commis par les troupes d'occupation (et qui demeure aujourd'hui, il faut bien le dire, une activité «traditionnelle» de l'île). A la Libération, l'aviation américaine déversa des tonnes de DDT pour éradiquer le paludisme, compromettant gravement l'avenir de l'espèce en contaminant les eaux. A partir de 1954, l'importation de boîtes Vibert et de sujets de repeuplement complète le sinistre tableau : la furonculose apparaît dans les torrents corses et les truites autochtones sont victimes d'une forme de «pollution génétique» qui fait progressivement disparaître la souche locale au profit d'hybrides. La vraie truite corse demeure encore aujourd'hui dans quelques sanctuaires inviolés... pour combien de temps encore ?

La truite arc-en-ciel

Oncorhynchus mykiss

Salmonidés

La truite arc-en-ciel, abusivement introduite sous la forme de déversements surdensitaires, souffre d'une réputation injustifiée de piètre capture. A l'état sauvage ou acclimatée depuis longtemps en réservoir, sa défense n'a rien à envier à celle de la fario !

LES PÊCHES DE LA TRUITE ARC-EN-CIEL EN RÉSERVOIR

Apparues depuis quelques années seulement en France, les techniques de pêche en réservoir nous viennent d'Angleterre, où elles connaissent un franc succès. L'origine de cette pratique halieutique relativement récente mérite que l'on s'attarde à un bref historique.

En 1939, les Anglais, qui craignent un blocus, étudient toutes les solutions leur permettant de combler un éventuel déficit alimentaire. La plupart des grandes villes étant alimentées en eau potable grâce à des lacs-réservoirs, ils décident d'empoissonner massivement ces étendues d'eau en truites arc-en-ciel, dont la croissance est rapide.

Les années passent, et les Anglais, heureusement pour eux, ne connaissent pas la famine. Quant aux truites, plus personne ne s'en soucie jusqu'aux années 60, qui marquent le début d'une nouvelle ère en matière de «civilisation des loisirs». La pêche à la ligne connaît alors un engouement croissant, et l'on commence à s'intéresser aux énormes truites qui ont prospéré dans les réservoirs.

Un douloureux dilemme se pose alors : comment capturer ces magnifiques spécimens sans polluer l'eau à l'aide de matières putrescibles telles qu'appâts et amorces. La réponse apparaît rapidement... A la mouche, bien sûr ! Et cette technique allait susciter un tel enthousiasme – la pêche à la mouche en réservoir compte un million d'adeptes en Grande-Bretagne, qui opèrent sur 2 000 sites – qu'elle pouvait difficilement être ignorée des autres pays européens.

C'est ainsi que, dès 1980, les Français découvrent un mode de pêche fin et subtil, riche en émotions et qui permet aux moucheurs invétérés de pratiquer leur loisir en toutes saisons. Son essor est malheureusement freiné par la faible densité de réservoirs disséminés dans notre pays.

LA PÊCHE AU STREAMER

Les streamers et diverses mouches -leurres, très utilisés en réservoir à cause de leur emploi aisé et de leur efficacité (ils sont responsables de la majorité des prises), sont nombreux et diversifiés. Hormis quelques modèles qui ressemblent vaguement à un alevin, la plupart de ces «mouches» n'évoquent rien qui puisse présen-

LES POSTES ET L'APPROCHE

En réservoir, les truites n'occupent pas de postes définis. Elles évoluent sur toute la surface du plan d'eau, à des profondeurs variables selon la température du milieu, la luminosité, la présence ou non de vagues et la localisation des sources de nourriture. Il est donc important de pouvoir lancer loin de manière à exploiter toute la hauteur de la colonne d'eau, d'où la nécessité d'un matériel spécifique. Selon que l'on pratique à l'aide de streamers et autres mouches-leurres, de mouches noyées ou de nymphes, les montages et l'action de pêche seront différents.

Une grande discrétion est encore une fois de rigueur. Évitez donc les progressions bruyantes sur les rives, les chocs dans le bateau, les lancers plaqués brutalement, un bas de ligne qui scie la surface de l'eau lors de la récupération. En effet, il faut savoir que la ligne latérale des Salmonidés perçoit parfaitement toute vibration anormale, surtout en eau close. Si, dans nos rivières, les turbulences occasionnées par le courant viennent en permanence brouiller ou interférer avec les stimuli sensoriels, ce n'est pas le cas en réservoir. Cet organe est alors susceptible de déceler les plus infimes variations de pression, comme le poser d'une soie dans un rayon de 5 m, ou les vibrations émises par un bas de ligne flottant tiré sur 30 cm !

La truite arc-en-ciel mord aussi aux leurres métalliques classiques destinés à la fario.

ter une quelconque similitude avec un animal aquatique. Richement colorées, de formes parfois extravagantes, elles servent surtout à déclencher un réflexe d'agressivité et d'attaque chez la truite. Les longues fibres de poils ou de plumes produisent, lorsque le streamer est ramené par à-coups, des éclats bien tentants pour le prédateur, qui n'ont donc parfois rien à voir avec le déclenchement d'un réflexe alimentaire. Preuves en sont ces truites prises sur de très grosses imitations aux couleurs éclatantes, et dont l'estomac ne contient que de minuscules larves de Chironomidés ! Parmi les modèles les plus couramment utilisés, citons entre autres quelques célèbres streamers anglais : Muddler Minnow, Dog Nobbler, Polystickle, Marabout Muddler, Wooly Worms, Charleston, Spidder, Matuka, French Terror, Waggler.

Le matériel

- *Une canne* à truite classique utilisée en eau vive peut suffire, mais les longs lancers, impératifs en réservoir, justifient l'emploi d'un matériel adapté : canne de 9 à 10 pieds à action progressive ou à action de pointe.

Coup du soir sur un lough *irlandais... la lutte s'engage avec une belle «arc» !*

- *Le moulinet* : n'importe quel moulinet manuel à grande capacité convient parfaitement.
- *La soie* n° 7 à 8 est choisie dans les modèles plongeants lorsqu'on utilise le streamer en eau profonde (3-4 m). Elle permettra de rechercher le poisson à tous les étages.
Les Anglais, qui cherchent à lancer très loin (jusqu'à 50 m), emploient une soie spéciale à haute densité, très courte (9 m), appelée *shooting head*. Elle est reliée à un *backing* de 50 m ou *running line*, constitué par un fil de nylon spécial de section plate (il s'emmêle peu mais occasionne un frottement prononcé sur les anneaux) ou cylindrique (frottement atténué). Au moment du lancer, ce *backing* est lové aux pieds du pêcheur dans un «panier» spécial prévu à cet effet. Le *shooting head* assure une meilleure pénétration dans l'air en raison de la finesse de la ligne. Une fois dans l'eau, la mouche coule en quelques secondes.
Dans certains cas particuliers, on peut utiliser des soies flottantes ou peu plongeantes. Tout est affaire d'adaptation aux lieux et aux conditions offerts par le milieu à un certain moment !
- *Le bas de ligne* : sa longueur varie selon l'utilisation prévue. Lorsqu'on pêche au streamer, il est très court (50 cm à 1 m). Constitué d'un nylon en 22 à 28/100e selon la taille de la mouche et l'encombrement des lieux, sa faible longueur permet d'entraîner rapidement la mouche à la

profondeur voulue (une soie plongeante descend à 2 m en 7 à 8 s, alors que la mouche attachée à un bas de ligne classique de 3,50 m serait dans le même temps à environ 50 cm sous la surface !).

L'action de pêche

Un premier impératif : maîtriser parfaitement le lancer en double traction, qui permettra d'atteindre une distance d'au moins 25 m. En effet, les truites évoluant à des profondeurs variables, il faudra, pour explorer toutes les tenues, lancer le plus loin possible de la rive afin de faire travailler le leurre au plus profond dès le début de la récupération. Le streamer est ensuite ramené par saccades imprimées de la main gauche, qui tirent la soie en brassées lentes et irrégulières. On procède en pêchant l'eau au hasard, ou plus méthodiquement en opérant en éventail, suivant le fameux précepte anglais : *Cast, pray and retrieve !* (lance, prie et récupère).

Pour prospecter les secteurs à fonds encombrés riches en herbiers, certains pêcheurs utilisent des soies très lourdes, possédant une âme en plomb *(lead core line)*, prolongées par un bas de ligne court (1 m) auquel est fixée une mouche flottante de type Muddler. Le modèle, sous l'action de tirées successives, progresse par bonds au-dessus des herbiers dans lesquels la soie est complètement enfoncée. Il existe également des modèles de streamers destinés à pêcher en surface, à l'aide d'une soie autoflottante ! Il s'agit entre autres du célèbre Polystickle de Richard Walker, qui imite un alevin co-

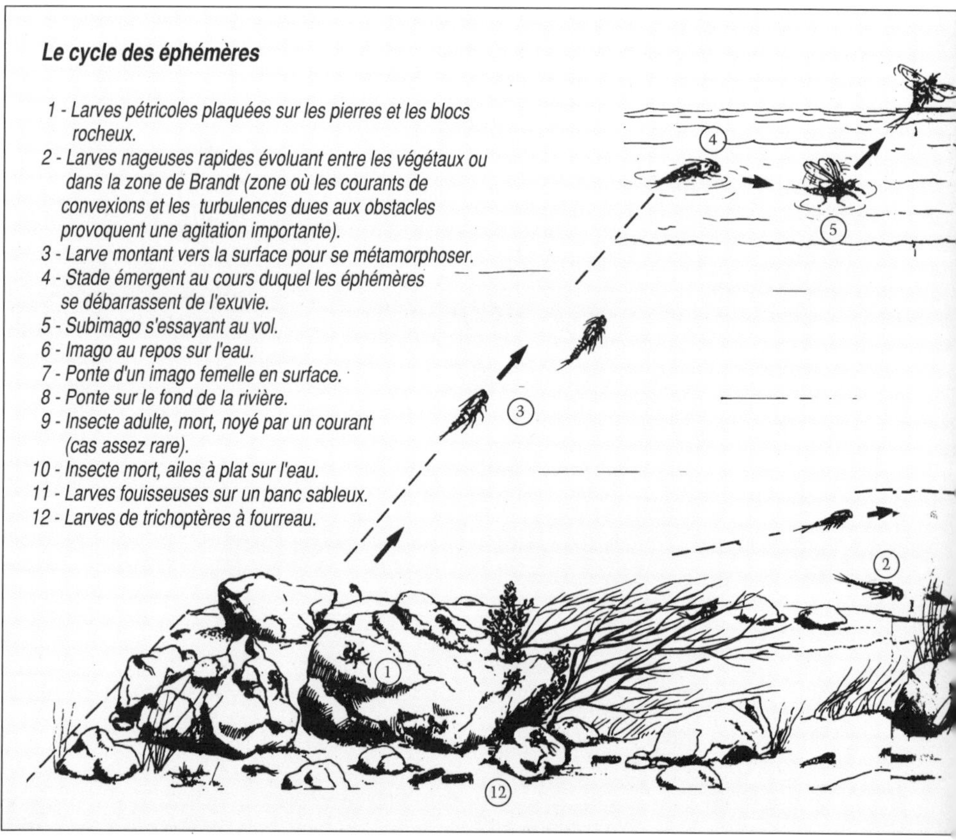

Le cycle des éphémères

1 - Larves pétricoles plaquées sur les pierres et les blocs rocheux.
2 - Larves nageuses rapides évoluant entre les végétaux ou dans la zone de Brandt (zone où les courants de convexions et les turbulences dues aux obstacles provoquent une agitation importante).
3 - Larve montant vers la surface pour se métamorphoser.
4 - Stade émergent au cours duquel les éphémères se débarrassent de l'exuvie.
5 - Subimago s'essayant au vol.
6 - Imago au repos sur l'eau.
7 - Ponte d'un imago femelle en surface.
8 - Ponte sur le fond de la rivière.
9 - Insecte adulte, mort, noyé par un courant (cas assez rare).
10 - Insecte mort, ailes à plat sur l'eau.
11 - Larves fouisseuses sur un banc sableux.
12 - Larves de trichoptères à fourreau.

loré. On utilise ce leurre lors des grands rassemblements d'alevins qui se produisent à la fin de l'été et donnent lieu à des chasses spectaculaires au-dessus des herbiers, sous une faible pellicule d'eau. La «mouche» est lancée au-delà des chasses, marquées par les giclées de poissonnets hors de l'eau, puis ramenée par saccades juste sous la surface.

LA PÊCHE À LA MOUCHE NOYÉE

Là encore, on joue sur les réflexes d'agressivité du poisson en présentant des mouches dites «attractives», c'est-à-dire très colorées et ornées d'éléments brillants (ce sont les plus efficaces !). Ces modèles ne ressemblent vraiment pas à grand-chose, et surtout pas à un quelconque alevin ou insecte aquatique. Elles sont surtout utilisées par temps couvert et pluvieux, lorsqu'un vent d'ouest bien établi agite la surface des lacs d'un clapotis irrégulier, ou en l'absence totale d'éclosion.
La mouche est ramenée par saccades juste sous la surface.
Les modèles les plus couramment utilisés sont les suivants : Alexandra, Butcher, Peter Ross, March Brown, Zulu, Whickam's Fancy, Coachman, Mallard & Claret. Le bas de ligne est plus long, de l'ordre de 2,50 à 3 m.

Les invertébrés aquatiques et leurs imitations exactes

Les vrais puristes de la pêche en réservoir ignorent streamers, leurres à plumes et à

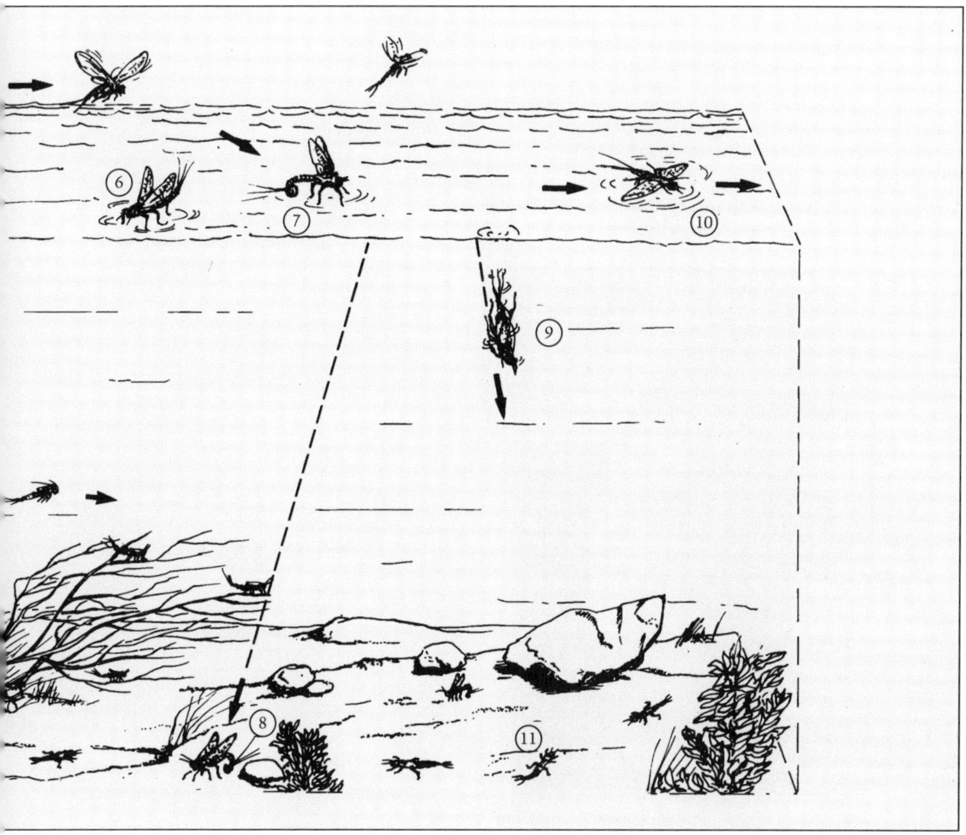

poils ou autres mouches attractives. Persuadés que seule une imitation parfaite des différentes formes d'invertébrés constituant la base alimentaire des truites stimule réellement leur gourmandise, ils parviennent à réaliser des chefs-d'œuvre plus vrais que nature. Il faut bien admettre que les poissons, en réservoir, ont tout loisir d'examiner la mouche présentée (contrairement à leurs congénères peuplant les eaux vives, qui attaquent des leurres passant à grande vitesse), d'où une méfiance accrue. Il n'est pas pour autant obligatoire de réaliser des imitations parfaites si l'on compte réussir à la nymphe. La présentation, la récupération et l'animation de l'artificielle revêtent une importance beaucoup plus grande que le modèle en lui-même.

L'action de pêche

Elle est identique à celles précédemment décrites. Seules les artificielles changent ; ce sont des nymphes montées sur 12/100e, imitant des larves de Chironomidés *(Midges pupae)*, d'éphémères, de Trichoptères, voire de gammares et autres créatures aquatiques (mollusques). On utilise une soie en double fuseau, associée à un bas de ligne très long de 4,50 m.

L'arc-en-ciel mord aussi au vairon casqué !

BIOLOGIE-ÉCOLOGIE

Description

La truite arc-en-ciel, connue depuis 1836 sous le nom de *Salmo gairdneri* (du nom du Dr. Gairdner qui étudia ce poisson dans les rivières de la côte ouest américaine) va changer de nom. Ainsi en a décidé la Société américaine d'ichtyologie lors de son dernier congrès : l'espèce sera rattachée à la famille des saumons du Pacifique (genre *Oncorhynchus*) plutôt qu'à celle de truites (genre *Salmo*) sur la base de considérations morphologiques, génétiques et physiologiques.

Ressemblant à notre truite indigène de rivière, elle s'en distingue par une tête plus courte dotée d'une bouche moins fendue. Le corps est couvert de petites écailles en nombre plus important que chez la fario (135 à 150 le long de la ligne latérale).

Coloration

La couleur de sa robe est caractéristique. Les flancs, gris argenté, sont constellés de petits points noirs qui s'observent également sur les nageoires. Une bande irisée rosâtre à pourpre, plus ou moins visible, souligne la ligne latérale.

La coloration peut varier considérablement selon les souches importées. Ces dernières ont en effet subi de nombreuses hybridations entre, notamment, deux formes : *Salmo shasta* et *Salmo gairdneri irideus*, migratrice anadrome. La truite arc-en-ciel peut atteindre des tailles considérables lorsqu'elle occupe des milieux favorables, de l'ordre de 80 cm pour un poids de 8 kg.

Habitat

Il est identique à celui de la truite fario. Elle se montre moins exigeante en ce qui concerne la température de l'eau, qui peut atteindre en surface 26 à 28 °C, et l'oxygénation. On l'élève facilement en eau de mer, où sa croissance est nettement plus rapide.

Régime alimentaire

Identique à celui de la truite fario.

DE LA TRUITE ARC-EN-CIEL

La truite arc-en-ciel s'est très bien acclimatée dans certaines rivières européennes, notamment en Autriche. La Traün offre des possibilités fabuleuses de capture.

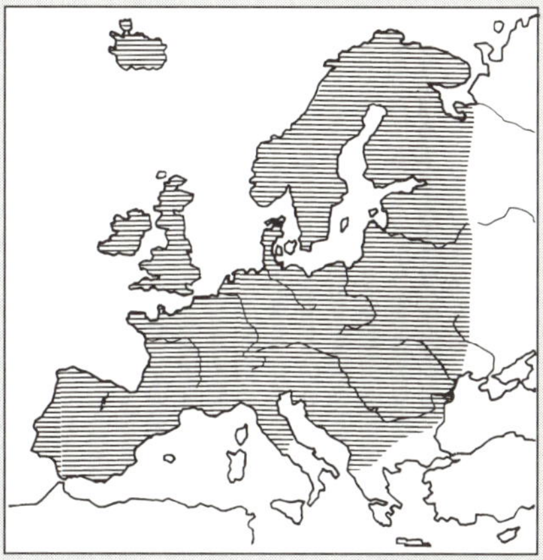

Répartition

Originaire d'Amérique du Nord, la truite arc-en-ciel a été importée en Europe en 1880. Massivement élevée en pisciculture, elle s'est très peu acclimatée en milieu naturel et ne se reproduit en France que dans quelques sites précis des Pyrénées. En Autriche, son introduction a été un véritable succès et d'énormes «arc» se reproduisent sur les fameux parcours de la Traün.

Reproduction

La truite arc-en-ciel atteint sa maturité sexuelle à 2 ans. Dans son pays d'origine, la période de frai s'étale de novembre à mars selon la température de l'eau. Chaque ponte comporte environ 3 000 à 4 000 œufs. En Amérique du Nord, de nombreuses souches de truites arc-en-ciel sont migratrices anadromes, comme les saumons du Pacifique appartenant au genre *Oncorhynchus*. La durée d'incubation des œufs est d'environ 2 mois pour une température de 7 °C. La vésicule vitelline se résorbe en 1 à 2 mois.

Comportement

Identique à celui de la truite fario. Les «truites-portions» introduites dans quelques cours d'eau en vue de satisfaire une certaine clientèle de pêcheurs sont totalement inadaptées à la survie en milieu naturel. Peu méfiantes, elles donnent une piètre image de la vraie souche, sauvage, rusée et combative en diable !

BIOLOGIE-ÉCOLOGIE

Omble chevalier (*Salvelinus alpinus*)

Saumon de fontaine en parure nuptiale.

Description

Il existe dans le monde une trentaine de variétés d'ombles chevaliers dont certaines sont indiscernables. La forme peuplant nos lacs ressemble vaguement à une truite. Elle s'en distingue entre autres par une nageoire caudale plus échancrée. La coloration varie selon les souches et les milieux. Le dos, généralement vert sombre (la variété du lac de Neuchâtel, en Suisse, est jaune !), contraste avec des flancs gris bleuté parsemés de taches blanches caractéristiques plus petites que chez le cristivomer. Le ventre, blanc rosé, devient rouge vif, ainsi que toutes les nageoires inférieures, en période de reproduction. La présence d'un liseré blanc en bordure des nageoires pelviennes et anale désigne également l'espèce comme un omble. La taille moyenne, de 30 à 40 cm pour un poids de 400-500 g, peut atteindre 10 kg pour 80 cm chez les formes arctiques, migratrices anadromes.

Habitat et répartition

Les formes arctiques sont migratrices anadromes. En France, l'omble chevalier est présent dans les grands lacs alpins (lac Léman...) où il aurait été enfermé lors des dernières glaciations. Il a été introduit avec succès dans de nombreux lacs de haute altitude où, malheureusement, ses populations demeurent souvent naines, ne dépassant guère les 25 cm. C'est un poisson de grand fond qu'on peut rencontrer au-dessous de 100 m.

Régime alimentaire

L'omble chevalier se nourrit de crustacés planctoniques, de mollusques et autres invertébrés. Les gros sujets chassent également les alevins.

Reproduction

La maturité sexuelle est atteinte à 3 ans chez le mâle, 6 ans chez la femelle. La reproduction se déroule de l'automne jusqu'au milieu de l'hiver selon les régions. Elle donne lieu à une migration verticale, les géniteurs quittant les grandes profondeurs pour venir près des rives. Les œufs, de 3 000 à 4 000 par kilo, sont déposés sur un substrat balayé par un léger courant afin d'éviter les dépôts de sédiments. Ils incubent en 90 jours à une température de 5-6 °C. L'hybridation omble chevalier/saumon de fontaine donne des sujets féconds.

Comportement

Fondamentalement grégaire, l'omble chevalier est sédentaire dans nos lacs.

Omble chevalier.

DES OMBLES PRÉSENTS EN FRANCE

Saumon de fontaine (*Salvelinus fontinalis*)	**Cristivomer** *(Salvelinus namaycush)*
Contrairement à une appellation quelque peu fantaisiste, cette espèce n'est pas un saumon mais un omble, comme en témoigne la présence d'un liseré blanc qui borde les nageoires pelviennes et anale. La tête, massive, est pourvue d'une bouche largement fendue, aux mâchoires puissantes, désignant le grand prédateur. C'est surtout à la coloration de sa robe qu'on reconnaît le saumon de fontaine. Le dos, vert sombre, est toujours vermiculé de blanc ou de vert pâle. Les flancs sont parsemés de taches jaunâtres et de minuscules ponctuations rouges entourées de bleu, très typiques de l'espèce. Le ventre, habituellement blanc rosé, devient rouge vif en période de reproduction, ainsi que les nageoires inférieures, pelviennes, pectorales et anale. En raison de sa faible longévité (4-5 ans), la taille du saumon de fontaine ne dépasse guère 50 cm pour un poids de 2 kg.	Le corps, puissant et fusiforme, est doté d'une tête conique dont la gueule, largement fendue, est pourvue de mâchoires très puissantes. On reconnaît le cristivomer à sa nageoire caudale très échancrée, à ses flancs gris verdâtre constellés de nombreux points jaunes caractéristiques, de dimensions variables, que l'on retrouve également sur les opercules. Le dos, gris-vert, est marbré de jaune. Le cristivomer ne dépasse guère dans notre pays la taille de 40 à 50cm pour un poids de 2-3 kg. Le record d'Europe est de 1,05 m pour 12,5 kg. Dans son pays d'origine, un spécimen extraordinaire de 52 kg aurait été capturé !
Le saumon de fontaine a été introduit en Europe au siècle dernier (1860), où il s'est bien acclimaté dans les lacs d'altitude et leurs émissaires, ainsi que dans quelques cours d'eau de plaine bien oxygénés. Son habitat est semblable à celui de la truite fario. Il aime les eaux froides, ne dépassant pas 12-14 °C.	Importé d'Amérique du Nord, le cristivomer a été introduit dans certains lacs pyrénéens puis alpins (lac de Tignes) à partir de 1954. Les opérations d'alevinage ne sont plus renouvelées dans les eaux situées dans le Parc national des Pyrénées, en raison de sa tendance à faire disparaître les truites autochtones. Il s'établit volontiers dans les émissaires des lacs (jusqu'à 2 500 m) dès que la température ne dépasse pas 15 °C.
Très polyphage, prédateur vorace, c'est un concurrent sérieux de la truite, qui adopte le même régime alimentaire. Il monte volontiers en surface pour gober sedges et imagos d'éphémères.	Le plus omnivore des Salmonidés s'intéresse à toutes les proies qui passent à sa portée, y compris les truitelles. Il se montre volontiers cannibale.
La maturité sexuelle est atteinte à 2 ans chez les mâles, 3-4 ans chez les femelles. La ponte, généralement nocturne, a lieu de fin octobre à janvier sur des frayères de graviers fins. Elle est exceptionnelle dans nos régions et seuls des alevinages réguliers permettent de maintenir une certaine densité de population. La femelle dépose 500 à 2 000 œufs par kilo, qui incubent en 4 mois environ.	La maturité sexuelle, tardive, est atteinte à 7 ans chez les deux sexes. Chaque femelle pond 1 000 à 2 000 œufs par kilo, dont la durée d'incubation est de 90-100 jours pour une température de 5 °C.
Le saumon de fontaine adopte le même comportement individualiste et territorial que la truite. Il semble toutefois plus agressif et moins méfiant que cette dernière, et offre donc une prise plus facile pour le pêcheur.	Grégaire, le cristivomer évolue en petits groupes d'individus de même taille. Les gros sujets, souvent très agressifs, demeurent solitaires. Lucifuge, il effectue des déplacements verticaux dans la colonne d'eau, selon l'intensité de l'éclairage.

LES PÊCHES DES OMBLES

Ce pêcheur peut être fier d'une prise rare et combative : le cristivomer.

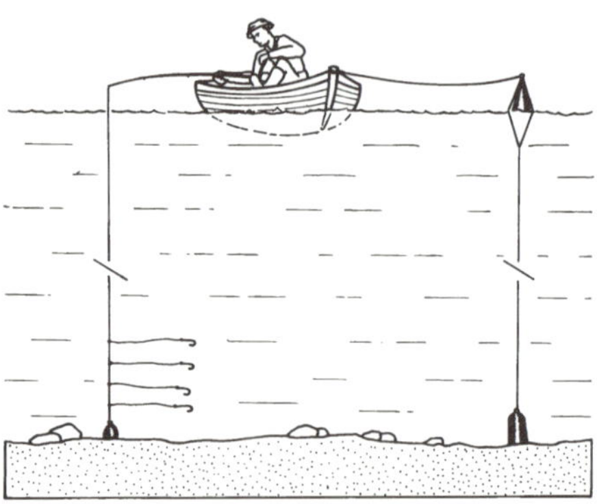

Pêche de l'omble chevalier à la sondée, dans les grands lacs alpins. Le montage comprend plusieurs potences armées des petits leurres (imitation de larves de Chironomidés) qui sont animés par une action de dandine au ras du fond.

Trois cuillers ondulantes lourdes destinées à pêcher l'omble chevalier à la traîne

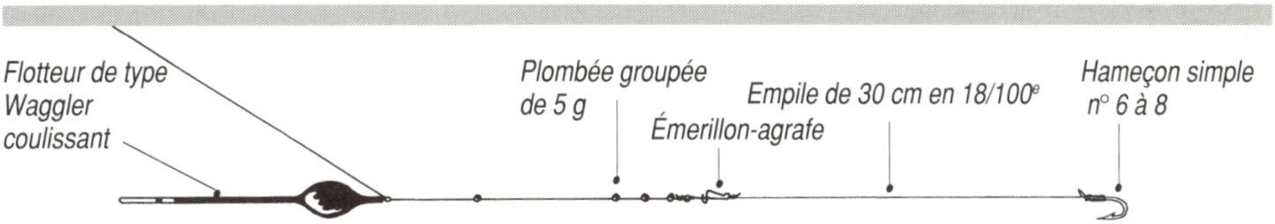

Montage destiné à pêcher le saumon de fontaine ou le cristivomer au vairon vivant, dans les lacs d'altitude. Une canne à l'anglaise rend de fiers services pour des lancers moelleux à longue distance.

Pêche à la traîne

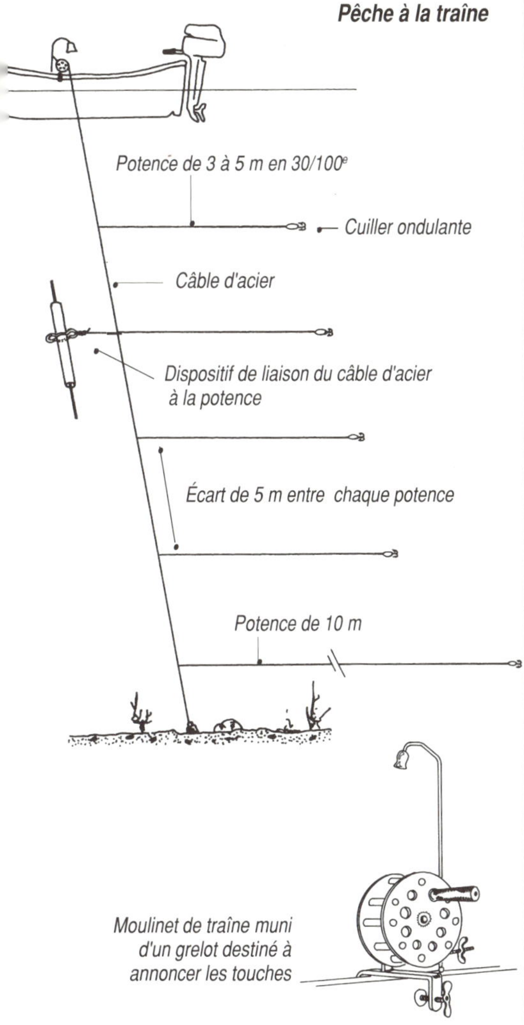

L'action de pêche consiste à traîner à faible vitesse sur des fonds favorables (50 à 80 m) en décrivant des huit tout en réglant la profondeur de manière à faire évoluer le plomb au ras du fond.

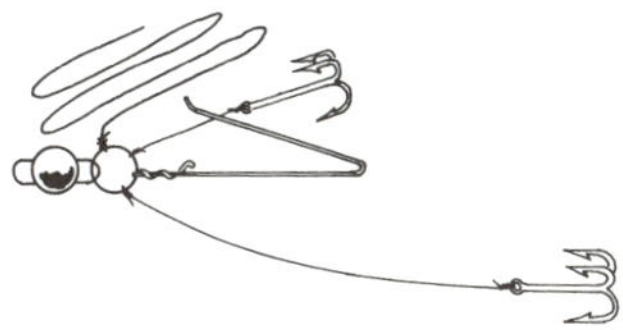

Monture à poisson mort à plombée articulée en tête type mini-Drachko. Ce type de monture est parfait pour prospecter les grands fonds des lacs d'altitude à la recherche du cristivomer. Ce dernier, lucifuge, se réfugie en effet souvent en profondeur en pleine journée et par un grand soleil. L'aube et le crépuscule constituent les instants privilégiés pour sa pêche, lorsqu'il rejoint la surface en quête de nourriture.

Le saumon de fontaine a été introduit dans certains cours d'eau et lacs d'altitude. On le pêche à l'aide des mêmes leurres et appâts que ceux destinés à la truite. Il se montre toutefois beaucoup plus vorace et moins méfiant !

LA PÊCHE À LA MOUCHE DE LA TRUITE ET DU SAUMON DE FONTAINE

La pêche à la mouche connaît aujourd'hui un engouement spectaculaire auprès d'un nombre croissant de pêcheurs soucieux de préserver une certaine éthique sportive. Ce n'est pas seulement l'élégance du geste, la recherche d'une certaine difficulté qui incitent tous ces passionnés à se livrer à cette merveilleuse activité de plein air. Une meilleure approche des problèmes liés à l'eau, la connaissance de l'écologie des poissons, la prise de conscience de la nécessité de préserver un environnement naturel irremplaçable demeurent aussi le souci constant du pêcheur moderne au fouet. Ces nouvelles motivations se sont traduites par la création de clubs tel le TOS (Truite-Ombre-Saumon), qui œuvrent pour une meilleure gestion des populations de Salmonidés, pour des aménagements de cours d'eau adaptés, pour la diffusion de bulletins informatifs concernant l'écologie d'un lieu qui nous est précieux : la rivière. Nous sommes bien loin de cette technique réservée à une élite fortunée et snob ! A travers un mode de pêche qui demande avant tout un sens aigu de l'observation, le moucheur développe un véritable amour pour l'eau, sa flore, sa faune. Les premiers pas du pêcheur débutant sont aujourd'hui facilités par la création d'écoles de pêche, où il peut s'initier aux règles de base du lancer de l'artificielle et apprendre quelques rudiments d'hydrobiologie. Son apprentissage sera d'autant plus rapide et agréable qu'il pourra suivre, durant quelques séances au bord de l'eau, un «maître» attentionné et pédagogue.

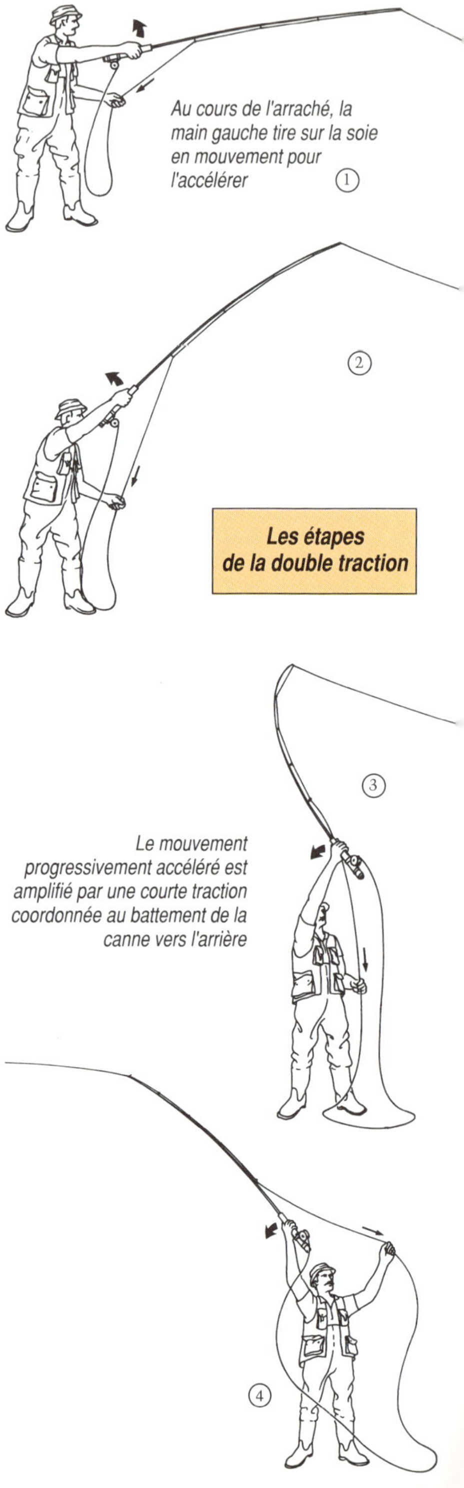

En fin de lancer arrière, la main gauche restitue la soie tirée lors du lancer avant

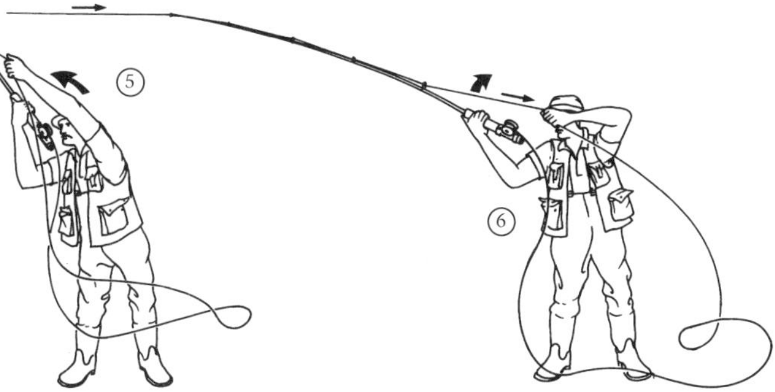

La deuxième traction intervient sur la soie bien tendue vers l'arrière (6 et 7)

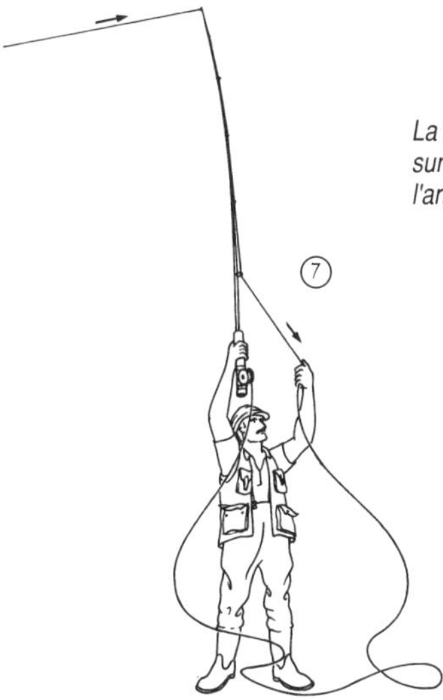

Le lancer avant suit immédiatement

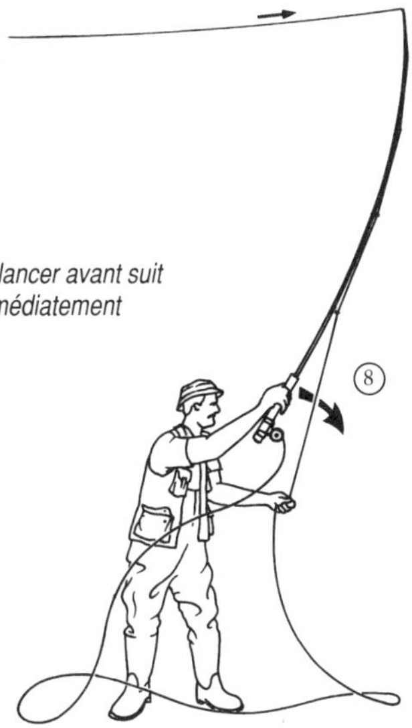

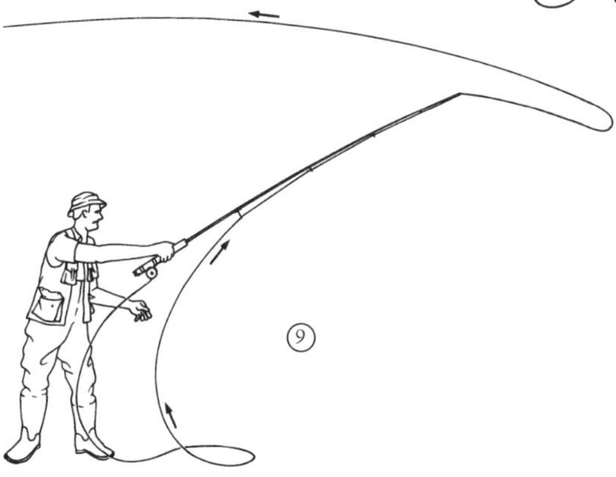

La soie lancée à grande vitesse forme une boucle serrée qui se déroule vers l'avant. Quand elle est totalement déployée, elle possède une grande énergie, capable d'entraîner une réserve de 6 à 7 m de soie lovée sur le sol

A la manière de la truite fario, le saumon de fontaine monte volontiers en surface gober un insecte à la dérive.

LA PÊCHE À LA MOUCHE SÈCHE

Elle se pratique surtout à la faveur des éclosions d'invertébrés qui se déroulent d'avril à septembre... occasionnellement dès l'ouverture, à la faveur d'un redoux ou avec l'apparition d'un rayon de soleil. Ces métamorphoses se produisent en grand nombre en juin-juillet, mois préférés des moucheurs au cours desquels la plupart des grands ordres d'insectes qui nous intéressent, éphémères, Trichoptères, Plécoptères ou Diptères, quittent le fond de la rivière pour gagner l'air libre sous leur forme parfaite. Ces instants magiques, qui voient une foule ailée entamer un ballet aérien endiablé au-dessus de l'eau, se reproduire puis mourir, sont parfois très brefs, et de plus en plus rares, sans doute en raison de la raréfaction de la microfaune aquatique due à la pollution.

Parallèlement, dans les rivières surpêchées, les truites devenues méfiantes et très sélectives hésitent à profiter de cette manne providentielle disponible en surface... et les gobages se font de plus en plus rares et parcimonieux. La grande tradition de la mouche sèche est née au XIXe siècle en Angleterre, où un cercle très fermé de «gentlemen» a commencé à assouvir cette passion sur les *chalk-streams* des comtés du Sud, ainsi que sur les rivières écossaises. Ce mode de pêche a ainsi longtemps été réservé à quelques rares initiés, à l'éthique sportive irréprochable, certes, mais dont le purisme, associé à un langage incompréhensible au profane, pouvait prêter à sourire.

Aujourd'hui, la pêche à la mouche s'est démocratisée. Elle est pratiquée par un nombre grandissant d'amateurs.

Le matériel

- *La canne :* sa longueur dépend du type de cours d'eau prospecté. Pour exploiter au mieux les coups difficiles situés dans les ruisseaux, le long des bordures plantées d'arbres des petites rivières, une canne courte, de 6 à 7,5 pieds, est recommandée. Une canne de 9 à 9,5 pieds peut prendre le relais dans les rivières larges qui obligent le pêcheur à effectuer des lancers plus longs et un meilleur contrôle de la dérive de la soie en retardant le dragage. Une bonne canne polyvalente mesure 8 à 8,5 pieds. L'action dépend plutôt de la constitution du pêcheur. Les «gros costauds»

préfèrent une canne raide à action rapide. Une canne à action parabolique, plus polyvalente, convient mieux aux débutants.
- *Le moulinet :* un moulinet manuel, plus léger, équilibre mieux la canne et limite la fatigue du poignet lors des lancers. Dans les petits ruisseaux et les rivières rapides, un moulinet automatique permet de récupérer très rapidement la soie.
- *La soie,* en double fuseau autoflottante, est choisie dans les numéros 3 à 6 selon la puissance et la longueur de la canne.
- *Le bas de ligne,* en «queue-de-rat», est en nylon ou tressé. D'une longueur de 3 à 3,50 m, il est terminé par une pointe de 1,30 à 1,80 m en 18 à 8/100e selon la taille des mouches employées et la clarté des eaux. Il faut savoir qu'une grosse mouche vrille un nylon trop fin et qu'une pointe trop forte bride la dérive d'une petite artificielle. A vous d'adapter le diamètre du nylon en fonction de la taille de la mouche. Une pointe de 16/100e est bien adaptée à des mouches montées sur hameçon n° 12 ou 14. Un hameçon de 20 sera monté sur 8 ou 10/100e.

Les mouches

Par nature, et sans aucun doute en raison d'une longue tradition orale et écrite, les moucheurs adorent la complication et s'imposent des règles qui prêtent parfois à sourire. Ainsi, une encyclopédie ne suffirait certainement pas à décrire toutes les mouches pensées et montées avec art par les plus illustres pêcheurs. Chaque modèle est souvent le fruit d'une expérience personnelle, adaptée au départ à des conditions locales et qui, par la suite, se révèle tout à fait efficace sur la plupart des cours d'eau. Ne pêche-t-on pas avec succès dans nos rivières avec des artificielles imaginées par des monteurs britanniques ! Il existe des pêcheurs entomologistes, partisans de la mouche exacte, qui se promènent au bord de l'eau les poches encombrées de centaines de modèles. Absorbés par le cruel dilemme du choix de l'artificielle au cours de chaque éclosion, ils ne savent pas profiter des courts instants où la truite est mordeuse. Inversement, il existe des partisans de la mouche unique qui réussissent tant bien que mal tout au long de la saison avec un seul modèle.
Une position raisonnable est adoptée par celui qui sait se montrer adroit et observateur. Selon la majorité des pêcheurs, la taille et la silhouette d'un modèle, qui traduisent son stade d'évolution (ailes couchées ou dressées, par exemple) semblent plus importantes que la couleur. Au cours de grandes éclosions où les truites peuvent se montrer très sélectives, il est donc nécessaire de tenir compte du niveau de flottaison. Lorsque le poisson se nourrit d'imagos qui se tiennent haut au-dessus de l'eau et s'envolent à chaque instant, il est essentiel de proposer le modèle correspondant. En fin d'éclosion, la truite peut se lasser de ces proies dont la capture est difficile et va centrer sa prédation sur les formes mortes qui dérivent ailes écartées, ou Spent. Seul l'observateur minutieux saura remarquer ce phénomène et changer l'artificielle. Il arrive aussi que des refus systématiques soient enregistrés sur des mouches pourtant bien présentées, alors que les gobages sont nombreux. La truite se nourrit de nymphes collées dans le film superficiel de la surface, prêtes à l'envol. A nous de choisir le modèle adéquat... et surtout d'avoir su comprendre les raisons du refus !
Si la taille et la silhouette sont importantes, la discrétion du posé et la qualité de la présentation le sont tout autant, surtout dans des eaux calmes et des courants lents où le poisson dispose de tout le temps nécessaire pour déceler un éventuel piège.

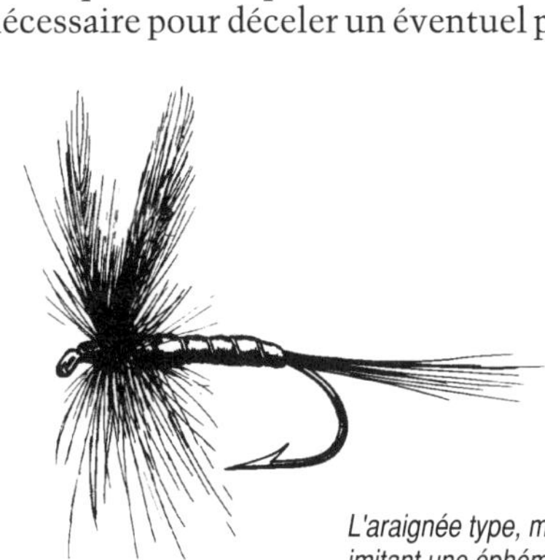

L'araignée type, modèle imitant une éphémère

Toutes ces théories n'avancent guère le débutant qui souhaite s'adonner à la pêche à la mouche. Nous allons donc proposer quelques modèles de base adaptés à toutes les situations, et qui devraient suffire amplement pour faire ses premiers pas.
- *Les araignées :* censées représenter des éphémères, elles conviennent en toutes saisons, montées sur des hameçons n° 12 à 16. Le modèle de base est gris à corps jaune. On peut également posséder quelques imitations rousses ou noires à corps olive. Les araignées simples de chez Devaux, Poirot, Guy Plas conviennent très bien.
- *Les sedges* : ils représentent la forme parfaite des Trichoptères libres ou à fourreau. Ils éclosent en grand nombre de juin à septembre et sont responsables de fameux coups du soir. Leurs ailes disposées en toit sont caractéristiques. De couleur neutre, gris, roux ou brun foncé, ils sont montés sur hameçon n° 10 à 16.
- *Les palmers* : ils imitent n'importe quel insecte ailé tel que mouche de maison, petit bourdon... et sont de véritables «sauve-bredouille» en certaines circonstances. Montés sur hameçon n° 12 à 18, ils sont bicolores ou tricolores (gris-noir-roux). La French Tricolore de Bresson a pris des milliers de poissons... et ce n'est pas fini !
- *Les moucherons et fourmis*, roux ou noirs, montés sur hameçon n° 16 à 20, sont réservés aux journées estivales chaudes et ensoleillées, ainsi qu'à certains coups du soir fameux ! Il est important de réaliser le petit abdomen renflé de la fourmi.
- *De nombreuses mouches très rustiques* ont été créées spécialement pour faire face à la plupart des situations, et conviennent notamment fort bien en l'absence de gobage. Ce sont les mouches d'ensemble. Parmi les modèles précédemment décrits, citons la French Tricolore de Bresson, quelques araignées d'Aimé Devaux, des petits sedges roux, la Paysanne de Ragot montée sur hameçon n° 14, les très célèbres et incontournables «culs-de-canard», réalisés à partir du duvet de croupion de canard graissé en permanence par l'oiseau, et qui flottent à la perfection. Il faut réserver une mention particulière pour la Peute de Bresson, qui ne ressemble à rien d'autre qu'à une vague guenille de plume. Il s'agit pourtant d'une mouche extraordinaire, convenant aussi bien en surface que légè-

La pêche à la mouche dans les petits ruisseaux (ici en Montagne Noire, dans le sud du Tarn) exige une approche prudente et une parfaite précision des lancers. La canne courte de 6 pieds utilisée par ce pêcheur est parfaite pour ce genre de situation.

Le parfait contrôle de la dérive d'une mouche sèche dans des courants puissants tels ceux des gaves (ici le gave de Pau) n'est pas toujours aisé. Compte tenu des turbulences, les truites sont toutefois souvent moins sélectives.

rement «mouillée» (en émergente) lorsque les truites se nourrissent de nymphes prises dans le film superficiel. Dans les *loughs* irlandais, au coup du soir, c'est ce modèle accompagné de quelques affreux «culs-de-canard» qui m'ont permis les plus belles pêches alors que les truites, qui se nourrissaient sous la surface, refusaient systématiquement les nymphes les mieux montées ! N'aimant pas la complication, j'avoue que j'éprouve la plus grande admiration pour ce monteur de talent qui a su faire des modèles dont la réalisation est simple (c'est tout de même un avantage !) et qui demeurent parmi les plus efficaces.

N'oublions pas dans notre boîte quelques Spent (mouches aux ailes écartées à plat qui imitent les insectes morts), ainsi que des mouches de mai (Panama montées sur hameçon 10 à 12), à réserver aux éclosions de grands éphémères (*Ephemera vulgata* et *danica*).

L'action de pêche

L'une des méthodes les plus communément employées est la pêche sur les gobages. Ce n'est pas forcément la plus aisée car les truites se montrent parfois très sélectives, notamment lorsque plusieurs groupes d'insectes éclosent au même instant. Il faut alors déterminer avec exactitude celui qui est pris. Sur une même espèce, le poisson peut également centrer sa prédation sur un stade particulier de la métamorphose : nymphe située dans le film superficiel qui se débarrasse de l'exuvie, insecte parfait qui volette au-dessus de l'eau, forme morte qui dérive au gré des courants. L'attente des gobages peut également se révéler fastidieuse. Une

Pêche à la mouche dans les magnifiques «marmites» du gave de Cauterets. Les dalles de granit glissantes obligent à une progression prudente sur les rives.

fois les signes d'activité en surface repérés, il est inutile de se précipiter sur le premier mouvement d'eau aperçu. Il faut attendre que le poisson répète son gobage, qui se déroule selon un rythme précis et sur une surface déterminée, en tâchant de repérer l'insecte qui excite sa gourmandise afin de proposer un modèle ressemblant. Toute la science du pêcheur à la mouche consiste d'abord en une observation minutieuse de ces phénomènes. Il ne perd pas son temps car il apprend ainsi les secrets de la rivière et du comportement des poissons.

Après avoir sélectionné la bonne artificielle, le pêcheur s'approche lentement et discrètement le plus près possible de la truite repérée. Une dizaine de mètres est la distance idéale qui permet de passer inaperçu, sans pour cela déployer une longueur de soie trop importante qui peut faire rater le ferrage. Au-delà, les risques de mal poser la mouche, à l'écart de la «lucarne» de prise ou, pire, sur la truite, sont plus élevés. Les faux lancers sont effectués en retrait du poisson qui surveille la surface, sur un plan invisible à son champ d'observation afin de ne pas l'effrayer. Un posé en douceur, dans le rythme des gobages, est aussi important que la précision du lancer. En effet, la plupart des refus sont dus à un défaut de présentation. La mouche doit parvenir en amont du gobage, dans l'axe où le poisson prend sa nourriture, ou plus exactement sur la veine d'eau qui lui apporte les insectes à la dérive. La difficulté consiste maintenant à faire en sorte que l'artificielle dérive le plus naturellement possible. Un posé courbe ou en zigzag (le posé «accordéon»), selon la configuration des postes, retarde les effets de dragage. En cours de dérive, la soie est récupérée de la main gauche pour éviter un mou néfaste à l'instant du ferrage. Si l'artificielle est refusée, on relève la canne en douceur une fois le poste dépassé, afin de relancer ou de changer de modèle. Le ferrage, ferme sans excès, s'effectue en tendant la soie tout en relevant la canne. Il est important de bien s'assurer de la prise de la mouche, le pêcheur enregistrant plus de ratés par ferrage anticipé que retardé.

Si les gobages sont absents (cela ne signifie pas que le poisson ne soit pas mordeur), on pêche l'eau, en insistant plus particulièrement sur les postes de bordure. Cette technique, très amusante, itinérante, beaucoup pratiquée en petite rivière et en ruisseau, peut réserver de belles surprises.

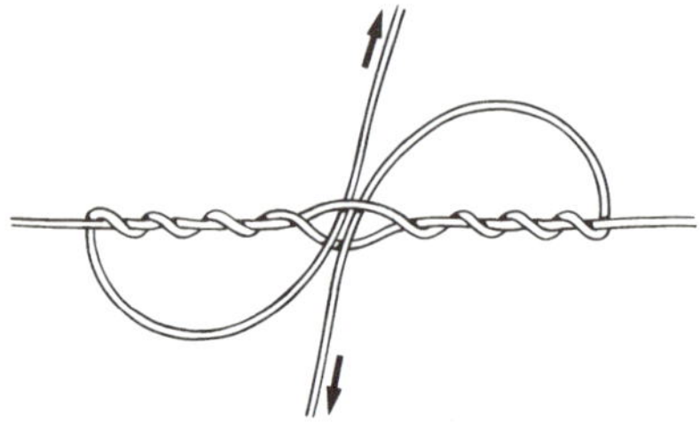

Nœud-baril, destiné à abouter les différents brins du bas de ligne

(1) 

(2) 

(3) 

Le poids de la soie est concentré vers une extrémité de la ligne, sur quelques dizaines de centimètres ou quelques mètres : il s'agit des soies Rocking taper (1), Shooting head (2) et fuseau décalé (Weight Forward : WF) (3) qui permettent de sortir de grandes longueurs de soie et de pêcher ainsi à de très longues distances.

(4) 

Double fuseau (Double taper : DT) : le plus fort diamètre, situé au milieu de la soie, décroît aux extrémités. Lorsque l'une des pointes est usée, on inverse la soie sur le moulinet.

(5)

Soie parallèle : sa finesse autorise des posers très discrets mais à courte distance. Elle est utilisée dans les rivières encombrées, pour des lancers courts mais précis destinés à des truites très sélectives.

LA PÊCHE À LA MOUCHE NOYÉE

Forme la plus traditionnelle de la pêche au fouet, la pêche à la mouche noyée ne connaît pas le succès qu'elle mérite. Rentable toute l'année, dès lors que les larves aquatiques entrent en activité, elle demeure la méthode la plus sûre pour réussir à la mouche en début de saison, ou en absence de gobage, lorsque les truites sont occupées à se nourrir au fond où elles passent, ne l'oublions pas, le plus clair de leur temps.

Le matériel

- *La canne*, assez longue (9 ou 10 pieds) a une action douce et parabolique. Sa souplesse évite la casse en jouant le rôle d'amortisseur lors de la touche.
- *Le moulinet*, manuel, est un précieux auxiliaire lors du ferrage. Son frein doit être fiable et précis.
- *La soie* peut être en double fuseau ou intermédiaire (DT4 ou DT5 selon la puissance de la canne). Certains pêcheurs préfèrent les soies naturelles parallèles, de plus en plus difficiles à trouver, dégraissées sur les 2 à 3 derniers mètres.

D'autres ne jurent que par des soies à pointe plongeante qui, si elles permettent un travail plus profond, sont difficiles à arracher en fin de dérive après un long lancer et fatiguent le nerf de la canne.

Le bas de ligne en queue-de-rat mesure 3 m environ. Sa pointe ne doit pas excéder les 15-16/100e afin de ne pas gêner l'évolution naturelle de la mouche. Une potence, supportant la dernière artificielle, longue de 7 cm, est placée à environ 80 cm au-dessus de la mouche de pointe.

Les mouches

Certaines ne ressemblent à aucune créature naturelle. D'autres, par leur forme, leur courbure, sont censées imiter divers

LE DRAGAGE

De nombreux auteurs honnissent le dragage qui, selon eux, transforme la mouche en épouvantail. C'est exact en de multiples circonstances ; pourtant, un dragage, s'il n'est pas exagéré, peut donner un semblant de vie parfois déterminant à une artificielle lorsque les truites ne s'intéressent qu'à des mouches qui bougent sur l'eau et ignorent les autres. J'ai souvent constaté qu'un sedge, en lacs et notamment lorsque la surface de l'eau est parfaitement lisse, pouvait être systématiquement refusé tandis qu'il était pris avec violence pour peu qu'il soit ramené par lentes tirées de 1 ou 2 cm, suivies de quelques tremblotements imprimés sur place. Une araignée ou un palmer peuvent être travaillés de la même façon. Les Américains nomment cette technique *skating spider* (l'araignée qui patine !).

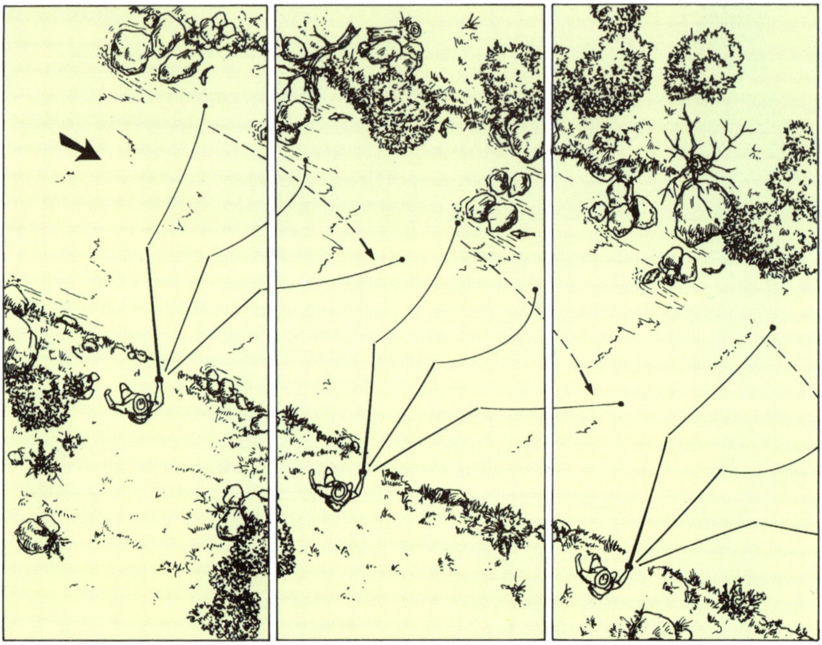

Dérive de la mouche noyée en arc-de-cercle

insectes aquatiques, crustacés ou petits alevins. Elles sont moins fournies que les mouches sèches, afin de pouvoir couler. Les *hackles* (fibres de plumes) sont souvent disposés à plat, «à l'espagnole». La mouche de pointe est plus volumineuse que la «sauteuse». Le corps gris et velu doit cependant être dense afin de bien couler, sans pour cela être lesté, ce qui nuirait à l'équilibre de l'ensemble. Les *hackles* sont d'autant plus raides que le courant est rapide. L'artificielle est montée sur hameçon n° 8 à 12. Un bon modèle polyvalent est la Pallareta, au corps massif et arrondi, montée sur hameçon fort de fer. La «sauteuse», qui se tient juste sous la surface ou sautille au-dessus (d'où son nom), est choisie parmi les types araignées ou mouches espagnoles. Plus légère et plus petite, elle est aussi moins fournie que la mouche de pointe.
Le corps, monté sur hameçon n° 12 à 14, est effilé, dans les tons jaunâtre, gris-vert, noir ou lie-de-vin. Il est réalisé à l'aide de soie de montage, en *dubbing,* ou tout simplement avec du coton à repriser.

L'action de pêche

La pêche se pratique en oblique aval. La présentation est ici encore primordiale, avec un lancer effectué en direction de la berge opposée, et un posé de la soie rectiligne. La ligne doit être tendue (sans excès) dès son arrivée sur l'eau, instant souvent choisi par la truite pour s'emparer d'une artificielle. La formation du moindre méandre nuira à l'efficacité du ferrage. Il faut veiller ensuite à un bon contrôle de la dérive vers l'aval, en arc de cercle, de manière bien entendu à présenter les mouches avant la soie.
La pointe du scion maintenue au ras de l'eau, le train d'artificielles doit évoluer le plus naturellement possible au gré du courant qui, s'il est rapide, fait vibrer les *hackles* de manière attractive sans qu'on soit obligé de travailler les leurres. Au contraire, dans un plat calme et lent, une petite animation exercée par de légères tirées sur la soie, des relâchers, des tremblotements du scion peuvent inciter une truite récalcitrante à mordre. En fin de dérive aval, la ligne est ramenée lente-

ment le long des berges. Les mouches, remontant vers la surface, sont souvent attaquées à cet instant. On peigne ainsi tous les courants, les pools, les radiers que l'on descend mètre par mètre, méthodiquement. Les faux lancers, qui sèchent mouches et bas de ligne, sont réduits au minimum.
Il est inutile de pêcher trop loin. Au-delà d'une dizaine de mètres, les décrochages sont nombreux, et en général dus à une mauvaise perception des touches ou à un ferrage retardé.
Les arrachages trop brutaux de la soie, qui fatiguent le nerf de la canne, sont à éviter.
Il est important, en cas d'insuccès, de changer fréquemment les modèles, varier les tailles et les couleurs. A moins de disposer d'un scaphandre autonome, il n'est pas toujours facile de déterminer les causes d'un refus ! Certains pêcheurs font draguer intentionnellement la sauteuse au milieu des gobages, lorsque les truites sont en activité en surface. A la moindre sensation de touche (choc ressenti dans la main gauche, arrêt de la dérive), il faut répondre par un ferrage immédiat mais sans brusquerie, pour ne pas provoquer la casse en relevant la canne.
En cours de dérive, et si la soie est correctement tendue, la truite se ferre généralement toute seule.

LA PÊCHE À LA NYMPHE

Technique très visuelle, elle est surtout pratiquée par eau basse, très claire, et s'adresse aux poissons occupés à se nourrir de larves évoluant au fond, entre deux eaux, ou sous le filet superficiel de la surface, selon leur stade d'évolution.

Le matériel

Il est identique à celui préconisé pour la mouche sèche.
En lac, où les gobages des soirs d'été traduisent fréquemment une activité de la truite occupée à avaler des nymphes situées juste sous la surface, à un stade ultime qui précède l'envol de l'insecte, une bonne canne de réservoir de 10 à 11 pieds peut permettre d'atteindre des signes d'activité situés à longue distance des rives. Ce matériel peut paraître peu orthodoxe ; il m'a toutefois permis, dans des *loughs* irlandais, d'atteindre quelques grosses truites situées à plus de 30 m des berges, observées d'un œil triste et morne par mes petits camarades, équipés de cannes de 8 pieds destinées aux rivières du Massif Central, et qui ne parvenaient pas à lancer à de telles distances. Ma canne passa donc entre toutes les mains afin que chacun soit satisfait de son coup du soir !
La soie autoflottante, classique, doit être lourde (DT6 ou 7) si on utilise des nymphes lestées. Il faut remarquer la longueur exceptionnelle du bas de ligne (4 à 5 m) et surtout sa finesse lorsqu'on opère en eau claire. Les Piam et autres virtuoses de la nymphe pêchent sur des pointes de 8/100e dans les rivières limpides de Franche-Comté.

Les nymphes

Il en existe 3 types, qui présentent en commun un thorax renflé, des couleurs ternes. Elles sont montées sur des hameçons n° 12 à 18.
- *Les nymphes de surface,* ou mouches mouillées, peu ou pas lestées, imitent les larves à leur dernier stade de développement, tandis qu'elles se débarrassent sous la pellicule superficielle des derniers lambeaux de l'enveloppe nymphéale avant d'adopter leur forme définitive. On les monte sur hameçon n° 12, 14 ou 16. Nous pouvons citer parmi les plus célèbres les oreilles de lièvre, les Pheasant Tail, les mouches-chignon qui se tiennent verticalement dans l'eau. Une boule de polystyrène maintient la tête sous la surface.
- *Les nymphes «medium»* représentent la larve qui quitte le fond, en cours de métamorphose, pour rejoindre la surface.
- *Les nymphes lestées* imitent l'ensemble des petits invertébrés aquatiques qui se déplacent sur le fond et vivent cachés sous les galets.

L'action de pêche

Voir l'ombre, la pêche à la nymphe.

Le saumon atlantique

Salmo salar

Salmonidés

Roi des poissons, le saumon est longtemps resté le privilège des rois. Aujourd'hui, grâce à une fameuse ordonnance datant du XVIIe siècle, il demeure celui des inscrits maritimes et autres passe-droits qui pillent littéralement une richesse naturelle financée par les pêcheurs à la ligne. Alors que partout hors de France le saumon, qui bénéficie de mesures de protection strictes, semble en progression, nos magnifiques souches autochtones risquent de disparaître complètement.

Un document exceptionnel : le saut d'un saumon sur l'Allagnon !

LES PÊCHES DU SAUMON

Opiniâtreté, constance, persévérance indéfectible sont les qualités les plus remarquables du pêcheur de saumon qui opère sur les rivières françaises. Les stocks de migrateurs s'amenuisent à un tel point que la traque de ce poisson de grand sport relève plus de la loterie que du savoir-faire. Pour ne citer qu'un exemple, un pêcheur à la mouche opérant régulièrement sur le haut Allier aurait aujourd'hui une chance de capturer le poisson de ses rêves... tous les 15 ans. Cela relève du sacerdoce !
Il n'en demeure pas moins que 80 % des poissons pris en Bretagne et en Normandie – où le saumon n'appartient pas encore à la légende – sont capturés par moins de 10 % des pêcheurs. Cette pêche obéit donc à des règles particulières, qu'il est essentiel d'appliquer, et requiert notamment une profonde connaissance des parcours et des arrêts du poisson. La réussite appartient à celui qui sait se montrer performant, mais qui connaît aussi chaque obstacle du fond de la rivière susceptible d'abriter un poisson, selon la saison ou l'état des eaux.

La pêche au ver

Injustement décriée par ceux qui ne la connaissent pas, la pêche au ver, à condition qu'elle soit active et non statique, est pleine de finesse. En Normandie et en Bretagne, la moitié des prises sont réalisées grâce à cette technique, utilisée par 80 % des pêcheurs. En Irlande, des hordes de gamins envahissent les berges à la faveur de chaque coup d'eau, lors des vacances estivales. Ils se précipitent en aval immédiat des chutes et, à l'aide d'un matériel rudimentaire, immobilisent au fond de la rivière de gros paquets de vers. Cette pêche «à la calée» est particulièrement productive. La pêche au ver peut aussi être pratiquée sportivement, à la manière de la truite au toc, et se montre surtout efficace lorsque toutes les autres techniques échouent, par eau forte et sale. Cet appât universel, la «mouche du jardinier» des pêcheurs anglo-saxons, est aussi utilisé avec bonheur durant les semaines qui suivent l'ouverture, sur les parcours très fréquentés, qui ont été troublés par le passage de dizaines de leurres dont le saumon finit par se désintéresser. Cette technique dérangerait moins un pool que les leurres métalliques. Pour cette raison, elle est parfois autorisée en Écosse, sur certains parcours uniquement réservés à la mouche. Très curieusement, les saumons de l'Allier s'intéressent peu au ver.

Le matériel

- *La canne* : on peut utiliser une canne télescopique à anneaux, souple, de 4,50 à 5 m, ou même une canne à mouche à deux mains.
- *Le moulinet* à tambour fixe est garni de 150 m de fil fluo en 35 à 40/100e (corps de ligne), de manière à bien suivre la dérive du ver.
- *La plombée*, située en dérivation, est formée de 2 ou 3 chevrotines, selon la force du courant et la profondeur du secteur prospecté, pincées sur un brin cassant fixé à un émerillon-pater, lui-même à 80 cm de l'hameçon.

Les Irlandais, gens résolument pratiques, donnent à ce sujet un conseil sibyllin : «Si vous souhaitez pêcher près du fond, mieux vaut rajouter un ver à l'hameçon qu'un plomb sur la ligne.»
- *Le montage* : les lombrics à tête noire sont enfilés sur un hameçon simple n° 2/0 cranté ou une monture Stewart à deux hameçons nos 2 et 4. Le premier ver est enfilé sur la hampe de l'hameçon, le second en travers, de manière à simuler l'allure grouillante de tentacules de calmar.

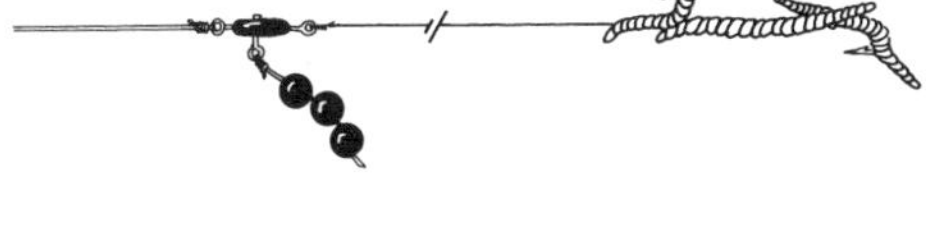

Mise en place d'un bouquet de lombrics sur une monture Stewart lestée par des chevrotines placées en dérivation

L'action de pêche

On lance souplement en direction des postes supposés, en prenant garde de faire évoluer l'esche au ras du fond pendant sa dérive. La touche peut être annoncée par un choc brutal ou des séries de «toc» imperceptibles. Dans tous les cas, la précipitation est source de ratés, le saumon pinçant le ver en travers de la gueule plusieurs secondes avant de l'engamer. On attend que le fil se déplace franchement vers l'amont ou l'aval avant de ferrer d'un mouvement ample et puissant en relevant la canne.

La pêche au poisson mort

Elle est surtout pratiquée en Bretagne, à l'aide de petits poissons blancs, de sprats ou de vairons fixés sur des montures à disque type monture de l'Aulne, auxquelles on ajoute, en amont, pincé sur le corps de ligne, un plomb-bateau de 5 à 10 g. Le lancer est effectué 3/4 amont, afin que le poisson coule à la bonne profondeur. La récupération, lente, est entrecoupée de tenues et de relâchers.

La pêche à la crevette

La crevette constitue l'appât de transition entre les leurres lourds du début de saison et la mouche. Dans les petites rivières bretonnes, on peut cependant l'utiliser dès l'ouverture, bien que la période la plus propice corresponde au milieu du printemps, lorsque les eaux se réchauffent. En plein mois d'août, il s'agit souvent de la meilleure technique pour agacer un saumon calé dans une grande fosse, sous une cascade, dans la partie profonde d'un pool ou à l'aplomb d'une berge verticale. Une cuvette située en queue de pool, à 20-30 m du rapide aval, et bien ombragée grâce à l'écran protecteur offert par un arbre en surplomb, est le lieu idéal pour pêcher à la crevette durant les mois d'été. Cette technique très subtile exige une grande sensibilité tactile, un sens de l'observation développé. La crevette est certainement l'appât qui excite le plus le saumon. En raison de cette supposée infaillibilité, son emploi est interdit depuis 1988 en Norvège, ainsi que sur de nombreux parcours écossais. On lui reproche aussi d'affoler littéralement le poisson qui, à sa vue, peut adopter les comportements les plus aberrants. S'il ne gobe pas l'appât au premier passage, il lui arrive de tourner autour avant de se manifester en surface par un saut bruyant et spectaculaire et de s'enfuir à toute allure, provoquant une panique générale dans le pool, qui est «cassé» pour plusieurs heures. La crevette est donc un bon moyen de savoir si des saumons sont présents dans un pool !

Le matériel

- *La canne* : on peut propulser la crevette à l'aide d'une canne à mouche à deux mains, une canne à lancer classique ou une canne longue de 4,50 à 5 m pour explorer des fosses profondes «à la dandine». L'ensemble doit être souple, pour des lancers moelleux nécessaires à cette esche fragile, et nerveux, pour répondre efficacement aux départs puissants du saumon.
- *Le moulinet* à tambour fixe est garni de 150 m de nylon en 35/100e.

Les crevettes

On emploie généralement des «bouquets» longs de 6 à 8 cm, dont l'état de fraîcheur est irréprochable. La carapace doit être

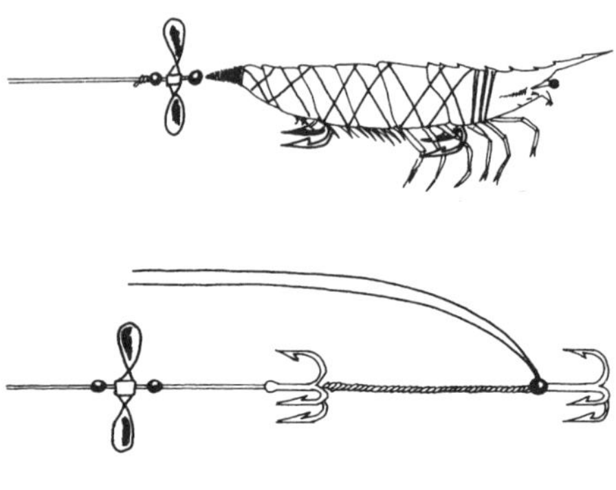

Monture à crevette dotée d'une hélice big-big

ferme, brillante et souple. Pour cela, lorsqu'on les emploie tels quels, leur durée de conservation ne dépasse en aucun cas 24 heures. Achetées vivantes, les crevettes sont ébouillantées durant quelques minutes afin de donner à la robe le bel éclat rouge vif qui augmente le pouvoir attractif de l'appât. Les voyageurs qui désirent emporter leurs esches dans leurs bagages peuvent les conserver longtemps dans un bain de glycérine, pure ou additionnée d'un tiers d'eau distillée.

Les crustacés sont préalablement empalés sur des cure-dents, afin de les maintenir en position allongée, ce qui facilitera la disposition sur la monture.

Les marchands d'articles de pêche irlandais proposent des bouquets conservés dans le sel sous cellophane, ainsi que de petites crevettes grises colorées de mauve, de violet, de jaune, de vert, de noir ou de rosâtre, à utiliser selon les préceptes bien connus des moucheurs : leurre sombre par temps sombre, clair par temps clair. On conseille toujours de prendre garde à ne pas arracher les antennes des crustacés, afin qu'ils conservent tout leur pouvoir attractif. Cependant, les Norvégiens, à l'époque où cette pratique était autorisée, coupaient tous les appendices, y compris le rostre, prétendant que le saumon, ne pinçant que «ce qui dépasse», était manqué au ferrage le cas échéant !

Les montures

Les plus simples sont les plus efficaces et surtout les plus faciles à mettre en œuvre. La crevette doit bénéficier d'un solide arrimage pour résister ensuite à plusieurs lancers et passages dans un pool. Le nylon du bas de ligne est passé dans la boucle d'une tige métallique destinée à maintenir la crevette en position rectiligne, sans risque qu'elle se casse ou se cintre en cours de travail. A son extrémité est fixé un hameçon triple n° 2 à 4 (8 à 10 pour les petites crevettes grises), dont l'un des ardillons est planté sous le corselet ; 1 ou 2 fils de laiton entrecroisés assurent le maintien ferme de l'ensemble, en rendant la crevette parfaitement solidaire de la monture. Les pattes doivent être bien dégagées. La petite crevette grise peut être utilisée vivante, eschée sur un hameçon simple. La plombée, identique à celle préconisée pour la pêche au ver, est placée en dérivation sur un brin cassant, à au moins 80 cm de l'appât, afin de ne pas contrarier la légèreté de sa nage.

Monture la plus simple

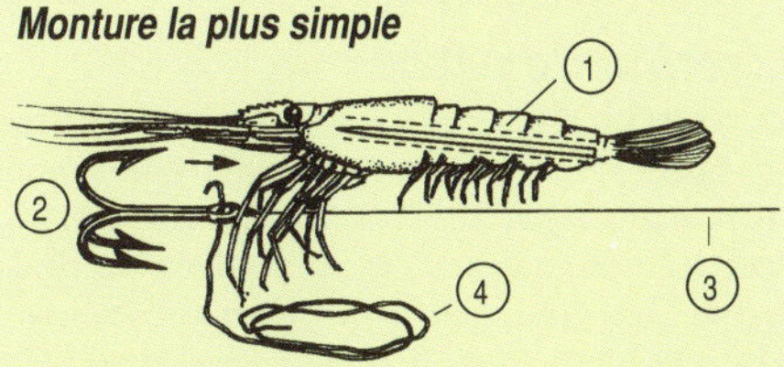

1 - Cure-dents destiné à maintenir la crevette en position rectiligne
2 - Hameçon triple n° 2 à 4
3 - Fil de laiton rouge
4 - Nylon en 35/100e

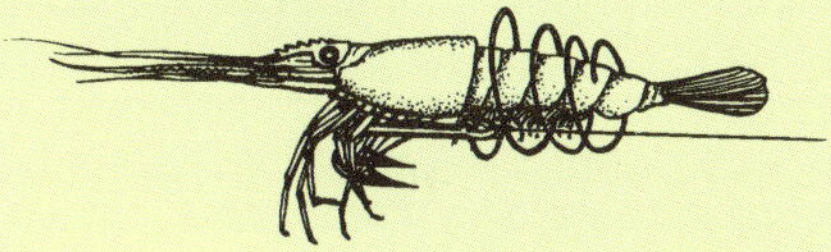

Monture n° 2

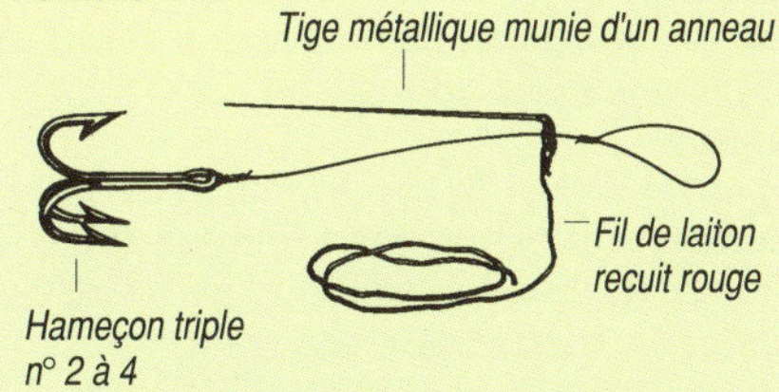

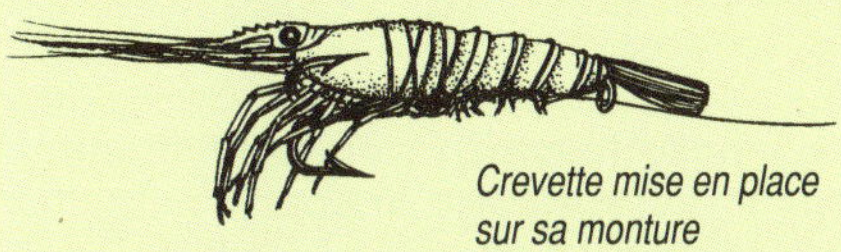

Monture lestée de sa plombée en dérivation

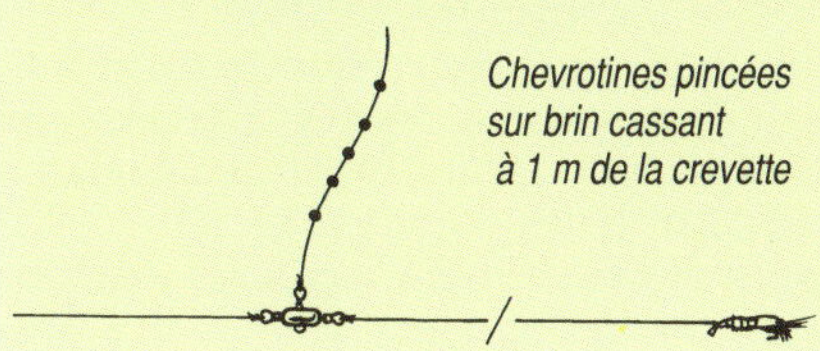

L'action de pêche

Cette technique exigeant un ferrage instantané, il est important de ne pas lancer trop loin, afin de conserver un parfait contrôle de la dérive et de la tension de la ligne. Dans les courants, elle s'apparente à une pêche à soutenir aval classique. On lance 1/4 aval en direction de la berge opposée, avant de laisser dériver librement la crevette en remorque du lest, tout en la dirigeant en direction des postes supposés, l'index maintenu sur le nylon. En fin de parcours, on peut donner plusieurs coups de manivelle afin de laisser travailler la crevette sur place pendant quelques secondes, parmi les turbulences, plus ou moins immobilisée sur le fond. C'est souvent le moment choisi par le saumon, qui a suivi le leurre durant toute sa dérive, pour mordre. Quelques saccades, de courtes retenues combinées à des relâchers peuvent inciter un poisson récalcitrant à mordre.

Dans les fosses, le saumon peut évoluer à n'importe quel niveau de la colonne d'eau. Il surgit parfois des profondeurs à l'instant où on ne l'attendait pas, pour se saisir d'une crevette qui vient de toucher la surface. Une grande canne rend ici bien des services. La crevette est immergée, puis déposée sur le fond. On relève ensuite le scion légèrement, en un mouvement de dandine qui simule le comportement d'un crustacé blessé cherchant à regagner la surface, avant de se laisser glisser à nouveau, épuisé, parmi les galets et rocs susceptibles d'abriter un poisson. Dans ces conditions, une prospection lente et méthodique garantit le succès. Certains pêcheurs immobilisent l'appât au pied d'une chute, parmi les turbulences. Un buldo rempli aux deux tiers d'eau et situé en amont maintient alors la crevette, qui ondule naturellement dans le courant. La touche peut être brutale. Le plus souvent, elle passe inaperçue. Le saumon peut «taper» l'appât sans mordre réellement, ou s'en saisir avant de dévaler vers le pêcheur, ce qui empêche la perception de la touche. A tout petit choc, léger mou, ralentissement anormal dans la dérive, on répond par un ferrage instantané.

LA PÊCHE AU LANCER

Si l'on pêche à la mouche pour ses qualités de spontanéité et d'esthétique, les premiers mois conviennent mieux à la pêche au lancer. De toutes les techniques, c'est certainement la plus pratiquée. Elle permet l'exploration d'un pool, centimètre par centimètre.

Le matériel

Pour les rivières normandes, bretonnes ou irlandaises, une bonne canne à brochet de 2,50 à 3 m, lançant 10 à 30 g, peut convenir. Dans les fleuves puissants de type gave d'Oloron ou Allier, les grands cours d'eau norvégiens ou écossais, il est préférable d'utiliser une canne de 3,20 à 3,50 m adaptée à lancer des leurres de 20 à 80 g. Le moulinet à tambour fixe doit récupérer au moins 75 cm par tour de manivelle. Léger en raison de la haute fréquence des lancers (400-500 g), mais d'une robustesse à toute épreuve, sa bobine est garnie de 200 m de 45-50/100e pour l'Allier, les gaves ou les rivières de Norvège en début de saison. En Bretagne, un bon 30 à 35/100e peut suffire. Sur les grandes rivières, certains pêcheurs préfèrent un moulinet à ramassage au doigt.

Les leurres

Le choix est vaste dans ce domaine, chacun ayant ses habitudes et ses «cuillers fétiches». Les leurres sont souvent le reflet d'une tradition locale ou régionale, issue d'une longue expérience du parcours. Le pêcheur voyageur a donc intérêt à se renseigner sur place lorsqu'il découvre une nouvelle rivière, à plus forte raison s'il se trouve à l'étranger !

- *Les cuillers tournantes* : excellentes dans les petites rivières où la précision s'impose, elles n'ont pas leur place dans les courants puissants, car elles tirent excessivement et évoluent trop près de la

La consécration de parfois plusieurs années d'efforts et d'une persévérance à toute épreuve !

surface. On choisit la forme de la palette en fonction de la vitesse du courant à prospecter. Si celui-ci est rapide, une palette longue et fine est préférable à une palette ovalisée, à rotation lente et papillonnante, plutôt utilisée dans les parties calmes. Sur les petites rivières, on emploie fréquemment des cuillers à truite n° 2 ou 3, dorées, argentées ou cuivrées, dont l'hameçon triple d'origine est remplacé par un modèle fort de fer. Les modèles n^{os}4 et 5 sont réservés aux fleuves puissants. La célèbre Quimperlaise est l'un des leurres les plus courants en Bretagne. Les pêcheurs de Quimper et de Quimperlé s'attribuent respectivement la paternité de cette cuiller, qui fait actuellement une remarquable percée en Irlande. La palette est celle d'une Mepps Aglia n° 3. L'axe est prolongé par un «pyjama» de caoutchouc jaune ou rouge. L'efficacité de ce leurre s'explique par le jeu combiné des vibrations de la palette qui excitent l'agressivité latente du saumon, et de l'aspect élancé de la jupe qui frétille, évoquant la silhouette d'un petit poisson. La plombée (chevrotine ou plomb-bateau) est placée immédiatement en tête du leurre, voire pincée

sur l'émerillon. Elle varie de 10 à 30-40 g selon la profondeur prospectée, la vitesse du courant, le poids du leurre.
- *Les cuillers ondulantes :* ce sont les modèles qui enregistrent le plus de touches... mais également le plus grand nombre de décrochages, le saumon pouvant prendre appui sur la longue palette et faire levier pour se débarrasser de l'hameçon. Elles sont parfaitement adaptées à la pêche en eaux fortes et froides du début de saison, glissant sans tirer dans les courants les plus forts, permettant d'explorer les fosses profondes pour exciter un poisson endormi. Certaines marques (Orkla, Toby), à palettes lourdes, dispensent d'une plombée supplémentaire.
Pour les pêcheurs «briscards» de l'Allier et des gaves, elles ne remplaceront jamais la nage étonnamment sinueuse, zigzagante, imprévisible d'une Cybèle ou d'une Vigouroux à palette légère. Pour ne pas entraver ce travail erratique dans les turbulences, la plombée est placée de 80 cm à 1 m en amont sur la ligne, sous la forme d'un plomb-bateau de 10 à 30 g. Curieusement, la cuiller ondulante est très peu employée en Bretagne.
- *Les devons* : historiquement, la fabrication et l'utilisation des devons sont intimement liées à la pêche au saumon. Excellents dans les courants les plus vifs, leur nage régulière n'est pas affectée par les turbulences et ne demande pas d'animation particulière, seulement quelques accélérations et relâchers devant les postes. Les plus employés en France sur les grandes rivières sont les devons dits «du gave», en cuivre ou en laiton, agrémentés du traditionnel pyjama en caoutchouc rayé, dont le poids varie de 15 à 40 g.
Les Écossais utilisent encore des devons traditionnels en bois peint, plombés ou non, qui permettent d'explorer toute la couche d'eau, de la surface jusqu'au fond. Les Irlandais, qui sont débrouillards, utilisent un modèle particulier considéré comme un véritable «sauve-bredouille». Il s'agit du Leather Eel («anguille de cuir»), fabriqué tout simplement à l'aide d'une valve de chambre à air de tracteur meulée pour obtenir une forme effilée de 5 à 8 cm. A l'origine, le leurre était entouré de cuir noir enroulé en spirale. A eux seuls, cuillers ondulantes et devons seraient responsables, dans les îles Britanniques, de plus de 80 % des prises.
- *Le poisson-nageur* : rarement utilisé en raison de son coût élevé, c'est un excellent leurre dans les tailles 8-15 cm, qui peut décider à mordre un saumon «assommé» par le passage répétitif de mouches et cuillers sur un pool très fréquenté.

L'action de pêche

Dans les petites rivières, il faut rester discret, donc en retrait du poisson, et lancer vers l'amont. Cette manœuvre permet en outre de mieux faire plonger le leurre, souvent de petite taille, à la hauteur voulue. Sur les petits fleuves côtiers irlandais, on enregistre ainsi chaque année beaucoup plus de touches de grilses (madeleineaux) en pêchant la truite *up stream* que le saumon selon les méthodes classiques. Finesse du fil, discrétion doivent sans doute les inciter à mieux mordre. En tout cas, chaque touche promet une belle bagarre en 14 ou 16/100e, qui se finit généralement bien (pour le pêcheur) s'il n'y a pas d'obstacles. J'ai néanmoins, l'an passé, brisé net un magnifique fleuret de carbone au milieu du scion lors d'un de ces départs !
On récupère la cuiller en la faisant travailler au ras du fond, lentement. Cette méthode, qui demande finesse, précision et sens de l'eau, n'a rien à voir avec la pêche à soutenir aval classique. Cette dernière s'effectue d'amont en aval, en descendant un pool. Le leurre (souvent une ondulante) est propulsé 3/4 aval en direction de la rive opposée. Après la reprise de contact, on accompagne sa dérive, canne haute, sans mouliner mais en animant le leurre à proximité des postes supposés, par des tirées, des relâchers, des accélérations. Lorsque le leurre a accompli sa boucle et parvient près de la berge, on peut effectuer un petit relâcher avant d'entamer la récupération. Cette manœuvre d'aguichage décide souvent un saumon qui suit le leurre depuis le départ à attaquer. On avance ensuite d'un pas avant de lancer à nouveau.

Un joli saumon norvégien pris à la mouche.

Toute la science du pêcheur consiste ici en une parfaite connaissance des postes de repos invisibles de la surface, sur lesquels il insistera.

LA PÊCHE À LA MOUCHE

Pour les esthètes, il s'agit du sommet de l'art, du seul moyen de capture vraiment digne d'un aussi noble adversaire.

La pêche à la mouche sèche

Le saumon ne s'intéressant que très rarement à des proies dérivant en surface dans nos contrées, cette technique est inconnue en Europe. Elle est pourtant pratiquée par des centaines d'Américains et de Canadiens, qui utilisent des cannes à une main de 9 à 11 pieds. Il faut préciser que les tacons restent 3 à 5 ans dans leurs rivières, dont les températures estivales sont plus élevées qu'en Écosse, en Irlande ou en Norvège. De ce fait, les saumoneaux viennent volontiers gober en surface les insectes à la dérive. De retour en eau douce, après un séjour court de 1 à 2 ans en mer, l'adulte retrouve les réflexes de son enfance.

La pêche en «noyée»

La pêche à la mouche n'est réellement praticable que lorsque la température des eaux atteint 8-10 °C. Elle semble perdre beaucoup de son efficacité par eaux sales. Les inconditionnels du grand fouet peuvent toutefois se livrer à leur occupation favorite en début de saison, à l'aide de gros *tube fly*.

Le matériel

Il dépend du type de cours d'eau prospecté.

- *La canne* : dans les petites rivières bretonnes, normandes, irlandaises ou galloises, une canne à une main de 9 à 11 pieds, adaptée à des soies de 7 ou 8 convient tout à fait. Certains pêcheurs préfèrent, pour un meilleur contrôle de la dérive de la mouche, des lancers plus confortables et une manœuvre facilitée du poisson, des cannes à deux mains de 12 à 14 pieds adaptées à des soies de 9 ou 10. Sur les grandes rivières à courant puissant type gave d'Oloron, Allier, rivières écossaises (Tweed, Tay, Spey) ou norvégiennes, il est préférable d'utiliser une 15 ou 16 pieds «tirant» des soies de 10 à 12.
- *Le moulinet* : tous les moulinets à mouche sont manuels. Ce ne sont pas de simples réserves de fil, mais des auxiliaires précieux lors du combat. A ce titre, la qualité de l'ensemble, et du frein en particulier, ne souffre pas la médiocrité. Les meilleurs sont généralement de fabrication anglaise.

La bobine, large, est prévue pour recevoir les 40 yards de soie auxquels on ajoute 100 m de *backing* en Dacron, de force 20-30 livres.

Une mouche à saumon célèbre et joliment colorée : la Durham Ranger.

- *La soie* : une ligne flottante en double fuseau est tout indiquée pour pêcher en *greased line* sur les petites rivières, c'est-à-dire faire évoluer la mouche à 20-30 cm sous la surface lorsque la température dépasse 15 °C. En noyée profonde, il vaut mieux utiliser une soie à pointe plongeante.
- *Le bas de ligne* peut être en un seul brin long de 3 m, dans des diamètres compris entre 26 et 45/100e, non pas selon la taille des poissons supposés mais plutôt selon le gabarit de la mouche. Une grosse mouche montée sur hameçon 2/0 ou 3/0 demande l'emploi d'un bas de ligne suffisamment raide (au moins 40/100e), tandis qu'un petit modèle n° 6 doit être fixé à une pointe souple de 26-30/100e pour éviter de brider sa nage.

Le difficile choix de la mouche

La simple description des centaines de mouches à saumon a fait l'objet d'ouvrages très complets où apparaissent de véritables œuvres d'art. La plupart de ces merveilles issues du talent d'habiles monteurs ont davantage leur place chez les collectionneurs que dans nos boîtes à mouche. Cela n'empêche pas, bien entendu, qu'elles puissent être prenantes, tant le comportement du saumon est imprévisible, et en sachant que l'art et la manière de présenter le leurre, la connaissance de la rivière et des habitudes du poisson comptent beaucoup plus que la qualité du modèle employé. Les plus belles imitations reviennent aux Anglais. Leurs modèles dits «classiques» sont des chefs-d'œuvre réalisés à l'aide de plumes aux couleurs chatoyantes. Ce goût pour les coloris vifs remonte sans doute à leur époque coloniale. Les officiers «moucheurs» de l'armée des Indes ramenèrent en effet quantité de plumes d'oiseaux exotiques, afin de monter des imitations destinées à tromper les saumons écossais ou gallois. Tous ces modèles tendent aujourd'hui à être abandonnés au profit de mouches beaucoup plus ternes (mouches bretonnes), dont les plumes sont remplacées par des poils de lièvre, de blaireau, d'écureuil, de renard, de queue de martre,

Mouche de l'Odet

Mouche personnelle en poils de Setter Gordon montée sur hameçon double

Mouche de l'Ellé

de fouine ou de putois. Ce sont les *modern salmon flies*. Ainsi, le médecin de mon village, grand saumonier devant l'Éternel, soudoie tous les piégeurs de la région pour obtenir quelques rares queues de Mustélidés, qui serviront à confectionner des modèles destinés aux saumons écossais, norvégiens et irlandais. En attendant, et malgré les innombrables théories émises à ce sujet, la mouche infaillible reste à trouver. La plupart des mouches à saumon sont montées sur des hameçons simples ou doubles à œillet tourné vers le haut, sauf les *tube fly* qui sont armés de triples. Elles ne ressemblent guère à une quelconque créature aquatique, à part les quelques modèles orange censés imiter des œufs de saumon ou des crevettes. Il suffit qu'elles évoquent une forme réelle ou imaginaire en difficulté dans les courants pour être susceptibles de déclencher l'attaque d'un saumon.

Afin de ne pas dérouter le débutant (dont je suis !), je vais donc me contenter d'énoncer quelques préceptes bien connus et citer une petite série de modèles qui peuvent s'adapter à toutes les situations. Le choix d'une mouche dépend des circonstances, de la luminosité, de la couleur de l'eau, de sa température, de la vitesse du courant, de la profondeur. Les critères de choix d'une mouche les plus importants sont la taille, la façon dont elle évolue dans l'eau, beaucoup plus que sa couleur. En tête de pool, dans les rapides profonds, on utilise des mouches volumineuses montées sur hameçon n° 1 à 3/0, très fournies, en poils de blaireau, de renard, d'écureuil ou de martre. Dans la partie calme et profonde, la taille du modèle diminue, ainsi que la confection, qui est moins fournie. Au fur et à mesure que la saison avance et que la température de l'eau augmente, la taille des mouches diminue.

- 1 à 3° : pêche au lancer ou *tube fly* de 2 pouces ;
- 4 à 6° : mouche sur hameçon n° 1/0 à 2 ou *tube fly* de 1 pouce 1/2 ;
- 6 à 10° : mouche sur hameçon n° 2 à 4 ;
- 10 à 15° : mouche sur hameçon n° 4 à 6 ;
- 15 à 17° : mouche sur hameçon n° 8 à 10.

Plus la température est basse, plus la mouche doit travailler lentement et près du fond. La luminosité ambiante conditionne également le choix :

- par temps sombre, on emploie des mouches sombres et fournies (Black Doctor et mouches dérivées) ;

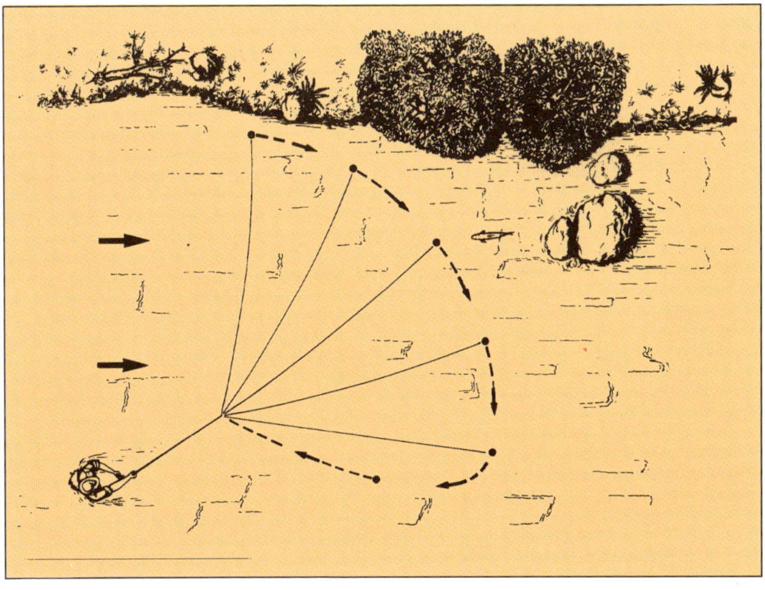

Pêche du saumon à la mouche sur un courant profond, en dérive aval.

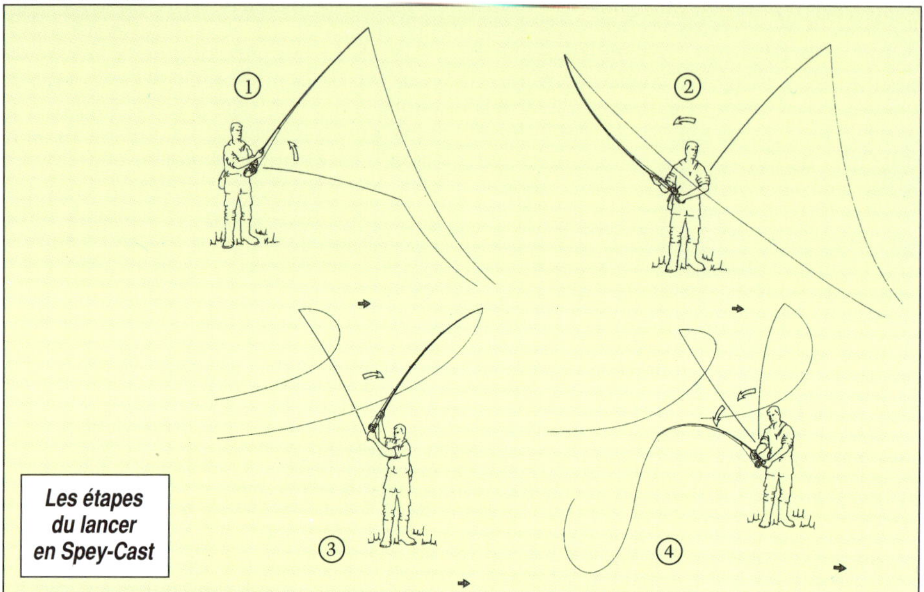

Les étapes du lancer en Spey-Cast

- par temps clair, mouches claires et peu fournies (Lemon Grey) ;
- lorqu'il y a une alternance de nuages et d'éclaircies : Jock Scott (avant sombre, arrière jaune).

Toutefois, des poissons fraîchement remontés peuvent mieux répondre aux touches de couleurs vives qui ornent les Blue Charm, Hairy Mary, Thunder et Lightning. Au fur et à mesure que les poissons deviennent résidents, ils n'acceptent plus que des mouches neutres (théoriquement), telles les March Brown ou Stoat Tail.

Parmi les mouches «bien de chez nous», nous pouvons citer les modèles bretons suivants :

- Scorff (corps jaune sur hameçon 2, 4, 8) ;
- Aulne (en fibre de blaireau, de martre ou d'écureuil) ;
- Ellé (corps en bourre de sanglier cerclée de tinsel, ailes en plumes molles de paonne ou de faisane, hackles gris en tête montés sur hameçon 1, 3, 5 ou 7).
- Les *tube fly* : il s'agit de tubes en polyuréthane ou en métal, autour desquels sont ligaturés des poils provenant de la queue de divers animaux. Le tube coulisse librement sur le bas de ligne auquel est rattaché un hameçon triple. Les Norvégiens, amateurs de ces imitations, utilisent des modèles énormes, longs d'une dizaine de centimètres.

L'action de pêche

Pour explorer les petites rivières à courant calme (amont des retenues de moulins, nommés «étangs» en Bretagne) ou lorsque le saumon se tient en dehors des courants, il est préférable de pêcher en *greased line* en faisant évoluer la mouche sous 20 à 40 cm d'eau. Cette méthode est très appréciée par les Bretons. Elle consiste à lancer plein travers ou en amont, puis à récupérer lentement en animant la mouche par des tirées et relâchers particulièrement actifs lorsqu'on parvient au niveau d'un poste supposé occupé par un poisson. Cette technique active demande beaucoup d'attention et de précision dans la conduite de la mouche.

La pratique la plus habituelle consiste à explorer les niveaux intermédiaires et profonds des courants à l'aide de lignes à pointe plongeante. Comme au lancer, un pool à saumon est descendu.

Le lancer est effectué en oblique aval en direction de la rive opposée, plutôt tendu pour éviter la formation d'un ventre préjudiciable à la bonne présentation de la mouche. On accompagne de la pointe de la

La touche du saumon

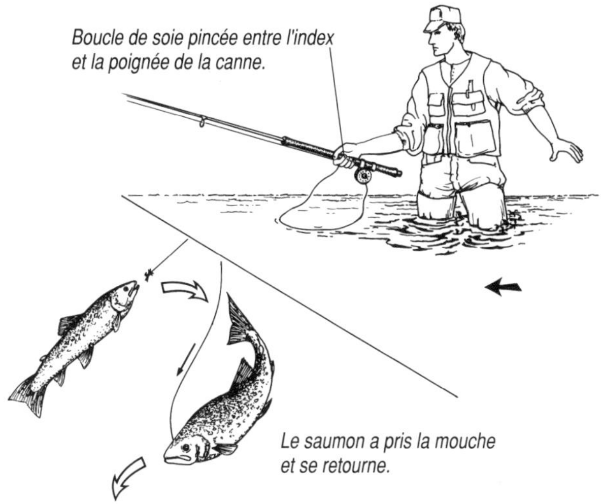

canne la dérive en arc de cercle du leurre, en le soutenant et en l'animant éventuellement (inutile dans les forts courants) grâce à des mouvements dandinés de la canne, pour accentuer la mobilité et renforcer l'impression de vie. En fin de course, un arraché puissant le repropulse en amont. Il est important de pêcher loin pour couvrir la plus grande surface possible. La question de la nécessité du ferrage – immédiat ou retardé – a fait couler beaucoup d'encre.

Les ratés pour cause de ferrage anticipé étant plus nombreux, nous nous en tiendrons à la seconde hypothèse, bien que, dans les eaux rapides, les saumons se ferrent tout seuls. Pour cela, en cours de dérive, on maintient une boucle de soie de 80 cm à 1 m entre l'index et la poignée de la canne. A la touche, cette longueur libérée est absorbée par le départ du poisson au moment où il se recentre au fond. On peut alors ferrer d'un geste ample et puissant. Cette touche, souvent discrète, peut se traduire par un remous ou par une simple tirée.

Ensuite, le poisson n'épargne rien au pêcheur. Trop bridé, et sous l'effet de la douleur, il a tendance à dévaler vers le rapide aval.

Cette réaction est limitée par un travail prudent, pas toujours compatible avec la présence d'obstacles.

Le ferrage du saumon

Tandis que le poisson regagne son poste, on lâche la boucle. Dans de nombreux cas, le courant agissant sur la boucle suffit à assurer le ferrage.

BIOLOGIE-ÉCOLOGIE DU SAUMON

Après environ deux ans passés en eau douce, le tacon subit d'importantes modifications physiologiques et morphologiques. Sa robe, qui le fait si souvent confondre avec la truite, revêt la belle teinte argentée, finement irisée, typique des adultes. C'est le stade smolt... Notre poisson est prêt à entreprendre son avalaison pour gagner les aires d'engraissement marines.

Description

Grand poisson d'argent, le saumon adulte est doté d'un corps puissant, hydrodynamique, adapté à la nage en eau vive. La nageoire caudale, large et légèrement échancrée, assure une propulsion rapide dans les courants les plus violents. Le saumon sait l'utiliser lors du franchissement des chutes : parti du fond de la rivière, il prend son élan, se détend et jaillit hors de l'eau.

La tête, fine et pointue, porte une bouche fendue jusqu'à l'aplomb de l'œil. Les dents sont implantées uniquement sur la partie postérieure du vomer chez les saumons qui demeurent longtemps en eau douce, tels ceux de l'Allier. Le corps est recouvert d'écailles petites, brillantes et argentées à l'arrivée près des estuaires. Des points noirs cruciformes ornent le haut des flancs jusqu'au niveau de la ligne latérale. Le dos est gris bleuté, le ventre blanc. A l'approche du frai, le mâle se pare de couleurs éclatantes. Les flancs, jaune doré, comportent de nombreuses taches pourpres qui se répartissent également sur les opercules. On le nomme alors «saumon rouge». Ses dents antérieures grandissent, la mâchoire inférieure se modifie jusqu'à se recourber vers le haut en forme de bec : pour cette raison, il est aussi désigné sous le terme de «bécard» (ou *kelt* en anglais).

Croissance

La taille et le poids des saumons varient selon les rivières et surtout selon la durée du séjour en mer. C'est ainsi que les madeleineaux (ou grilses, jeunes saumons de 2 à 3 ans) pèsent de 1,5 à 3 kg, les saumons de printemps 6 à 8 kg, les grands saumons d'hiver 10 à 15 kg pour une longueur de 1,20 à 1,30 m. En Norvège, ils atteignent souvent les poids de 20 kg et plus.

En France, la moyenne des prises sur les rivières normandes et bretonnes est de 3 à 4 kg. Les saumons du gave d'Oloron et de l'Allier, plus gros, pèsent couramment 7 à 10 kg.

Habitat

Il se réduit comme une peau de chagrin, malgré les efforts entrepris pour la réhabilitation des rivières. A la fin du siècle dernier, le saumon remontait pourtant la plupart de nos grands fleuves tels que la Garonne, la Loire, le Rhin, la Seine. On tente aujourd'hui de le réimplanter dans des rivières d'où il a disparu depuis fort longtemps (Dordogne, Gartempe), alors que, dans le même temps, les souches de l'Allier ou du gave d'Oloron s'éteignent, victimes des filets dans les estuaires et d'ouvrages mal équipés.

- *Bassin de la Loire* : seul l'Allier est encore fréquenté, quelques frayères ont été ouvertes sur l'Allagnon, ainsi que sur le haut Allier, 30 km en amont du barrage de Poutes-Monistrol.

- *Bassin de l'Adour* : le gave de Pau a été définitivement stérilisé en 1917 avec la construction du barrage de Castetarbe. La Nive ne voit plus remonter que quelques poissons tous les ans. Une expérience de réacclimatation commence à porter ses fruits sur la Nivelle. En revanche, les prises effectuées dans les estuaires rendent les pêcheurs pessimistes quant à l'avenir de la souche de saumon autochtone du gave d'Oloron.

- *Bassin Bretagne-Normandie* : de belles remontées sur l'Aulne, l'Ellé, le Trieux, et surtout la Sée, meilleure rivière de Normandie. Le saumon a besoin de fonds très propres de graviers alimentés par des courants vifs et oxygénés pour aménager sa frayère. La mise en place de barrages hydroélectriques sur le cours supérieur des rivières réduit d'autant sa capacité de reproduction, en l'empêchant d'atteindre des sites favorables à la ponte.

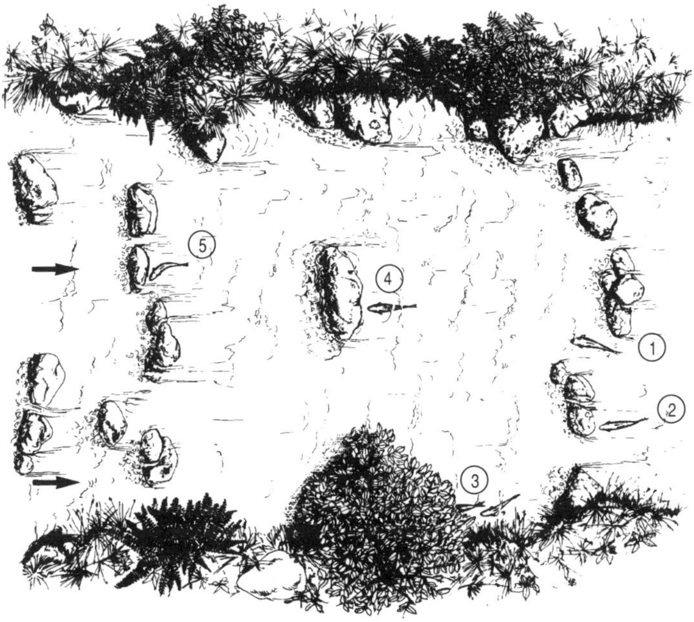

Postes à saumon

1-2 - Saumon arrivant dans le pool (souvent mordeur).
3 - Saumon calé le long d'une berge, dans une veine d'eau (capture possible).
4 - Saumon calé en milieu de pool, en zone profonde (peu mordeur).
5 - Saumon quittant le pool (mordeur).

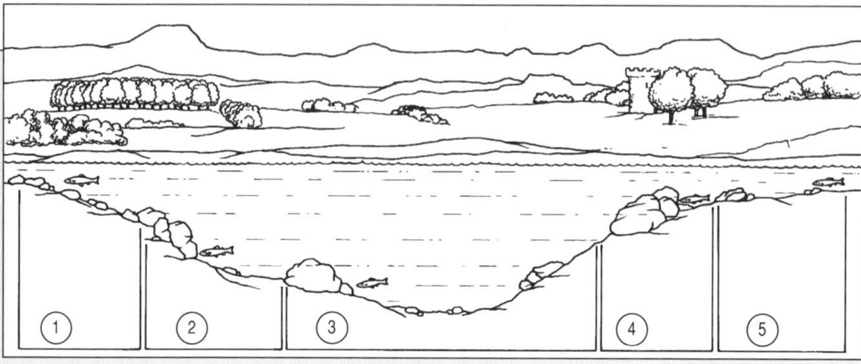

Pool en coupe
1 - Saumon quittant le pool (mordeur).
2-3 - Saumon calé dans la zone profonde du pool (peu mordeur).
4-5 - Saumon qui arrive dans le pool (mordeur).

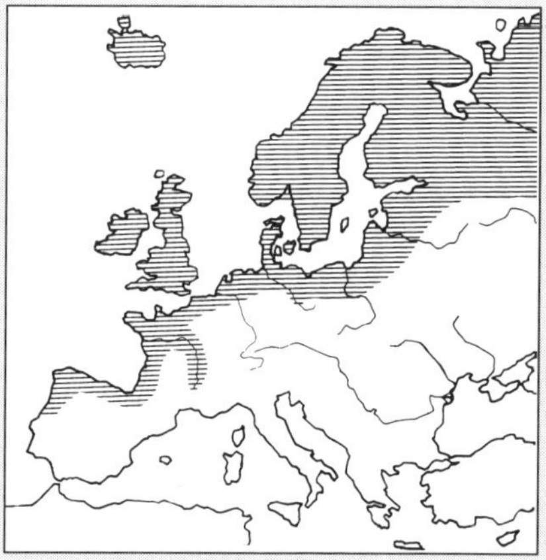

Répartition

Le saumon atlantique est répandu sur le littoral européen depuis la mer Blanche, l'Islande, la mer du Nord et la Baltique jusqu'au nord du Portugal.

Régime alimentaire

Le saumon adulte ne se nourrit pas en eau douce. En mer, il consomme des sardines, harengs, éperlans, crevettes planctoniques *(krill).*

Le cycle du saumon :
l'histoire d'un voyage extraordinaire

Nous associons ici deux aspects fondamentaux de la biologie du saumon, la reproduction et le comportement, qui sont intimement liés. De nombreux mystères entourent encore les migrations du saumon, ainsi que les divers stimuli internes et externes qui régissent les étapes de son existence. Le terme de «migrateur anadrome» qui lui était attribué a été remplacé, avec Roule, par celui de «potamotoque», signifiant en grec «enfantement en eau courante». Le saumon vit en effet sa période de croissance en mer, mais revient toujours se reproduire en eau douce, dans la rivière qui l'a vu naître.

- La phase potamique (phase juvénile en eau douce)

C'est très en amont des bassins fluviaux, dans le cours supérieur des rivières aux eaux turbulentes et richement oxygénées, exempt de pollution, que débute et se termine la vie du saumon. Il voit le jour dans le gravier sous quelques centimètres d'eau vive, après une incubation de 12 à 15 semaines selon la température des lieux. Minuscule larve, il demeure inerte, dissimulé parmi les galets de la frayère, pendant le temps nécessaire à la résorption de sa vésicule vitelline, estimé à environ 6 semaines. A la suite de cette phase, il tend à s'aventurer peu à peu aux alentours de l'aire de ponte : c'est le stade de l'émergence. Dès la fin de sa première année en eau douce, il mesure 10-15 cm et ressemble à une truitelle. Il adopte en effet les mêmes habitudes territoriales et individualistes, et partage un menu semblable (insectes, vers, crustacés et autres invertébrés aquatiques). A ce stade, il peut être confondu avec la truite fario par le pêcheur. Quelques détails permettent cependant de les différencier (voir schéma

p. 84). Au cours de son deuxième printemps, alors qu'il mesure une vingtaine de centimètres, il subit de profondes transformations morphologiques et physiologiques, accompagnées d'une modification de son comportement. Ses marques et couleurs vives disparaissent au profit d'une robe uniformément argentée et finement irisée (ses écailles se chargent de guanine), ses proportions s'affinent : il est devenu «smolt». En réalité, ce phénomène complexe n'est pas en relation avec le nombre d'années passées en eau douce, mais avec la taille atteinte par le poisson, qui dépend des disponibilités offertes par le milieu, et en particulier de la richesse en nourriture, liée en plus à la température et à la concentration en éléments minéraux. Dans les pays nordiques, la smoltification peut apparaître à 3 ans. Ce stade est très certainement induit par des modifications d'ordre hormonal (sécrétions endocrines, notamment thyroïdiennes) et par des fonctions externes telles que la durée d'éclairement, qui n'expliquent pas d'ailleurs entièrement le brusque «traumatisme» psychologique subi, qui l'incite à se regrouper en bancs pour entreprendre une migration catadrome. Auparavant, il a connu un autre événement capital pour le déroulement de sa vie future : la mémorisation des caractères de sa rivière natale associés à la nature du sol, la faune et la flore du milieu, la qualité de l'eau. Ainsi, à l'instant même où il parvient dans les estuaires, il posséderait les informations susceptibles de l'aider à retrouver, plusieurs années plus tard, la frayère qui l'a vu naître.

L'avalaison est plus ou moins rapide selon le débit du fleuve et la présence éventuelle d'obstacles. Contrairement à l'anguille, le smolt entreprend une migration active au cours de laquelle il dévale rapidement les courants, tête tournée vers l'aval. Il ne se maintient face à l'amont que dans les secteurs très rapides, afin de mieux contrôler sa descente. Les mouvements migratoires sont surtout entrepris la nuit, et connaissent un pic le matin à l'aube et le soir au crépuscule. Les smolts se laissent ainsi descendre, rassemblés en bancs, jusqu'à l'estuaire. L'avalaison comporte de nombreux dangers : être entraîné dans les circuits de refroidissement des

DES SAUMONS SI GRANDS !

- En 1974, M. Hérault, de Jaligny (Allier), capture près de Varennes-sur-Allier un saumon long de 1,21 m pour un poids de 16,5 kg, record actuel du fleuve.
- Le 7 avril 1950, le colonel Chastenet capture au lancer sur le gave d'Oloron, près de Navarrenx, un saumon de 19,5 kg.
- Le plus gros saumon capturé en Bretagne fut pris à la mouche par M. Guyonvarc'h sur l'Ellé. Il accusait le poids respectable de 14 kg.
- En Écosse, Miss Balantine, âgée de 18 ans, met au sec après deux heures de combat un saumon de 29 kg. Cela se passait le 7 octobre 1922 sur le Tay.
- Un saumon de 38 kg constitue le record irlandais établi en 1880.
- En Norvège, un saumon énorme de 39,5 kg fut capturé sur la Tana en juillet 1928.

LA DESTINÉE D'UNE DESCENDANCE DE SAUMON

(extrait de Salar, *ouvrage de Gary J. Anderson et Anne E. Brinner)*
Œufs : 7 500. Alevins vésiculés : 4 500.
Alevins à l'émergence : 650. Tacons : 200.
Smolts : 50. Adultes en retour : 4.
Reproducteurs parvenus sur les frayères : 2.

Sur une moyenne de 7 500 œufs par ponte, seuls 1 ou 2 adultes retrouveront leur frayère natale !

Les zones de frayères sont devenues rares, menacées... et difficilement accessibles pour le saumon, qui doit vaincre quantité d'obstacles. Ces secteurs privilégiés obéissent à des conditions de température, d'oxygénisation strictes, et à une certaine granulométrie.

centrales nucléaires, être broyé dans les turbines des centrales hydroélectriques, rester bloqué en amont d'obstacles difficilement franchissables, subir les diverses pollutions. Parvenu à la limite de salinité des eaux, le saumon va y demeurer quelque temps afin d'habituer son organisme à un nouveau milieu et à de nouvelles ressources alimentaires.

- La phase marine ou thalassique

Il disparaîtra ensuite soudainement à la faveur d'une marée. Le petit smolt encore si fragile va alors accomplir l'un des périples les plus difficiles de son existence, long de près de 4 000 km, en direction des «zones de grossissement» situées dans l'Atlantique Nord, à la vitesse de 50 km par jour !

Quelques-unes de ces aires d'engraissement sont aujourd'hui bien connues et répertoriées. Pour la majorité de nos saumons, il s'agit des eaux situées au large des côtes sud-ouest du Groenland, dans le détroit de Davis. D'autres saumons gagnent la Norvège (plus exactement le large des îles Lofoten et Féroé) et un quatrième contingent effectue sa phase thalassique dans la mer Baltique. Certains smolts irlandais, écossais et islandais n'effectuent pas ce voyage et demeurent à proximité des estuaires. Ce séjour en eau salée correspond à une phase de croissance tout à fait prodigieuse. Le saumon voit son poids multiplié par quinze en moins d'un an, et notre smolt de 200 g pèse à l'issue de cette période 2 à 3 kg, grâce à une nourriture abondante prélevée sous la forme de crustacés planctoniques *(krill)* et de poissons tels que harengs, sardines, sprats.

La durée du séjour en mer, très certainement sous la dépendance d'un déterminisme génétique, varie de 1 à 5 ans. C'est ainsi que les saumons bretons ou normands, en moyenne moins gros que les sujets de l'Allier ou du gave d'Oloron, demeurent moins longtemps en milieu marin.

- Le retour à la rivière natale

Les premiers saumons qui se présentent aux estuaires remontent d'octobre à janvier. Essentiellement composés de femelles, ce sont les plus gros et les moins nombreux ; ils sont appelés saumons d'hiver et ont vécu de 4 à 5 ans en mer. Certains d'entre eux peuvent atteindre les poids phénoménaux de 30 à 40 livres (Allier, gave d'Oloron). Sur l'Allier, ils demeurent 13 à 15 mois en eau douce et ne se reproduisent que l'année suivante. Ils pénètrent isolément dans les estuaires, profitant des crues, fréquentes à cette période de l'année, pour s'engager en eau douce. La remontée, lente, est entrecoupée de longues périodes de repos dans des pools profonds où ils passent toute la période estivale à l'abri des températures élevées.

Viennent ensuite les saumons de printemps, plus nombreux et moins gros (moyenne de 6 à 8 kg sur l'Allier), qui ont passé entre 2 et 3 ans en mer et remontent par petits groupes de mars à mai. Les derniers arrivés sont les madeleineaux, ou grilses (en référence à la Sainte-Madeleine, fêtée le 22 juillet), qui ont séjourné 1 an en eau salée et remontent en juin, juillet et août. Ce sont les plus nombreux et les plus pressés de regagner les frayères, qu'ils atteignent en 3 à 4 mois. De taille modeste, leur poids moyen varie de 3 à 6 livres. Toutes ces catégories ont de plus en plus tendance à se confondre et à se mélanger, en raison des bouleversements subis par le milieu, de la régression de l'espèce et de son abâtardissement.

Dès son entrée dans les estuaires, le saumon subit d'importantes modifications physiologiques et morphologiques. Cessant de s'alimenter durant une période qui peut atteindre 15 mois chez les grands saumons d'hiver, son corps va se dégrader. Les artères s'épaississent, les reins se bloquent, le foie ne remplit plus son rôle, le cerveau dégénère. A l'approche du frai, amaigri, il est méconnaissable. Les mâles voient l'extrémité de leur mâchoire inférieure se retourner en une sorte de bec qui les fait surnommer «bécards», ou *kelts* en anglais. On note une atrophie du tube digestif ainsi qu'un tarissement des sécrétions digestives.

Le poisson vit uniquement sur les réserves de graisse accumulées durant son séjour en mer. Lorsqu'il parvient sur les aires de reproduction, le saumon a perdu 40 % de son poids. Une hiérarchie s'installe ensuite entre les mâles : les petits saumons sont écartés des zones de frayères, tandis qu'un même mâle s'occupe parfois de deux femelles à la fois. C'est la femelle, chargée d'ouvrir la frayère, qui donne le signal de la reproduction, qui a lieu en novembre ou décembre. Les mâles se tiennent alors en retrait, chassés sans ménagement s'ils tentent de s'approcher de la future aire de ponte.

Chaque génitrice aménage un ou plusieurs points de ponte parmi les galets de la rivière, dans un courant peu profond et richement oxygéné. Elle nettoie soigneusement dans un premier temps une aire d'environ 60 cm de diamètre, de manière à obtenir une surface très propre de graviers. Elle creuse ensuite un profond sillon grâce à des mouvements convulsifs des flancs et de l'abdomen. Plusieurs lieux de ponte peuvent être ainsi aménagés en deux ou trois endroits différents. Le couple se forme ensuite, les géniteurs se tenant flanc contre flanc au-dessus de la frayère. Les œufs émis au nombre de 2 000 à 3 000 par kilo sont aussitôt fécondés par le mâle. La femelle recouvre ensuite le frai de galets pour le dissimuler et le protéger des effets dévastateurs des crues ou des dépôts de sédiments. Cette opération très éprouvante est renouvelée le nombre de fois nécessaire à l'expulsion de tous les œufs (généralement trois à cinq fois). Chaque phase est entrecoupée de périodes de repos allant de 1 à 5 jours. Cette ponte fractionnée est souvent fécondée par des mâles différents. La durée d'incubation est d'environ 90 jours. Le mâle défend farouchement la frayère contre les intrus, mais cette agressivité s'estompe rapidement au fil des jours, en raison de l'état de décrépitude avancée du poisson. Épuisés par le manque de nourriture, par les déficiences glandulaires, couverts de champignons parasites, les géniteurs se laissent entraîner par le courant pour regagner des endroits profonds et calmes de la rivière, où ils tenteront de récupérer des forces. Vibert estime à 5 % les rescapés du frai dans le gave d'Oloron. Les survivants redescendent progressivement avant de gagner la haute mer où ils recommenceront à s'alimenter, le tube digestif redevenant fonctionnel.

Les mystères d'un fantastique sens de l'orientation

L'étonnante fidélité du saumon à sa rivière natale, son aptitude extraordinaire à se diriger à travers les océans pour retrouver le point de ponte précis où il a vu le jour, les signes de reconnaissance utilisés ont de tout temps constitué des énigmes que l'on s'efforce aujourd'hui de résoudre. Plusieurs hypothèses ont été émises pour tenter d'expliquer l'aptitude du poisson à se guider de manière infaillible sur des distances pouvant atteindre plusieurs milliers de kilomètres.

- *Le soleil* : l'orientation des poissons en fonction du soleil a été démontrée par Hosler (1958). Cette hypothèse est incomplète lorsqu'on connaît les conditions météorologiques pas toujours favorables qui règnent sur l'Atlantique Nord, ne permettant pas un guidage constant.

- *L'influence du géomagnétisme* : les premières expérimentations semblent peu concluantes.

- *Les champs géo-électriques* : il a été montré que le saumon répondait à des champs créés par les mouvements des courants marins à travers le champ géomagnétique, bien qu'aucun appareil de type électrorécepteur n'ait été repéré chez le saumon.

- *Les forces gravitationnelles* (plus faibles à l'équateur qu'aux pôles) : de telles différences pourraient renseigner le saumon sur sa position, mais aucun système de détection de ces forces n'a été découvert de nos jours.

- *Les qualités physico-chimiques de l'eau de mer* : elles sont influencées, altérées très au large des estuaires, cela d'une façon propre à chaque bassin. Ces secteurs d'altération constituent une zone d'appel détectée par le sens gustatif extrêmement développé du saumon. Nous sommes proches d'une des hypothèses les plus vraisemblables, qui explique le guidage et la manière dont le saumon retrouve sa rivière grâce à des organes olfactifs et gustatifs très performants. Ainsi, de récentes études retiennent l'hypothèse d'un marquage spécifique de la rivière d'origine par les sels biliaires des smolts, phéromones émises en cours d'avalaison. Ce repère chimique leur permet, adultes, de reconnaître une substance spécifique, pourtant diluée dans d'énormes volumes d'eau, plusieurs années après la descente ! A ce sujet, on a pu remarquer lors des remontées que le saumon s'arrête fréquemment au niveau des tributaires, montant et descendant à leur hauteur avant d'acquérir la certitude d'être dans le bon chemin.

- *La mémoire génétique :* elle peut intervenir lorsqu'on sait que des tacons issus d'œufs norvégiens mis à éclore dans le haut Allier ont été retrouvés, quelque 5 ans plus tard, dans leur rivière d'origine.

- *L'action déterminante d'un branchiotropisme positif* : selon Roule, le saumon recherche à l'époque de la reproduction une concentration d'O^2 de plus en plus élevée, ce qui l'amène immanquablement en tête des bassins fluviaux. De son côté, Power attribue un rôle décisif au pH de l'eau, donc au CO^2 dissous. Enfin, Fontaine et Vibert émettent l'hypothèse selon laquelle un gradient de concentration saline décroissant de l'estuaire vers les sources pourrait guider les migrateurs. Le sens gustatif extrêmement développé du saumon lui permettrait donc de reconnaître le secteur précis qui l'a vu naître. Ainsi sur l'Allier, en amont du barrage de Poutes-Monistrol, il a fallu procéder à des déversements réguliers de tacons pour que, quelques années plus tard, de grands saumons acceptent de s'engager dans l'ascenseur.Le saumon n'a cependant pas révélé tous ses mystères. Personne n'a pu jusqu'à ce jour définir très précisément les facteurs qui déclenchent la migration anadrome. Le saumon obéit à une sorte de «pulsion» lui ordonnant de regagner sa rivière

Au cours de sa phase juvénile en eau douce, ou phase potamique, et avant de connaître le stade smolt, précurseur de l'avalaison, le petit saumon, ou tacon, est revêtu d'une robe fort semblable à celle de la truite.

natale, alors que sa maturité sexuelle n'est pas atteinte. Le même processus qui déclenche la migration catadrome n'est pas constant. Le saumon, ou «ouananiche» de nos amis québécois, dont on sait aujourd'hui qu'il appartient à l'espèce *Salmo salar*, accomplit tout son cycle en eau douce. Le célèbre *king salmon* ou *chinook (Oncorhynchus tschawycha)*, gigantesque saumon du Pacifique qui remonte les fleuves côtiers du Canada et de l'Alaska, a été introduit dans la région des Grands Lacs, où il accomplit tout son cycle en eau douce.

De récentes études effectuées en Écosse remettent en cause le caractère systématique du retour à la rivière natale (phénomène de *homing*). Des tacons marqués dans certains cours d'eau auraient été retrouvés au stade adulte dans d'autres rivières. Il faut préciser que le cas s'est produit alors que la rivière natale était impraticable en raison d'une longue sécheresse. Le saumon pourrait ainsi adapter son comportement aux conditions du milieu.

D'autres observations effectuées sur le saumon de la Baltique montrent que ces poissons parviennent à remonter régulièrement jusqu'à trois fois en eau douce pour s'y reproduire, fait exceptionnel chez leurs congénères, et qu'ils se nourrissent en eau douce ! Le faible taux de salinité de cette mer pourrait expliquer ce phénomène. En effet, une théorie a été émise selon laquelle la mort des géniteurs dans nos fleuves, quelques semaines après la reproduction ou en cours de dévalaison, pourrait ne pas avoir comme seule cause l'épuisement, mais aussi le stress occasionné par les adaptations aux différences de salinité. L'osmolarité du saumon en eau de mer est en effet fort différente de celle observée en eau douce. En milieu salé, la pression osmotique étant inférieure à celle du milieu extérieur, le poisson doit faire face à une soustraction continuelle d'eau par osmose. Il compense les pertes en buvant abondamment. En eau douce, nous assistons au phénomène inverse. Le rein élimine un flux d'eau entré par les branchies en excrétant une urine abondante et très diluée, plus riche en sels que le milieu extérieur (la pression osmotique du milieu intérieur est supérieure à celle du milieu extérieur).

DIFFÉRENCIER LE TACON DE LA TRUITE

De nombreux pêcheurs confondent encore la truite et le tacon. Rappelons que la capture de ce dernier, totalement prohibée, est passible d'amendes très lourdes.

	Tacon	**Truite**
Corps	Fusiforme.	Massif.
Nageoire caudale	Très nettement échancrée ; pédoncule caudal fin.	A bord droit ; pédoncule caudal court et épais.
Tête	Pointue. La commissure des mâchoires se situe à l'avant de l'œil (critère peu évident).	Massive. La commissure des mâchoires est située à l'arrière de l'aplomb de l'œil.
Nageoires pectorales	Allongées. Se prolongent presque jusqu'à la première dorsale.	Courtes.
Flancs	Comportant 8 à 12 taches bleutées en forme d'empreintes de doigts aux contours nets. Quelques petites taches rouges intercalées, peu nombreuses, disposées en 1 ou 2 rangées. Bas des flancs et ventre clairs.	8 à 12 digitations bleutées à contour diffus. Présence fréquente de nombreuses taches rouges auréolées de blanc en 3 rangées. Bas des flancs jaunâtre, ventre clair.
Nageoires	Souvent bordées de bleu.	Absence de bleu sur les nageoires.
1re dorsale	Non tachetée ou faiblement tachetée à la base.	Tachetée.
Taches	Les taches sombres qui parsèment le dos et le haut des flancs ne dépassent pas la ligne latérale.	Nombreuses taches, parfois marquées d'une auréole, qui s'étendent sous la ligne latérale.

La défense du tacon, plus nerveuse, est souvent ponctuée de chandelles. Son corps, plus élancé et fusiforme, évoque la forme d'une petite torpille.

Truite

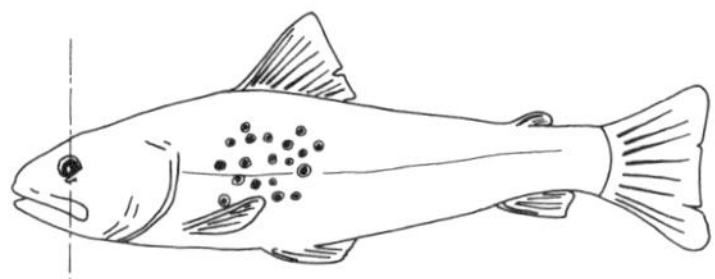

Tacon

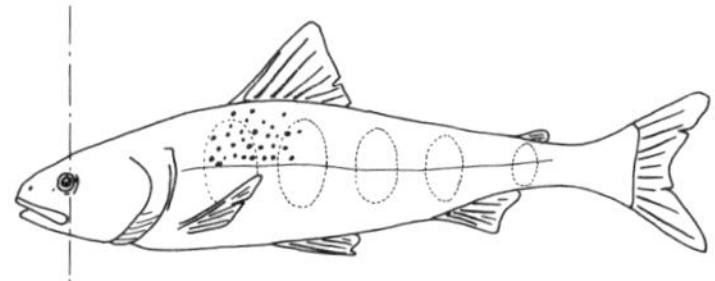

FRANCE : LA FIN DU SAUMON ATLANTIQUE ?

Carte saumonière de la France

1 - Normandie
2 - Bretagne Nord
3 - Bretagne Sud
4 - Bassin Loire-Allier
5 - Axe Garonne-Dordogne
6 - Bassin de l'Adour

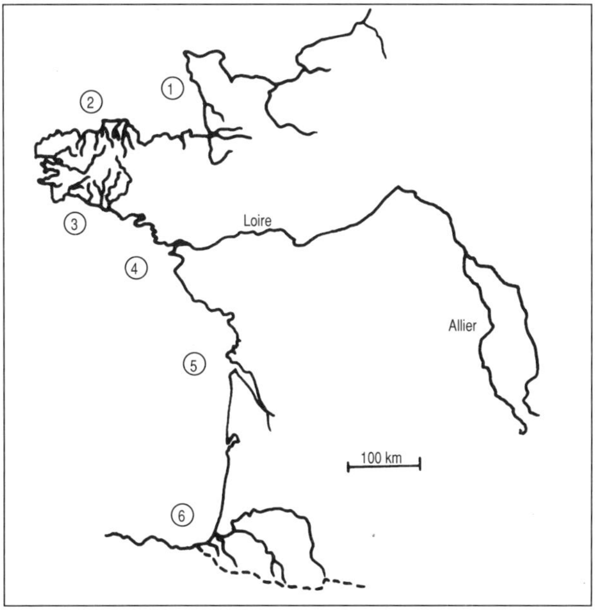

Pour évoquer les menaces qui pèsent sur l'avenir de l'espèce et les remèdes éventuels que l'on peut envisager d'appliquer, j'ai choisi de vous livrer le contenu d'un document qu'un ami pêcheur, le Dr Bergeron, a fait parvenir à des confrères canadiens avec qui il partage la même passion du saumon, aussi souvent qu'il le peut, sur les rivières de rêve du Québec. Selon vous, nos «cousins» seront-ils tentés de venir tremper leur fil dans nos fleuves ? Il faut savoir que Américains et Canadiens ont de la pêche au saumon une vision beaucoup plus idéaliste que les Européens, Britanniques compris. Depuis toujours, il est interdit, dans les provinces canadiennes aussi bien qu'aux États-Unis, de pêcher le saumon atlantique autrement qu'à la mouche. Les prises sont très limitées : 1 en Gaspésie, 2 en Anticosti et en Nouvelle-Écosse. Nulle part plus de 10 par an ! De telles dispositions créent une ambiance. Le souci du pêcheur n'est pas de faire un «carton», mais de tirer le maximum de plaisir des quelques saumons qui lui sont alloués.

Un peu d'histoire

En ce printemps 1934, le marquis de Grammont, grand saumonier, inscrivait sur son carnet de pêche : avril, 119 saumons. Le marquis est mort comme il avait vécu, en pêchant, heureux de ne pas savoir que 56 ans plus tard, en 1990, les 1 300 saumoniers de l'Allier, sa rivière, n'auront pas pris plus de 100 saumons.

L'Allier, qui fut sans nul doute la plus belle rivière à saumon d'Europe, a vu ses remontées passer de 100 000 à 1 000 poissons en moins d'un siècle ! Que s'est-il passé ? Qu'avons-nous fait ?

L'homme préhistorique, le premier, immortalisa le saumon en le peignant parmi les chevaux et les buffles sur les parois des grottes du Périgord il y a 20 000 ans. Inventeur de l'hameçon en os et de son ardillon, notre lointain artiste rupestre a dès lors fixé la règle du jeu : *Salmo salar* est un poisson à part, beau au point d'être peint comme une divinité, mais bon à être mangé ! Et l'histoire s'est perpétuée. Pline l'Ancien, au Ier siècle de notre ère, rapportait que «les rivières de la Gaule abondent en saumons» et que «les Aquitains préfèrent ce poisson à tous les autres poissons de mer». Une chronique de 930 décrit le saumon comme «une friandise convoitée par les bouches délicates». En 1392, un traité d'économie domestique – *Le Ménagier de Paris* – prescrit la façon de l'accommoder, soit frais, soit baconné (fumé). Une statue du portail de la cathédrale d'Oloron montre un pêcheur portant un saumon sur les épaules. C'en était trop ! Quand la gastronomie et l'art sont ainsi mêlés, la convoitise survient, et avec elle le commerce puis le privilège.

Dès le IXe siècle, les seigneurs riverains se réservent la capture du saumon sur leurs fiefs, ou prélèvent une dîme sur les captures effectuées par des manants pêcheurs. En 1350, une ordonnance du roi Jean Le Bon réglemente la vente et la conservation du saumon à Paris.

Enfin, en août 1681, Louis XIV édicte une ordonnance décrétant «les dauphins, esturgeons, saumons et truites (être) poissons royaux et, en cette qualité, nous appartenir quand ils sont trouvés échoués». Avec le recul de la féodalité, le destin de *Salmo salar* était tranché : le roi des poissons devenait poisson des rois !

Les rois ne légiféraient pas pour rien ; du saumon, il y en avait tellement que, à la fin du XVIIIe siècle, les domestiques se louaient à condition qu'on ne leur serve pas du saumon plus de quatre fois par semaine, dans des régions telles que Beauce, Auvergne, Limousin, Loire ! A cette époque, toutes pêches confondues, il s'en prenait 4 000 tonnes par an, soit 800 000 saumons, et cela devait durer jusqu'à la fin du XIXe siècle. En 1985, toutes pêches confondues, il s'est pris 23 tonnes, soit 4 443 saumons. En 1989, 2 023. Hélas !

Un peu de géographie

Malgré la modicité de son territoire (550 000 km²), la France possède une façade maritime très importante, environ 4 500 km répartis entre mer du Nord, Manche, océan Atlantique et Méditerranée. Le saumon ne s'est jamais acclimaté en Méditerranée, mais avec 30 rivières fréquentées par *Salmo salar* sur un linéaire de 6 000 km, ce pays présentait un des plus beaux domaines piscicoles européens, d'autant plus que ce véritable château d'eau donne naissance à quelque 270 000 km de rivières au total, soit autant que l'Autriche, l'Écosse et la Scandinavie réunies.

Actuellement, 5 000 km sont fréquentés par le saumon atlantique.

La carte saumonière de la France souligne 3 régions :

- Bretagne / Basse-Normandie ;
- Bassin Loire / Allier ;
- Bassin de l'Adour.

A un degré moindre, la Haute-Normandie / Picardie et le bassin de la Bresle voient quelques remontées. Enfin, et pour être complet, la restauration d'anciens cours d'eau à saumons est prévue ou en cours sur les axes Dordogne et Garonne, sur le bassin de la Loire (Loire, en amont du Bec d'Allier - Vienne - Gartempe - Sioule et Allagnon), sur la Seine, l'Eure, l'Andelle, la Meuse, le Semois, le Rhin (le retour du saumon y est prévu pour l'an 2000), le bassin de l'Adour (Nives, gaves d'Aspe et de Pau).

La situation par bassin

- Le bassin Loire-Allier

Toutes les rivières françaises ont leurs zones de frayères situées entre 10 et 100 km de l'estuaire, sauf une : l'Allier, la rivière-reine du marquis de Grammont. Les saumons quittant l'Atlantique doivent parcourir entre 750 et 900 km avant d'atteindre leur nid d'amour. La grande, la dernière aventure !

Principal affluent de la Loire, l'Allier rejoint le grand fleuve à Nevers, à 536 km de l'estuaire. Les saumons, depuis des temps immémoriaux, empruntent son cours pendant 300 km environ pour atteindre les frayères. Celles-ci s'étendent aux confins de la Lozère, du Velay, du Vivarais, de la

La pêche aux filets dérivants est responsable en grande partie de la mort de nos derniers saumons et de la ruine des efforts entrepris par les pêcheurs à la ligne.

Margeride, dans un chapelet de hautes vallées verdoyantes reliées par des gorges encaissées et désertées, flanquées d'austères ruines médiévales. Un décor de rêve ! De rêve ? Parlons-en ! C'est un véritable cauchemar que vivent les derniers grands saumons qui remontent cette rivière.

Jusqu'à un passé récent (1950), après avoir séjourné trois ou quatre étés en mer, le grand poisson qui abordait l'estuaire de la Loire mettait de 6 à 9 mois pour atteindre les frayères, sans rencontrer d'obstacle notoire. Quelques pêcheurs au filet, en estuaire ou le long du fleuve, prélevaient de quoi commercer ; la pêche de loisir était confidentielle et, bon an, mal an, 30 à 60 000 saumons parvenaient dans le haut Allier. L'année 1945 fut d'ailleurs la plus fastueuse pour les pêcheurs de saumons de l'Allier qui, de mémoire d'homme, n'avaient jamais vu autant de poissons. Il faut préciser que, de 1941 à 1944, aucun filet n'avait été tendu dans l'estuaire, pour cause de guerre ! Et puis le progrès est arrivé avec l'industrie et ses déchets, le profit et ses passe-droits, l'administration et ses lenteurs, le loisir et ses exigences : en quelque sorte, la médaille et ses revers ! Pour le saumon, c'est l'extermination.

Qu'on en juge : les rescapés de la pêche industrielle au large du Groenland doivent nager en zigzag dans les estuaires pour échapper aux filets des inscrits maritimes. Une quinzaine de pêcheurs professionnels barrent ensuite les 4/5e de la rivière, aux endroits stratégiques. En 1986, 640 saumons ont été officiellement capturés au filet, 70 à la ligne tandis qu'on attendait, en raison des efforts entrepris en matière d'alevinage sur le haut Allier, 5 000 remontées et 1 000 captures. En 1990, 1 300 saumoniers auront capturé moins de 100 poissons. Le bouchon vaseux, dû à la pollution et au dragage de la portion d'estuaire Nantes-Saint-Nazaire, qui met en suspension des sédiments légers, crée une véritable barrière de boue en période de sécheresse, qui bloque la remontée des migrateurs. Pour les 10 % de saumons rescapés, la lente agonie peut commencer. Elle va durer 6 à 12 mois sur 800 km, avec une quinzaine d'obstacles : seuils de prises d'eau pour centrales nucléaires, barrages pour retenues de loisirs, radiers derrière les ponts, ouvrages hydroélectriques. Les dispositifs de franchissement sont parfois absents, souvent inadaptés et, par eaux basses ou température inférieure à 5 °C, un tiers de ces obstacles est infranchissable. Les quelques géniteurs qui parviennent à destination ne peuvent crier victoire pour autant ! Le braconnage sur les frayères sévit toujours, ainsi que la capture des tacons. Plus grave, les éclusées du barrage de Poutes-Monistrol mettent parfois à sec des pontes qui ont exigé tant d'efforts! L'ascenseur aménagé sur ce même barrage, qui a été emprunté par 109 saumons en 1988 et 129 en 1989, a été pratiquement déserté en 1990.

Barrage équipé d'une passe à migrateurs.

- Le bassin de l'Adour, les axes Garonne et Dordogne (voir «Les menaces qui pèsent sur le saumon»).

- Bretagne et Basse-Normandie : l'espoir

Les petits fleuves côtiers bretons représentent à eux seuls plus du double des captures effectuées dans tous les cours d'eau français. Plus courts, ils sont peu concernés par les ouvrages hydro-électriques et sont plus faciles à gérer en matière de lutte contre la pollution. De plus, la pêche au filet dans les estuaires est interdite. Les résultats sont parlants. La Sée, cours d'eau de 30 km de long et 10 m de large quand elle rejoint le mont Saint-Michel, est devenue depuis 4-5 ans la meilleure rivière à saumons de France, avec 250 à 800 captures par an, tandis que 150 poissons sont enregistrés en moyenne sur plus de 400 km d'Allier et 100 km de gave d'Oloron ! L'Aulne, la Sélune, le Blavet sont également excellents. Dans les trois gros ruisseaux qui se jettent à Quimper (Jet, Steir, Odet), 300 à 600 captures sont enregistrées par an ! Les chiffres donnés en 1990 par le CSP font état de 2 200 prises en Normandie-Bretagne, 90 sur l'Allier, 150 sur le gave d'Oloron. Ils apportent la preuve que continuer à laisser pêcher les saumons dans nos grands estuaires, quels que soient les efforts entrepris pour la restauration du cours amont, n'aboutira qu'à un gaspillage et à une extinction des ressources.

Les menaces qui pèsent sur le saumon

- La pêche

90 % des poissons sont capturés avant d'atteindre l'eau douce, 50% par la pêche industrielle au large du Groenland et des îles Féroé, 30 à 40 % le long des côtes ou dans les estuaires par les marins pêcheurs et certains plaisanciers. L'apparition des méthodes modernes de détection des bancs de poissons et l'utilisation des filets dérivants monofilament ont donné une redoutable efficacité à la pêche commerciale. Ce constat réduit à néant les efforts entrepris en matière de réhabilitation des rivières, de lutte contre la pollution, d'équipements d'obstacles et d'alevinage. Plus de trois siècles après la fameuse ordonnance de Colbert, les zones classées maritimes de nos grands fleuves sont toujours mises en coupe réglées par quelques milliers de passe-droits pillant les ressources financées par les pêcheurs à la ligne. Qu'on en juge à travers ces quelques exemples édifiants :

- Estuaire de l'Adour : curée sur le saumon en 1987 !

Nous mettons en lumière l'un des aspects de la réglementation ubuesque appliquée à la pêche dans des estuaires tels que celui de l'Adour, classé zone maritime sur près de 26 km et donc pas soumis à la même juridiction que plus en amont. La porte ouverte à tous les abus lorsqu'on sait que les pêcheurs au filet opérant en domaine maritime ne sont pas tenus de respecter les limitations du quota instauré par la loi, qui ne s'applique qu'en eau douce. Brice Lalonde a promis de prendre contact avec le ministre de la Mer, mais les négociations piétinent ! C'est ainsi que les pêcheurs à la ligne, qui participent au financement et à la restauration des stocks sur les gaves, ont capturé 180 saumons en 1987... contre 8 000 avancés par les pêcheurs professionnels en eau douce et zone mixte, et 2 000 près des côtes. Les déclarations imposables étant nettement sous-évaluées (on parle de 15 000 à 20 000 captures), on comprend mieux que, durant cette même année, le saumon ait été proposé à certains restaurants de Navarrenx pour la somme modique de 27 F/kg, en raison d'une chute des cours due à l'abondance de prises... Un véritable scandale ! Ces captures ont été réalisées par une centaine de professionnels fluviaux ou marins pêcheurs, mais surtout 1 000 «amateurs» dont beaucoup ont obtenu des licences de pêche délivrées grâce à la complaisance de la DDA des Landes.

- Estuaire de la Gironde : massacre en toute illégalité

La plupart des saumons issus des opérations de repeuplement et de réhabilitation réalisées dans la Dordogne, soit environ 2 500, sont capturés illégalement dans l'estuaire de la Gironde, malgré l'interdiction de pêche au saumon promulguée en 1985 aussi bien en zone maritime qu'en zone fluviale. Quand on sait que EDF a dépensé plus d'un milliard de centimes pour le seul équipement du barrage de Bergerac, qui ne voit guère passer que des barbeaux et des aloses (25 saumons en 90 !), cela donne à réfléchir sur la cohésion des actions entreprises par l'ensemble des responsables quant à la gestion des poissons migrateurs.

- Autres menaces

L'extraction des granulats provoque un abaissement du lit de la rivière , qui induit une remontée des eaux saumâtres et du bouchon vaseux (cas de la Loire) de l'estuaire vers l'amont, et une surélévation des seuils et radiers rendant les franchissements impossibles par eau basse.

Les seuils de prise d'eau pour centrales nucléaires.

Les ouvrages hydroélectriques et barrages (ou retenues de loisirs) pas ou mal équipés de dispositifs de franchissement, souvent inadaptés : par eau basse ou température inférieure à 5 °C, un tiers de ces obstacles seraient infranchissables.

Les diverses pollutions industrielles, agricoles, domestiques dont les effets se font d'autant plus sentir que l'eau est basse et réchauffée (les saumons ont beaucoup souffert, en cours de remontée, pendant ces dernières années de sécheresse).

Les éclusées qui peuvent mettre à sec le frai ou piéger les alevins dans des flaques.

Le dérangement occasionné sur les zones de frayères par le canoë-kayak et le rafting, qui a donné lieu cette année même à des bagarres homériques du côté de Navarrenx, sur le gave d'Oloron, entre pêcheurs et amateurs de navigation en eau vive.

Le comportement de certains pêcheurs à la ligne, qui pratiquent le braconnage sur les frayères, capturent les tacons ou ne déclarent pas toutes leurs prises. Ainsi, en 1962, les saumons coincés en grand nombre sous le pont-barrage de Vichy, à cause d'une sécheresse, ont été harponnés à «la tirette» par une foule de «saumoniers» qui en venaient aux poings pour accéder aux meilleurs

EPALA : MOINS DE BARRAGES

Amis de l'eau, pêcheurs, regroupés au sein de l'association «Loire vivante», ont sauvé de la domestication le dernier grand fleuve d'Europe. Le 31 juillet 1991, on annonce la décision du gouvernement de renoncer à la création de deux des cinq barrages prévus par l'Établissement public d'aménagement de la Loire et de ses affluents : celui de Serre-de-La-Fare, sur la Loire, et de Chambonchard, sur le Cher, qui soulevaient le plus de contestations. Le barrage de Rochebut, sur le Cher, est maintenu, ainsi que celui du Veurdre, sur l'Allier, qui se fermera au cours de grosses crues pour éviter les inondations en aval (ainsi, une partie au moins sera domestiquée !). Quant à Naussac II, le projet en est maintenu, à proximité immédiate des meilleures frayères à saumons de l'Allier... et d'un parcours à truite de rêve !

emplacements. De semblables situations se sont produites sous le pont Regemorte à Moulins, qui, heureusement, est classé en réserve depuis.

L'inefficacité de la gestion du poisson en raison des disparités administratives : la pêche de loisir en rivière dépend du ministère de l'Environnement, aidé en cela par le Conseil supérieur de la pêche. La pêche au filet en estuaire et le long des côtes relève du ministère de la Mer. Les Directions départementales de l'Agriculture distribuent dans certains estuaires des autorisations de pêche professionnelle. Les préfets des départements riverains (ministère de l'Intérieur) peuvent décider des dates d'ouverture, de fermeture, de la création de réserves... Et il n'y a pas ou peu de corrélation entre toutes ces administrations !

LE RADIOPISTAGE DES SAUMONS

Le Conseil supérieur de la pêche de la région Auvergne, en collaboration avec la Fédération de pêche de l'Allier et le CEMAGREF, a entrepris une opération de radiopistage destinée à suivre la remontée des saumons sur leurs frayères. Les poissons sont capturés sous la surveillance de la brigade saumon, à la pêcherie Benoît, près de Nevers. Ils sont ensuite dotés de petits émetteurs.

Des remèdes

Quelques saumoniers ont depuis plusieurs années pris conscience de la gravité de la situation, en se regroupant au sein de plusieurs assiociations, dont l'AIDSA (Association Internationale de Défense du Saumon Atlantique), qui publie un remarquable trimestriel d'information : la revue *Saumon*. Des contacts de plus en plus étroits se sont établis avec le ministère de l'Environnement, sensibilisé puis motivé par l'enthousiasme des saumoniers.

De cette coopération sont nées des actions d'envergure : le plan saumon 1976-1981, le plan grands migrateurs 1981-1985 ; des crédits importants ont été débloqués afin de réaliser un énorme travail de fourmi :

- La connaissance du stock de migrateurs, indispensable pour gérer les effectifs, a donné lieu à la conception de dispositifs de contrôle variés, à d'innombrables observations concernant tant les remontées que les dévalaisons de saumons.

- Lorsque la confirmation de la pauvreté de la population salmonicole a été établie, il a fallu soutenir les effectifs en créant des salmonicultures, en important des œufs d'Écosse, d'Irlande, de Norvège.

- Depuis quinze ans, pour améliorer le franchissement, de multiples travaux ont été accomplis : passes modernes, ascenseurs, etc., au total 130 obstacles aménagés. Parallèlement, de nouvelles lois réglementent la création des ouvrages hydroélectriques et obligent les propriétaires de micro-centrales à mettre en place des systèmes de franchissement efficaces.

- La pollution industrielle, sévèrement réglementée, diminue. Les villes possèdent maintenant presque toutes des stations d'épuration, seules les pollutions agricoles sont peu contrôlables.

- Les extractions de granulats ont été interdites (sauf dérogation) sur la partie supérieure des rivières classées «Saumon», depuis 1979.

- La vente du poisson par les saumoniers et les plaisanciers pêcheurs a été interdite, sous peine de sanctions sévères, et des quotas de prises imposés aux pêcheurs de loisir comme aux pêcheurs professionnels.

Bref, la «saumonerie française» s'est remuée... et elle a même obtenu quelques résultats encourageants sur la Bresle, sur l'Élorn en Bretagne, sur l'Adour dans les Pyrénées. La diminution de *Salmo salar* s'est enrayée, les stocks se sont stabilisés... c'était déjà bien. Toutes ces mesures n'ont malheureusement pas suffi à stopper partout le déclin alarmant des populations de saumons, et des mesures urgentes doivent être appliquées. Les exemples de sauvegarde et de restauration ne manquent pas ailleurs, au Canada, en Écosse, en Scandinavie... Il suffirait de s'inspirer de ces modèles qui sont des réussites notoires, assurant une population salmonicole de choix, un attrait touristique et des rentrées de devises importantes.

Les mesures possibles

- En premier lieu, supprimer définitivement la pêche au filet du saumon dans les eaux territoriales, les estuaires et le long des rivières. Indemniser correctement les quelque 70 familles qui y trouvent un maigre revenu. Sanctionner sévèrement les plaisanciers pêcheurs qui ne respecteraient pas ce règlement.
- Obtenir que tous les barrages soient équipés d'un dispositif de franchissement efficace utilisable pour le saumon.
- Faire cesser l'exploitation des sables et graviers dans les zones de frayères et de croissance des juvéniles.
- Lutter contre la pollution et notamment les bouchons vaseux des estuaires, barrières de boue infranchissables en période de sécheresse pour les grands migrateurs, sur l'axe Loire-Allier.
- Créer des salmonicultures supplémentaires, notamment une dans le haut Allier, afin de sauver l'espèce de l'extinction totale.
- Arrêter la pêche de loisir 5 à 8 ans sur les axes les plus menacés ou en cours de restauration.
- Enfin, pourquoi ne pas instaurer un «Permis de pêche grand migrateur», une information obligatoire qui apprendrait aux saumoniers non pas à pêcher le saumon mais à le respecter. Cet enseignement permettra de faire comprendre qu'après restauration et évaluation des stocks, le soutien des effectifs et la gestion des rivières renaissantes coûtent cher.

La participation financière du saumonier devra s'adapter à de nouvelles contraintes budgétaires efficaces. De nouveaux quotas seront établis, en fonction du nombre de pêcheurs et de la richesse salmonicole de chaque rivière, étudiée individuellement, et réactualisés chaque année. Enfin, les pêcheurs doivent gérer eux-mêmes leurs rivières au sein d'associations responsables. Donc, suppression de la pêche au filet, information du saumonier, gestion des rivières par les pêcheurs au sein d'associations autonomes. C'est clair comme l'eau de la York... sauf pour les «managers», qui n'ont pas compris que la pêche de loisir rapporte des devises... sauf pour les politiques, étonnamment silencieux. Il est vrai que 5 000 saumoniers disséminés dans 15 départements ne représentent pas un potentiel électoral motivant.

Alors, le saumon, merveille esthétique au sommet d'une évolution animale, capable de retrouver l'endroit où il est né après un périple de 5 000 km, ce saumon, symbole de liberté, d'eau pure, poisson dynamique s'il en est, risque de disparaître inexorablement, immolé sur l'autel de l'inertie, de l'immobilisme, de l'indifférence.

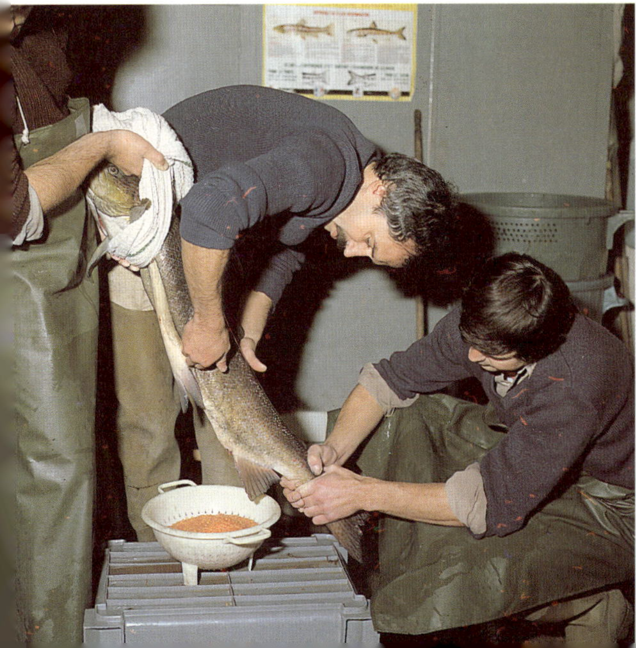

Un saumon de la souche Allier dont on récupère précieusement la ponte destinée aux opérations de repeuplement. Selon M. Robin Cuinat, du CSP, aucune opération de réintroduction ne saurait assurer le retour du saumon dans l'Allier si ce dernier venait à disparaître.

La truite de mer

Salmo trutta trutta

Salmonidés

Une conséquence inattendue des repeuplements en farios, à partir de souches scandinaves, fut la brutale apparition de la truite de mer. Espérons que le pillage organisé dans les estuaires n'affectera pas trop durement cette nouvelle richesse.

LES PÊCHES DE LA TRUITE DE MER

LA PÊCHE AU LANCER, AUX LEURRES ARTIFICIELS

Par eau claire ou surtout légèrement teintée, à la suite d'une décrue, cette technique se montre très efficace, notamment la pêche au Rapala, très prisée en Normandie. La cuiller demeure un leurre universel qui conserve ses partisans exclusifs. Après tout, le meilleur des leurres n'est-il pas celui en lequel on place toute sa confiance !

Le matériel

- *La canne* à lancer, puissante, doit avoir une longueur suffisante pour que le pêcheur puisse se tenir en retrait des berges et passer ainsi inaperçu. La longueur varie de 2,50 à 3,60 m lorsqu'on pratique sur certains fleuves côtiers aux rives surélevées. Elle doit être en mesure de lancer des leurres pesant entre 10 et 40 g.
- *Le moulinet* à tambour fixe est choisi dans les modèles destinés au brochet ou au saumon léger. Solide, doté d'un frein précis et progressif, il est garni de 150 m de nylon en 22 à 30/100e (jusqu'à 35 ou 40/100e dans les rivières qui abritent de très gros poissons).

Les cuillers

- *Les cuillers tournantes* : parmi les modèles les plus utilisés, citons les cuillers à palette allongée type Mepps n° 2 à 3, la Mepps classique n° 2 ou 3, blanche à points noirs, les cuillers vaironnées, les cuillers tandem (la plus petite palette se situe en tête). Les hameçons montés sur ces leurres sont parfois trop faibles et doivent être remplacés par des triples renforcés n° 6 ou 8. Des leurres plus petits sont également (et peut-être surtout !) très prenants. Malheureusement, le diamètre des nylons généralement utilisés ne permet pas de propulser avec la précision voulue ces cuillers légères.
- *Les cuillers ondulantes* : elles sont intéressantes dans les parties calmes d'un cours d'eau, les fosses, les courants profonds, les grands pools. On préférera des palettes lourdes, larges et fines (4 à 7 cm) aux tons argentés ou cuivrés. Il est parfois nécessaire de lester l'ensemble 80 cm à 1 m en avant à l'aide d'un plomb-bateau.
- *Les devons* : certains pêcheurs ne jurent que par eux ! Longs de 4 à 5 cm, ils sont très prenants en eau rapide. Les modèles lourds permettent d'explorer avec efficacité les grands pools à la profondeur voulue.
- *Les poissons-nageurs* : le Rapala est considéré par de nombreux pêcheurs normands comme le meilleur des leurres artificiels, en raison sans doute des fortes vibrations émises quand on le ramène à contre-courant ou qu'on le maintient dans un radier. Il semble préférable d'utiliser des leurres flottants la nuit ou au crépuscule. La journée, les Rapala plongeants Count Down, de 7 à 9 cm, dans les tons bleu-argent (B) ou noir-argent, les modèles dont les coloris rappellent la robe d'une truitelle ou d'un vairon, sont très efficaces. Les modèles rouge fluo (GFR) seraient également plus prenants la nuit.

L'action de pêche

Elle s'apparente plus à celle du saumon qu'à celle de la truite de rivière, en ce sens que le lancer, 3/4 amont à 3/4 aval en direction de la berge située en face du pêcheur, est suivi d'une récupération lente et méthodique au ras du fond. La trajectoire du leurre, sous l'action du courant, décrit un arc de cercle. En fin de dérive, on ramène lentement le long de sa propre berge, à contre-courant. C'est souvent le moment choisi par la truite de mer pour mordre, et elle peut s'emparer du leurre entre les bottes du pêcheur ! Il ne faut donc pas hésiter à récupérer jusqu'au ras du scion. Un poisson-nageur flottant est amené à la profondeur voulue par de courtes tirées. Il est inutile de s'attarder trop longuement sur le même pool : une truite mordeuse attaquera au premier, au deuxième, voire au cinquième passage. En cas d'insuccès, mieux vaut passer au coup

Cette truite de mer a succombé à l'attrait d'une petite cuiller tournante habilement présentée.

(et notamment les hauteurs des berges).
- *Le moulinet* à tambour fixe, de type lancer léger à mi-lourd, est garni de 150 m de nylon en 22 à 35/100e selon la taille des poissons et l'encombrement des lieux.
- *La monture* casquée est appréciée pour pêcher dans les postes très profonds. Néanmoins, les Bretons et les Normands, spécialistes en la matière, préfèrent la monture godille ou monture de l'Aulne, équipée d'un hameçon simple n° 1 ou 2 ou d'un triple n° 6 à 8.
- *Les esches* : à défaut de vairon, on peut utiliser la partie postérieure du corps d'un lançon. La queue du poissonnet, très souple, godille de manière irrésistible dans les courants.

suivant. C'est en quadrillant méthodiquement la rivière et en explorant le plus grand nombre de postes possible qu'on aura le maximum de chances d'enregistrer une touche. Celle-ci, puissante, commande un ferrage immédiat.

LA PÊCHE AU VAIRON MORT

Très pratiquée en Normandie et en Bretagne, elle semble plus efficace en eaux basses et claires qu'en eaux teintées. Les meilleures époques pour la pêche au vairon mort sont le printemps et l'automne.

Le matériel

- *La canne*, à action de pointe, est choisie dans les modèles à lancer, d'une longueur qui est de 2,50 à 3,60 m selon les rivières

L'action de pêche

Elle s'apparente un peu, en cours de journée, à une pêche à soutenir aval.
On lance 3/4 aval, avant de laisser descendre l'appât au ras du fond. Le vairon est ensuite ramené lentement. La godille, qui prend appui dans le courant, imprime au leurre une trajectoire en arc de cercle. Ce travail est amélioré par de brusques accélérations suivies de relâchers, de mouvements latéraux du scion qui confèrent à notre appât la nage hésitante d'un poisson blessé. A l'aube et au crépuscule, la truite de mer occupe des postes classiques, et n'hésite pas à chasser dans quelques centimètres d'eau la nuit venue. La touche, qui est généralement franche, appelle un ferrage immédiat.

LA PÊCHE À LA MOUCHE

Voici certainement la plus intéressante des pêches destinées à ce poisson difficile, mais aussi l'une des techniques les plus efficaces à mettre en œuvre lors des chaudes soirées estivales. Si la mouche sèche peut donner quelques résultats lors des éclosions d'insectes, il est préférable de pêcher en noyée ce poisson peu enclin à gober, qui attaque plus par agacement ou par agressivité que par désir réel de s'alimenter.

Le matériel

- *Une canne* classique de 9 pieds permet de pêcher dans les petits cours d'eau aux rives peu dégagées qui obligent à de courts lancers. Pour les rivières à courants larges et profonds, une 10 pieds ou une 11 pieds (certains modèles à 3 brins, d'encombrement réduit, sont très pratiques), à action parabolique, convient tout à fait pour pratiquer aussi bien en sèche qu'en noyée. Certaines, équipées de talons de combat, permettent de pêcher à deux mains. Une canne à deux mains de 12 ou 14 pieds peut rendre de fiers services lorsqu'on a affaire à de gros poissons, et qu'on pratique du haut de berges élevées.
- *Le moulinet* à mouche manuel, de grande capacité, à frein puissant et progressif qui permet d'absorber le départ en force d'une grosse pièce, silencieux pour le coup du soir, est garni de 50 à 100 m de *backing.*
- *Une soie* autoflottante n° 6 à 8 permet de pêcher en sèche ou en noyée dans les petites rivières aux eaux basses. Pour pratiquer en noyée dans un cours d'eau large et profond, il est préférable d'utiliser une soie n° 6 à 8 à fuseau décentré et pointe plongeante. Les lignes entièrement plongeantes peuvent causer des déboires sur les parcours envahis d'herbes au milieu desquels elles s'entremêlent.
- *Le bas de ligne*, d'une longueur de 2,50 à 3 m, est terminé par une pointe en 20 à 30/100ᵉ selon la taille des poissons et l'encombrement des lieux.

Les mouches

Il en existe d'innombrables modèles adaptés à l'état des eaux, à l'heure de la journée, aux conditions atmosphériques... sans parler des créations personnelles et des secrets de chacun !

Par temps clair, il est établi que des mouches très fournies à dominante claire (corps blanc ou jaune) telles les Peter Ross, Connemara, Silver Doctor, et j'en passe, prévalent sur toutes les autres. Par temps couvert ou très sombre, les modèles fon-

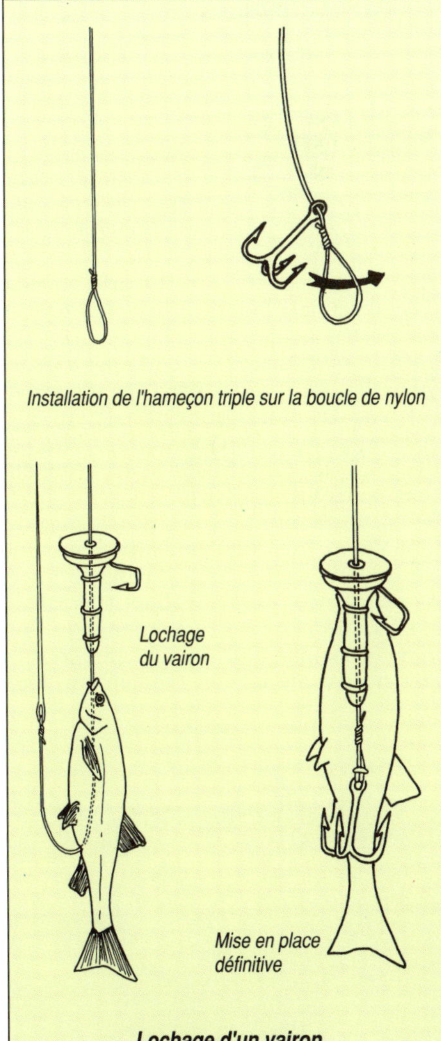

Lochage d'un vairon sur une monture de l'Aulne

Quelques mouches à truite de mer

Connemara Black

Leurre plongeant monté en tandem (Hughes Falkus)

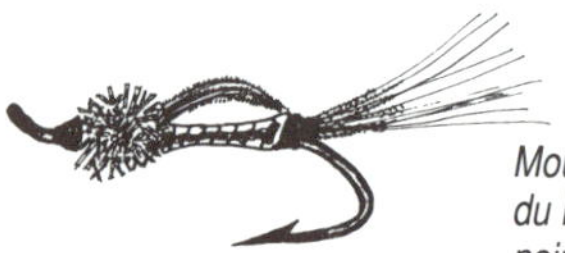

Mouche irlandaise du Donegal, peu fournie, noire, dont le corps est cerclé de tinsel

cés et peu fournis, à corps gris ou noir (Black Pennel, Black Zulu), prennent le dessus.

En début de saison, les poissons fraîchement remontés portent surtout leur attention sur des proies qui représentent leur aliment principal en mer, à savoir les petits poissons. On utilisera donc des mouches-leurres de 2 à 10 cm, censées imiter les alevins, montées sur des hameçons n° 4 à 6. La Teal Blue and Silver, montée sur un hameçon simple à hampe longue, est excellente. Hughes Falkus, spécialiste bien connu de la truite de mer et du saumon, préconise d'utiliser de gros leurres plongeants, montés en tandem sur deux hameçons n° 8. Ce type de mouche serait également redoutable en fin de nuit, tandis que, jusqu'à minuit, il conseille de piocher dans la collection des Medicines, dont la Silver Blue, créée et nommée par le général G.H.W. Wilson. Plus la saison avance, plus les eaux deviennent basses et claires, et plus naturellement la taille des mouches diminue, en relation avec le nouveau comportement alimentaire de la truite de mer qui s'est habituée aux invertébrés d'eau douce. Aussi doit-on présenter des modèles montés sur des hameçons n° 8 à 10.

L'action de pêche

Le poisson n'entrant réellement en activité qu'à la nuit tombée, il est judicieux d'effectuer une reconnaissance du parcours avant que l'obscurité ne soit complètement installée, afin de déceler les éventuels «pièges» des berges et du lit : clôtures électriques, barbelés, racines sous la berge, souches immergées, trous profonds. L'été, et si les éclosions sont nombreuses, on peut pêcher en sèche en faisant draguer à la surface un gros sedge ou une moucheleurre telle que la Muddler Minnow. Les captures concernent alors surtout des poissons petits ou moyens (300 g à 2 kg). Lorsque la nuit d'encre est installée, il est préférable d'utiliser une mouche noyée. Nous n'insisterons jamais suffisamment sur l'obligation de discrétion : le pêcheur doit dissimuler sa silhouette, quitte à ramper sur les rives, et surtout éviter d'allumer sa lampe frontale lorsqu'il se tient au bord de l'eau. L'action de pêche se déroule généralement en descendant un pool.

Après un lancer 3/4 aval, on laisse dériver la mouche dans le courant tout en maintenant une légère traction sur la soie, qui ne doit pas être ramenée. La ligne décrit un arc de cercle avant de se retrouver pa-

Les petites rivières côtières irlandaises sont très riches en truite de mer, notamment en finnock.

Quelques conseils pour réussir

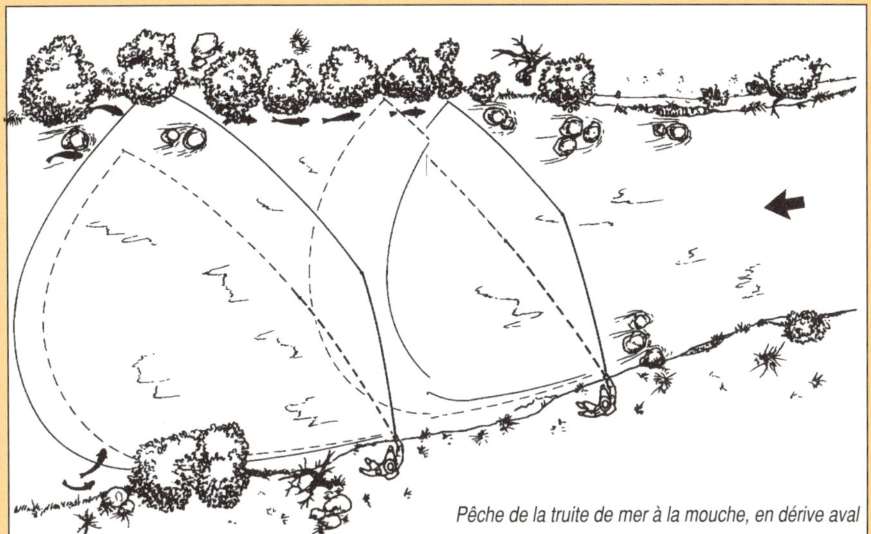

Pêche de la truite de mer à la mouche, en dérive aval

■ Avant tout, il faut savoir faire preuve de discrétion. Dans les petites rivières, il est conseillé, surtout le soir, de ne pas entrer dans l'eau car les poissons maraudent souvent au ras des berges.
On ne se tient jamais debout sur les rives, afin de ne pas dévoiler sa silhouette ; au besoin, on rampe ou on se déplace à genoux ! Le faisceau de la lampe-torche frontale n'est jamais braqué sur la rivière.

■ Pêcher dans des conditions favorables : les truites de mer sont surtout actives tôt le matin ou tard le soir, et quittent alors leurs caches naturelles. En pleine journée, il faudra les rechercher au plus profond des trous, sous les herbiers et les berges creuses. Un temps couvert est préférable au grand soleil. Les meilleures nuits sont celles qui suivent une averse brutale et tiède. Les truites de mer, fraîchement remontées, sont tout particulièrement actives lorsque les eaux commencent à s'éclaircir après une crue violente. A proximité des estuaires, les poissons semblent plus mordeurs à marée montante.

■ Savoir reconnaître les postes qui, selon l'heure de la journée, peuvent se situer dans les pools profonds, riches en obstacles, les fosses, l'aval des chutes, sous les berges creuses, parmi les racines des rives surplombées par des voûtes de feuillage... ou parfois sous quelques centimètres d'eau dans un radier lorsque la truite chasse !

■ Ne pas oublier que les périodes d'activité sont parfois très courtes (moins d'une heure).

rallèle à la berge du pêcheur. Ce dernier ramène alors la soie lentement, jusqu'à la pointe du scion, les attaques étant fréquentes au ras des rives. La touche, qui peut également se produire dès que la mouche touche l'eau, est souvent brutale. Le poisson effectue ensuite un puissant démarrage, puis des séries de cabrioles spectaculaires au-dessus de la surface. Il est important de ne pas trop brider sa prise, surtout lorsqu'il s'agit de poissons fraîchement remontés. La bouche, très fragile, se déchire en effet facilement. A la fin du combat, il est inutile de chercher à soulever sa capture, surtout si elle est de taille !
A défaut de gaffe ou d'épuisette, elle est échouée sur un banc de sable... pas toujours facile à trouver dans la pénombre.

BIOLOGIE-ÉCOLOGIE DE LA TRUITE DE MER

Description

La truite de mer appartient à la même espèce que la truite de rivière ou la truite de lac. L'habitat seul est responsable des différences morphologiques observées chez les trois variétés. Avec sa livrée argentée marquée de petits points noirs en croix, elle ressemble au saumon. Selon les régions et les cours d'eau, la distinction entre les deux poissons n'est d'ailleurs pas toujours évidente. Quelques critères de reconnaissance morphologique peuvent toutefois permettre

	Truite de mer	**Saumon**
Allure générale	Trapue, surtout chez les gros sujets	Fine et élancée
Tête	Épaisse, massive	Fine et conique
Commissure des mâchoires	Dépasse l'aplomb de l'œil. Critère pas toujours évident à établir	Se situe à l'aplomb de l'œil
Nombre d'écailles entre nageoire adipeuse et ligne latérale	13 à 16, le plus souvent 12	10 à 13, le plus souvent 11
Dimension des écailles	Réduite	Proportionnellement plus élevée
Bord postérieur de la nageoire caudale	Droit ou convexe	Nettement échancré
Pédoncule caudal	Épais et court Prise mauvaise lorsqu'on soulève le poisson par la queue… il glisse !	Fin et allongé Prise bonne en raison de la présence de 2 cartilages situés de part et d'autre du pédoncule caudal
Couleur de la nageoire adipeuse	Observation fréquente d'un liseré orangé	Noire
Robe	Plus tachetée que le saumon, les ponctuations noires descendent largement sous la ligne latérale	La pigmentation sombre descend rarement sous la ligne latérale

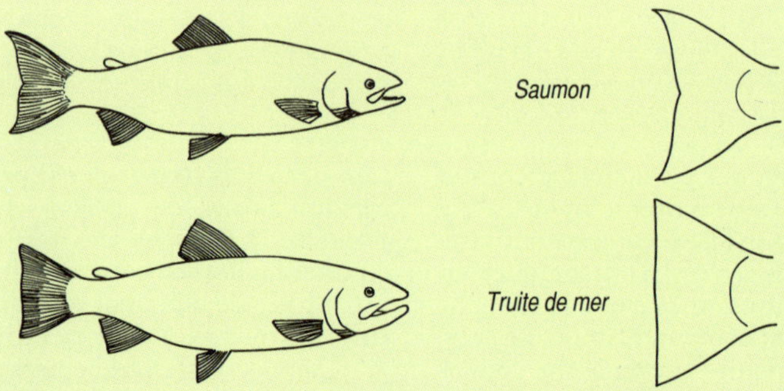

En Irlande et en Europe, les truites de mer n'hésitent pas à s'engager très en amont dans les torrents qui dévalent vers les estuaires.

d'identifier l'espèce (voir tableau). La taille moyenne de la truite de mer est nettement plus élevée que celle de notre fario de rivière. Elle se situe en effet entre 2 et 6 kg (avec des sujets pouvant atteindre les 10 kg) pour une longueur de 50 à 70 cm.

Habitat

Il est identique à celui de la truite fario. La journée, elle se tient surtout dans les parties profondes de la rivière.

Répartition

On rencontre aujourd'hui la truite de mer dans de nombreux fleuves côtiers du littoral atlantique et de la Manche. Elle est moins présente sur la façade méditerranéenne. Quatre-vingt-six cours d'eau sont classés à truites de mer dominantes dans le Journal officiel du 1er mars 1986. Parmi les plus célèbres, citons la Sée et la Sélune en Manche, la Dives, la Seulles, l'Orne et la Touques dans le Calvados, le Scorff, l'Ellé, le Blavet en Morbihan, le Léguer dans les Côtes-d'Armor, l'Aven, la Laïta, l'Aber-Wrach, l'Aube dans le Finistère, l'Argues et la Bresles en Seine-Maritime. Elle remonte également régulièrement la Dordogne, la Garonne, la Loire, l'Allier où des captures ont été enregistrées à la ligne au «Bec de Sioule», ainsi que dans le piège à migrateurs de Vichy.

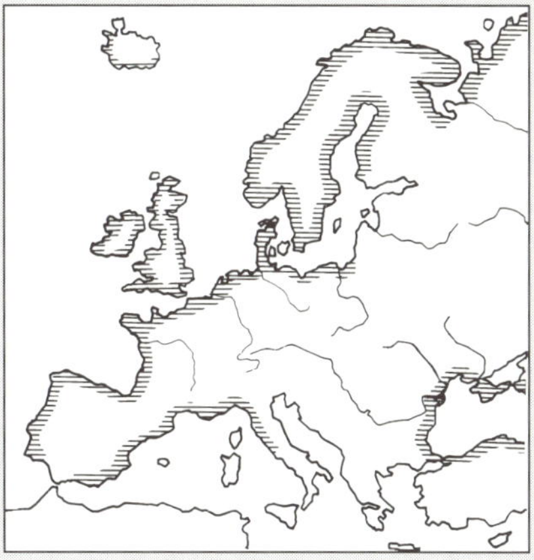

Régime alimentaire

La truite de mer s'alimente peu en eau douce, à tel point qu'elle subit une régression de son tube digestif. Les sujets qui effectuent les plus longs séjours en rivière, vivant durant plusieurs mois sur leurs réserves, ont ainsi piètre allure lors de la dévalaison qui suit la phase reproductrice. La truite de mer peut toutefois capturer à l'occasion vairons et invertébrés aquatiques qui constituent le menu de base de la fario. En mer, elle chasse un peu à la manière du bar ou du lieu, et se nourrit de poissons (lançon, hareng, sardine, sprat) et d'invertébrés (vers, mollusques, crevettes).

Reproduction

Si elle peut débuter en octobre, c'est néanmoins le mois de novembre qui connaît l'activité de ponte la plus intense. Les œufs, au nombre de 1 500 à 2 000 par kilo, sont émis dans une frayère préalablement aménagée par la femelle sur un fond propre de graviers. La génitrice creuse à l'aide de sa nageoire caudale et par des mouvements des flancs une légère dépression, profonde d'environ 20 cm, bien visible de la surface dans les eaux limpides. Sitôt les œufs émis puis fécondés, ils sont recouverts de graviers afin d'échapper à la vue des prédateurs. Leur durée d'incubation, selon la température de l'eau, varie de 90 à 120 jours. Les géniteurs survivants entreprennent une dévalaison vers la mer qui débute en janvier et se poursuit jusqu'en mars-avril. Les alevins adoptent dans les premiers temps de leur existence le même comportement que la truite fario. Certaines truitelles demeurent seulement 2 à 5 mois en eau douce avant de subir le phénomène de smoltification et de rejoindre l'Océan à la fin du printemps. Elles remonteront en été ou au début de l'automne, pesant alors entre 180 et 220 g ; ce sont les *finnock* ou *herling*. Les autres séjournent de 1 à 3 ans en eau douce, selon les rivières, avant d'entreprendre l'avalaison alors qu'elles mesurent entre 20 et 40 cm. Contrairement au saumon, les smolts tendent à s'attarder dans les estuaires au cours de ce voyage, et se font ainsi capturer par des pêcheurs aux engins peu scrupuleux. La truite de mer peut effectuer plusieurs remontées en eau douce, de cinq à sept fois, voire plus !

Comportement

La truite de mer, le plus lucifuge de nos Salmonidés, est surtout active la nuit. Le jour, elle se tient dissimulée en zone profonde, sous les herbiers ou les berges creuses. Ce n'est qu'au crépuscule qu'elle gagne ses postes de chasse situés en tête et en queue de radier, le long des rives, parfois sous quelques centimètres d'eau, où elle trahit sa présence par des marsouinages et des sons bruyants. Migrateur anadrome, ce Salmonidé limite ses incursions en eau salée à la bordure du plateau continental ou à proximité immédiate des estuaires. Il vient fréquemment chasser dans les vagues déferlant sur les plages, adoptant ainsi le même comportement que le bar. La truite de mer peut vagabonder sur des distances considérables en suivant les côtes. C'est ainsi que certains gros sujets de l'Orne ont été retrouvés à hauteur du Danemark ! Le retour en rivière débute avec le réchauffement réel des eaux, à partir du mois de mai, et s'échelonne jusqu'en décembre avec deux pics : juin-juillet et octobre-novembre. Ce sont généralement des individus de taille moyenne (1-2 kg), accompagnés de quelques gros sujets qui ont séjourné plus de deux hivers en eau salée, qui arrivent les premiers et remonteront le plus loin. Ils sont caractérisés par leur fidélité à leur rivière d'origine que les Anglais nomment *homing*. Certains resteront 4 à 6 mois à un niveau intermédiaire de la rivière, flânant dans les pools au cours de haltes fréquentes. Suivent les jeunes ou *finnock*, dont la période optimale d'activité migratrice se situe du 15 juillet au 15 août, et qui ont passé seulement 3 mois en mer. Les plus grosses truites de mer arrivent surtout en septembre-octobre. Les facteurs qui déclenchent la migration dépendent des variations de niveau d'eau («l'appel d'eau douce») et sont surtout liés aux brusques montées des eaux, des marées (les poissons profitent des mouvements des marées montantes pour s'engager dans les estuaires) et des conditions météorologiques de la saison. Hormis la très courte période passée par les *finnock* dans l'océan, le séjour moyen en eau salée est de 1 ou 2, plus rarement 3 ans.

GESTION-AMÉNAGEMENTS

Les origines d'une brutale apparition

Certains scientifiques estiment que l'origine de notre truite de mer remonte à la dernière glaciation, où l'ensemble des Salmonidés vivait en milieu marin. Enfermés dans les terres, certains se sont sédentarisés, d'autres ont retrouvé leur aptitude naturelle à dévaler.

Mais si les truites de mer ont toujours existé dans certains de nos cours d'eau (les pêcheurs de la Touques, de la Sélune ou du gave d'Oloron en capturaient occasionnellement), ses populations se sont brusquement et singulièrement étoffées voici quelques années, en particulier dans tous les fleuves côtiers normands et bretons, tandis que, dans le même temps, l'ensemble du cheptel salmonicole connaissait un déclin significatif.

Parmi les hypothèses retenues expliquant ce phénomène, nous pouvons citer :

- La conséquence heureuse et inattendue des repeuplements surdensitaires en truites de pisciculture d'origine danoise et scandinave (qui ont un comportement migrateur marqué), réalisés à partir des années 50, et qui ont servi jusqu'à nos jours de politique de gestion halieutique.

- Les truites de mer auraient parallèlement trouvé des conditions favorables à leur développement en bénéficiant des mesures de protection établies par les divers «plans saumon» à partir de 1976.

- Dans les années 60, certaines AAPP auraient importé des œufs de truites polonaises provenant de la rivière Dunajec, affluent de la Vistule, qui se jette dans la Baltique. Ces énormes poissons, dont le poids peut atteindre 20 kg, migrateurs anadromes, auraient-ils prospéré dans nos fleuves côtiers suite à des croisements ?

Un succès qui risque de la tuer

La brusque apparition d'un splendide migrateur ne pouvait guère laisser indifférents les profiteurs de tous acabits. Ainsi, la truite de mer n'a pas manqué d'exciter la convoitise des pêcheurs professionnels, inscrits maritimes, mais aussi celle des plaisanciers. En progression constante jusqu'en 1983, elle est aujourd'hui victime d'un pillage organisé qui affecte dangereusement ses effectifs. Les poissons sont capturés sur les plages au filet (dont la pose est rigoureusement interdite du 15 mai au 15 septembre à moins de 1 mille des côtes), dans les estuaires, alors qu'ils sont rassemblés en grand nombre dans l'attente d'un coup d'eau qui leur permette d'accéder aux fleuves. Plusieurs années consécutives de sécheresse ont favorisé ces massacres et ont compromis l'accès aux frayères, les obstacles les plus anodins pouvant devenir infranchissables en eau basse.

Il est urgent d'accorder à la truite de mer des mesures de protection spéciales lors de son séjour en mer. Une étude économique devrait nous faire réfléchir : une truite de mer de 3 kg, capturée aux engins, entraîne un mouvement d'argent de 300 F... qui passe à 3 000 F lorsqu'il s'agit d'une prise effectuée par un pêcheur sportif ! De nombreux pays l'ont compris et développent le tourisme halieutique, source de revenus considérable.

Une législation particulière

L'article 14 de la nouvelle loi sur la pêche donne aux commissaires de la République le pouvoir d'autoriser la pêche à la truite de mer depuis une demi-heure avant le lever du soleil jusqu'à deux heures après son coucher dans les cours d'eau classés à truites de mer dominantes. L'intérêt d'une telle disposition est de prendre en considération, pour la première fois, la spécificité de ce magnifique migrateur anadrome, qui ne s'active guère que la nuit. Sachant que les plus gros sujets remontent souvent en octobre, la Fédération du Calvados bénéficie d'une fermeture spécifique sur les tronçons classés à truites de mer dominantes de la Touques, la Dives, la Seulles, l'Orne, que l'on peut pêcher du 1er mai au 31 octobre. Tout pêcheur désirant se livrer à cette activité doit acquitter un timbre «spécial truite de mer».

L'alose

Alosa alosa
Clupéidés

Les efforts de réhabilitation des rivières pour la libre circulation du saumon ont permis un redressement spectaculaire des populations d'aloses. Le «saumon du pauvre» a fait naître dans le Sud-Ouest, sur les rives de la Garonne et de la Dordogne, de nouvelles vocations de pêcheurs passionnés par un poisson de grand sport !

LES PÊCHES DE L'ALOSE

L'alose est un magnifique poisson de sport, à la défense vigoureuse et spectaculaire, que les Américains désignent sous le vocable évocateur de «saumon du pauvre». Les secteurs où elle est mordeuse sont rares et souvent limités à quelques centaines de mètres. Ils sont situés à proximité des frayères où sont regroupés les poissons, situées à l'aval immédiat d'obstacles qui s'opposent à la remontée. L'alose ne se nourrissant pas en eau douce, la prise d'un leurre procède en effet d'un réflexe de défense et de nettoyage de la frayère qui veut que tout intrus évoluant à proximité immédiate de ce territoire soit éliminé. Nous pouvons citer quelques hauts lieux célèbres : sur la Dordogne, le Pool Marty, en hommage au «pape de l'alose», situé en aval du barrage de Tuilières près de Bergerac rive gauche, l'aval du barrage de Bergerac lui-même, sur la plage située rive gauche. Sur la Garonne, l'aval de la centrale de Golfech et l'aval du barrage d'Agen rive gauche, sont également de bons secteurs. La pointe de l'aurore et le crépuscule correspondent aux meilleurs moments pour pêcher l'alose.

La pêche au lancer

Il s'agit sans doute de la manière la plus sûre pour prendre des aloses, surtout en début de saison.

Le matériel

- *La canne*, de 2,50 à 3,50 m, souple et nerveuse, est adaptée au lancer de poids de 15 à 30 g.
- *Le moulinet* à tambour fixe, de type lancer léger à mi-lourd, est garni de 150 m de 22 à 26/100e (au-delà, les lancers perdent en précision).

Les leurres

N'importe quel leurre métallique peut convenir, à condition qu'il soit petit et brillant. Les petites cuillers tournantes à truite argentée n°1 à 2 conviennent tout à fait. Le triple est remplacé par un hameçon simple, fort de fer à anneau n° 2 à 3, très piquant, cela pour mieux pénétrer les membranes cornées de la mâchoire de l'alose. Il est essentiel que la cuiller travaille près du fond. Pour cette raison, un lest supplémentaire est placé en tête (plomb-bateau). On peut monter à 1 m de la cuiller une plombée en dérivation, sous la forme de quelques chevrotines pincées sur un brin cassant. Certains pêcheurs de la Garonne utilisent des leurres transparents ou phosphorescents imitant vaguement de petits calmars. Le devon, peu utilisé, devrait se montrer efficace.

L'action de pêche

Elle se rapproche de toutes les pêches à devonner. Le lancer est effectué plein travers, puis le leurre dérive au ras du fond en arc de cercle. Le courant doit accomplir l'essentiel du travail, la récupération au moulinet ne servant qu'à maintenir la palette en rotation.

La pêche à la mouche

Moins productive mais beaucoup plus sportive et amusante, la pêche à la mouche est surtout efficace à partir de la mi-mai. Les décrochages sont nombreux, mais quel régal de combattre un poisson qui donne au bout d'une canne à mouche toute la mesure de ses puissants moyens !

Le matériel

- *La canne* : on peut employer une canne à une main destinée à la truite de mer ou au saumon léger, de 9 à 11 pieds, ou une canne à deux mains de 12 à 15 pieds qui permet une pêche plus «confortable» et une meilleure qualité du contrôle de la dérive. On utilise des soies à pointe plongeante n° 7 à 9, à double fuseau ou à fuseau décentré. Les soies plongeantes rapides sont déconseillées, car elles imposent trop d'efforts de traction à l'arraché.
- *Le moulinet*, manuel, est garni de 50 à 100 m de *backing* car un gros poisson peut sortir toute la soie au démarrage ! Le bas de

BIOLOGIE-ÉCOLOGIE DE L'ALOSE

Description

Trois espèces remontent nos rivières :

- L'alose du Rhône (*Alosa finta rhodanensis*), rencontrée dans le cours inférieur du Rhône et de certains fleuves de la façade méditerranéenne. On la reconnaît à sa robe claire, et aux 4 à 6 points noirs alignés au-dessus de la ligne latérale.

- L'alose feinte (*Alosa* ou *Parolax finta*), au corps allongé qui porte 8 à 12 taches noires très nettes, ne dépasse guère la limite de salinité des eaux de quelques fleuves du littoral atlantique.

- La grande alose (*Alosa alosa*), qui nous intéresse, remonte très haut certains cours d'eau de la façade atlantique tels que la Loire, la Garonne, la Dordogne. Une seule tache noire circulaire est visible au-dessus et en arrière de l'opercule, parfois suivie de1 à 2 autres marques à peine visibles. Le corps est comprimé latéralement. La tête, massive, se prolonge par une bouche typique, orientée vers le haut, dont la mâchoire supérieure porte une encoche nette. Les yeux sont pourvus de 2 paupières adipeuses. Le dos est gris verdâtre, les flancs argentés à reflets bleutés, le ventre blanc. Les femelles rencontrées en eau douce, âgées de 6-7 ans, peuvent mesurer 80 cm pour un poids de 4 kg. Les mâles, âgés de 2-3 ans, pèsent en moyenne 1-2 kg.

Habitat

Migratrice anadrome, l'alose vit sa période de croissance en mer, à proximité des estuaires. Elle remonte dans certains fleuves côtiers pour s'y reproduire, se rassemblant en grand nombre en aval des obstacles difficiles à franchir (chutes, barrages...). La situation de l'alose n'est pas brillante partout. Elle a déserté une bonne partie du Rhône, où elle abondait autrefois, a totalement disparu du Rhin et de la Seine. Les deux axes majeurs de remontée sont les bassins de la Garonne et de la Dordogne, où les plus belles frayères se situent, pour le premier, vers Agen, pour le second au niveau de Bergerac.

La Garonne est le fleuve où elle remonte en plus grand nombre grâce aux aménagements spécifiques des obstacles infranchissables jusqu'alors (ascenseur de Golfech – 66 000 poissons comptés en 90, 14 000 à Toulouse ! – au niveau de la passe de Bazacle), elle peut aujourd'hui remonter à plus de 50 km au-delà de Toulouse. Elle a été observée dans le Tarn jusqu'à Montauban, dans l'Aveyron jusqu'à Ardus, ainsi que dans l'Ariège. Elle est signalée dans la Loire bien qu'elle semble en régression à cause du bouchon vaseux situé à l'embouchure, ainsi que dans quelques-

C'est surtout à la pointe de l'aurore ou au crépuscule que les aloses sont les plus actives... et les plus mordeuses à la mouche ! (ici, sur la Dordogne).

ligne, de 1,50 à 2 m, a une pointe de 22 à 26/100e.

- *Les mouches,* montées sur hameçons n° 6 à 8, sont de grosses nymphes lestées à dominante orange ou rouge, des streamers brillants comportant des fibres de tinsel argenté. Il ne faut pas hésiter à proposer des leurres très colorés pour stimuler l'agressivité du poisson.

L'action de pêche

Les aloses se manifestent en surface par des griffures ou des marsouinages. Placé en tête de pool, on propulse la soie en oblique aval, avant d'effectuer un contrôle parfait de la dérive de manière à éviter la formation d'un «ventre» nuisible au ferrage. La mouche doit évoluer au ras du fond. La touche, très violente, peut arracher la soie des mains ! On répond en levant la canne avec suffisamment de puissance pour assurer une bonne pénétration de l'hameçon dans les membranes buccales de l'alose. Cette dernière enchaîne cabrioles et chandelles. Il est important de la brider afin de limiter les risques de décrochage.

uns de ses affluents (Vienne, Creuse, Gartempe, Allier jusqu'à Vichy). A titre de comparaison, les prises effectuées au filet ont été estimées à 35 tonnes dans la Loire en 1989 contre 1 000 tonnes dans la Garonne ! Elle est également présente dans la Sèvre niortaise et quelques rivières bretonnes (elle est en expansion dans l'Aulne).

Régime alimentaire

Durant leur séjour en eau douce, les alosons, planctonophages dans les premiers temps de leur existence, se nourrissent ensuite de larves d'insectes appartenant à des ordres tels que les Diptères ou les Éphéméroptères. Ils gobent volontiers en surface, à la manière des ablettes, des imagos à la dérive.Les adultes consomment essentiellement des crustacés planctoniques pendant leur séjour en milieu marin, ainsi que des larves de poissons ou de calmars.

Reproduction

La maturité sexuelle est atteinte à 6-7 ans chez les femelles (qui remontent en premier), 2-3 ans chez les mâles. La montaison en eau douce s'échelonne de mars à juin, dès que la température de l'eau atteint 10-11 °C. Le frai s'effectue en juin-juillet et peut se prolonger jusqu'à mi-août. Nocturne, il donne lieu à des rassemblements – ou *bull* – qui débutent aux alentours de 21 heures. Jusqu'à environ minuit, des centaines de poissons tournent autour des frayères, puis les couples se forment. Ils montent alors en surface et tournoient durant 5 à 7 s, mises à profit par la femelle pour émettre ses œufs, au nombre de 100 000 à 500 000, qui sont aussitôt fécondés par le mâle. La ponte est ainsi effectuée en cinq à sept fois. Ces ébats nocturnes, au cours desquels les géniteurs tapent violemment la surface de la caudale, sont très bruyants. Ils seraient audibles à plus de 200 m !

Contrairement aux Salmonidés, l'alose n'aménage pas de frayères. Les œufs, d'un diamètre de 1 mm, dérivent au gré du courant avant de se déposer dans les interstices des galets. La frayère doit donc répondre à des conditions écologiques strictes.

La vitesse de courant idéale est de 1 à 1,5 m/s, le diamètre moyen des galets de 7 cm. La durée d'incubation est très courte : 4 jours environ.

Les aloses dévalent vers l'océan de septembre à novembre, lorsque leur taille atteint 6-10 cm. Le séjour en mer est de 3 à 7 ans selon les sexes. La grande alose, comme le saumon du Pacifique, ne survit pas au frai. La fidélité à ses frayères naturelles, fait établi et reconnu, est moins sûre que chez le saumon.

L'ombre commun

Thymallus thymallus

Thymallidés (ou Salmonidés selon les auteurs !)

*Actif tard dans la saison
et se reproduisant au printemps,
l'ombre offre la chance unique
au moucheur de continuer
à pratiquer son loisir favori en période
de fermeture spécifique de la truite.*

LES PÊCHES DE L'OMBRE

L'ombre a longtemps fait l'objet de controverses. Très apprécié en Europe centrale et orientale, il l'était moins de l'autre côté de la Manche où, aujourd'hui encore, certains pêcheurs le considèrent comme un vulgaire poisson blanc ! Magnifique poisson de sport à la défense vigoureuse, il a conquis ses lettres de noblesse en France et offre une nouvelle chance aux pêcheurs à la mouche. Il présente l'énorme avantage de sa disponibilité, permettant au moucheur de se livrer à son activité favorite en 2e catégorie, alors que la truite est fermée, et les berges désertées par les foules estivales : dans le même temps, l'ombre connaît un regain d'activité qui se traduira par des gobages nombreux jusqu'en décembre !
Méfiant et difficile à séduire, il peut détecter, grâce à son excellente vue et à sa sage lenteur à monter sur l'artificielle, toute anomalie de présentation, parfois à l'ultime seconde.

LA PÊCHE À LA MOUCHE SÈCHE

Le matériel

- *La canne* : un bon modèle polyvalent mesure 9 pieds. Son action parabolique, plutôt lente, permet un posé en douceur et le bon contrôle de la dérive de la mouche. Sur les rivières à courants très larges, on peut opter pour une canne de 10 à 11 pieds. Légère afin de lancer des heures durant sans fatigue excessive, la fibre est de qualité irréprochable, pour maîtriser de gros poissons sur les pointes fines du 10 au 12/100e, couramment utilisées.
- *Le moulinet* est manuel ou automatique, selon les goûts de chacun.
- *La ligne*, autoflottante, peut être en double fuseau (DT) ou décentrée (WF), plus fine, qui permet des posés discrets. Adaptée à la puissance de la canne, elle est choisie dans les nos 3 ou 4.
- *Le bas de ligne* constitue une pièce essentielle de l'équipement. Sa longueur doit être suffisante pour que la soie demeure invisible aux yeux du poisson pendant la dérive, et afin de retarder l'effet néfaste du dragage. L'ensemble mesure de 3,50 à 5 m, la pointe à elle seule, en 10 à 14/100e (pas au-delà), ayant une longueur de 2 m. Attention aux fils trop brillants, souvent causes d'échec.

Les mouches

L'ombre a la réputation bien établie de ne s'intéresser qu'aux proies de petite taille, sans doute en raison de sa bouche réduite. Ce n'est pas tout à fait exact. Nous noterons, dans le chapitre consacré à son régime alimentaire, qu'il sait tirer profit de toutes les opportunités offertes par le milieu et que, selon les saisons, il adapte son menu en fonction des ressources disponibles. Ainsi, durant tout le printemps, il peut fort bien se régaler, tout comme la truite, de grosses éphémères et à l'occasion d'alevins.
Moucheur tardif, il oriente ensuite sa prédation sur les quelques insectes qui éclosent de l'automne au début de l'hiver, tels les *Caenis, Ephemerella ignita*, Chironomes et autres moucherons, qui sont alors tous effectivement de petite taille.
La vraie mouche à ombre constitue un habile compromis entre une mouche sèche et une nymphe de surface. Tous les modèles sont généralement bien visibles, flottant bas et même parfois mouillés dans le film superficiel de la surface. Ils sont constitués de fibres très mobiles, qui vibrent sous l'action du vent et du courant. Sur les parcours surpêchés (cas d'une majorité d'entre eux !), les ombres ne s'intéressent en effet souvent qu'à des proies en mouvement. Ces fibres molles qui donnent l'illusion de la vie parviennent alors à duper notre poisson très méfiant.
Parmi les modèles donnant les résultats les plus constants, citons les «culs-de-canard», la Peute de Bresson, censée imiter une phrygane ou une éphémère à l'instant de l'émergence, lorsqu'ils se débarrassent de leur enveloppe nymphale, les petits sedges dont les ailes sont en fibre de croupion de canard, les petits palmers tri-

Le haut Allier, en amont de Langogne, offre d'excellentes possibilités pour la pêche de l'ombre, cela malgré de nombreuses extractions de granulats.

colores ou bicolores, les fourmis ou les moucherons, tous montés sur hameçons 14 à 20. Aux mois de mai et de juin, de petits Panama imitant les mouches de mai peuvent se révéler très prenants. L'ombre a également la réputation d'être fantaisiste. C'est faire bien peu de cas de ce poisson méfiant et sélectif. En fait, il paraît plus vraisemblable que seule une certaine forme de curiosité naturelle l'incite à s'emparer parfois des mouches les plus étranges tandis qu'il refuse systématiquement les modèles classiques. Ainsi, certains palmers terminés par une «queue» de couleur vive ou *tag* (Red Tag, Thymatag), de petites araignées dotées d'un fil de polypropylène blanc censé imiter un lambeau d'exuvie, des culs-de-canard montés couchés à l'espagnole, en oblique, (Avakian) ou teintés de rose, mauve, violet, fluo ou non, sont parfois irremplaçables. Un corps cerclé de tinsel argenté ou doré peut également inciter un ombre récalcitrant à mordre.

L'action de pêche

Pour attaquer un ombre moucheur situé à une profondeur de 1 m, il convient de poser 1 ou 2 m en amont du poste et d'attendre la touche 1 à 2 m en aval, ce qui suppose une dérive parfaite de 2 à 4 m ! De plus, le poisson ne se déplaçant pas latéralement, cette qualité de présentation est complétée par une précision parfaite, la mouche devant évoluer sur la coulée exacte exploitée par l'ombre.

En raison de la méfiance instinctive du poisson, il existe une tradition de pêche vers l'aval, afin que la mouche entre la première dans le champ de vision. C'est une façon d'agir qui se justifie dans bien des cas, mais qu'il serait dangereux d'ériger en dogme sous le fallacieux prétexte que les Anglais, qui aiment tout codifier, en ont vanté les mérites pendant plus d'un demi-siècle. En effet, en cas de refus au premier passage, l'ombre aura tout loisir de contempler le bas de ligne, la soie... et de percevoir le mouvement désastreux de l'arraché.

Le lancer amont permet d'approcher le poisson à plus courte distance sans se faire repérer, d'effectuer une longue dérive avec un minimum de risques de dragage et d'imprimer un ferrage efficace, mais, là encore, la ligne passe devant le poisson ! Seuls les champions du lancer courbe peuvent alors tirer leur épingle du jeu. Il convient donc d'adopter la bonne conduite à tenir selon chaque circonstance. Le lancer latéral au 1/4 aval permet d'exploiter de nombreuses situations sans se faire repérer par le poisson et sans que la soie passe sur son cône de vision.

Plus que tout autre poisson, l'ombre, très méfiant, oppose un refus catégorique à toute mauvaise présentation de la mouche. Il est en particulier très sensible au dragage. Dans une rivière où courant, contre-courants et herbiers font effectuer à notre mouche les trajets les plus inattendus, il est important, pour faciliter une dérive sans défaut, d'effectuer un posé courbe, sinueux ou en accordéon selon les circonstances. Les spires, qui se délient au fil de l'eau, retardent l'effet désastreux du sillage. Ne nous fions pas non plus à son apparente bonhomie lors de l'approche. Contrairement à la truite, l'ombre ne s'enfuit pas en un éclair à la vue du danger. Cela ne signifie pas pour autant qu'il n'a pas repéré notre présence et, si tel est le cas, il refusera systématiquement la mouche la mieux présentée. Discrétion dans les gestes et lors de l'approche conditionnent le succès !

Si la truite est souvent ferrée trop tôt, le mouvement n'est jamais suffisamment anticipé pour l'ombre (sauf certains jours où il peut se montrer chipoteur). Il détecte plus vite que tout autre poisson moucheur la supercherie et recrache le leurre à la vitesse de l'éclair. Un ferrage appuyé et instantané est donc requis. Pour le débutant, il est très difficile de trouver un compromis entre ce ferrage-réflexe et la finesse des pointes de bas de ligne utilisées.

Une fois ferré, l'ombre oppose une défense vigoureuse. Les gros sujets tiennent obstinément le fond, s'aidant de la puissance du courant, qu'ils peuvent dévaler sur plusieurs dizaines de mètres, en donnant des coups de tête rageurs. Lorsqu'on les bride canne haute, ils peuvent effectuer des chandelles spectaculaires. L'ombre se bat jusqu'à son dernier souffle. Il ne se rend à l'épuisette qu'une fois épuisé (!) et les amateurs de *no kill* devront le décrocher avec précaution puis le ranimer en le maintenant dans un petit courant avant de lui rendre sa liberté.

LES GOBAGES

Contrairement à la truite, l'ombre n'occupe pas de poste précis dans la rivière. La première difficulté lorsqu'on pratique en sèche est donc de repérer l'emplacement des gobages, souvent «giclés». En de nombreuses circonstances, rien ne les distingue des gobages de truites ou de vandoises. S'ils sont bien visibles dans les plats, ils se traduisent dans les courants par une simple déformation de la surface, vite estompée.

Il peut arriver qu'un ombre situé à faible profondeur dans un courant réagisse promptement et gobe à l'aplomb de son poste. Dans la majorité des cas, lorsqu'il évolue parmi les galets sous une hauteur d'eau importante, il aperçoit sa proie nettement en amont, grâce à son cône de vision élargi, prenant son temps pour l'observer avec minutie avant d'entamer son mouvement de bascule tout en continuant à scruter la surface et de se laisser dériver vers l'aval pour se saisir de l'insecte, s'il n'a décelé aucune anomalie. Selon ces indications, on estime donc que le posé doit être effectué en amont du poste à une distance équivalant à une ou deux fois la hauteur de la colonne d'eau où se situe le poisson, qui s'emparera de l'insecte à la même distance par rapport à l'aplomb du poste, mais côté aval.

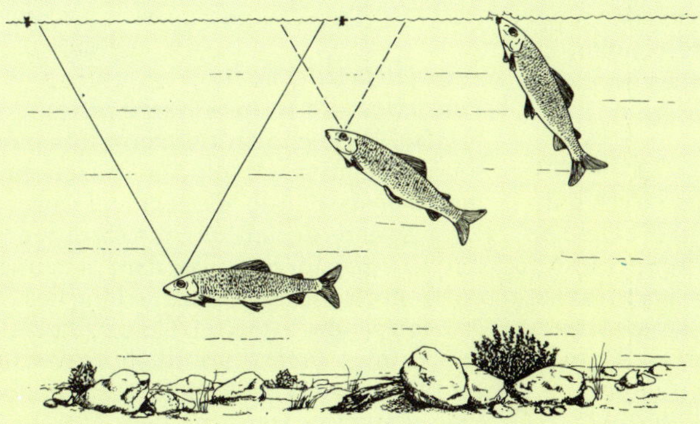

LA PÊCHE À LA NYMPHE À VUE

Cette technique visuelle exige des réflexes ultra-rapides et une grande connaissance du comportement alimentaire de l'ombre. Très difficile à maîtriser, elle est réservée aux moucheurs confirmés. Durant toute la période estivale, l'ombre consacre l'essentiel de son activité alimentaire à la recherche de larves qui évoluent au fond ou entre deux eaux, principalement sur les parcours surpêchés où il ne vient quêter sa pitance en surface qu'épisodiquement, souvent à des heures très tardives. La pêche à la nymphe est donc tout indiquée, et se révèle efficace à toute heure de la journée, y compris en pleine canicule. La limpidité des eaux doit être cependant suffisante pour suivre des yeux la dérive du leurre... et détecter la touche en temps voulu.

Le matériel

- *Canne et moulinet* sont identiques aux modèles préconisés pour la mouche sèche.
- *Les soies* à fuseau décentré (WF) facilitent des lancers rapides et une meilleure maîtrise de la dérive. Certains préfèrent les soies naturelles parallèles, qui permettent des posés délicats et des arrachés silencieux. Le bas de ligne est encore une fois une pièce maîtresse de l'équipement. Long (5-6 m) et très fin, il doit permettre à la nymphe de couler rapidement sans être bridée dans son évolution. La première partie, plutôt raide, précède une pointe d'au moins 2 m, très souple, dont le diamètre varie selon la taille de la mouche et la clarté des eaux. Les vrais nympheurs pêchent sur 8/100e, certains descendant au 6/100e lorsqu'ils utilisent des modèles montés sur hameçon n° 26.

Les nymphes

Elles sont censées imiter des larves à divers stades de leur évolution. Il existe de nombreux modèles plus ou moins lestés selon la profondeur de prospection, la présence du courant, le type de larve intéressant le poisson à un instant précis. En règle générale, leur taille diminue progressivement en cours de saison, les plus petits modèles étant réservés aux périodes

chaudes du mois d'août, lorsque les poissons, peu en appétit, sélectionnent de petites proies. Il existe des modèles d'ensemble classiques, l'ombre se montrant moins sélectif que la truite en ce qui concerne l'imitation exacte. Compte tenu de son comportement à l'égard des mouches les plus fantaisistes, il convient d'ajouter à notre collection des modèles dont le corps est brillant (verni ou cerclé de tinsel), ou très coloré (mauve, rose, rouge fluo, jaune). Pour finir, cette pêche exige l'emploi impératif de lunettes polaroïd et d'une casquette à large visière.

L'action de pêche

Pour effectuer ses premières armes, il est préférable de choisir un courant peu profond pour suivre l'évolution de la nymphe dans l'épaisseur de la colonne d'eau.
La première difficulté consiste à repérer les poissons qui ondulent dans le courant, en progressant lentement le long des berges face à la lumière. Cette discrétion encore une fois est primordiale, et *voir sans être vu* devrait être la devise du nympheur ! Une mauvaise approche peut être lourde de conséquences pour la suite des opéra-

L'ombre entame un léger mouvement latéral pour s'emparer d'une nymphe qui dérive au bon niveau !

tions, même si l'ombre affecte une apparente indifférence qui se traduira neuf fois sur dix par un refus catégorique de tous les modèles présentés. Il semble moins se méfier d'un pêcheur progressant sur les berges que dans l'eau.

On reconnaît surtout les ombres sous l'eau à leurs nageoires bleutées ou mauves, qui se détachent nettement du corps. Une fois le premier poisson détecté, observons attentivement. Il est bien rare qu'il ne soit pas accompagné de quelques congénères ! Inutile alors de se précipiter. Il est important de poursuivre cette observation minutieuse, afin de déterminer la profondeur à laquelle le poisson se nourrit ; selon qu'il semble «racler» le fond au ou contraire monter régulièrement entre deux eaux pour se saisir de larves à la dérive, on en tirera les conclusions qui s'imposent. Le poisson est attaqué plein travers au 1/4 aval afin de mieux contrôler la dérive sans pour cela se faire repérer. Le lancer est effectué en amont du poste, à une distance qui varie selon la profondeur à laquelle se tient l'ombre, le niveau d'eau où il semble quêter sa pitance, la présence du courant et bien sûr la taille et la densité de la nymphe, qui mettra plus ou moins longtemps à descendre à la profondeur voulue. Le posé, très précis, doit se situer dans la coulée exacte qui amène la nourriture au poisson. La qualité de la dérive, aussi naturelle que possible, est un élément essentiel de réussite.

L'ombre refuse systématiquement un modèle qui dérive trop rapidement, à la mauvaise profondeur, ou qui n'est pas suffisamment libre dans ses mouvements. Dans la mesure du possible, il est important de proposer une imitation semblable – au moins en ce qui concerne la taille – aux larves qui constituent le menu du jour de l'ombre. Après quelques passages infructueux, l'animation de la nymphe par quelques tirées et relâchers imprimés de la pointe du scion, de petites accélérations en direction de la surface lorsque le leurre passe à proximité du poisson, peuvent l'inciter à mordre.

La touche se signale par un mouvement du poisson qui se déplace ou ouvre la gueule pour saisir sa proie. La réaction doit être immédiate, et le ferrage instantané. L'ombre est en effet plus prompt à recracher une nymphe qu'une mouche sèche. Anticiper est souvent le meilleur moyen de ferrer en temps voulu. Dans les eaux plus sombres, granitiques, on peut pêcher «en aveugle». Le bas de ligne est alors graissé dans la partie située près de la soie. Un brin de laine ou un rigoletto permettent de détecter des touches imperceptibles.

BIOLOGIE-ÉCOLOGIE DE L'OMBRE COMMUN

Description

La présence d'une nageoire adipeuse désigne son appartenance à la famille des Salmonidés, bien que certains scientifiques le classent parmi les Thymallidés. Il est vrai que le poisson-chat ou l'éperlan sont également dotés de cette nageoire réduite sans pour cela appartenir à cette noble famille ! La ressemblance de l'ombre avec la truite ou le saumon s'arrête d'ailleurs à ce détail. Le corps, fusiforme et taillé pour lutter contre les courants puissants, est en effet recouvert de grandes écailles bien visibles. Cette particularité lui vaut d'être régulièrement confondu avec des poissons blancs tels que le hotu. La tête, conique, est prolongée par une bouche minuscule située en position infère, dotée d'un dizaine de petites dents vomériennes. La nageoire dorsale, remarquable, a valu à l'ombre commun l'appellation évocatrice de «porte-étendard». Très haute, elle est magnifiquement teintée de bleu, de mauve ou de pourpre qui, à la faveur des jeux de lumière, renvoient des reflets irisés. Ces couleurs deviennent particulièrement vives en période nuptiale. On note un certain dimorphisme sexuel à ce niveau, l'étendard du mâle étant plus haut que celui de la femelle. Selon Nikolsky, ce surdéveloppement servirait à contrer les courants violents lors de la fécondation des œufs, afin d'éviter une dispersion trop rapide de la laitance. Le pédoncule caudal, fin, se prolonge par une nageoire caudale nettement échancrée. Les flancs sont parcourus de fines lignes irrégulières formées de minuscules ponctuations noirâtres.

Selon les souches et les régions, on note une grande diversité dans les coloris de la robe. Le dos est généralement sombre, les flancs argentés à reflets verdâtres. Certains ombres sont brun noirâtre, d'autres blanc argenté. En Yougoslavie, les flancs sont teintés d'une nuance orangée. Les plus grands spécimens capturés en France mesurent environ 55 cm pour un poids de 1,5 kg. L'ombre arctique peut atteindre le poids de 3,5 kg.

Répartition

L'ombre commun serait originaire des régions arctiques, et aurait été amené à coloniser progressivement l'Europe centrale et orientale suite à la dernière glaciation. Quoi qu'il en soit, il subsiste une forme arctique en tout point semblable à notre souche indigène, mais de dimensions plus élevées. L'ombre est également présent en Angleterre.

En France, grâce à de gros efforts d'aménagement des cours d'eau et de réimplantation, on rencontre l'espèce dans de nombreuses régions de l'est et du centre du pays. Il semble absent des régions Ouest et Sud-Ouest. Les plus belles populations du Massif Central sont présentes dans l'Allier, le cours supérieur de la Loire, la Dordogne en aval d'Argentat, l'Allagnon, le Lignon, l'Ance, la Vienne. Parmi les parcours très célèbres des bassins du Rhône et de la Saône, citons le haut Doubs, le Dessoubre, l'Ain, le Fier, le haut Rhône. L'Yonne, la haute Seine, l'Aube, le cours supérieur de la Marne et le haut Rhin sont également excellents.

Habitat

L'ombre définit la 2e zone dans la classification de Huet, qui correspond aux courants encore rapides situés en aval de la zone à truite. Lithophile, il apprécie surtout les fonds de galets et de graviers. L'espèce est très sensible à la pollution, notamment celle occasionnée par les extractions de granulats qui colmatent les frayères. A ce titre, il s'agit d'un excellent indicateur de la qualité biologique des eaux. On peut le rencontrer beaucoup plus en amont dans la zone à truite, et dans des courants situés nettement en aval, correspondant à la zone à barbeau, dès lors que les conditions écologiques locales (absence de pollution, température moyenne guère supérieure à 18-20 °C) sont favorables. L'été, il occupe les zones profondes, fosses et grands pools. Dès les premiers jours d'automne, il s'aventure volontiers dans les grands lisses peu profonds situés en début ou en fin de radier. Il n'occupe pas d'ordinaire de postes précis comme la truite, bien qu'on puisse le capturer occasionnellement derrière un bloc rocheux, entre les herbiers de surface où il est venu chasser les larves, sous les branches basses qui surplombent une berge.

Régime alimentaire

L'ombre se tient généralement au fond, où il se nourrit de divers invertébrés aquatiques. On lui reproche parfois sa tendance à prélever des œufs sur les frayères dont, selon certains auteurs, il se régalerait. Cette particularité n'empêche pas, en Autriche, en Yougoslavie, en Franche-Comté et sur tous les parcours bien gérés, son excellente cohabitation avec la truite. Les gros sujets consomment volontiers des alevins. Cela explique les quelques captures enregistrées à la cuiller. Lors des éclosions, il n'hésite pas à s'aventurer en surface pour attraper des insectes à la dérive, jusqu'à une époque très tardive (décembre-janvier). Ce comportement a valu au poisson une fausse réputation de prédateur de petites proies. En fait, il se montre tout à fait capable d'ingurgiter un gros sedge, une mouche de mai... ou un vairon !

Reproduction

Fait remarquable chez les Salmonidés, le frai, printanier, se déroule de mars à mai, selon la température de l'eau, sur des substrats typiques de galets et graviers grossiers. Chaque femelle dépose à faible profondeur, dans des petits courants bien oxygénés, 2 000 à 3 000 œufs par kilo, d'environ 2 mm de diamètre, qui incubent en 3 semaines par une température de 10 °C. La croissance de l'ombre, très rapide, explique qu'une femelle de 30 cm (qui correspond à la taille légale des captures) est à peine mature. Elle atteint cette maturité à 3-4 ans, tandis que le mâle, plus précoce, est mature à 2 ans.

Comportement

Le gobage de l'ombre est caractéristique. Il quitte le fond en amorçant un mouvement de bascule, avant de se laisser dériver à la rencontre de sa proie. En principe, contrairement à la truite, il ne mouche pas sur des postes bien marqués, mais plutôt dans des courants situés au milieu de la rivière. Comme nous l'avons signalé précédemment, il ne s'agit pas d'une règle absolue. De nombreux pêcheurs peuvent témoigner de captures d'ombres sur des tenues typiques de truites. De mœurs grégaires, l'ombre vit en groupes parfois importants, mais le plus souvent réduits à quelques individus. Les gros sujets sont solitaires.

L'ombre mérite bien son surnom de porte-étendard !

Les carnassiers

La brusque apparition du sandre, aux alentours des années 60, suivie très vite par la mise au point de techniques spécifiques adaptées à la capture de ce délicieux poisson, a favorisé un formidable regain d'intérêt pour la pêche des carnassiers. Pour tous ceux qui rêvaient d'un véritable renouveau de la pêche en France, il a fallu malheureusement déchanter...

Les tableaux mémorables, les «fonds de bateau» appartiennent aujourd'hui au passé ! Le sandre a très certainement appris à se méfier de la fameuse monture à poisson mort et, selon les propos même du maître en la matière, Albert Drachkovitch, les poissons choisissent aujourd'hui leurs pêcheurs. Les braconniers et autres viandards, qui ont sévi de longues années durant sur les frayères, conservant des prises à la taille ridiculement basse de 35 cm, ont sûrement aussi contribué à la raréfaction du sandre. Seconde apparition plus récente, qui semble se confirmer... celle du silure ! Poisson-trophée, extraordinaire adversaire, il contribuera lui aussi à un renouveau de la pêche des carnassiers, s'il continue à poursuivre son expansion dans nos grands fleuves. Mais la médaille a son revers : du brochet, en pleine régression, au black bass, dont l'introduction en France se révèle un échec, et à la perche, souvent atteinte de nanisme, le tableau est en effet pessimiste, faute d'une gestion correcte des espèces et de leurs milieux.

Le brochet

Esox lucius

Ésocidés

La famille des Ésocidés n'est représentée que par un seul genre et une seule espèce en Europe : Esox lucius, *notre brochet, qui constitue le type le plus parfait du poisson carnassier. Il est considéré comme un véritable fossile vivant puisque son ancêtre,* Esox lepidotus, *vieux de quelque vingt millions d'années, lui est en tout point semblable hormis une différence de taille : sa longueur devait dépasser les 5 m…*

LES PÊCHES DU BROCHET

Ce fantastique prédateur nous offre les plus grandes joies, les plus riches émotions que l'on puisse rêver de vivre lorsqu'on traque les carnassiers. C'est un rude adversaire qui oppose une résistance farouche et intelligente, un poisson capricieux, fantasque, imprévisible. On ne peut que regretter sa raréfaction dans nos eaux libres, les seules pêches vraiment intéressantes ne pouvant guère actuellement être pratiquées qu'à l'étranger ou sur des parcours privés. Le pêcheur de brochet occasionnel commet souvent une erreur d'appréciation en essayant d'intéresser le poisson à des présentations trop fugitives. On ne doit jamais oublier que cet adversaire est avant tout un chasseur à l'affût, peu enclin à poursuivre une proie trop rapide. Il est souvent difficile à se décider, il faut lui laisser le temps de bien considérer sa cible. Sédentaire et territorial, il peut rester plusieurs heures, voire plusieurs jours, bec cloué. Le bon pêcheur de brochet sait attendre et insister sans se désespérer, surtout lorsque l'eau est froide. Il reste discret car les gros spécimens n'apprécient pas l'agitation sur les rives (le vif ne réussit jamais aussi bien qu'en l'absence du pêcheur qui, légalement, ne doit pas se prolonger !). Les périodes pendant lesquelles le brochet est actif sont en effet bien marquées : on peut rester de très longues heures sans enregistrer une seule touche avant de connaître un beau succès.... éphémère !

Enfin, l'idée d'utiliser de gros vifs et des leurres conséquents commence à faire son chemin en France. Cette excellente habitude limite la capture des brochetons et semble mieux adaptée à la prise des gros spécimens qui ne se déplacent pas pour une petite proie !

LA PÊCHE AU VIF

Voici certainement la méthode la plus ancienne qui permette la capture d'un poisson à l'humeur aussi fantasque que le brochet. C'est la technique la plus pratiquée de nos jours, car simple à mettre en œuvre, efficace pour tromper la vigilance des gros sujets, amusante et spectaculaire car elle permet de suivre avec précision toutes les étapes du déroulement de la touche, souvent très longue chez le brochet. La pêche au vif n'est pas simple, encore moins rustique : il s'agit d'un art tout de finesse, qui exige une grande connaissance des habitudes du poisson, de ses postes, de ses rythmes alimentaires.

LA CONSERVATION DES VIFS

■ A la maison, les vifs doivent être stockés dans un endroit sombre et frais (cave) ; ils peuvent parfaitement se passer d'alimentation durant au moins deux mois. Le renouvellement de l'oxygène peut être obtenu par un filet d'eau coulant du robinet ou grâce à une pompe. Il est inutile de surcharger abusivement le bac, et il est important d'éliminer tous les individus morts ou malades (nageoires rougies, présence de points blancs, ulcérations). L'eau peut être traitée à l'aide de bleu de méthylène, à dose homéopathique !

■ Sur le terrain, il est très important de ne pas provoquer un choc thermique souvent fatal en plongeant directement le poisson dans l'eau glaciale. Dans le meilleur des cas, il restera totalement apathique, donc inopérant. Le seau peut être placé dans la rivière, afin que la baisse de température soit progressive.

La taille des vifs

Si le brochet concentre en certaines circonstances sa prédation sur des alevins de 4 à 5 cm de long, il semble toujours préférable, pour tenter de gros sujets, d'utiliser des grands vifs dont la taille atteint ou dépasse les 20 cm. Cela exclut également la capture de brochetons qui se remettent souvent mal de leur mésaventure. Dans les pays anglo-saxons, il est ainsi commun de pêcher le brochet... au brochet, les su-

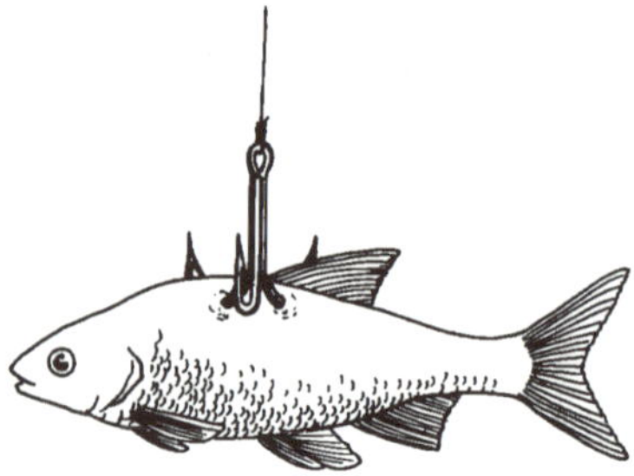

Eschage destiné à un ferrage semi-retardé en lieux encombrés

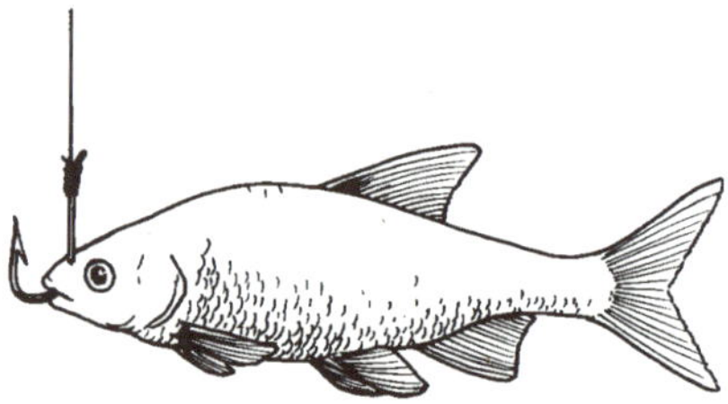

Ferrage immédiat en secteur propre

Différentes manières d'escher les vifs

Lochage en séton destiné au ferrage retardé

Adapter la taille des vifs à celle des hameçons

Taille du vif	Taille hameçon simple	Taille hameçon double	Taille hameçon triple
8-10 cm	4 à 8	6 à 10	10 à 14
10-15 cm	0 à 4	1 à 4	4 à 8
15-20 cm	4/0 à 1/0	3/0 à 1/0	1/0 à 4

jets de 3 ou 4 livres n'ayant jamais rebuté un beau 20 ou 30 livres !

L'eschage des vifs

Quel que soit le mode d'eschage (de lochage) des vifs, il est important de ménager les qualités premières du petit poisson, qui sont sa vigueur et son apparente bonne santé. Pour cela, on le pique aussi légèrement que possible en prenant garde à ne pas léser ses organes essentiels. Il existe un certain nombre de points résistants et peu sensibles tels que la bouche (surtout la mâchoire supérieure au niveau des narines), la chair du dos (au-dessus de l'épine dorsale bien entendu), le pédoncule caudal. Il existe de multiples possibilités de lochage des vifs selon que l'on désire effectuer un ferrage immédiat ou retardé.

- *Le ferrage immédiat*

Il s'avère indispensable lorsqu'on opère en secteur encombré d'obstacles, où le brochet s'engage sitôt le vif englouti. Il obéit surtout à une nouvelle éthique du pêcheur moderne qui entend préserver son blé en herbe, à savoir les brochetons de 45 à 60 cm, ou qui pratique le *no kill* à l'image des pêcheurs de brochets géants anglo-saxons. On utilise généralement un hameçon simple n° 1 à 5 qui traverse les deux mâchoires du vif en remontant, un hameçon double de type *ryder*, ou un triple également fiché dans le nez par une branche n° 8 à 12. Dans les endroits très encombrés, le triple pourra être fiché sur le dos.

- *Le ferrage retardé*

Il s'agit d'une méthode chère à nos anciens, qui estimaient devoir rouler puis fumer une cigarette avant de ferrer, et

surtout efficace en eau courante. Le brochet remorque durant quelques mètres le vif saisi par le travers. Le flotteur remonte ensuite à la surface ou reste visible à quelques centimètres sous l'eau... Le brochet entame son repas, retournant le poisson avant de l'avaler en commençant par la tête. Le flotteur s'enfonce encore ; c'est le nouveau départ, signifiant que le petit poisson est avalé et commandant le ferrage.
On pratique alors le lochage en séton, à l'aide d'une aiguille à locher qui pique sous la peau du vif au niveau du pédoncule caudal et conduit la crinelle d'acier sur le haut des flancs pour ressortir au niveau de la nuque. La tige d'un hameçon double ou triple est ensuite introduite à l'aide de la crinelle, les pointes dirigées vers la queue du vif. Cette méthode présente l'avantage de la solidité sans entraver la nage du vif, qui peut être propulsé à grande distance en évitant tout risque de décrochage.

Le choix des vifs

De même qu'il n'existe pas de vif miracle, aucune espèce ne peut être considérée a priori comme inutilisable pour la pêche du brochet.

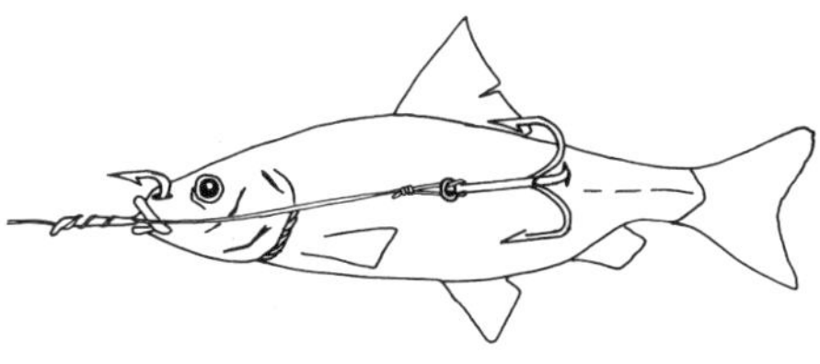

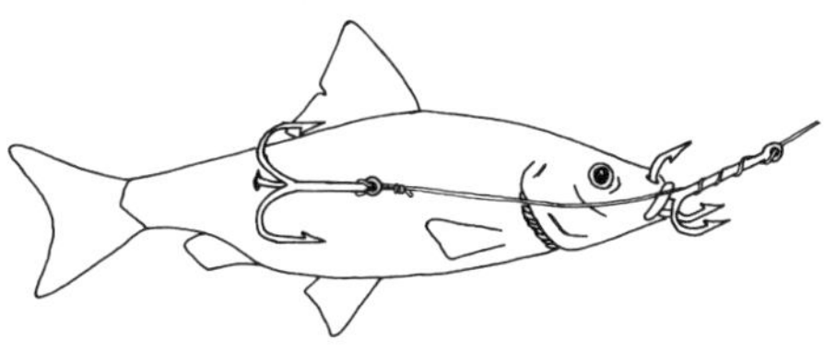

Deux types de lochage destinés au ferrage immédiat en eau rapide

Ce sont les époques et les circonstances qui dictent le choix, en relation avec les aptitudes et les comportements observés chez chaque petit poisson. Cela dit, le meilleur vif est toujours celui qui est le plus remuant, le plus actif, le plus attirant pour stimuler l'appétit de notre grand gousier. Selon la période de l'année ou le mode de pêche pratiquée, le pêcheur choisira des vifs appartenant à des espèces différentes.

Été, par chaleur caniculaire, eau tiède peu oxygénée (étang)

- *Le carpeau* : c'est le plus résistant des vifs, qui tend naturellement à sonder en tirant. Très actif, il explore des heures durant plusieurs mètres carrés sans jamais donner de signe de faiblesse.
Son seul défaut est, semble-t-il, sa faible résistance aux basses températures, qui l'engourdissent vite et le rendent alors apathique.
- *Le carassin* : il présente les mêmes qualités que le carpillon. Sa robe à écailles est plus brillante et il semble mieux résister aux basses températures.
- *La tanche* : très résistante au déficit en oxygène, cette espèce tend également à sonder pour se réfugier dans les herbiers.
Ces trois vifs doivent être utilisés munis d'un flotteur afin d'éviter qu'ils ne se réfugient au sein d'un quelconque obstacle du fond.

Été en eau courante, eau tiède bien brassée

Les espèces citées précédemment peuvent être utilisées ainsi que :
- *Le chevesne* : très actif et résistant, explorant toute la couche d'eau, doté d'une robe brillante, c'est l'un des meilleurs vifs à brochet, très apprécié dans les grandes tailles (20-25 cm) pour la traque des sujets géants !
- *Le gardon* : vif passe-partout, c'est le petit poisson vendu le plus couramment dans les magasins d'articles de pêche. Il est relativement résistant.
- *La petite brème*: surtout appréciée pour la pêche du sandre, elle est intéressante dans les endroits difficiles en raison de son

Le brochet affectionne la proximité des roselières, où il s'embusque dans l'attente d'une proie.

tempérament calme qui ne l'incite pas à s'agiter et à rechercher le premier obstacle pour s'y réfugier.

Eau tempérée bien oxygénée (printemps, automne)

Toutes les espèces citées précédemment peuvent être utilisées ainsi que :

- *Le goujon* : excellent vif car très actif, il doit toutefois être monté sur une ligne flottante en raison de sa faculté à piquer vers le fond.
- *L'ablette* : ce vif est intéressant car il présente la particularité de remonter systématiquement vers la surface. Il est donc à réserver aux pêches de fond à la plombée. Sa robe très brillante attire de loin les prédateurs.

Son défaut semble être sa grande fragilité, qui lui vaut de céder rapidement à l'épuisement, ainsi que ses exigences en matière de qualité de l'eau. Il est difficile de le conserver quand la température de l'eau est supérieure à 15 °C.

- *La vandoise* : mêmes remarques que pour l'ablette.
- *Le rotengle* : plus résistant que les deux poissons précédents, il montre également une certaine tendance à remonter vers la surface.

Hiver, eau glaciale (décembre, janvier, février)

Chevesne, ablette, rotengle, gardon, goujon peuvent être utilisés avec succès, sans oublier :

- *La perchette :* très active, elle est appréciée à juste titre, d'autant plus qu'elle représente la proie de base du brochet l'hiver, lorsque les poissons blancs sont tombés en léthargie. Elle présente l'inconvénient de se dissimuler parmi les obstacles (souches, racines) et de montrer une résistance moindre. Ce vif est à changer toutes les 30 mn environ.
- *La perche-soleil :* vif de tout premier ordre, de conservation facile, elle est très appréciée.

LES PÉRIODES ET LES HEURES FAVORABLES

Le comportement alimentaire du brochet obéissant rarement à une quelconque logique, il est difficile de déterminer a priori les meilleures époques ou les heures favorables de la journée pour traquer ce capricieux poisson. Il est toutefois possible, au regard des nombreuses expériences vécues, de conclure à certaines constantes :

■ **Heures favorables**

- Juin à fin septembre : ce sont théoriquement les deux premières heures de la journée et l'avant-dernière heure de la soirée qui correspondent aux rythmes d'activité alimentaire les plus intenses chez l'espèce, avec possibilité de mouvement entre 12 et 14 heures ;
- Fin septembre à novembre : le brochet peut être actif toute la matinée ainsi que durant la seconde moitié de l'après-midi ;
- Décembre à février : théoriquement les trois heures les plus ensoleillées de la journée. En fait, le brochet peut fort bien être en activité aux alentours de 9 h le matin, dès l'apparition du soleil.

■ **Conditions météo favorables**

Un vent modéré, irrégulier, de secteur ouest ou sud-ouest est favorable, ainsi que l'absence totale de vent.

■ **Conditions météo défavorables**

Le vent soufflant en tempête d'est ou du nord, un brusque rafraîchissement l'été, l'eau trouble en rivière (crue), la pluie torrentielle ou persistante, l'orage.

LA PÊCHE AU VIF À LA LIGNE FLOTTANTE

C'est la technique la plus employée. Elle répond en effet aux conditions les plus générales et permet au vif d'évoluer librement pour explorer la plus grande surface possible à des profondeurs faciles à faire varier grâce au réglage du flotteur. L'action du vif étant transmise au flotteur, on contrôle également mieux le déroulement des événements sous l'eau. Cette méthode présente toutefois quelques inconvénients : elle ne permet pas de positionner le vif à proximité immédiate d'un obstacle (donc d'un refuge potentiel à brochet) en raison des risques importants d'accrochage, à moins de le brider sous la canne ; elle est délicate à mettre en œuvre lorsque la profondeur dépasse les 3 m, en raison des difficultés de lancer.

Le matériel

- *La canne :* le pêcheur à rôder optera pour une canne polyvalente longue (4,50 m à 5,50 m), plutôt puissante et dotée d'un scion rigide, télescopique ou à emmanchement. Une longue canne permet au pêcheur à rôder d'immerger son vif sous le scion lors de la prospection des secteurs encombrés, et peut éviter des lancers à

Mise en place d'un vif destiné à évoluer entre deux eaux (pater noster inversé)

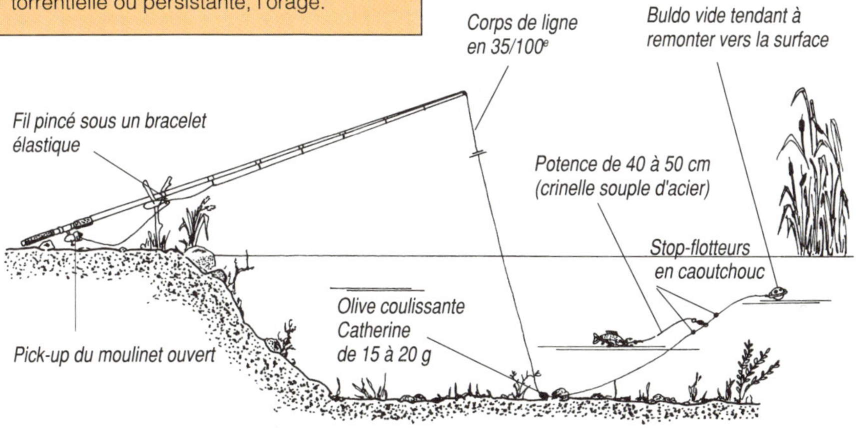

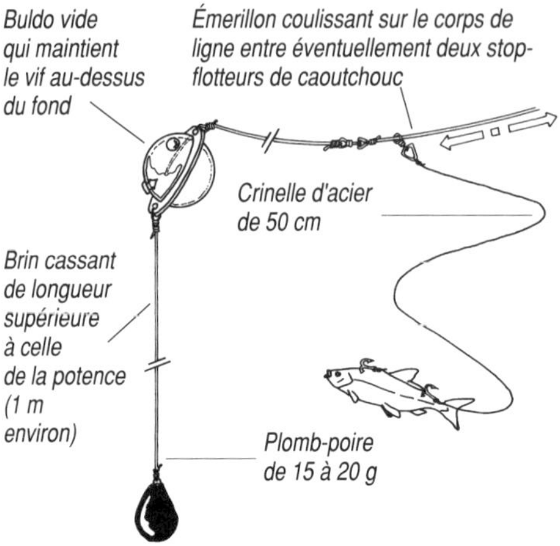

Montage adapté à la pêche au vif sur les fonds encombrés ou herbeux

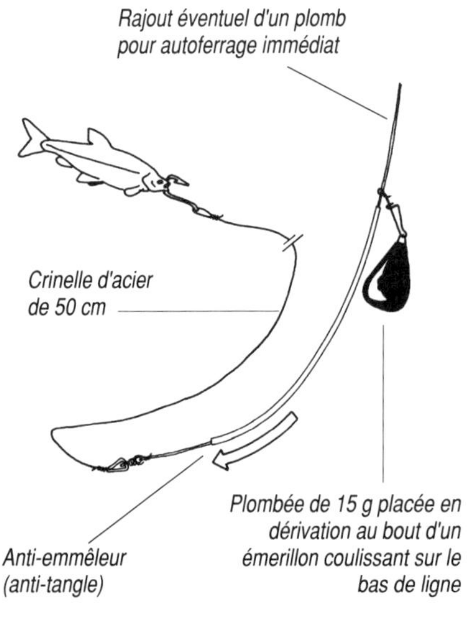

Montage classique pour pêcher au vif posé

répétition qui abîment le petit poisson. C'est également une précieuse alliée lors du combat avec un gros spécimen, formant bras de levier et contrant les départs vers les obstacles éventuels. Tous les anneaux sont surélevés et inattaquables par le nylon. Le pêcheur qui désire s'adapter à toutes les situations optera pour 3 modèles :

- une canne très puissante et robuste pour propulser au large un gros vif de 100 à 500 g ;
- une canne à action moelleuse pour lancer en douceur de petits vifs ;
- une canne de très grande longueur (6 m) pour les secteurs encombrés ou le pêcheur opérant uniquement à rôder.

- *Le moulinet :* on le choisit dans les modèles de type lancer léger à tambour fixe pour les diamètres de nylon n'excédant pas le 28/100ᵉ. Au-delà, il convient d'employer un type mi-lourd. Les qualités premières sont la fiabilité, la robustesse, une grande vitesse de récupération, la légèreté. Le frein doit être efficace et irréprochable. La possibilité de changer instantanément de bobine est intéressante. Le moulinet doit parfaitement équilibrer la canne.

- *Le nylon :* selon l'encombrement des lieux et la taille des poissons, le diamètre variera du 24/100ᵉ dans les ballastières propres au 35 voire 40/100ᵉ dans les secteurs très encombrés, ou lorsqu'on a affaire à des pièces maîtresses.

- *Le montage de la ligne :* le choix du flotteur est très important. On doit trouver un point d'équilibre entre la force du vif et l'ensemble flotteur-plombée. Le flotteur doit être équilibré juste au ras de l'eau pour offrir une résistance minime lors de la touche, notamment dans les secteurs surpêchés où le brochet, très méfiant, a tôt fait de relâcher un vif à la moindre inertie anormale. Cette précaution permet également au poissonnet de nager plus librement, un bon vif devant remorquer son flotteur sans difficulté.

Un flotteur fixe fait bien l'affaire en étang peu profond ou en rivière. Dans les lacs de barrage, la grande hauteur de la colonne d'eau oblige à utiliser un flotteur coulissant, réglable à la hauteur voulue grâce à un nœud d'arrêt fixe ou coulissant sur une

Prise d'un brochet au poisson mort manié par le maître en la matière : l'inventeur de la fameuse monture !

Ligne flottante classique, posée ou non selon le réglage du flotteur

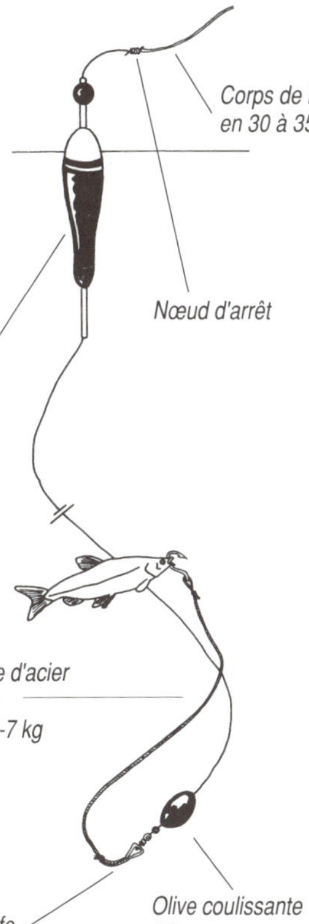

bannière. Ce type de modèle permet de faire évoluer le vif à n'importe quel niveau tout en facilitant les lancers, grâce au regroupement de tous les éléments.

- *La plombée sur le corps de ligne* : on utilise des plombs fusiformes de 5 à 15 g selon la taille du vif (cela peut aller jusqu'à 30 g). Les olives fendues et les chevrotines sont intéressantes car facilement interchangeables. Une olive coulissante est arrêtée par un petit plomb situé en amont immédiat de l'émerillon-agrafe auquel est relié le bas de ligne.

La crinelle d'acier remplace ici le bas de ligne classique en raison de la dentition acérée du brochet. Elle est de résistance inférieure à celle du corps de ligne afin d'éviter de perdre systématiquement le flotteur lors de chaque accrochage. Sa longueur atteint au moins 40 ou 50 cm pour éviter les coupures au-delà de l'émerillon. Elle doit être réalisée en acier très souple et d'un diamètre adapté à la taille du vif afin de ne pas entraver sa nage. Une force de 4 à 8 kg répond à la plupart des besoins.

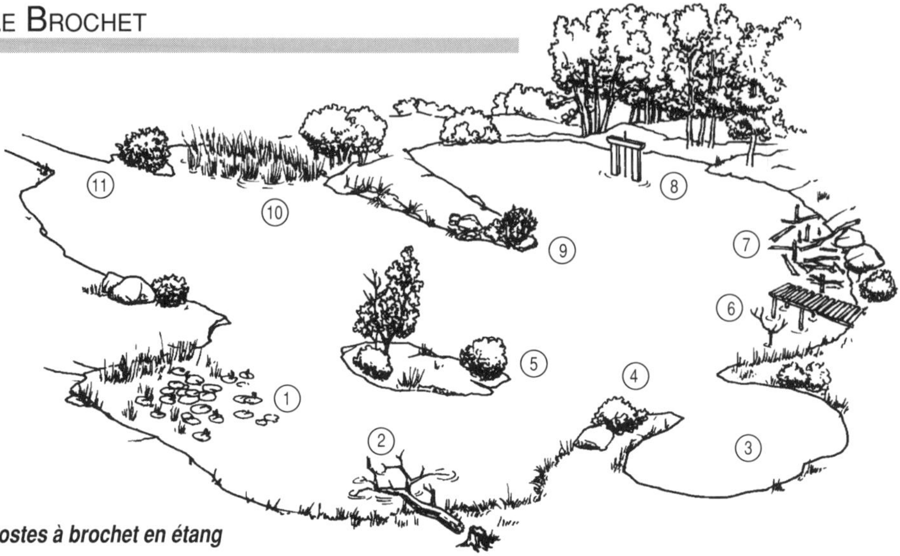

Postes à brochet en étang

1 - Zones d'herbiers de surface (nénuphars, potamots) : excellents postes d'été.
2 - Parages d'un arbre abattu.
3 - Petite crique profonde : bon en toutes saisons, surtout si l'anse est abritée des vents dominants.
4 - Pointe.
5 - Alentours d'un îlot. Hauts fonds situés au large.
6 - Proximité des embarcadères, constructions sur pilotis...
7 - Arbres et souches immergés.
8 - Eau profonde située à proximité de la bonde.
9 - Pointe.
10 - Roselière : excellente l'été.
11 - Arrivée d'un tributaire : très bon en toute saison, mais surtout l'été lorsque les poissons, qui subissent un certain déficit en oxygène, recherchent la fraîcheur dispensée par ces arrivées d'eaux vives.

L'action de pêche

On peut procéder à rôder ou à poste fixe. Dans tous les cas, il convient d'être très discret, notamment au cours de l'approche des rives. Lorsqu'un poste favorable est repéré, on approche lentement avant d'immerger le vif tout d'abord à l'aplomb de la canne. Le flotteur est réglé de telle manière que le poissonnet évolue à environ 30-50 cm au-dessus du fond. On peut graisser le nylon au-dessus du flotteur pour éviter qu'il ne coule et s'emmêle dans le vif. On lance ensuite de plus en plus loin des rives. Lorsque la ligne est immergée, la canne est posée sur son support, pick-up ouvert de manière que le fil se dévide librement. Si un léger vent souffle ou qu'un petit courant entraîne le nylon, ce dernier est maintenu sous un élastique fixé à la canne, dans une encoche pratiquée sur une tige fichée en terre, sous un caillou posé au sol afin qu'il se libère à la moindre sollicitude du carnassier.
La touche est annoncée par une agitation fébrile du vif, retransmise au flotteur qui tressaute et parfois se couche, avant de filer vers le large. Le ferrage sera immédiat ou retardé selon l'option choisie.
Il est important ensuite de bien laisser s'épuiser le brochet sans trop le brider si aucun obstacle dangereux ne se situe dans les environs immédiats. Lorsque le poisson donne des signes de fatigue, on «pompe» pour le ramener vers la berge, frein resserré... tout en restant prêt à le desserrer en une fraction de seconde car les ultimes sursauts, à l'instant de la mise à l'épuisette, sont toujours les plus dangereux. Le pêcheur devra toujours prendre garde aux poissons, surtout de belle taille, qui se laissent facilement remorquer. Ils rassemblent leurs forces pour tenter, au dernier instant, un rush dévastateur et imparable !

LES CAS PARTICULIERS

Pêcher les hauts-fonds, prospecter des secteurs encombrés, immerger un vif sous plusieurs mètres d'eau : autant de situations auxquelles la ligne flottante classique ne saurait convenir. Les pêcheurs ont déployé d'autres astuces pour traquer le brochet dans ses repaires.

Le pater noster

Il est utilisé de préférence à la ligne flottante chaque fois qu'il faut immobiliser le vif dans un espace réduit situé entre des obstacles, ou l'empêcher de dériver sans fin sous l'action du vent et des vagues. Un émerillon pater noster est fixé sur le corps de ligne. Sa boucle externe porte une crinelle d'acier, force 5 à 7 kg, de 40 à 50 cm (la longueur de la crinelle ne doit jamais permettre au vif d'atteindre le fond). Un fil «cassant» (plus fin) d'environ 60 à 70 cm est attaché à la 3e boucle de l'émerillon. L'ensemble est lesté par une plombée de 15 à 30 g.

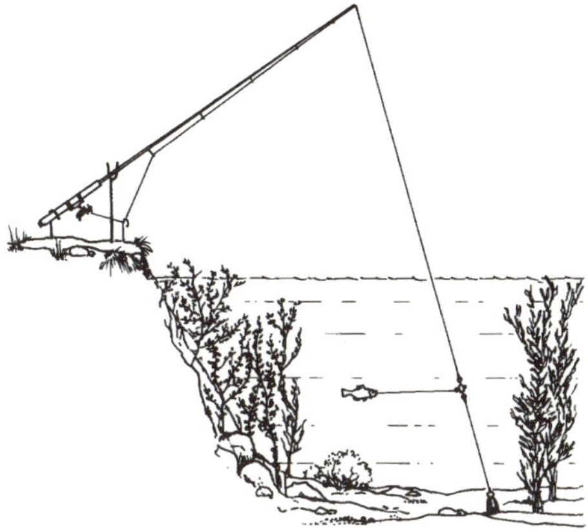

Montage en pater noster classique

Le pater noster inversé

Voir dessin page 121.

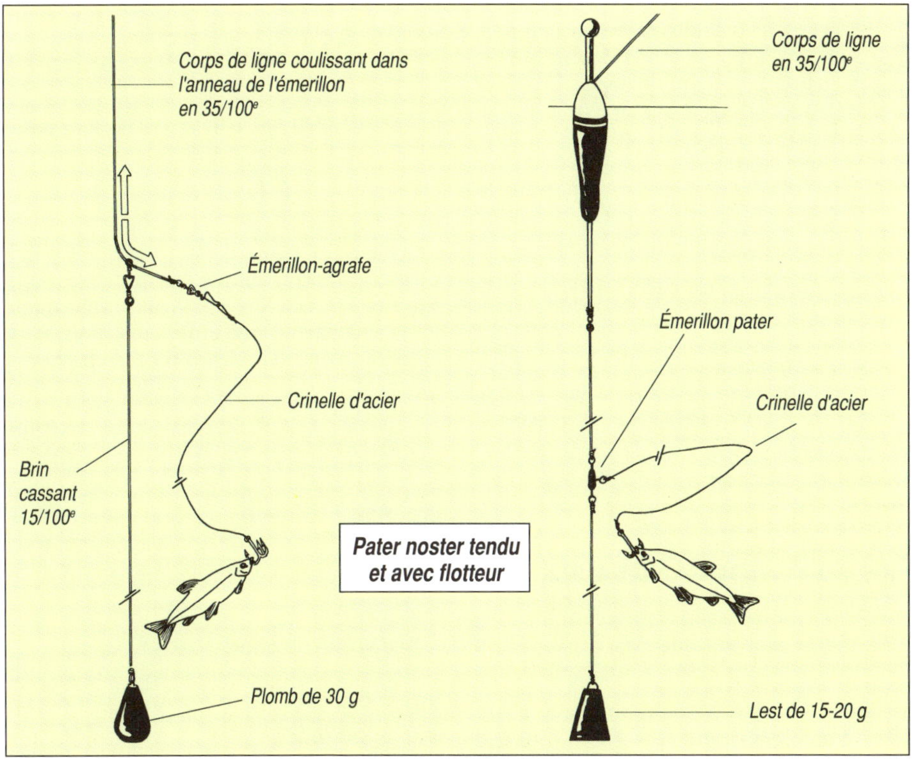

Pater noster tendu et avec flotteur

Le téléphérique
La crinelle d'acier est reliée à un émerillon classique à agrafe, dont la branche coulisse sur le corps de ligne. Le vif, très mobile, peut ainsi monter et redescendre en explorant toute la hauteur de la colonne d'eau. On peut limiter son évolution dans une zone précise en rajoutant deux petites butées haute et basse.

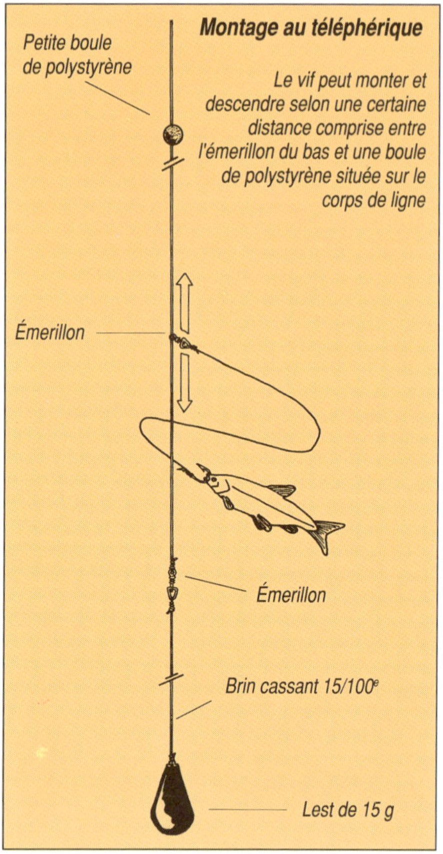

La pêche sur les hauts-fonds
Les hauts-fonds sont d'excellents postes, très appréciés du brochet, notamment au niveau de la rupture de pente. Pour explorer ces zones qui affleurent la surface, la meilleure solution consiste à offrir au carnassier un montage totalement dépouillé, sans plombée ni flotteur. En cas de courant ou de vent fort, une petite chevrotine de 2 à 4 g doit être pincée en amont de l'émerillon auquel est rattachée la crinelle d'acier.

Le montage d'un petit vif au cheveu
Cette ligne, dérivée des montages anglais destinés à la carpe, permet de proposer un alevin au brochet, les jours où le carnassier concentre ses attaques sur ce type de proie. Le gros hameçon requis qui tue rapidement le poissonnet est remplacé par un hameçon 14 à 16 fin de fer supportant le vif, monté sur un nylon en 12/100e fixé à la courbe d'un hameçon simple n°4.

La pêche au gros vif
Faire évoluer un chevesne de 150 à 250 g n'est pas chose aisée... c'est pourtant une bonne méthode pour capturer un gros brochet. Il suffit simplement, pour juguler l'ardeur du vif et l'empêcher de gagner des obstacles, de monter sur la ligne un flotteur adapté supportant une plombée d'au moins 30 g.

LES MÉTHODES ANGLAISES

Amateurs de poissons-trophées, les Anglais ne se contentent pas de capturer d'énormes carpes grâce à des techniques sophistiquées : ils cherchent aussi à réaliser des records sur les énormes brochets, les fameux *mammoth pikes* qui hantent leurs lacs et cours d'eau. Après avoir été pesés et photographiés, les monstres sont rendus à leur élément. Voici donc quelques petits trucs qui, s'ils peuvent prêter à sourire, n'en restent pas moins efficaces.

L'insert-driver
Il s'agit d'une petite voile montée au sommet du flotteur, carrée ou rectangulaire, de couleur vive. Sous l'action du vent, elle entraîne le flotteur au loin, permettant ainsi de prospecter de vastes étendues tout en évitant les nombreux lancers qui abîment le vif.

Les bâtonnets flottants
Introduits dans le poissonnet au nombre de 1, 2 ou 3 selon la taille de la victime, ils le décollent du fond lors de la pêche au mort posé. Cette astuce permet de faire

évoluer une proie potentielle au-dessus d'un fond vaseux, herbeux ou encombré d'obstacles, et la met ainsi en évidence. Ces bâtonnets sont fournis en deux tailles : 8 cm pour les poissons de 30 à 60 g, 10 cm pour les poissons de 90 g et plus.

Le tunnel de conservation

Il ressemble à une bourriche anglaise, avec son filet soutenu par des arceaux de plastique qui ne blessent pas le poisson en cas de ruade. Ce dernier adopte une position naturelle horizontale, au contraire des bourriches classiques.

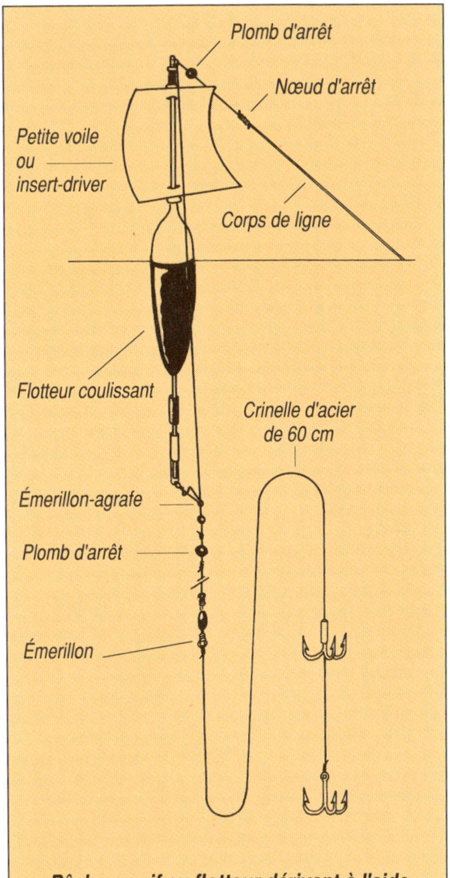

Pêche au vif au flotteur dérivant à l'aide de l'insert-driver
(montage coulissant à deux points d'attache)

La pêche à dériver en barque

Cette technique redoutable permet de faire évoluer des vifs autour et le long de postes à brochets inaccessibles des rives, cela à toutes les profondeurs. Les cannes utilisées, robustes, mesurent entre 3 et 4 m. Elles portent des moulinets à tambour fixe de type mi-lourd, contenant 150 m de 26 à 30/100e. Les vifs sont très résistants (chevesnes, tanches, carpeaux). Leur gueule est clouée pour éviter qu'ils ne s'asphyxient à chaque sollicitation. Le pêcheur se laisse porter par le vent ou le courant. Une ligne est placée en arrière de la barque, deux autres sur les côtés. On règle le montage de manière à faire évoluer le vif à environ 50 cm au-dessus du fond pour éviter les accrochages.

UNE PÊCHE À LA «ROMANO», LA SONDÉE

Cette méthode permet d'insister largement sur le même coup et de tenter un poisson engourdi qui ne se serait jamais déplacé pour un quelconque leurre. Sans doute les incessantes cabrioles imprimées par une main experte sont-elles les clefs de cette réussite, où l'agacement et l'agressivité semblent primer sur le réflexe alimentaire.

Le matériel, simple, consiste en une canne à action de pointe de 5 à 6 m, équipée d'un moulinet à tambour fixe contenant 150 m de 28 à 30/100e (voire 35/100e car on pêche souvent dans des lieux très encombrés... C'est l'intérêt de la méthode !).

Le montage est rudimentaire : une olive de 10 à 20 g coulisse sur le corps de ligne et vient buter sur un émerillon à agrafe relié à une crinelle d'acier longue d'au moins 50 cm, de force 5 à 8 kg, elle-même terminée par un hameçon simple n° 1 ou un triple.

Le vif est toujours accroché par le nez, les deux lèvres clouées. Cette pêche se pratique sous la canne au ras des obstacles : enrochements, arbres immergés, îlots, roseaux ou nénuphars. Le vif est descendu au fond, puis relevé de 40 cm environ avant d'être lâché à nouveau, en combinant les déplacements horizontaux et verticaux. L'ensemble du poste doit être prospecté minutieusement. La touche se traduit par un arrêt sourd, parfois un simple déplacement latéral du fil lorsque le vif redescend dans les endroits très encombrés où il est alors nécessaire de ferrer à la touche. Le poisson est armé de deux hameçons triples n° 8, l'un qui cloue les lèvres, l'autre fiché en arrière de la dorsale (voir lochage pour ferrage immédiat en eau rapide).

Pêche au poisson mort *(voir le sandre)*
Ce brochet dont la gueule est clouée par les triples d'une monture à poisson mort vient d'être capturé au ras d'une berge profondément creusée et envahie de végétation.

LA PÊCHE AUX LEURRES

La pêche aux leurres, très active, permet de couvrir un vaste terrain. C'est un tort de la juger plus simple, moins variée que la pêche au poisson mort. Un leurre doit être manié avec science afin de donner l'illusion de la vie, être lancé à un endroit précis correspondant au bon poste, souvent situé sous une voûte de feuillage inaccessible ou entre les tiges d'une roselière. Il semblerait que la température de l'eau exerce une influence certaine sur la rentabilité de cette technique, qui n'est guère efficace en dessous de 8 °C et au-dessus de 25 °C, seuils thermiques au-delà desquels le poisson demeure quelque peu apathique.

Le matériel

- *La canne* à lancer léger ou mi-lourd aura une longueur de 2,50 m (si l'on pêche en bateau) à 3 m, voire 3,50 m lorsqu'on opère à partir d'une rive escarpée, à action de pointe surtout lorsqu'on pêche au poisson-nageur, afin de conserver un contact constant avec le leurre. Elle doit permettre de lancer des poids variant de 8 à 30 g.
- *Le moulinet* à lancer léger à mi-lourd, selon le diamètre du fil, doté d'un frein progressif très fiable, doit parfaitement équilibrer la canne en action de pêche. Cela exclut donc les porte-moulinet fixes qui n'autorisent pas le moindre réglage. Il est garni de 150 m de nylon fluorescent en 24 à 35/100e selon l'encombrement des lieux et la taille des adversaires potentiels. Il n'est pas toujours aisé de trouver le compromis entre la finesse du fil qui conditionne la précision du lancer, gage de réussite, et la puissance du poisson auquel on risque de se mesurer, liée à la présence d'obstacles.
- *Le bas de ligne* en acier est indispensable. Large et souple, il mesurera au moins 40 cm afin de ne pas influencer et brider la nage du leurre. Une résistance de 5 à 7 kg est amplement suffisante.

Les cuillers tournantes

Ce sont des leurres de premier ordre et, à ce titre, très utilisés. Malheureusement, de trop nombreux pêcheurs exploitent mal leurs qualités en récupérant beaucoup trop vite. Dans les eaux moyennement encombrées, elles se prêtent très bien à un ratissage minutieux des postes entre les obstacles. Afin d'éviter de blesser de nombreux brochetons, il est essentiel de choisir des modèles de grande taille (4 ou 5 selon les modèles). Une bonne cuiller à brochet doit tourner dès son entrée dans l'eau, y compris lorsqu'elle plonge au cours d'un relâcher. Elle doit travailler efficacement à des

Les leurres mixtes

L'inconvénient majeur de la cuiller tournante est sa difficulté d'emploi dans les grandes tailles. Pour peu qu'un courant modéré apparaisse, le leurre devient inutilisable. De plus, il n'existe pas de très longues cuillers tournantes, qui pourraient inciter le «monstre» local à se déplacer à leur vue. On peut en partie résoudre ce problème en réalisant des leurres mixtes :
- deux cuillers n° 3 et 4 montées en tandem peuvent remplacer une grosse ondulante ;
- dans de nombreuses circonstances, un brochet ne se déplacera pas sur une tournante n° 3. Qu'on y ajoute un poissonnet de caoutchouc... et c'est la touche !
- un leurre efficace en lac consiste en une cuiller tournante non plombée à laquelle on ajoute une ondulante plus lourde.

■ Action de pêche

Elle est réfléchie, méthodique, de manière à conduire le leurre devant la gueule du carnassier. Tout comme à la truite, le pêcheur heureux est celui qui ose les lancers scabreux, au milieu d'obstacles, quitte à perdre un leurre. Inutile de pêcher à longue distance : mieux vaut lancer court mais très précis sur des postes que l'on sait favorables.

En étang, au milieu de la grande eau, les lancers s'effectuent à l'aveuglette, en éventail. La vitesse de récupération, aussi lente que possible, suffit à imprimer une rotation correcte de la palette, le brochet détestant poursuivre un petit bolide. On peut rompre la monotonie de la nage du leurre en inclinant la canne dans un sens ou dans l'autre, en variant la vitesse de récupération par des tirées et des relâchers de manière à obtenir un déplacement hésitant et irrégulier. La touche consiste souvent en un arrêt lourd suivi d'un départ puissant, auquel il convient de répondre par un ferrage appuyé, de manière à faire entrer les pointes de l'hameçon dans la gueule pavée.

vitesses de récupération très lentes. Il existe deux grands types de modèles :
- *Les cuillers plombées sur l'axe* (sous la palette), surtout utilisées pour de faibles profondeurs telles qu'on les observe en étang (4 à 5 m), et dans les zones où le courant est inexistant ;
- *Les cuillers plombées en tête,* intéressantes pour les grandes profondeurs et la prospection de fosses bordées de courants violents. Ces modèles remportent un vif succès car il est possible de changer le lest selon la profondeur.

Les cuillers ondulantes

On ne compte plus les brochets qui ont succombé à l'éclat tentateur d'une cuiller ondulante, leurre dont le principe de fonctionnement est d'une simplicité biblique : elle demande à être travaillée comme un poisson mort. L'attrait qu'elle exerce sur les carnassiers n'est pas dû à une quelconque rotation plus ou moins rapide de la palette, source de vibrations, mais à des

La cuiller tournante est un excellent leurre à brochet, notamment dans les eaux closes peu profondes de type étang plat.

mouvements dus à la forme de la cuiller et imprimés par les coups de poignet du pêcheur. Une ondulante efficace présente une nage lente, hésitante, entrecoupée de petits sursauts et de brusques changements de direction. Elle trouve son plein emploi dans les eaux calmes et profondes des grands lacs, et présente de très nombreux avantages :

- selon son poids, elle peut travailler à toutes les hauteurs d'eau, de la surface au ras du fond. Grâce aux systèmes anti-herbes équipant des palettes très légères, elle est utilisable dans les étangs envahis de végétation ;
- l'obligation de «sentir» le leurre, de rester en contact permanent avec la cuiller, oblige à mieux pêcher, moins mécaniquement ;
- sa simplicité de fabrication en diminue le prix de revient... On peut d'ailleurs aisément réaliser des modèles soi-même, ce qui représente une joie supplémentaire lorsqu'on capture un poisson avec son propre leurre. Surtout, la cuiller ondulante reste utilisable sans trop «tirer» dans des gammes de tailles très élevées (15-25 cm). Nous pouvons sourire des «chausse-pieds» irlandais, qui sont cependant les seuls leurres susceptibles de prendre, à la traîne, les *mammoth pikes* de 20 à 40 livres peuplant les *loughs* de ce beau pays. Il existe des modèles plus ou moins galbés, droits ou en forme de S. Les plus simples, à palettes plates, doivent être maniés réellement comme le poisson mort. Les autres peuvent travailler seuls, notamment sous l'effet d'un petit courant ou de variations dans la vitesse de récupération.

L'action de pêche

La conduite et l'animation du leurre sont primordiales. Une fois la cuiller au fond, on la décolle d'un brusque coup de poignet, puis on contrôle sa nage en simulant celle d'un poisson blessé par des séries de tirées et de relâchers au cours desquels la cuiller retombe en virevoltant vers le fond. Cette allure hésitante est renforcée par de brusques changements de trajectoire imprimés de la pointe du scion. Le brochet attaque souvent la cuiller par le travers.

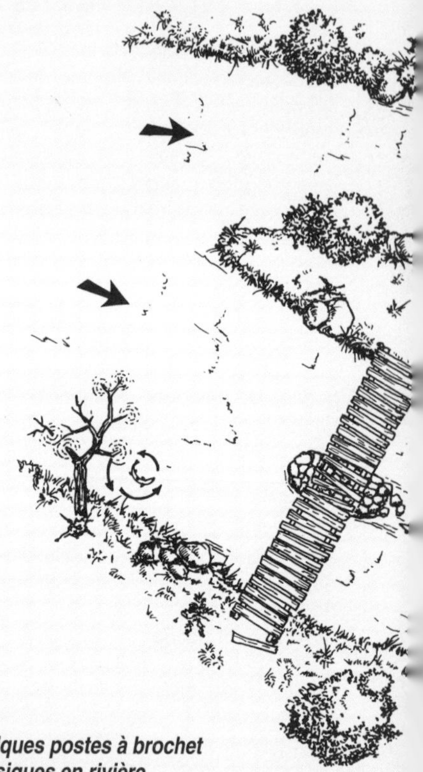

Quelques postes à brochet classiques en rivière

Un bon poste à brochet doit fournir au poisson abri et nourriture. Le choix des postes est donc imposé par la tenue du poisson-fourrage et par la présence d'obstacles divers en sachant que le poisson est plus familier de l'herbier que des racines.

■ **En lac de barrage :** tous les secteurs encombrés sont a priori favorables. C'est le cas des forêts immergées dont la présence est trahie par quelques branches sommitales d'arbres morts, des éboulis, des habitations immergées. En période de hautes eaux, les retombées de branchages, les trouées de buissons immergés, les saules dont le pied est englouti offrent d'excellents postes à faible profondeur. Les fonds en gradins ne doi-

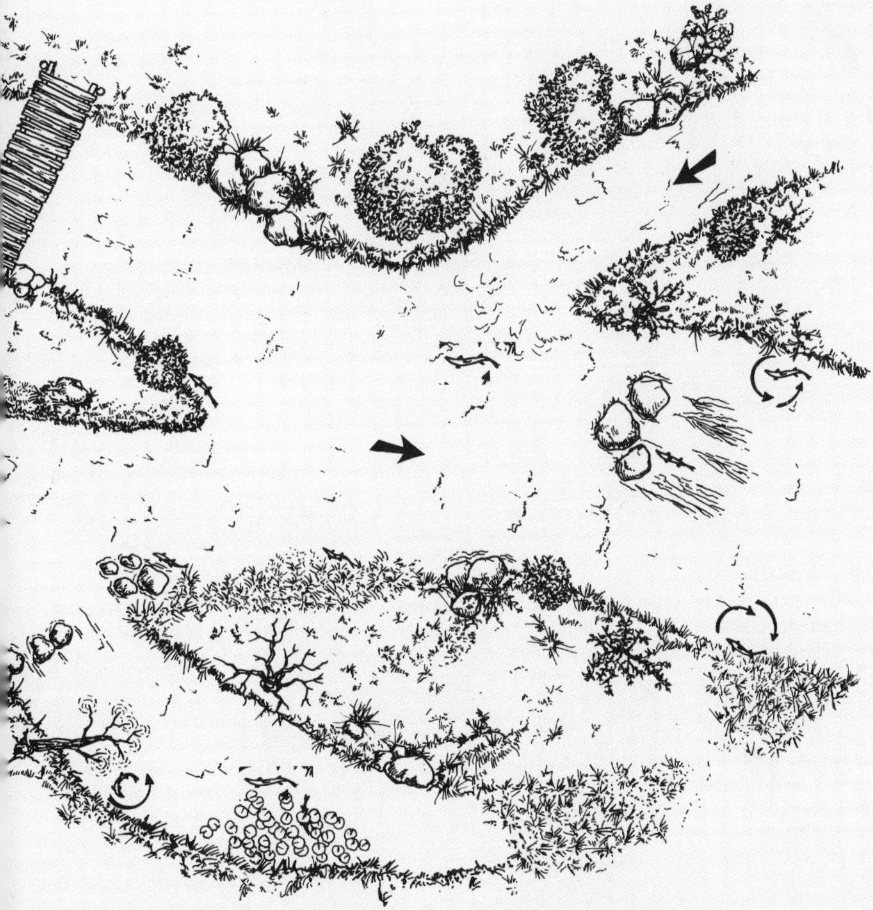

vent pas être oubliés : le brochet s'y tient fréquemment. Pendant l'été, il recherche la fraîcheur et l'oxygène fournis par l'arrivée d'un tributaire, ou par les reculées profondes enchâssées dans le roc.

■ **En étang :** en toute saison, le brochet peut être présent dans la partie profonde d'un étang pour fuir un certain déficit en oxygène (été) ou au contraire des températures trop basses (hiver). On le rencontrera alors près des bords, le long des chaussées, surtout lorsque celles-ci sont bordées d'arbres dont les voûtes de feuillage retombent au-dessus de l'eau. Le carnassier aime également s'embusquer à l'ombre des pontons et des barques amarrées ou, aux premiers beaux jours, dans les zones froides et oxygénées situées à proximité de l'arrivée d'un tributaire.

■ **En rivière :** le brochet est par excellence un poisson d'eaux calmes. Il sera donc présent de préférence dans les zones situées à l'abri des courants principaux telles que anses, reculées et bras morts, fosses, remous lents et profonds, souvent à proximité d'un abri tel que herbier, souche, enchevêtrement de racines, arbre mort, enrochement, pile de pont.

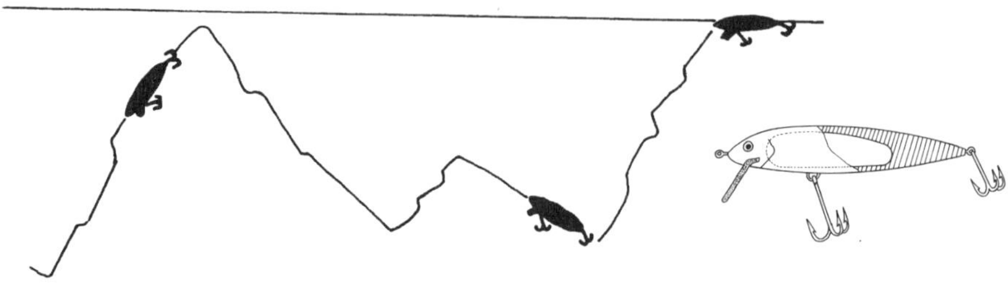

Le poisson-nageur demeure sans doute l'un des meilleurs leurres à brochet, notamment dans la célèbre série des Rapala (Original flottant 7 et 21 g, Slider articulé en queue, CD Magnum, Magnum flottant, Shad Rap). Les modèles flottants (ils plongent à la traction) sont particulièrement efficaces l'été dans la prospection des herbiers de surface sous lesquels se dissimulent les prédateurs. Bien qu'un poisson-nageur demeure attractif sans animation particulière, un travail de sa nage, imprimé de la pointe du scion et par une série de tirées et de relâchers, augmente considérablement son attrait.

Les très gros modèles devront donc être munis d'un hameçon double à triple supplémentaire placé au milieu de la palette.

Les poissons-nageurs

En dépit d'un prix élevé, les poissons-nageurs remportent un vif succès auprès des pêcheurs de carnassiers. La gamme de tailles, de formes, de nages, d'utilisations possibles en fait des leurres adaptés à toutes les situations. Certains plongent, d'autres flottent. Réalisés en balsa ou en caoutchouc, ils ondulent ou frétillent grâce à une bavette fixe ou mobile plus ou moins longue, et pêchent donc pratiquement seuls. Il faut savoir que les montures dotées de trois hameçons triples ne sont utilisables, conformément à la législation, qu'en eau close et privée. La réputation de la marque Rapala n'est plus à faire, avec, parmi le vaste éventail disponible, l'Original flottant pesant 7 ou 21 g pour une longueur de 13 ou 18 cm, le Slider articulé en queue, le CD Magnum, les Magnum flottants et surtout le fameux Shad Rap. La marque Water Queen propose le Rush Mer, mesurant 14 cm et pesant 30 g, grand plongeur, excellent en lac.

Les modèles flottants conviennent particulièrement l'été, dans les étangs envahis de végétation. Ils remontent en effet en surface dès que la récupération est interrompue, et s'enfoncent profondément si on l'accélère. On peut donc les faire travailler dans les éclaircies d'eaux libres situées par exemple au milieu des nénuphars, postes d'affût privilégiés des brochets.

Bien qu'un poisson-nageur reste attractif sans animation particulière, cela ne doit pas nous empêcher de varier la nage par de légers coups de scion, des tirées et des ralentissements, dès que commence l'action de pêche. Il est important d'insister longuement sur chaque poste, et d'explorer les différentes couches de la colonne d'eau, en remplaçant au besoin un poisson-nageur flottant par un plongeant. On ne peut guère pêcher au-delà de 8 m de fond à l'aide d'un poisson-nageur.

Les leurres de surface

Dès les premiers beaux jours, et notamment durant toute la période estivale, le brochet s'embusque parmi les herbiers aquatiques pour y guetter le menu fretin qui s'y égaille. Les poppers et autres leurres de surface trouvent ici leur plein emploi. Ignorés par la plupart des pêcheurs français, ces leurres sont utilisés en Amérique du Nord où les imitations les plus folles sont proposées aux carnassiers. Grâce à sa fantastique faculté de perception des vibrations, des modifications de pression de masse liquide qui peuvent être détectées à plusieurs mètres et reconnues commes des proies, le brochet est excité par les leurres de surface.

- *Les poppers* attirent surtout par le bruit qu'ils émettent lorsqu'ils plongent ou remontent. Assez volumineux mais très légers (ils sont réalisés en balsa), leur face avant est légèrement concave ou tronquée afin qu'ils s'enfoncent sous l'effet d'une traction, tout en émettant leur son singulier : «Pop, pop !». Le pêcheur doit savoir profiter de la moindre éclaircie au milieu des nénuphars. Il lance son popper qu'il maintient immobile quelques instants avant d'exercer une traction brusque d'environ 30 cm. Le leurre plonge, puis remonte. Il faut alors légèrement l'animer sur place, avant de le tirer à nouveau. La touche spectaculaire a souvent lieu à cet instant. Le poisson embusqué sous les nénuphars peut jaillir hors de l'eau afin de s'emparer de sa proie. La fulgurance de l'attaque est telle qu'il semblerait que le prédateur agisse plus par colère, par agressivité ou par instinct de défense territoriale que par un réel comportement alimentaire. Le leurre est propulsé à l'aide d'une canne à lancer ou d'une canne à mouche chargée d'une soie 9 ou 10.

- *Les poissons à hélice* (Big Big de chez Ragot) et autres Rapala flottants peuvent également être utilisés ainsi. La récupération, irrégulière, est entrecoupée d'arrêts plus ou moins longs au cours desquels les leurres sont animés sur place. Le poisson à hélice forme un sillage attractif que le brochet confond sans doute avec celui d'un rat d'eau ou d'un caneton.

Beau brochet nord-américain pris au poisson-nageur. Les pêcheurs d'outre-Atlantique préfèrent employer des moulinets à tambour tournant dans la pêche au leurre des carnassiers.

LE BROCHET À LA MOUCHE

Le brochet à la mouche... une hérésie pour les inconditionnels du mort manié ou du leurre métallique, mais également une idée qui commence à tracer son chemin en France, avec l'émergence de nouvelles habitudes et d'un matériel mieux adapté à la pêche des carnassiers, et compte tenu de l'engouement croissant suscité par cette technique déjà fort en vogue en Grande-Bretagne, en Amérique du Nord, en Hollande ou en Scandinavie. Si elle ne constitue certainement pas la panacée (pourtant, ne dit-on pas que le plus gros brochet jamais pris en Écosse, qui pesait 36 kg, le fut à la mouche !), elle offre toutefois aux inconditionnels du fouet un agréable dérivatif en dehors des saisons qui lui sont théoriquement réservées. Les détracteurs du brochet au fouet jugent cette méthode moins fiable que le vif, les leurres métalliques ou le mort manié. Ils se trompent, car elle s'adresse en fait à des poissons différents, souvent repus et peu nombreux, somnolents, qui n'attaqueraient rien d'autre que cet extraordinaire leurre fait de poils ou de plumes. C'est l'un des modes de pêche qui se prête le mieux à la traque estivale des carnassiers, dans les étangs envahis de végétation où toute autre

Quelques mouches à brochet peu fournies qui ont fait leurs preuves !

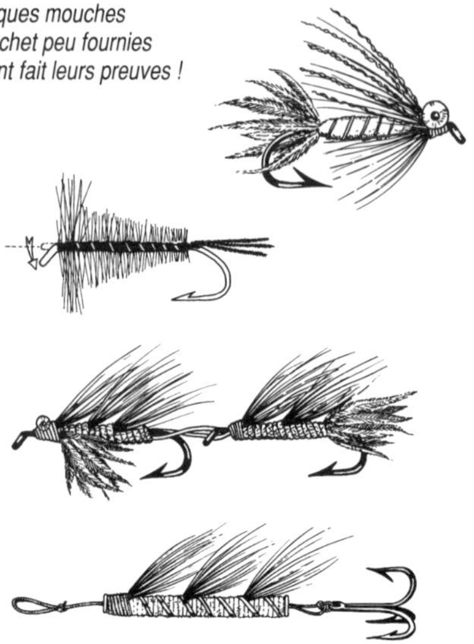

technique est exclue. Au cours de son apprentissage, le manque de confiance en cette tactique originale est la première difficulté à vaincre !

Le matériel

- *La canne :* la taille des leurres propulsés exige l'emploi d'une canne puissante, capable d'entraîner une soie lourde. Une canne de réservoir de 9 ou 10 pieds capable de lancer des soies de 7 ou 8, une canne à truite de mer ou à saumon à une main, de 9 à 11 pieds, adaptée à des soies de 7 à 9, fait parfaitement l'affaire. Lorsqu'on pêche des rives, une canne à saumon à deux mains chargée d'une soie 10 ou 12 peut rendre d'utiles services. Elle facilite le lancer-rouler (*spey cast*) pour repropulser le leurre à bonne distance au large une fois la prospection terminée, et permet de travailler dans les lieux encombrés.

- *Le moulinet :* un moulinet manuel normal à truite de mer ou destiné à la pêche en réservoir convient parfaitement.

- *La soie :* le choix de la soie, important, dépend de la configuration des postes prospectés.

Pour pêcher dans les secteurs très profonds (ballastières de 5 à 15 m), on ne peut guère utiliser qu'une soie plongeante ou très plongeante (*fast sinking*) à haute densité, terminée de préférence par un bas de ligne court (50 à 60 cm), cela afin d'éviter que la mouche n'évolue au-dessus de la soie.

Dans les étangs classiques, dont la profondeur n'excède guère 3 à 4 m, une soie intermédiaire ou plongeante convient l'hiver, lorsque les brochets chassent près du fond.

L'été, la prospection des hauts fonds, des reculées, des éclaircies au milieu des herbiers devient payante. La nécessité de faire évoluer la mouche dans peu d'eau, au-dessus des herbiers, justifie l'emploi d'une soie autoflottante.

Une ligne passe-partout peut consister en une soie flottante reliée à un bas de ligne lesté.

- *Le bas de ligne :* certains préfèrent, pour ne pas brider la nage de la mouche et lui conserver son allure naturelle, se dispenser de la crinelle d'acier qui est pourtant très utile. Elle sera obligatoirement en tresse métallique très souple, force 5 à 7 kg, munie d'un émerillon pour éviter d'effectuer un nouveau nœud à chaque changement de mouche. La crinelle est reliée par un émerillon-baril au bas de ligne proprement dit, dont un modèle intéressant est le tissé plongeant n° 3 de chez Ragot. L'ensemble mesure 2 à 2,50 m.

La mouche

Au tout début de la pêche du brochet à la mouche, les modèles proposés dans le commerce correspondaient plutôt à des mouches à saumon, puis à maquereau, à bonite ou à tarpon. Ils souffraient tous de défauts majeurs : trop lourds, trop volumineux, trop touffus, d'où l'impossibilité de lancer en cas de vent violent.

Une vraie mouche à brochet n'a pas grand-chose en commun avec une imitation parfaite destinée à la truite ou à l'ombre. C'est un leurre, et non une mouche exacte censée imiter vaguement une créature aquatique. Les meilleurs modèles, difficiles à trouver dans le commerce — mais que l'on peut fort bien réaliser soi-même — présentent des qualités contradictoires : grandes et volumineuses, elles sont toutefois peu fournies et légères afin de ne pas offrir une résistance aérodynamique trop importante au cours du lancer. Elles doivent être repérables à distance, suffisamment massives pour créer des vibrations attractives lors de leur évolution sous l'eau, faciles à saisir ; travaillées lentement, elles semblent respirer, tant leur mobilité est grande. En bref, une bonne mouche à brochet doit donner l'illusion de la vie.

L'action de pêche

- *Le lancer :* encore une fois, notre leurre n'a pas grand-chose à voir avec un quelconque streamer à truite ou à saumon. Son poids et son volume exigent une technique de lancer particulière, si l'on souhaite ne pas se briser littéralement le poignet en quelques minutes. La canne doit donc travailler davantage que le bras, en évitant toute brutalité.

Avant chaque lancer avant ou arrière, il faut que l'ensemble soie-bas de ligne soit complètement étendu et le ressort de la canne bandé. Lors de l'arraché, la ligne est propulsée le plus haut possible car la soie, lourde, a tôt fait de retomber ; or, nous savons qu'un toucher arrière nuit à la longueur et à la précision du lancer.

- *En rivière :* le courant facilite la tâche, la mouche évoluant de manière attractive, sans obligation d'une animation constante. On lance 3/4 aval, de manière à placer la mouche, ligne tendue, plus ou moins loin du poste présumé selon la profondeur à atteindre et la force du courant. Il est inutile de peigner l'ensemble du courant... Mieux vaut s'attacher à effectuer de courtes dérives soigneusement contrôlées au niveau des bons postes, en animant le leurre par petits mouvements du scion sans récupérer la ligne. Lorsque le courant a entraîné la soie au-delà du poste, on la ramène par courtes saccades entrecoupées de temps d'arrêt. On répond à la touche par un ferrage franc, sans brutalité.

- *En étang :* la mouche-leurre est propulsée au-delà du poste présumé, puis on la laisse couler jusqu'à la profondeur souhaitée. Elle est ensuite ramenée, scion maintenu au ras de la surface, par rapides tirées sur de courtes distances (10-30 cm), entrecoupées de temps à autre d'arrêts pendant lesquels elle est animée sur place. Nous n'insisterons jamais assez sur l'importance de la lenteur de travail, d'une animation mesurée et irrégulière, clés du succès. Une

Embusqué sous les herbiers de surface, ce brochet pourrait volontiers se laisser tenter par une mouche habilement présentée.

mouche efficace travaille doucement, ses poils ou ses plumes, qui se gonflent alors au gré des mouvements du scion, donnent l'illusion de la vie.
L'été, la mouche appartient aux seuls leurres susceptibles de prospecter efficacement les petites éclaircies situées entre les nénuphars. L'attaque est, dans ces circonstances, spectaculaire. En un bond fulgurant, le brochet jaillit hors de l'eau pour s'emparer de l'imitation, pouvant revenir à la charge à plusieurs reprises lorsqu'il a raté son attaque.
On ne ferre pas à la touche mais lorsqu'on sent le contact ferme du poisson. L'hiver, la pêche s'effectue à l'aveuglette dans la grande eau, à des profondeurs de 3 ou 4 m où chasse le carnassier. Elle est lancée le plus loin possible, puis ramenée par saccades au ras du fond.

LES CHASSES DU BROCHET... OU LE DÉROULEMENT D'UNE SÉQUENCE D'ATTAQUE !

Les longues phases d'immobilité du brochet lui ont valu une fausse réputation de paresseux. En fait, ce prédateur strict est hyper-adapté à sa méthode de capture, basée sur l'économie de mouvement et l'effacement dans le biotope. C'est avant tout un chasseur à l'affût, capable de rester des heures embusqué parmi les herbiers aquatiques, entre des tiges de typhas ou sous des nénuphars, absolument mimétique grâce à sa robe marbrée. L'attaque d'un brochet se déroule selon un processus immuable qu'il me semble intéressant de décrire, au travers des longues heures d'observation personnelle effectuées devant un grand aquarium, dans l'espoir (hélas souvent vain !) de pouvoir photographier les différentes séquences de la chasse.

Un brochet affamé n'hésite pas à s'attaquer à des proies de forte dimension.

Un soir, je m'approche du bac de 2 m³ abritant mon pensionnaire, César, brochet d'environ 2 livres. Ce dernier semble sommeiller entre deux eaux, le dos bombé, le bec tourné vers le bas. Je lâche à l'autre bout du bac quelques gardons d'une dizaine de centimètres, qui s'égaillent parmi les herbiers. César n'a rien vu, dissimulé derrière son rideau végétal. Pourtant, il a perçu les vibrations émises par des proies potentielles. Imperceptiblement, son corps bascule, son bec se redresse vers le haut, tandis que ses nageoires pectorales frémissent. Pour l'heure, César étudie ses proies, tâche d'en apprécier le volume, la vitesse d'approche, les directions prises. Son corps, à lents mouvements de nageoires, se positionne dans la direction de sa proie... César se prépare à l'attaque !
Un gardonneau se rapproche, tandis que le prédateur conserve la plus parfaite immobilité jusqu'à un paroxysme (correspondant à une certaine distance) qui déclenche l'attaque, fulgurante ! Il saisit sa proie par le travers, puis l'engloutit tête la première en une fraction de seconde, avant de regagner son poste d'affût ! Il capturera ainsi deux autres poissons avant d'adopter sa position de digestion (qu'il conservera plusieurs jours !), immobile au fond, le bec tourné vers le bas.

BIOLOGIE-ÉCOLOGIE DU BROCHET

Description

La silhouette du brochet, très caractéristique, évoque celle d'un grand prédateur. Le long corps fuselé est terminé par une tête large et aplatie en bec de canard. Les mâchoires, typiques d'un carnassier exclusif, s'ouvrent pour découvrir un armement impressionnant : quelque 700 dents inclinées vers l'intérieur, qui servent à saisir et à retenir les proies. Une série de trous, les pores céphaliques, est visible sur le dessus de la mâchoire supérieure, en bordure, et sous la mâchoire inférieure. Reliés à la ligne latérale par des canaux intra-osseux, ils jouent un rôle essentiel dans l'équilibrage, la fonction stato-acoustique et la perception des vibrations.

On observe une seule nageoire dorsale implantée très en arrière, à l'aplomb de l'anale. La caudale, large et puissante, n'est pas adaptée à la nage prolongée à grande vitesse, mais plutôt à des rushes fulgurants. Sa coloration assure au brochet un parfait mimétisme dans son environnement d'herbiers aquatiques : le dos, vert sombre à noir, contraste avec les flancs marbrés ou zébrés de jaune et le ventre blanc crème.

Les mâles pèsent rarement plus de 7 à 8 kg tandis que les femelles peuvent atteindre le poids respectable de 25 à 30 kg pour une longueur de 1,30 m. Dans les grands lacs crayeux d'Irlande, le brochet atteint des tailles record.

Croissance

Le brochet connaît l'une des croissances les plus rapides observées chez un poisson. A 1 an, il peut atteindre la taille réglementaire de 45 cm sans jamais s'être reproduit.

Tableau des croissances

Naissance : 8 mm	2 mois : 10-12 cm (stade fingerling)
5 jours : 10 mm	1-2 ans : 25 à 45 cm pour un poids de 400 g à 800 g
10 jours : 12 mm	2-3 ans : 50 à 60 cm pour un poids de 1,5 à 3 kg
14 jours : 15 mm	4-5 ans : 60-70 cm pour un poids de 4 kg
30 jours : 18 mm	5-6 ans : 80 cm pour un poids de 5 kg
40 jours : 30 mm	6-7 ans : 20 livres pour 1 m dans lacs très riches,
Entre 40 jours et 2 mois :	poids atteint à 7-8 ans, voire 10 ans,
apparition du cannibalisme	en conditions normales.

Habitat

Le brochet étant eurytherme, on peut le rencontrer de la zone des estuaires (il supporte en effet une certaine salinité) et jusque dans les plus petits ruisseaux à truites où sa présence est toutefois jugée indésirable. Sa préférence va aux cours d'eau lents et propres, riches en végétation, aux canaux, aux lacs et étangs. La présence de Cyprinidés conditionne sa répartition, ainsi que l'abondance des herbiers où il pourra se dissimuler, des enrochements, des souches et racines. Il préfère des profondeurs n'excédant pas 4 à 5 m, mais peut descendre plus bas en période de canicule ou de froid vif prolongé.

Régime alimentaire

Le brochet souffre d'une réputation injustifiée de féroce prédateur. Pourtant, selon une équipe de chercheurs de l'INRA, il ne consommerait que l'équivalent de 4 à 8 fois son propre poids en poissons par an. Ce petit appétit explique ses cycles d'activité espacés de plusieurs jours (8 à 10) entre lesquels il reste totalement apathique tant sa digestion est lente. Le brochet se nourrit surtout de poissons, et parmi eux essentiellement de Cyprinidés (gardons, rotengles, chevesnes). A ce titre, il exerce une fonction indispensable dans la régulation des équilibres interspécifiques en limitant les espèces à fort pouvoir de reproduction, et en sélectionnant parmi elles les individus chétifs ou malades. Outre les poissons, le brochet capture à l'occasion crustacés (écrevisses), amphibiens ou reptiles. Les très gros spécimens peuvent s'attaquer à des oiseaux d'eau aux stades poussin... et adulte. J'ai ainsi assisté, sur un étang champenois, à la disparition, dans un énorme remous, d'un grèbe huppé. L'auteur d'un tel forfait n'était autre qu'un magnifique brochet de 35 livres, que je capturai quelques minutes plus tard à l'aide d'une grosse ondulante irlandaise. Lors du combat, il régurgita le malheureux volatile !

Selon son humeur, le brochet centre ses attaques sur des alevins ou des poissons de taille respectable. Cet aspect du comportement alimentaire doit être étudié par le pêcheur qui souhaite réussir sa journée : inutile de présenter à un poisson en chasse un chevesne de 20 cm lorsqu'il poursuit un banc de perchettes de 5 cm à peine ! Malgré tout, les très gros brochets, soucieux de se nourrir au prix du moindre effort, choisissent presque toujours une grosse proie. Les spécialistes du *mammoth pike* l'ont compris depuis longtemps, et ne pêchent qu'avec d'énormes vifs... ou des cuillers ondulantes qui semblent plus adaptées au grand requin blanc qu'au brochet !

Quant au brocheton, il est exclusivement planctonophage durant les premiers jours de sa vie où il reste prostré parmi les herbiers. Peu à peu, il tâchera de capturer des insectes aquatiques avant de se spécialiser sur le poisson vers l'âge de 2 mois.

Le coefficient alimentaire du brochet est de 3 à 5 chez le brocheton (il faut 100 g de proie pour «fabriquer» 25 g de brochet). Il passe à 20 chez l'adulte (20 kg de protéines sont alors nécessaires pour obtenir 1 kg de brochet adulte).

Reproduction

La reproduction du brochet se déroule de fin février à fin avril sous nos climats, mais peut avoir lieu en mai ou en juin, en altitude et dans les pays nordiques. Le facteur déclenchant la ponte est la température de l'eau, qui doit atteindre 10 °C. La reproduction ne donne pas lieu à une migration, mais à des déplacements pouvant atteindre quelques centaines de mètres. On observe à cette occasion la formation de petits groupes souvent composés d'une femelle et de plusieurs mâles de taille moindre. Ces groupes gagnent les eaux peu profondes, riches en végétation, qui se réchauffent plus vite et sont à l'abri du courant. A l'époque de la ponte, les herbiers aquatiques ne sont pas très développés et ce sont souvent des plantes herbacées terrestres, noyées par les crues printanières, qui serviront de support aux œufs.

Le brochet recherche pour déposer ses œufs un biotope qui doit répondre à des exigences précises : eau peu profonde qui se réchauffe vite, présence d'herbiers qui serviront à fixer la ponte et de refuge aux alevins très vulnérables durant les premiers jours de leur vie.

Chaque femelle pond 15 000 à 20 000 œufs par kilo, d'un diamètre de 2 à 2,5 mm. Adhésifs, ils restent collés aux plantes. La femelle dissémine ses œufs sur un vaste espace, en pontes fractionnées souvent fécondées par des mâles différents. Ce phénomène de polyandrie assure un brassage génétique favorable à l'espèce. La durée d'incubation est de 8 à 10 jours à 10 °C. Grâce à leurs papilles adhésives, les alevins restent fixés aux supports végétaux durant 10-12 jours, jusqu'à résorption complète de leur vésicule vitelline.

Il est important de souligner que la ponte est très vulnérable, car le brochet n'aménage pas sa zone de frayère et ne construit pas de nid pour abriter les œufs.

La maturité sexuelle est atteinte à 1-2 ans chez le mâle, 2-3 ans chez la femelle.

Comportement

Le brochet est un solitaire qui occupe un certain territoire dont les dimensions sont fonction de ses besoins alimentaires et de la diversité des proies. Tout congénère qui en franchit les limites fait aussitôt l'objet d'une agression. Le cannibalisme, fait établi et remarqué chez le brochet, permet une sélection de l'espèce par elle-même et peut faire des ravages chez les brochetons. Ce comportement apparaît également l'hiver lorsque le poisson-fourrage, engourdi, vient à manquer, ou en cas de surpopulation. Un autre aspect important du comportement de ce poisson est son caractère colonisateur. En période de crue, c'est l'espèce qui est retrouvée le plus loin dans les terres où elle se fait parfois piéger dans les trous et bras morts lors des décrues subites.

Attitudes du brochet selon son comportement prévisible :
1 - Le bec tourné vers le bas, il digère.
2-3 - En position horizontale ou le bec tourné vers le haut, il s'apprête à fondre sur une proie, avec un mouvement de plus en plus vif des nageoires pectorales.

Répartition

Le brochet est répandu dans toute l'Europe. Il remonte très au nord, en Suède, en Norvège et en Écosse du Nord. Il peut supporter un certain taux de salinité et atteint notamment des tailles considérables dans la mer Baltique. D'autres brochets colonisent le nord du continent américain. Le Northern pike *correspond à notre brochet indigène.*

On rencontre également dans l'est de l'Amérique du Nord le brochet maillé (Esox niger), *de taille plus réduite, ainsi que le célèbre Masquinonge* (Esox masquinonge), *présent également au Canada. Cet adversaire fantastique est très recherché par les pêcheurs américains qui le pêchent aux leurres classiques ainsi qu'au popper et à la mouche.*

Nous pouvons citer encore deux brochets typiquement américains : Esox americanus americanus *et* Esox americanus vermiculatus.

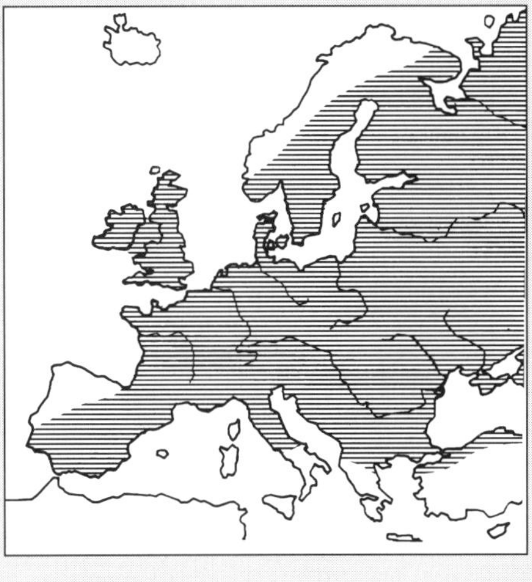

GESTION-AMÉNAGEMENTS

L'avenir préoccupant du brochet

Sans pourtant faire preuve d'un pessimisme outrancier, la situation du brochet en France apparaît réellement dramatique. Les prises se font rares dans nos eaux libres, et les beaux spécimens capturés demeurent des exceptions. Paradoxalement, la qualité de l'eau s'est améliorée ces dernières années, accélérant la prolifération du poisson-fourrage. Les alevins de Cyprinidés en surnombre, planctonophages, exercent une concurrence alimentaire à l'encontre des brochetons. D'autres facteurs négatifs peuvent être évoqués : le développement du lancer grâce à l'invention du moulinet à tambour fixe porte une grande part de responsabilité dans la raréfaction du brochet. Dès son plus jeune âge, le brocheton est la proie des lanceurs qui utilisent de petits leurres métalliques en eau peu profonde. Les sifflets ainsi capturés, dont la taille n'excède souvent guère les 30 cm, ont bien des difficultés à se remettre de leur aventure… quand ils sont relâchés !

De plus, l'engouement croissant pour les carnassiers a créé une pression de pêche supérieure, tandis que dans le même temps la quête des poissons blancs est délaissée. Le *no kill*, ou tout simplement la conservation des seuls beaux sujets, n'étant pas de mise en France (contrairement à nos voisins hollandais ou anglo-saxons), les captures qui un temps ont été somptueuses deviennent rarissimes.

Le brochet est un régulateur irremplaçable des populations de poissons blancs.

Une mauvaise gestion halieutique

- L'ouverture de la pêche en avril, alors que dans la plupart des départements nordiques la reproduction n'est pas effectuée, est une aberration biologique.

- La taille réglementaire de 45 cm est une véritable hérésie. A ce stade, seuls les mâles sont capables de se reproduire, et ils ne l'ont jamais fait s'ils ont été capturés à l'ouverture !

- La destruction d'une niche écologique : la reproduction du brochet, difficile, exige des conditions écologiques strictes, et notamment la présence de supports végétaux immergés. Les travaux de recalibrage des cours d'eau, de drainage, d'assèchement des zones humides nuisent au développement d'herbiers. De plus, les zones inondables, sites privilégiés, ne sont plus couvertes qu'une ou deux fois l'an (quand elles le sont en raison des reprofilages des rivières et, il faut bien le dire, des périodes de sécheresse que nous venons de subir !), et cela durant un laps de temps trop court pour permettre l'éclosion de l'œuf et la résorption de la vésicule vitelline de l'alevin.

- La pollution organique (due aux épandages agricoles à base de nitrates et de phosphates, aux rejets domestiques riches en détergents), qui sévit depuis plusieurs années en favorisant les phénomènes d'entrophisation, a contribué à l'envasement des cours d'eau, donc à l'étouffement des herbiers. De plus, le brochet ne nettoie pas et n'entretient pas sa frayère, ne construit pas de nid comme le sandre ou le black bass. Lorsqu'une rivière est trop chargée en sédiments, suite à l'extraction massive de granulats, à une crue subite ou à toute autre forme de pollution organique, œufs et alevins meurent étouffés.

- La navigation fluviale : les vaguelettes engendrées par le passage incessant de péniches empêchent toute installation d'une ceinture végétale sur les berges, qui offrirait les qualités nécessaires à une bonne reproduction.

- La création de grands barrages accompagnés de vastes retenues artificielles aurait dû être propice à un nouvel essor des populations ésocicoles. Or, les variations incessantes des débits exclut toute possibilité de reproduction pour le brochet, dont les œufs sont déposés sur les bordures, à quelques centimètres sous la surface. N'oublions pas qu'une mise à sec d'une heure suffit à tuer le frai !

Les remèdes

De nombreuses AAPP déversent chaque année des milliers de *fingerlings*, brochetons longs de 6 à 12 cm. Ces opérations de repeuplement sont très onéreuses en raison de la difficulté d'élevage du brochet dans les premiers temps de son existence. Le pisciculteur doit mettre à disposition des alevins du zooplancton vivant, seules proies acceptées.

Le cannibalisme exerce ensuite des ravages dans les bassins ou sur les sites de lâcher, les opérations de repeuplement étant souvent effectuées de manière maladroite. Si tous les brochetons sont introduits ensemble sur un même territoire, des phénomènes de concurrence alimentaire vont apparaître, conduisant au cannibalisme.

Le lâcher d'adultes (brochets de 45 cm) ne donne pas de meilleurs résultats, les poissons provenant toujours d'étangs privés et ayant le plus grand mal à s'adapter aux nouvelles conditions écologiques qui leur sont imposées. Ils ont tendance, comme la truite arc-en-ciel, à dévaler dès l'apparition d'une crue. En fait, il est illusoire d'effectuer une opération de repeuplement si des conditions de milieu répondant aux exigences écologiques du brochet ne sont pas rétablies, notamment en ce qui concerne sa reproduction.

La seule solution envisageable est donc l'entretien ou l'aménagement de zones de frai protégées, qui peuvent simplement consister à réhabiliter des bras morts encombrés. La rivière est une entité vivante qui ne doit pas faire l'objet de savants travaux d'entretien destinés à éviter ces «débordements».

La crue est un phénomène naturel, indispensable à la reproduction du brochet. Elle génère une véritable explosion de vie sur les rives d'un cours d'eau, tout aussi bénéfique pour les oiseaux, les reptiles, les amphibiens et les mammifères.

Bien entendu, cette préservation des zones inondables ne peut être envisagée sans une augmentation significative de la taille des brochets, qui devrait passer au moins à 60 cm. Cette longueur correspond à un brochet de 2 kg environ, qui n'est pas encore un monstre, loin s'en faut !

A l'image de nos pays voisins, la limitation du nombre de prises conservées devrait être envisagée... car ce sont ces fameux «fonds de bateau» qui faisaient le bonheur de tous voici quelques années qui sont aussi à l'origine de la disparition du brochet.

Le sandre

Stizostedion lucioperca

Percidés

La brusque apparition du sandre aux alentours des années 1960 a donné un nouvel élan à la pêche des carnassiers, stimulée par la découverte d'une fameuse monture à poisson mort.

LES PÊCHES DU SANDRE

La pêche du sandre est une école de persévérance. Ce poisson fait preuve d'une étonnante faculté d'adaptation aux techniques modernes de pêche, dont il apprend très vite à se méfier.
Si sa pêche est théoriquement possible toute l'année, les deux meilleures périodes semblent être le printemps (on s'interdit alors de profiter de l'agressivité du poisson née de l'approche de la fraye) et l'automne. Les changements de niveau d'eau, et notamment une élévation lente et régulière qui peut caractériser l'approche d'une crue automnale, sont excellents. La réussite dépend surtout d'une bonne connaissance des postes, qui suppose une longue pratique et une parfaite expérience des lieux prospectés.

La pêche au vif au flotteur

Cette technique simple à mettre en œuvre, qui n'exige pas un matériel sophistiqué, explique sans doute sa popularité. De plus, elle permet de taquiner le sandre dans les fosses et fonds très encombrés, là où des méthodes traditionnelles (poisson mort manié) se révèlent inopérantes. Cette pêche n'est pas forcément statique. Pratiquée «à rôder», elle satisfera l'amateur d'une prospection active.

Le matériel

- *La canne* : selon que l'on pêche du bord ou en bateau, l'emploi d'une canne de 3,50 à 5 m fait l'affaire. Sa puissance trouve un compromis entre le matériel destiné au brochet et celui réservé à la truite. L'action de pointe doit être assez rigide.
Le moulinet à tambour fixe de type lancer léger est garni de 150 m de nylon en 22 à 28/100e selon l'encombrement des lieux.
- *Les montages* : en étang, lorsque les fonds n'excèdent pas 3 ou 4 m, on peut utiliser un flotteur fin doté d'un petit gadin bien visible. Sa taille, réduite, doit éviter d'éveiller la méfiance du sandre lors de l'engamage. La plombée équilibre le flot-

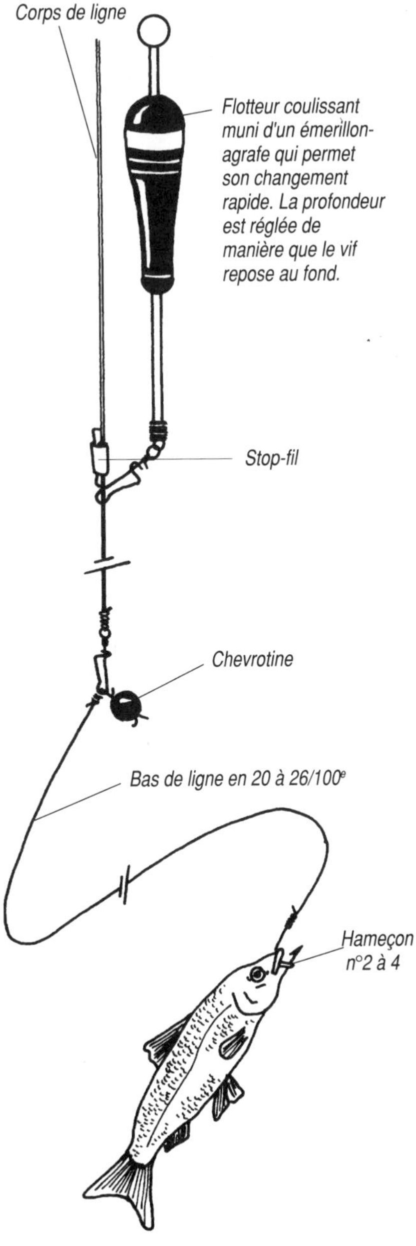

Montage rapide à flotteur coulissant

LES POSTES À SANDRE

Le sandre n'appréciant guère la lumière, il se réfugie dans les zones profondes encombrées de végétation. Ce comportement n'est pas constant, et les habitudes du poisson varient selon les saisons et les mouvements d'eau : il peut ainsi monter chasser sur des secteurs totalement atypiques, comme un banc de sable très ensoleillé ou un courant vif. Le sandre, tout comme le brochet, recherche avant tout la présence du poisson-fourrage, qui lui-même doit trouver dans le milieu une nourriture abondante et des conditions de reproduction satisfaisantes.

■ Les lacs de barrage

La bonne connaissance des postes, l'analyse exacte et intuitive des fonds sont des facteurs de réussite essentiels. Le sandre apprécie tout ce qui brise l'uniformité d'un relief. Le pêcheur prospectera en priorité :

- tous les secteurs comportant des obstacles noyés de toutes tailles : pierriers immergés, buissons rivulaires, grands arbres noyés, etc. ;
- tous les accidents de relief ainsi que les parages des îles et des îlots ;
- les grands fonds, surtout l'hiver ;
- la tête de lac, au niveau de l'arrivée de la rivière, toutes les anses et les criques qui reçoivent un tributaire contribuant à l'oxygénation de l'eau.

■ Les ballastières

Nous retrouvons les mêmes types de postes, sans oublier les abords du chenal de communication avec le cours d'eau, les rétrécissements entre deux bassins, le courant d'arrivée venant d'un autre bassin, la présence d'une source, le courant de sortie, les abords de la drague qui creuse le plan d'eau, les matériaux noyés et abandonnés tels que godets de charge, câbles, barges ou tapis roulants.

■ Les fleuves et rivières

Les postes sont ici plus difficiles à cerner, en raison des variations brusques que subit le milieu. Le sandre se tient généralement à l'abri des courants dans les parties calmes et profondes, les fosses, les remous lents. Cela ne l'empêche pas de venir chasser, notamment en juillet-août, en eau rapide. On le rencontre également à proximité immédiate de tout obstacle brisant la violence du courant, au pied des falaises, près des berges boisées dont les arbres et arbustes surplombent les rives. La limite du courant principal, les secteurs profonds où l'eau coule à contre-courant sur plusieurs dizaines de mètres offrent encore d'excellents postes.

teur au ras de l'eau. Le bas de ligne en 20 à 26/100ᵉ est armé d'un hameçon simple ou triple selon le mode de ferrage envisagé. Lorsque des brochets sont présents dans le secteur, il est préférable d'utiliser une tresse en Kevlar.
Pour un ferrage immédiat (fond très encombré) : un hameçon simple n° 2 ou 3 cloue les lèvres du vif (ou un petit triple n°8 à 10), pointe tournée vers l'extérieur.
Pour un ferrage retardé (lorsque le secteur est dégagé) : le vif est alors loché en séton sur le dos à l'aide d'un hameçon double, ou piqué sous la nageoire dorsale à l'aide d'un triple n° 8.

Un flotteur coulissant central fixé au corps de ligne en dérivation, au moyen d'une petite agrafe, est toujours préférable dans les ballastières et les lacs de barrage, dès lors que le fond dépasse 3-4 m. La profondeur est réglée à l'aide d'un stop-fil glissé sur le fil de moulinet.
On a aussi la possibilité de réaliser un montage plus sensible où la plombée, comme le flotteur, est montée en dérivation. Il peut s'agir d'une olive de 6 à 10 g. Dans la plupart des cas, le flotteur, qui repose à plat en surface, joue un simple rôle d'indicateur de touche puisque la plombée repose sur le fond.

Les vifs

Le sandre appréciant plutôt les menues bouchées, les meilleurs vifs ont une longueur comprise entre 6 et 10 cm. Ce sont toujours des poissons aux flancs recouverts d'écailles brillantes, qui renvoient de vifs éclats argentés, tels que l'ablette, le petit chevesne, le gardonneau. Goujons ou vairons peuvent également se révéler excellents.

L'action de pêche

L'approche des rives se fait le plus discrètement possible. Il est important de sonder dans un premier temps la hauteur de la colonne d'eau à la verticale du scion, afin de bien pêcher au ras du fond. La mise en place des cannes sur leurs supports, pick-up du moulinet ouvert, demande la même discrétion. Dans les grands plans d'eau, il est conseillé d'immerger une ligne à 15 m, l'autre à 20 m, la troisième à 25 m, afin de multiplier les chances de rencontrer un banc de poissons. En rivière, il est intéressant de prospecter «à dériver» dans les courants, surtout l'été, en animant le poissonnet.

LA PÊCHE AU VIF, À RAMENER

Mieux connue sous le nom de «tirette», cette technique de prospection consiste à lancer puis à ramener peu à peu sur le fond, par petites tirées successives entrecoupées de temps d'arrêt, un vif accroché par les lèvres.
La pêche à la tirette peut se montrer dans certains cas plus efficace que le poisson mort manié. Elle permet surtout de prendre des poissons différents, qui refusent les montures classiques. On peut ainsi pêcher à des profondeurs nettement supérieures (30 à 40 m contre 15 m au «manié»), lancer à des distances plus grandes (60 à 70 m), utiliser des alevins de 4 à 5 cm montés sur des hameçons n° 10 lorsque le sandre centre sa prédation sur le menu fretin.

Le matériel

- *La canne* est légère, souple à la pointe, d'une longueur de 3,50 à 4,50 m.
- *Le moulinet* à tambour fixe de type lancer léger est garni de 150 m en 24 à 26/100e. Une olive (ou un plomb-poire en dérivation monté sur un émerillon) de 5 à 20 g selon la longueur des jets requis et la profondeur prospectée, vient buter sur un émerillon-agrafe auquel est rattaché un bas de ligne dont le diamètre est inférieur de 2/100e à celui du corps de ligne. Il est terminé par un hameçon simple 1/0 à 10 selon la taille du vif, qui peut être une ablette, un chevesne, un goujon, un vairon, une perchette, voire une écrevisse, une couenne de lard, une lanière d'encornet ou un leurre souple. Le poissonnet est enfilé à l'hameçon par la bouche. La pointe, tournée vers l'extérieur, cloue les deux lèvres.

L'action de pêche

On effectue un lancer en direction des postes présumés. Lorsque le montage est parvenu au fond, on referme le pick-up puis on commence à récupérer par petites tirées d'amplitude variable, entrecoupées de temps d'arrêt plus ou moins longs pendant lesquels le vif s'active. On peut dandiner également le vif à la verticale sous la canne, et le promener par des déplacements latéraux. A la touche, qui se traduit par un choc, une tirée, une tension dans le fil, on ouvre le pick-up pour rendre la main quelques secondes. Le ferrage est ample et énergique.

LA PÊCHE AU VIF, À LA PLOMBÉE

Seule cette méthode permet de prospecter avec le maximum d'efficacité les grandes profondeurs des ballastières et des lacs de barrage. En rivière, elle facilite le maintien et l'évolution d'un vif en plein courant, dans les remous que le sandre occupe pendant l'été.

Le matériel

- *La canne* a une longueur de 2,70 à 3,80 m selon que l'on pêche du bord ou en bateau.

- *Le moulinet* est garni de 150 m en 20 à 26/100e.

Plusieurs types de montages sont utilisables :

- *Une plombée simple*, olive ou plomb plat de 15 à 40 g selon la force et la profondeur du courant, vient buter sur un tube plastique ou un plomb fendu qui protège le nœud de raccord avec l'émerillon-agrafe n°2 à 3. Le bas de ligne, en 18 à 24/100e, long de 50 à 60 cm, est terminé par un hameçon simple 5 à 8.
- *Une plombée en dérivation* montée sur un brin cassant permet de limiter les pertes à cette seule partie en cas d'accrochage lorsque le fond est empierré, vaseux ou encombré. Ce montage très sensible permet au sandre méfiant de prendre le vif sans trop ressentir l'inertie de la ligne.
- *Un flotteur coulissant*, disposé à plat, peut servir d'indicateur de touche et surtout soutient la bannière en surface, au-dessus d'obstacles immergés dans lesquels elle risque de se bloquer. Un stoppe-fil évitera qu'il ne remonte jusqu'au scion les jours de grand vent.
- *La plombée coulissante* peut être arrêtée à 70 cm de l'émerillon-agrafe par une chevrotine pincée sur le fil, de manière à placer sur cet intervalle de bannière un flotteur quelconque peint en sombre, un morceau de liège ou un buldo qui maintiendra le vif au-dessus du fond, lui évitant de se dissimuler dans le substrat vaseux (cas du goujon).

L'action de pêche

Le vif est lancé moelleusement puis légèrement freiné lors de sa chute pour éviter les emmêlages et obtenir un étalement correct du montage. Sitôt la prise de contact avec le fond, la canne est posée sur son support, à 60° en rivière, bannière tendue afin de soustraire la plus grande longueur possible de fil à l'action du courant.

En eau calme, la canne est posée à l'horizontale, le scion pointé vers la surface, bannière mollement tendue.

Dans tous les cas, le pick-up est maintenu ouvert. L'indicateur de touche peut être un petit cube de polystyrène glissé sur le nylon à la pointe du scion, un écureuil, un

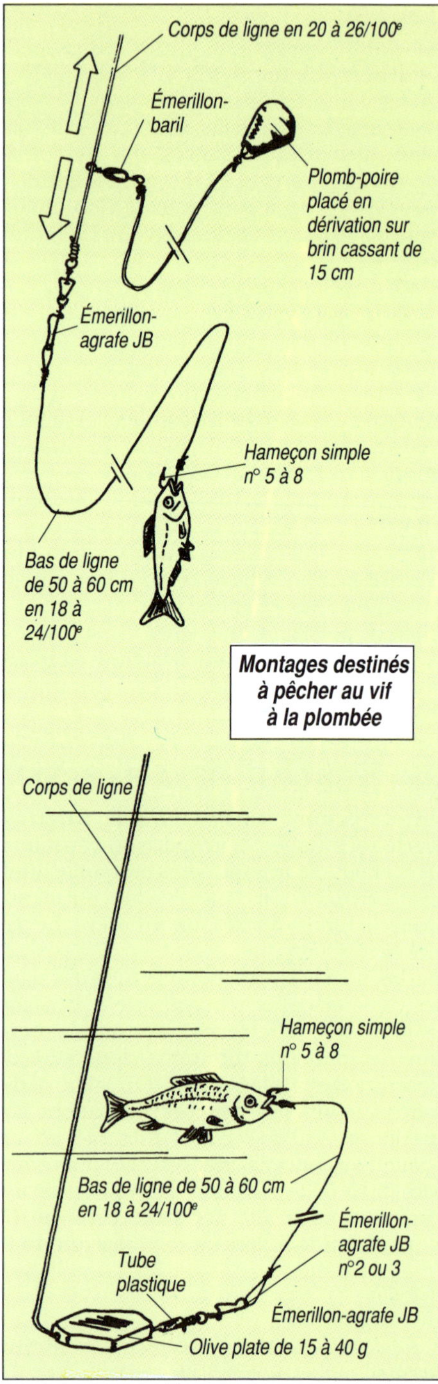

Montages destinés à pêcher au vif à la plombée

petit galet qui coince le nylon au sol, une baguette, un élastique sur la poignée de la canne, et tous les systèmes qui bloquent le fil à la sortie du moulinet mais doivent le libérer à la moindre sollicitation anormale. Il est important de lancer le plus loin possible, puis de ramener de 1 ou 2 m vers la berge toutes les dix minutes environ. Le sandre avale franchement l'appât. Il convient de laisser partir 1 à 2 m de ligne avant de ferrer énergiquement.

LA PÊCHE AU POISSON MORT MANIÉ

Longtemps considérée comme la reine des pêches aux carnassiers, elle semble connaître depuis quelques années une petite baisse de notoriété, le sandre ayant appris à s'en méfier. Pour reprendre les propres termes d'Albert Drachkovitch, «ce qui arrive aujourd'hui est la suite logique des choses, les poissons vont maintenant choisir leurs pêcheurs».

C'est en 1967 qu'Albert Drachkovitch prit son premier sandre au poisson mort manié, grâce à une technique et un matériel spécifiques, dont une fameuse monture qui allait créer une véritable révolution halieutique, ainsi qu'une renaissance de la pêche aux carnassiers. Il faut rendre hommage à ce maître de la traque du sandre qui, en collaboration avec Henri Limouzin, a dévoilé cette incomparable méthode. En de nombreuses circonstances, notamment dans les lacs de barrage ou les ballastières, dans tous les endroits profonds encombrés d'obstacles, elle demeure la technique la mieux adaptée au comportement du sandre. C'est aussi la plus sportive des pêches aux carnassiers. Elle implique une parfaite connaissance du terrain, une extrême sensibilité tactile et visuelle, pour percevoir la plus petite tirée anormale ou le moindre déplacement douteux de la bannière. Cette traque passionnante exige un long apprentissage.

Le matériel

Le pêcheur prendra un soin tout particulier à faire l'acquisition d'un matériel très spécifique, garant du succès.

Sandre capturé à l'aide d'une monture à poisson mort «Drachkovitch».

- *La canne :* son rôle est essentiel, ses qualités multiples :
• elle est suffisamment raide pour transmettre, au-delà de 25 m, la nervosité et l'ampleur des mouvements imprimés au poisson mort, pour recevoir en retour le message discret émis par une attaque, et pour un ferrage efficace, d'autant plus que l'élasticité du fil joue en notre défaveur ;
• suffisamment nerveuse pour les longs lancers, surtout lorsqu'on pêche du bord ;
• suffisamment légère pour travailler longuement et efficacement sans fatigue excessive (elle pèse moins de 200 g). Les nouveaux matériaux, particulièrement le carbone, ont permis de réaliser des cannes «spéciales poissons morts» très efficaces. Leur longueur varie de 2,50 à 2,70 m si l'on pêche en bateau. Elle n'excède pas 3,80 m lorsqu'on prospecte des rives.

- *Le moulinet :* il est choisi dans les modèles à tambour fixe de type lancer léger. Son poids ne doit pas excéder 300-320 g. Il est d'une robustesse à toute épreuve, d'autant plus que le frein est réglé à la limite de la casse. Ce dernier est sensible, régulier, progressif, doté d'un anti-retour efficace et silencieux.

Mise en place d'un poisson mort sur la monture articulée à poisson mort inventée par Albert Drachkovitch

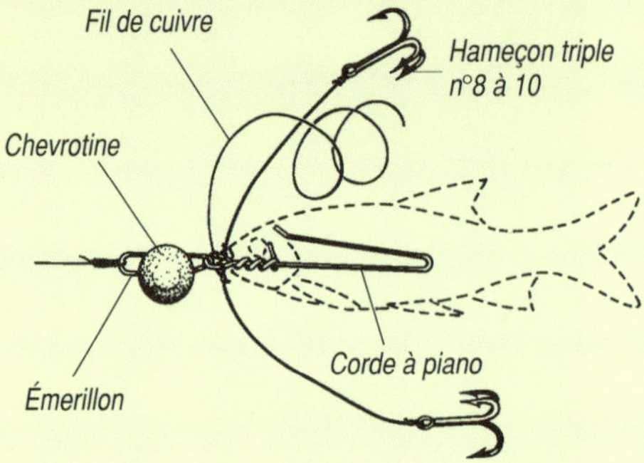

1 - Enfoncer la corde à piano dans la gueule du poisson jusqu'au contact avec la boucle de jonction du lest.
2 - Le fil de cuivre est passé à travers le corps en arrière immédiat des ouïes, puis enroulé en spires à l'avant du museau.
3 - Le premier hameçon triple est piqué en arrière des opercules, le second dans le pédoncule caudal. Le poisson doit être adapté à la taille de la monture de manière à évoluer naturellement sans être bridé par les hameçons.

- *Le fil* : le choix du diamètre et de la couleur revêt une importance capitale. Avec la canne, il constitue «l'œil» du pêcheur qui permet de surveiller et de déterminer les différentes positions de la monture, de repérer une touche et de rester en contact avec le fond. Pour toutes ces raisons, il est choisi dans des teintes vives, jaune fluo ou rouge corail.
- *La monture* : nous ne reviendrons pas sur l'intérêt de la monture Drachkovitch... C'est la meilleure, elle assure une présentation et une tenue du poisson incomparables, et toutes celles qui s'en inspirent peuvent donc convenir. Elles ont obligatoirement en commun une plombée interchangeable, une articulation en tête entre le corps de la monture et la plombée. L'armement, s'il est unique, est situé en queue. Généralement, il est constitué de deux hameçons triples n° 8 ou 10. Il est bon de prévoir deux ou trois tailles différentes, adaptées à des vifs de 6 à 10 cm (les meilleures montures à sandre sont les n° 0 et 1), ainsi que différentes chevrotines dans des poids allant de 6 à 12 g. Il ne faut en effet jamais hésiter à changer de plombée pour l'adapter aux conditions de pêche du moment. Les meilleurs vifs mesurent 7 à 8 cm (petits gardons, ablettes, rotengles, goujons ou chevesnes). Ils sont tués juste avant l'installation sur la monture. Les poissons congelés tiennent mal, et sont à réserver à la pêche au poisson mort posé.

L'action de pêche

Elle consiste à donner l'illusion de la vie au poissonnet, afin de déclencher l'attaque du carnassier. La présentation, l'allure imitent au mieux un alevin blessé ou à l'agonie qui se déplace par bonds hésitants. Le lancer s'effectue souplement en balançant sous la canne, avec la meilleure précision possible et la plus grande discrétion, en direction du poste présumé. Pick-up ouvert, on garde ensuite du doigt un contrôle vigilant de la descente du leurre, bannière tendue.

Cette attention constante maintenue sur le fil permet de déceler la moindre touche pouvant se produire (cela arrive souvent) lors de l'immersion, alors que le poissonnet virevolte dans l'onde, et qui se traduit par un léger déplacement latéral de la bannière. Lorsque cette dernière mollit, marque une légère détente (on dit qu'elle fait un ventre), la monture est parvenue à destination. Le pick-up est rabattu, et un coup sec du poignet décolle l'appât du fond sur une hauteur de 20 cm à 1 m. La canne est amenée ainsi à la verticale, puis accompagne à nouveau le leurre au cours du relâcher jusqu'au fond, avec lequel il est indispensable de conserver un contact permanent.

LE BAS DE LIGNE ACIER EST-IL NÉCESSAIRE ?

La denture du sandre n'exige pas l'emploi d'une crinelle d'acier... Le problème est que là où notre poisson est présent, il y a bien souvent un brochet en maraude qu'il serait dommage de perdre en cas d'attaque. Les nouveaux matériaux autorisent des montages très sensibles qui résistent aux dents acérées d'*Esox*. Certaines crinelles d'acier se nouent aujourd'hui comme du nylon. Le Kevlar se comporte exactement comme un fil. Son seul inconvénient est qu'il s'use très vite, et lâche au deuxième ou troisième sandre capturé. Son état doit donc être vérifié régulièrement. Tout dernièrement, le Kevlar avec âme d'acier a donné entière satisfaction.

Il est très important, notamment lorsqu'on prospecte les grandes profondeurs, de donner suffisamment d'amplitude au mouvement. La faute classique du débutant est d'effectuer une courte tirée qui, 30 m plus bas, n'a aucune incidence et ne fait pas bouger le poisson ! Le mouvement de traction décrit peut être accompagné de courtes saccades nerveuses imprimées sur 1 ou 2 m, ou au contraire de lentes tirées provoquant de molles ondulations. Quelques tremblotements du scion permettent d'animer le poisson sur place, et des déplacements latéraux, combinés aux tractions verticales, font varier la nage. Dans les lieux très encombrés, une dandine verticale à l'aplomb de la canne est très efficace !
La touche peut se traduire par une incroyable diversité de sensations, souvent peu perceptibles, auxquelles il convient de répondre instantanément par un ferrage ample et énergique. Tout retard signifie invariablement un ratage, le sandre relâchant très vite la monture piégée.

LA PÊCHE AU VER MANIÉ

Cette technique agréable et simple a été élaborée par les pêcheurs de sandre qui peuvent ainsi continuer à traquer leur poisson favori en période de fermeture spécifique du brochet. Le ver est d'ailleurs particulièrement attractif à cette époque de l'année, qui correspond aux crues de début de printemps. Il ne s'agit en aucun cas d'une technique de substitution qui, correctement maîtrisée, réussit en toute saison.

Le matériel

Il est sensiblement identique à celui utilisé pour la pêche au poisson mort manié.
- *La canne* pourra être toutefois moins rigide, un scion plus souple autorisant les lancers moelleux convenant à une esche fragile.
- *Le corps de ligne*, en 22 à 26/100e, est prolongé par un émerillon JB n° 2 ou 3 en avant duquel est pincée une plombée fixe (chevrotine) de 6 à 10 g selon le diamètre

LE POISSON MORT POSÉ

Cette technique redoutable, qui a fait ses preuves sur les grands brochets des lacs irlandais ou écossais, permet également la capture de gros sandres. Nous savons en effet que leur comportement alimentaire les incite à ramasser les poissons morts tués par leurs congénères de taille moindre lors des frénésies alimentaires. On peut utiliser dans la mise en œuvre de cette méthode le matériel sophistiqué des pêcheurs de carpe, ou plus simplement celui décrit pour la pêche à la plombée. Un hameçon triple est préférable pour l'eschage des tronçons de poissons. Certains pêcheurs utilisent des morceaux de maquereaux, qui exigent un amorçage préalable. Le tronçon d'anguille est très apprécié, ainsi que le tout petit poisson (gardon, ablette...) fraîchement tué. Les vifs congelés sont également prisés, dans la mesure où ils semblent très frais.

de nylon utilisé, la profondeur prospectée et l'importance du jet. L'empile de 50 à 60 cm est terminée par un hameçon triple n° 6 à 8 selon la taille des vers, un hameçon simple unique n° 2 ou deux hameçons simples n° 10 et 6.

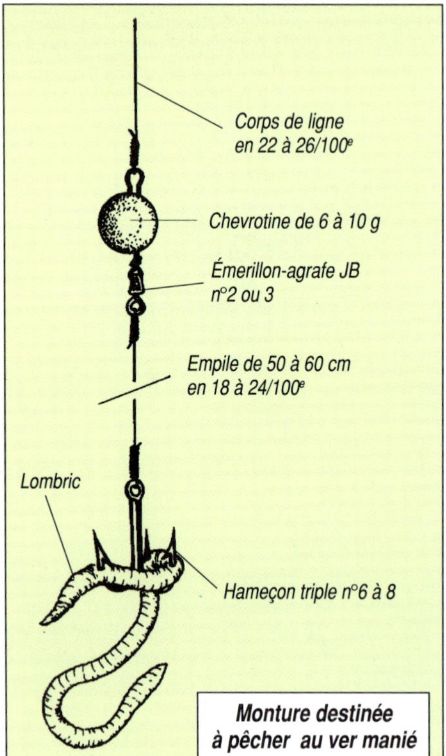

Monture destinée à pêcher au ver manié

Les esches

On choisit de beaux lombrics à tête noire dont la taille varie de 12 à 15 cm. Le ver est esché en le piquant en 3 fois immédiatement en arrière de la tête si l'on utilise un hameçon triple, en deux fois de manière à former une petite boucle avec un hameçon simple. Il s'agit de laisser pendre le corps librement de manière à obtenir une allure souple et ondoyante.

L'action de pêche

On effectue un lancer sous la main en souplesse, en freinant la chute grâce à une action de l'index sur le nylon, afin d'éviter de déchirer le ver par une arrivée trop brutale et de bien déployer l'empile, ce qui limite les risques de bouchage. On contrôle ensuite la descente jusqu'au fond, en maintenant la bannière tendue, avant de relever le scion d'un mouvement sec : l'appât va décoller de 20 à 30 cm. On accompagne à nouveau sa descente, avant de recommencer le même manège, tout en prenant bien soin de conserver un contact permanent avec le fond. Ces tirées sont effectuées en alternance avec des tressautements. Il est important de varier la vitesse de récupération, afin d'imprimer une nage ondulatoire au ver et de laisser reposer l'appât quelques instants sur le fond entre chaque tirée et relâcher. En effet, les touches se produisent souvent pendant ces courts instants et se traduisent alors par une tirée nette et visible en surface ; on les sent parfaitement à la main lorsqu'elles surviennent lors d'une traction, le sandre aspirant littéralement le ver. On répond à l'attaque par un ferrage instantané.

LA PÊCHE À L'ÉCREVISSE

Voir le black bass.

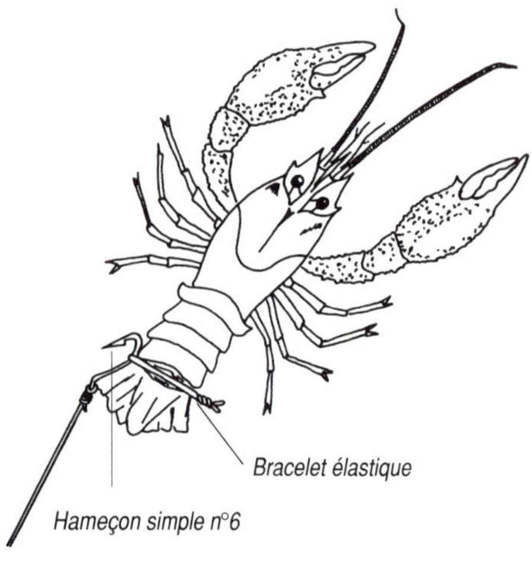

Eschage d'une écrevisse
(seule l'utilisation de l'écrevisse américaine est autorisée)

Durant toute la belle saison, le sandre est surtout actif tôt le matin et au crépuscule.

La pêche aux leurres

Le sandre montre une étonnante faculté d'adaptation aux leurres, dont il apprend très vite à se méfier !

Les leurres souples

Voici quelques années, l'apparition des leurres souples a ouvert des horizons nouveaux aux pêcheurs de carnassiers. On a cru au leurre miracle tant les premiers essais furent concluants, d'où un engouement foudroyant.

Ces petites formes gélatineuses et aberrantes proviennent des États-Unis où elles ont été créées pour la pêche du black bass. Efficaces, d'un emploi fort simple, d'un prix d'achat modique, elles présentent d'autres avantages :

- la hampe de l'hameçon, dirigée vers le haut du leurre, permet de pêcher sur des fonds très encombrés qui interdisent l'emploi de tout autre leurre ;
- le leurre souple prend le relais de techniques confirmées en pouvant provoquer l'attaque d'un sandre chipoteur, «forcer la main» d'un poisson que l'on sent mordeur mais méfiant ;
- les ondes de pression émises n'ont jamais été aussi proches de la réalité, identiques à celles d'une proie habituelle qui se déplace en milieu liquide.

Malheureusement, après quelques pêches miraculeuses, on a vite déchanté : le sandre a appris à se méfier du piège, qui a montré certaines faiblesses. Le système de monture est toujours resté le même, et c'est là que le bât blesse ! En effet, l'hameçon SPID plombé en tête et destiné au leurre souple, à hampe longue, confère une trop grande rigidité à l'ensemble, d'où ratés ou décrochages. La plombée, qui n'est pas interchangeable, signifie l'impossibilité d'adapter le lest à la profondeur prospectée. De plus, à chaque type d'hameçon plombé correspond une longueur précise que l'on ne peut varier.

Les différents modèles

Le débutant a de quoi être dérouté devant l'immensité du choix. Il existe d'innombrables modèles, plus ou moins figuratifs, qui peuvent imiter poissons, lombrics, lamproies, amphibiens. Selon leur aspect, ils travaillent différemment. Un *kat* à queue aplatie, par exemple, censé imiter

LA PÊCHE À LA CHATOUILLE

■ Un peu de biologie

La chatouille est le nom commun donné à la lamproie de Planer (*Lampetra planeri*), petit habitant de nos ruisseaux richement oxygénés et des cours supérieurs de nos rivières ; il ne s'agit pas à proprement parler d'un poisson car elle ne possède pas de mâchoire, sa bouche étant transformée en ventouse. Au stade adulte, sa taille ne dépasse guère les 12-15 cm. A l'état larvaire, qui dure de trois à cinq ans, elle vit dans la vase et le limon mélangés au sable des bordures de ruisseaux.

Ramasser les chatouilles n'est pas une mince affaire, la première difficulté consistant à trouver un cours d'eau suffisamment propre et oxygéné où elles soient présentes. On peut les ramener en creusant le sable mélangé au limon des bordures calmes, à l'aide d'une casserole percée munie d'un long manche, ou tout simplement en retournant le substrat, qui est ensuite vivement projeté sur la rive. Leur manipulation n'est guère aisée en raison de la peau visqueuse qui recouvre le corps, et l'emploi d'un chiffon sec est fortement conseillé.

■ La conservation des chatouilles

Fragiles, les lamproies de Planer sont conservées dans un seau empli à moitié de sable propre, lui-même recouvert de 2 à 3 cm d'eau, le tout placé au réfrigérateur ou à la cave. En aucun cas, la température ne doit excéder 8 °C. On peut ainsi les garder environ un mois si on prend garde à ne pas les stocker en surnombre dans le même récipient.

■ Pêcher le sandre à la chatouille

La lamproie de Planer ne convient pas seulement pour le sandre... c'est une esche universellement appréciée de tous les carnassiers. Elle est surtout attractive l'été ou en période de crue, sur des fonds n'excédant pas 4 à 6 m. On peut l'utiliser selon la technique du ver manié. L'action de pêche est la même, la chatouille étant eschée en arrière de la tête, la pointe d'un triple passée en deux fois sous la peau, de manière à former une petite boucle et à laisser le corps pendre librement. La chatouille est également redoutable vivante, lorsqu'on opère au vif, à la plombée ou au flotteur coulissant.

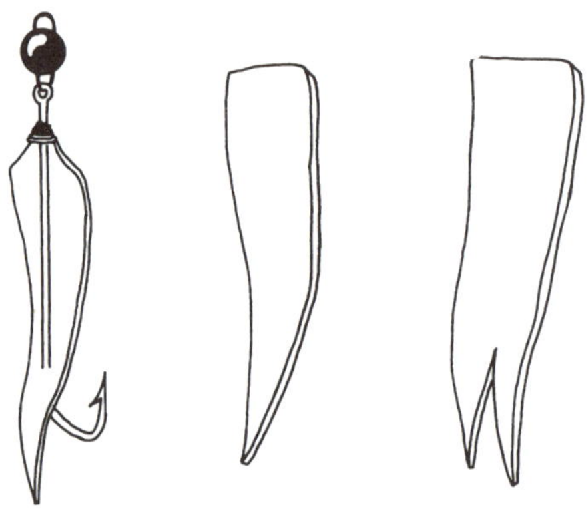

Leurres souples naturels

Des lanières d'encornet ou des filets de poisson convenablement maniés peuvent se montrer très attractifs pour tous les carnassiers.

un petit gardon, produit des ondes plus sèches, plus courtes qu'un *twist* à queue souple ou toute autre virgule très ondulante. Le premier est à réserver aux eaux courantes, les seconds aux eaux calmes où le travail du leurre est effectué par une action de dandine.

Il existe également plusieurs types de montures. Les têtes plombées (de 4 à 15 g), les plus utilisées, sont intéressantes sur les secteurs très encombrés qui interdisent tout autre leurre. Les montures articulées en tête, à plombée interchangeable, permettent un travail du leurre des plus attractifs, à la manière d'un poisson mort manié. Il existe ainsi une monture Drachko spéciale leurre souple. En rivière, on peut utiliser une monture Aulne, qui permet à la virgule de rester sur place dans les courants, au niveau des postes les plus intéressants.

L'action de pêche

Le leurre souple, frétillant, est attractif dès son entrée dans l'eau. On augmente toutefois ses chances en lui imprimant de la pointe de la canne des saccades et des tirées qui le font progresser sur le fond par petits bonds et glissades, à la manière d'un poisson mort. On doit conserver les yeux rivés sur le fil lors de l'immersion et de la chute jusqu'au fond, l'attaque pouvant avoir lieu lors de la descente. Dans les secteurs très encombrés, il est intéressant d'effectuer un travail de dandine lente.

Les leurres métalliques

La cuiller tournante ne semble pas donner des résultats constants ni très satisfaisants. Les ondulantes seraient meilleures, car elles travaillent près du fond, sans toutefois jamais égaler les leurres souples. Les meilleurs leurres métalliques sont les montures en tandem Jig, cuillers tournantes assorties de leurres souples. Il existe également une autre manière de pêcher le sandre au leurre métallique : la dandinette, qui permet de guider un leurre dans l'enchevêtrement de branchages immergés. Utilisées ainsi, les cuillers de traîne en mer sont parfois très efficaces, ainsi que les «zazous». Cette technique se pratique en bateau, sous le scion. Le leurre est animé verticalement au fond sur une hauteur de 50 cm, puis latéralement.
Le poisson d'étain peut être également utilisé, ainsi que le leurre norvégien Sting Silda. Il est dommage que cette pêche au milieu des obstacles, qui récompense les plus audacieux, soit si peu pratiquée en France.

Les poissons-nageurs

Ce sont surtout les modèles grands plongeurs (Shad Rap 7 ou 9 cm), descendant à la verticale lors d'une récupération rapide, qui donnent les meilleurs résultats. Ce travail de tirées et de relâchers permet ainsi de prospecter les fonds moyens des lacs de barrage. Les poissons-nageurs peuvent être très efficaces dans les courants des fleuves et rivières, mais c'est surtout en traîne (interdite en France dans les eaux libres) qu'ils sont performants.

LA PÊCHE À LA MOUCHE

De tous les poissons chasseurs, le sandre est certainement celui que les leurres intéressent le moins, hormis bien entendu la fameuse gamme des leurres souples ! Les cuillers, qu'elles soient tournantes ou ondulantes, n'ont jamais été convaincantes. Quant à la mouche, cette technique est citée pour mémoire car très mal adaptée au comportement du sandre qui évolue le plus souvent en eau profonde. Elle n'est guère applicable qu'en juillet-août, lorsque les sandres recherchent l'ombre des bordures ou chassent sur les hauts fonds ensoleillés, et lors des premières crues d'automne, quand le prédateur «monte» chercher l'alevin sur les bordures calmes ou dans les eaux closes dont la profondeur n'excède en aucun cas 3 à 4 m.

Le matériel

- *La canne :* afin de disposer d'un «bras de levier» suffisant permettant un ferrage efficace, la canne est choisie dans les modèles destinés à la truite de mer ou à la pêche en réservoir, d'une longueur de 10 pieds. Légère afin de ne pas engendrer une fatigue supplémentaire due aux innombrables lancers, elle a une action de pointe, pour animer correctement le leurre à distance, sous plusieurs mètres d'eau.
- *La soie :* on peut plomber le streamer, ce qui risque de brider sa nage et de le rendre moins attractif, la meilleure solution consistant à opter pour une soie qui travaille en profondeur *(extra fast sinking).*
- *La mouche :* très sélectif, le sandre s'intéresse plutôt aux mouches imitant un alevin. Le streamer peut être monté sur un hameçon à hampe longue n° 2/0.

L'action de pêche

On recherche les hauts fonds et les bordures ombragées susceptibles d'abriter des sandres. Lorsque le leurre est parvenu au fond, il est animé par des successions de tirées brèves et irrégulières, entrecoupées de tressautements sur place. La touche, légère sensation de lourdeur à la traction, a souvent lieu au cours d'un relâcher ou d'un décollage du fond.

BIOLOGIE-ÉCOLOGIE DU SANDRE

Biotope classique à sandre dans un lac de barrage (retenue du Chastang sur la Dordogne). Les souches et arbres morts offrent des repaires de choix (et inexpugnables !) pour le poisson.

Description

La présence de deux nageoires dorsales très rapprochées, dont la première est soutenue par des rayons épineux, la seconde par des rayons mous, désigne le sandre comme un Percidé. On le reconnaît à sa tête fine, effilée, qui se prolonge par un dos légèrement bombé. La gueule, largement fendue, est armée de dents acérées, de taille inégale, parmi lesquelles de véritables canines dont la disposition varie selon l'âge et les individus. Contrairement au brochet, on ne signale pas de dents sur la langue. La ligne latérale, bien visible, se prolonge nettement jusqu'au pédoncule caudal, très fin. La nageoire caudale, puissante, est échancrée. On observe au moins huit bandes sombres qui descendent transversalement sur les flancs. Pourtant, il ne s'agit en aucun cas des zébrures nettes observées chez la perche. Les opercules, coupants, ne portent pas d'épines. La coloration du sandre est plus ou moins vive et soutenue selon l'habitat, le degré d'alcalinité ou d'acidité de l'eau. L'aspect de ses yeux, glauques ou brillants, dépend des conditions du milieu, de la profondeur de l'eau, de la turbidité. La composition particulière de la rétine lui assure une excellente vision dans la pénombre des profondeurs ainsi qu'en eau trouble. Elle comporte notamment des cellules géantes en bâtonnets, singulièrement nombreuses.

En France, les plus gros sandres atteignent le poids respectable de 15 kg. Un spécimen record de 20 kg pour une longueur de 1,27 m a été capturé en ex-URSS.

Croissance du sandre *(selon une étude effectuée sur le lac Balaton)*

Ce tableau nous donne une idée moyenne de la croissance du sandre. Dans d'excellentes conditions, il peut en effet, dès l'âge de 2 ans, atteindre la taille de 35 cm.

Âge	Longueur	Poids
naissance	0,35 cm	-
6 mois	8,55 cm	25 g
1 an	12 cm	50 g
2 ans	24 cm	200 g
3 ans	30 cm	260 g
4 ans	38 cm	420 g
5 ans	50 cm	1 300 g
6 ans	60 cm	1 700 g
10 ans	78 cm	5 kg
15 ans	100 cm	12 kg et plus

Habitat

Bien que son habitat de prédilection corresponde plutôt au cours moyen des fleuves, des lacs et étangs dont la profondeur moyenne varie de 3 à 8 m, et dont les eaux sont calmes ou faiblement courantes, le sandre n'en possède pas moins une remarquable faculté d'adaptation qui lui permet de coloniser les habitats les plus variés. Cela explique sa progression spectaculaire dans notre pays. Seules les eaux très froides d'altitude ne lui conviennent pas. Il apprécie une certaine turbidité et aime se tenir dans l'ombre des accidents de relief du fond. L'été, il peut s'aventurer en pleine lumière et à faible profondeur, pour chasser les bancs d'alevins. Il peut supporter les eaux saumâtres des estuaires.

Répartition

Originaire d'Europe centrale, son aire de répartition s'étend de l'Elbe à l'Amsu Daria, en Bulgarie. Il est présent dans tous les grands fleuves tels que le Don, le Dniepr, le Danube, et on le rencontre en abondance dans le lac Balaton (Hongrie).

En Russie, dans des affluents de la mer Noire et de la Caspienne, entre Danube et Oural, vit une espèce particulière, Stizostedion volgense, *qui ne pèse guère plus de 2 kg pour une longueur de 50 cm. En Amérique du Nord et au Canada, on rencontre le doré jaune ou walleye* (Stizostedion vitreum), *ainsi que le doré noir* (Stizostedion canadense) *et le doré bleu* (Stizostedion canadense glaucum). *Le premier ne pèse jamais plus de 5-6 kg, les deux autres guère plus de 1 kg.*

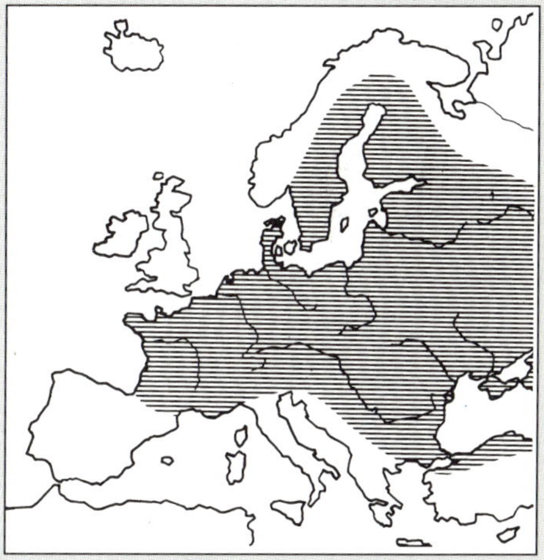

Régime alimentaire

Au début de sa vie, le sandre se nourrit de divers invertébrés aquatiques tels que petits vers, mollusques ou crustacés. Il devient ensuite piscivore exclusif. Ablettes, gardonneaux ou goujons de 5 à 10 cm constituent l'essentiel de son menu. Les proies mortes prennent ultérieurement une importance prépondérante dans son alimentation, ainsi que les poissons faibles ou malades, faciles à capturer, dès lors qu'il atteint le poids respectable de 4 à 5 kg.

Reproduction

Le sandre est mature à 3-5 ans pour la femelle, qui mesure alors environ 40 cm, 2-4 ans pour le mâle, alors que sa taille atteint 35 cm. La période de la fraye peut se situer d'avril à mai selon la température de l'eau, qui doit être de 15 °C.

Le sandre recherche les fonds propres de sable et de gravier pour se reproduire. Particulièrement agressif durant toute la période de frai, il devient une victime facile des braconniers.

Espèce lithophile, le sandre pond sur un fond de pierre ou de gravier, un banc de sable, un tapis végétal ras et propre, parmi des racines d'herbe ou le chevelu racinaire de certains arbres.

Les œufs sont déposés en eau profonde (1 à 5 m), dans un nid rudimentaire préalablement aménagé. Chaque femelle émet 200 000 œufs par kilo, d'un diamètre de 1,5 mm, dont la durée d'incubation est de 5 à 10 jours. Le mâle entretient soigneusement la frayère durant toute la période d'incubation et montre une grande vigilance.

Comportement

A l'image de la plupart des Percidés, le sandre, grégaire, vit en troupes composées d'individus de taille sensiblement égale. Seuls les gros spécimens pesant plus de 4 à 5 kilos semblent plutôt solitaires.

L'activité alimentaire du sandre, à la différence de celle de la perche, reste assez discrète. Certaines chasses sont toutefois spectaculaires, notamment lorsqu'une troupe de prédateurs cerne un banc d'alevins et le pousse vers la surface, en direction des berges. Une telle situation demeure occasionnelle... et fugitive ! Elle semble également obéir à des cycles complexes au cours desquels tous les individus d'un même plan d'eau ou d'un même tronçon de rivière passent par des périodes de frénésie alimentaire suivies de longues phases d'apathie totale : ce sont les fameuses «montées», rêve de tout pêcheur de carnassiers, surtout visibles en automne, lorsque les premières crues font sortir les sandres de leur torpeur estivale.

On a longtemps cru, à tort, que le sandre menait une activité essentiellement nocturne ou crépusculaire. Il peut également se nourrir le jour, particulièrement lorsque les eaux sont légèrement teintées ou par ciel sombre. Le sandre est sensible au bruit et aux chocs, et le pêcheur devra se montrer très discret au cours de son approche pour tromper sa vigilance.

GESTION-AMÉNAGEMENTS

L'histoire d'une apparition récente, les raisons d'une invasion

Le sandre a été signalé pour la première fois en France en 1913, dans le Rhin. De là, il serait passé dans le Rhône et la Saône. C'est surtout à partir de 1950 qu'il connut une expansion rapide, suivie d'une véritable explosion démographique dès 1965. Certains scientifiques estiment que le sandre devait être présent en nombre dans nos fleuves avant les années 60, mais il passait inaperçu en raison de techniques de pêche inadaptées, jusqu'à la petite révolution halieutique déclenchée par Albert Drachkovitch et Henry Limouzin, qui divulguèrent les secrets de la pêche au poisson mort manié.

L'invasion du sandre entre 1960 et 1970 est le résultat logique d'une conjonction de facteurs physiques et humains :

- La pollution des eaux due à l'extraction des granulats a favorisé un certain accroissement de la turbidité à laquelle le sandre reste peu sensible.

- Durant la même période, le réchauffement des eaux et une certaine tendance à l'eutrophisation ont provoqué un déséquilibre dans les populations piscicoles au profit des poissons blancs, proies de base du sandre, qui voyait dans le même temps ses concurrents potentiels - grosses perches et brochets - disparaître.

- Son potentiel de reproduction, élevé, est dix fois supérieur à celui du brochet.

- La création des ballastières, à partir des années 60, a constitué autant de lieux privilégiés pour le sandre.

Le sandre, objet d'une controverse

Loué par certains, décrié par les autres, le sandre a été longtemps au centre de polémiques passionnées. On lui reproche d'être à l'origine de la raréfaction du brochet. En fait, cette affirmation ne repose sur aucune analyse sérieuse dans nos grands fleuves ou nos lacs, le déclin des brochets s'étant amorcé bien avant l'apparition du sandre en deuxième catégorie. Néanmoins, la cohabitation sandre-brochet ne semble pas souhaitable dans les eaux closes de faible superficie où le premier, grâce à son potentiel de reproduction dix fois supérieur, supplante rapidement le second. De plus, le sandre a tendance à centrer sa prédation sur une seule classe d'âge de poisson-fourrage, compromettant ainsi gravement l'équilibre piscicole du plan d'eau.

Autre reproche, le sandre serait un hôte intermédiaire dans le cycle de la bucéphalose larvaire, maladie parasitaire due à *Bucephalus polymorpha*, mise en évidence dans une douzaine de départements en France. Le parasite provoque chez les Cyprinidés des nécroses, des lésions sanguinolentes qui rongent la gueule et les nageoires, des ulcérations qui se répartissent sur tout le corps et dont les poissons finissent par mourir. En réalité, le danger de propagation de l'épidémie n'est réel que si la moule zébrée, ou dreissène polymorphe, premier hôte privilégié du parasite et vecteur de la maladie, est présente dans le milieu.

Après ce sinistre tableau, nous ne pouvons passer sous silence le rôle limitatif et sélectif joué par le prédateur, et que ne peut plus assurer le brochet. Surtout, le sandre a suscité un formidable engouement, une relance d'intérêt pour le pêcheur, écœuré par les échecs successifs enregistrés en pêchant le brochet, devenu trop rare, ou la perche, atteinte de nanisme ! Nous avons vécu une renaissance de la pêche des carnassiers, qui s'explique par la qualité de la chair du sandre, son abondance relative jusqu'à ces dernières années et la diversité des techniques de capture qui s'y rapportent.

L'avenir incertain du sandre

Après les grands espoirs suscités par la pêche au poisson mort dans les années 70 à 80, après cette véritable explosion qui a fait croire les stocks inépuisables, il nous faut aujourd'hui déchanter... La fête est finie. Beaucoup se posent des questions quant à cette raréfaction alarmante des prises. Pour les plus optimistes, il s'agirait d'un changement dans le comportement alimentaire du poisson. Ce raisonnement pourrait se révéler en partie exact puisque, même là où le sandre est encore abondant, les pêches d'antan sont finies. Il suffit d'observer certaines vidanges de barrages actuelles et les quantités phénoménales de sandres récoltées, alors que les pêcheurs se plaignaient d'échecs répétitifs, pour étayer cette thèse. Une méfiance génétique, une acclimatation aux modes de pêche usuels ne suffisent cependant pas à expliquer cette régression.

Il faut savoir également que toute acclimatation d'une espèce nouvelle suit une courbe exponentielle qui commence par une phase d'explosion (dite phase exponentielle d'apparition). On assiste ensuite à une stabilisation (phase optimale), voire à une régression lorsque l'espèce s'est intégrée dans son biotope. L'équilibre se crée en effet souvent à un niveau inférieur à celui du cheptel en phase d'apparition.

D'autres menaces pèsent sur l'espèce, notamment pendant le frai. Entre les braconniers qui sévissent à cette époque et les filets posés sur les lacs de barrage, les regroupements indispensables à une bonne reproduction de cette espèce grégaire deviennent de plus en plus difficiles. Enfin, le sandre est sensible aux marnages (changements de niveau) opérés sur ces lacs de barrage : des différences de niveau de 8 à 10 m pouvant être enregistrées en une semaine, les conséquences sont désastreuses pour la ponte, déposée entre 1 et 5 m. Une réglementation appropriée pourrait à nouveau, très certainement, faire revenir le sandre en force dans nos eaux :

- appliquer une fermeture spécifique pendant la période de reproduction du sandre, avec interdiction de pose de filets ;
- éviter les marnages durant cette même période ;
- limiter le nombre de captures ;
- relever la taille minimum réglementaire de 40 cm, ridiculement petite.

Le black bass

Micropterus salmoides

Centrarchidés

La disparition en France du King of the Waters, *désigné ainsi par près de 30 millions de pêcheurs américains qui lui vouent un culte sans partage, est une perte immense pour la pêche sportive.*

LES PÊCHES DU BLACK BASS

L'un des pères de la pêche du black bass affirma en 1902 que «centimètre pour centimètre, et livre pour livre, le black bass est le plus sportif des poissons qui nagent». Voilà sans doute pourquoi il a séduit aux États-Unis des millions de pêcheurs, qui le considèrent comme l'élite des poissons de sport. Le black mord à tout ce qui bouge, nage, frémit, virevolte, et notamment aux leurres les plus bariolés et les plus fantaisistes. C'est le seul carnassier réellement moucheur, et aussi celui que l'on peut traquer avec succès durant tout l'été, époque pendant laquelle les autres prédateurs demeurent apathiques.
On lui reproche d'être lunatique, d'humeur fantasque, de mystifier le pêcheur. Si, théoriquement, il peut s'attaquer à tout ce qui semble animé d'un mouvement, il ne perd toutefois jamais sa méfiance. Le leurre le mieux présenté ne provoquera de sa part aucune réaction en plein midi, par exemple, s'il a décidé de ne mordre que le soir. Ce n'est qu'à force de patience, de persuasion, d'astuce, d'une quête lente et extrêmement méthodique qu'on parvient à une capture. C'est là sans doute l'une des règles d'or de sa pêche. Le black bass est un poisson lent, indécis... on doit donc le pêcher avec lenteur !

LA PÊCHE AUX APPÂTS NATURELS

Le black bass refuse rarement un appât naturel bien présenté, à condition de se montrer très discret. Gros insectes, lombrics, grenouilles, vifs et autres bestioles intéressent vivement notre carnassier l'été, surtout lorsqu'il se tient en surface le matin ou le soir.

Le matériel

Pour prospecter à courte distance des endroits très encombrés et juste sous le scion, il est préférable d'utiliser une longue canne de 4 à 5 m ou éventuellement une canne à l'anglaise, associée à un moulinet à tambour fixe de type lancer léger dont la bobine est garnie de 150 m de nylon en 26 à 28/100e. Pour pêcher à plus longue distance, lorsqu'on propulse un appât destiné à être manié, une canne à lancer de 2,50 à 3 m est préférable.
Pour gagner en précision de lancer, et si le secteur n'est pas trop encombré, il est préférable de diminuer le diamètre du nylon au 22 ou 24/100e.

Les appâts naturels

- *La pêche au vif :* le matériel et les montages sont sensiblement identiques à ceux décrits pour la pêche à la ligne flottante de la perche. Le vif est lancé en direction des postes présumés puis déplacé au bout de quelques minutes de poste en poste. Il peut être immergé à fond, l'hiver, sur une plombée coulissante. La perche-soleil constitue un vif très apprécié.
- *La pêche à l'écrevisse :* l'écrevisse, eschée à un hameçon simple n° 4, est propulsée à proximité des postes à l'aide d'un buldo, puis ramenée lentement. On peut l'utiliser avec bonheur selon la technique de la «tirette» décrite pour le sandre. Il s'agit là d'un excellent appât, très prisé du black bass, surtout l'écrevisse américaine (la seule dont l'emploi est autorisé), dans les tailles 5-7 cm. Les sujets à carapace molle sont spécialement appréciés.
- *Le lombric :* il peut être présenté à fond, esché sur une plombée classique, ou fixé à une ligne flottante. Cette bouchée de choix pour le black bass est réellement efficace lorsqu'elle est utilisée en surface, non lestée, et ramenée lentement en alternant tirées et périodes d'arrêt plus ou moins prolongées.

La touche est souvent brutale. Il convient d'y répondre par un ferrage immédiat car le poisson aspire littéralement le lombric. Dans certains cas, elle est discrète, d'où l'intérêt d'utiliser un fil fluorescent qui permet de noter le plus imperceptible déplacement anormal. Lorsqu'on utilise un lancer puissant, il peut être utile de lester le lombric à l'aide d'un buldo afin de mieux propulser l'appât. Dans ce cas, le bas de

Quelques postes typiques à black bass dans un lac vu en coupe

1-8 - La bordure des roselières ou des phragmitaies ; l'ombre des frondaisons.
2 - Les éboulis anfractueux.
3 - Les refuges offerts par les plantes immergées.
4-6-7 - Les arbres morts et les souches.
5 - Sous les plantes flottantes (potamots, nénuphars).

ligne mesurera 40 cm, armé d'un hameçon n° 4 ou 5. Bien sûr, l'image d'un lombric nageant au ras de la surface n'est pas très conforme au mode de vie de cet invertébré, mais le black apprécie... et c'est bien là l'essentiel ! Un vif non lesté peut être utilisé au ras de la surface de la même manière !

- *La grenouille :* c'est le roi des appâts naturels en période estivale. Le black bass se donne tant de mal pour le capturer qu'on ne peut nier la véritable fascination qu'exerce sur ce prédateur le sympathique amphibien. La grenouille permet, de fin juin à mi-septembre en général, selon la législation, de capturer les black bass qui se tiennent juste sous la surface, embusqués parmi les nénuphars. L'une des meilleures manières de la présenter et de contrôler son travail est de l'escher à un hameçon simple n° 4 à 5 (dans ce cas, les deux lèvres sont clouées) ou à un triple (fixé sur le dos, sous la peau) fixé à une potence de 20 cm dont le nœud de jonction avec le corps de ligne est situé à 1 m environ d'un buldo peu rempli d'eau. L'appât est propulsé avec douceur, puis ramené parmi les nénuphars en le faisant sautiller. La touche est spectaculaire, le bass bondissant hors de l'eau pour s'emparer de l'amphibien convoité, en effectuant parfois des chandelles stupéfiantes. Le ferrage est souvent instantané, sans intervention du pêcheur.

- *La languette de porc :* Certains la désignent comme le meilleur appât pour traquer le bass les jours où il se montre boudeur. Le morceau de petit salé est, selon de nombreux Américains, le *champion bass lure* ! Contrairement à tous les autres leurres destinés au black, celui-ci doit être animé constamment en surface. Le poisson, friand de l'appât, l'aspire à la touche, d'où un ferrage instantané.

Les pêches au lancer

Bien qu'il soit tout à fait possible de prendre un black bass avec des leurres classiques tels que cuillers tournantes ou ondulantes, le carnassier semble marquer une prédilection pour les imitations les plus colorées et les plus extravagantes.

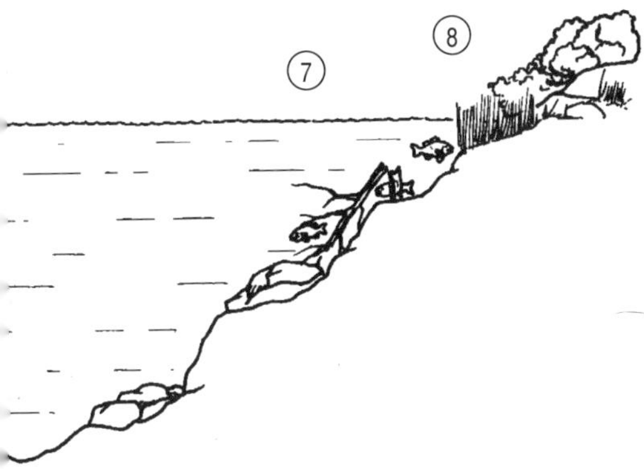

Le matériel

- *La canne*, d'excellente facture, en carbone ou en bambou refendu, doit pouvoir lancer des leurres de 5 à 20 g. Elle mesure en moyenne 2,50 m.
- *Le moulinet*, de type lancer léger à tambour fixe, est garni de 150 m de nylon en 26 à 28/100e de manière à pouvoir extraire en force un poisson ferré au beau milieu d'obstacles. Dans les endroits peu encombrés, on peut descendre jusqu'au 20/100e.

Les cuillers ondulantes

Les seules cuillers ondulantes réellement adaptées à la pêche du black bass, créées pour satisfaire la clientèle américaine, sont presque introuvables en France. Elles doivent répondre à plusieurs contraintes : les palettes, minces et allongées, mesurent 6 à 8 cm et pèsent de quelques grammes à 20 g. Elles sont terminées par un hameçon simple fort de fer ou un triple dont l'habillage est très important. Des filaments de plastique ou un toupet de plumes excitent en effet la convoitise du poisson. Si la palette peut être unicolore, des couleurs variées sont à rechercher, agrémentées de points noirs, rouges, jaunes ou verts, ou de zébrures multicolores. Les cuillers lourdes sont utilisées l'hiver, quand les black bass ont rejoint les profondeurs. Des modèles très légers peuvent se montrer efficaces l'été, ramenés juste sous la surface.

Les cuillers tournantes

Bien qu'il ne s'agisse pas à proprement parler d'un leurre adapté à la pêche du black bass, n'importe quel modèle de cuiller, dans les tailles comprises entre 1 et 4, peut capturer le carnassier le jour où il est en appétit !

On augmente ses chances en misant encore sur la fantaisie : palettes aux couleurs variées, habillage de l'hameçon tel que pompon de laine rouge, plumet, teasers de toute nature en matière plastique souple, poissonnet en plastique. Les cuillers plombées en tête sont utilisées l'hiver ou au cœur de la canicule pour rechercher le black en profondeur. Les modèles à plombée axiale sont préférés pour prospecter en été juste sous la surface. La récupération d'une cuiller tournante doit être lente et irrégulière, saccadée. La cuiller, très en vogue en France, est peu utilisée aux États-Unis. On ne peut en effet pêcher correctement en surface, ni effectuer les temps morts fréquemment mis à profit par le black pour attaquer.

Les poissons-nageurs

Il en existe des centaines, dont la plupart montrent des formes extravagantes. Ce sont les leurres à black bass par excellence, dans la mesure où ils montrent une grande souplesse d'utilisation, et sont conçus pour pêcher à tous les niveaux de profondeur selon les modèles. Certains sont flottants, d'autres plongeants. Ils sont le plus souvent brillamment colorés, et leur conception autorise toutes les allures de récupération, y compris les trémoussements sur place avant une soudaine traction, auxquels le black bass est si sensible. Les premiers poissons-nageurs spécifiquement destinés au black bass furent les Floppy et les Plucky, aujourd'hui détrônés par les imitations en bois telles que les Rapala ou les Creek-Chub. Les tailles les mieux adaptées varient de 7 à 15 cm.

Il convient d'éviter de propulser directement le leurre sur un poste ou, pire, sur un poisson repéré. Trop de pêcheurs sont convaincus de l'utilité de surprendre le black et de l'inciter à mordre en le bombar-

Doté d'une puissance extraordinaire, le black bass offre une défense farouche et ne se rend que totalement épuisé.

LES LEURRES MIXTES... ET AUTRES BIZARRERIES QUI N'EN FINISSENT PAS DE NOUS ÉTONNER !

■ Les grenouilles artificielles

Il s'agit d'imitations, étonnantes de réalisme, en caoutchouc, mousse ou matière plastique flottante, armées d'un hameçon simple ou triple équipé d'un dispositif anti-herbe. Le leurre doit pouvoir sautiller de nénuphars en quelconques plantes aquatiques sans jamais s'accrocher.

L'action de pêche est très amusante : la grenouille est lancée sur une feuille de nénuphar. Le fil est tendu, puis, peu à peu, le leurre glisse de son perchoir aussi lentement que possible avant de choir dans l'eau où il restera immobile 10 à 20 s. Il est ensuite animé de soubresauts imperceptibles imprimés sur place, avant de se déplacer de quelques centimètres. L'effet conjugué des saccades et des relâchers détend et regroupe les pattes arrière en un mouvement étonnamment naturel ! Un temps d'arrêt doit être respecté toutes les 20 s, et dure environ le même temps. La lenteur dans la prospection est essentielle, y compris quand le black mord bien. Des gestes trop amples provoquent en effet de nombreux décrochages, des ratés fréquents, ou limitent le nombre d'attaques par abandon des poursuites du poisson qui juge sa proie trop rapide.

■ Les leurres mixtes

Ils combinent une ou plusieurs palettes de cuillers tournantes ou ondulantes à des leurres de type virgule ou à des lanières de plastique coloré dissimulant un hameçon simple ou triple lesté par une tête plombée. La fameuse Roland Martin's Spinnerbait a ainsi été sacrée meilleur leurre à black des États-Unis. La Bass Killer de Mepps s'est inspirée de ce modèle. Tous ces leurres, qui travaillent à différentes profondeurs, doivent être travaillés lentement et montrer une nage assez hésitante et irrégulière.

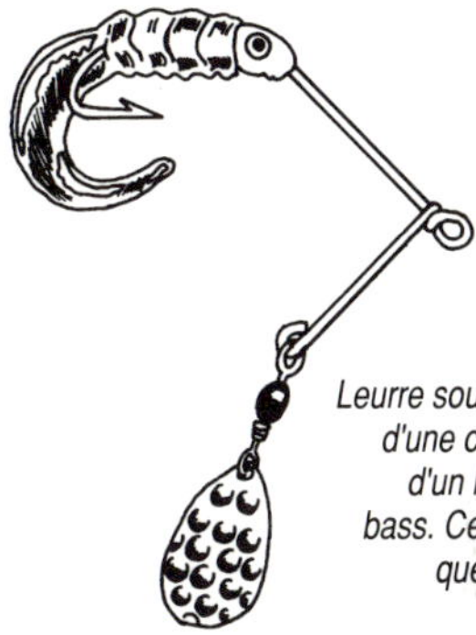

Leurre souple associé à la palette d'une cuiller tournante. Il s'agit d'un leurre classique à black bass. Ce type de monture, ainsi que le suivant, est nommé «monture Jig».

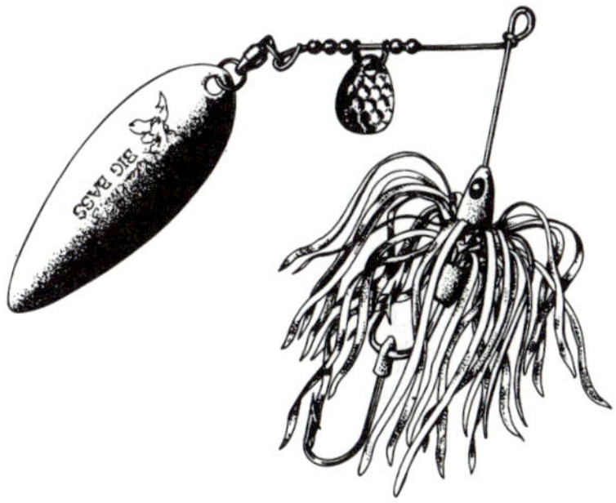

Roland Martin's Spinnerbait

Cuiller tandem à black bass eschée d'un lombric

LE BATEAU, UN ÉLÉMENT INDISPENSABLE

On peut pêcher le black des rives, bien que cette démarche soit souvent rendue difficile par des berges marécageuses ou broussailleuses. L'usage d'un bateau léger, à faible tirant d'eau pour évoluer en eaux peu profondes, encombrées de plantes aquatiques, rend donc d'inestimables services. Très maniable au milieu des obstacles bien que peu stable, le canoë indien offre souvent la solution idéale. Les Américains utilisent le *float tub*, sorte de bouée qui permet également d'accéder aux postes difficiles à atteindre des rives.

dant, alors qu'ils ne font qu'éveiller sa méfiance ! Lorsqu'on utilise des leurres de surface, on attend ensuite quelques instants avant d'entamer la récupération. Les pêcheurs américains affirment que, pour tenter les gros blacks, le leurre doit demeurer immobile au moins 2 mn. Sans aller jusque-là, 10 à 20 s sont souvent nécessaires avant de le faire se trémousser sur place, puis de donner 2 ou 3 coups de manivelle qui ont pour effet de le faire plonger en créant des bulles et un léger remous. Lorsque le leurre remonte, il se fige à nouveau avant d'être dandiné sur place selon le même manège. Si la lenteur de cette allure n'est pas respectée, le black abandonne la poursuite, rate le leurre ou se décroche au ferrage.
La touche ne se traduit pas forcément par une attaque spectaculaire : il peut s'agir dans certains cas d'un léger mouvement de houle auquel on répond par un ferrage immédiat.

Les plugs

Ces petits leurres de bois ou de plastique, très prisés aux États-Unis, ressemblent vaguement à des quilles ou à des petits cigares longs de 6 à 8 cm, avec leur forme conique dont le plus fort diamètre est tourné vers l'avant. Leur armement comporte un triple sous le ventre et un second situé en queue. Les plugs de surface sont les plus intéressants. Ils fonctionnent un peu à la manière des poppers. Leur face avant est biseautée – de manière à favoriser l'immersion du leurre tête première dès la moindre tirée sans avoir recours à une bavette – ou creusée d'une légère dépression. Ils présentent les formes les plus grotesques, que le black attaque avec rage, tandis qu'une parfaite imitation d'alevin peut le laisser indifférent ! Il existe d'innombrables variations autour d'un même modèle. Comme le poisson-nageur classique, il n'attire l'attention du black que si sa nage est interrompue par de longs moments d'immobilité, ou après s'être trémoussé. Il pique la tête sous l'eau à la traction en créant un remous et remonte le nez en avant avec un bruit de ventouse, le fameux «pop» !

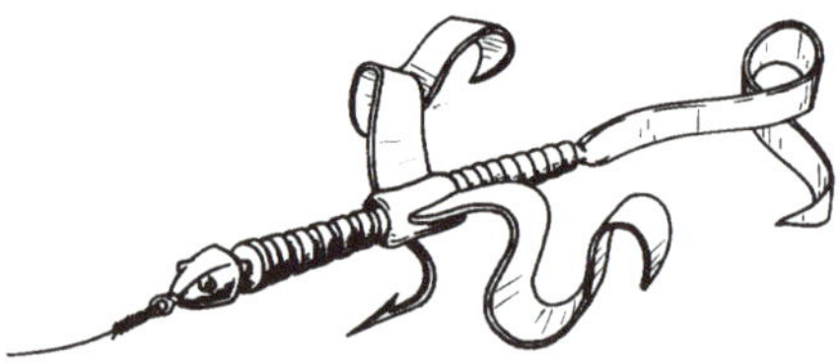

Exposed Hook Rig

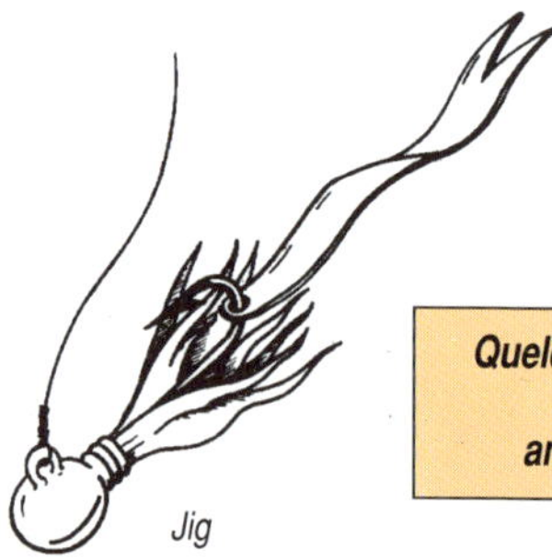

Jig

Quelques leurres souples américains

Texas Rig : dépourvu de lest, ce ver articulé flottant est excellent l'été, pour la prospection des herbiers de surface

Grenouille souple dont les pattes se détendent et se regroupent selon l'animation donnée au leurre, étonnante de réalisme.

Les leurres souples

Ils n'ont rien à envier, en matière de créatures invraisemblables, aux mouches et autres poissons-nageurs destinés au black. Les plus anciens, les plus simples et sans doute encore les meilleurs, figurent plus ou moins de gros lombrics, des chatouilles ou des chenilles. Il en existe une infinité de modèles plus ou moins élaborés, enfilés sur un hameçon spécial anti-herbe, précédés ou non d'un casque ou d'un plomb sphérique en guise de lest, selon que l'on pêche au fond ou en surface.

Certaines formes déploient des appendices, pattes, queues, antennes, qui peuvent évoquer alors des grenouilles, des têtards, des alevins, des écrevisses et autres monstres imaginaires...

Les montures lestées sont ramenées au ras du fond en alternant sautillements sur place et glissés. Elles peuvent également se déplacer entre deux eaux, en une nage lente, hésitante, imprimée par des mouvements de tirées et de relâchers.

Les montures dépourvues de plombées sont ramenées en surface à la manière d'un popper.

Les leurres à dandiner

Le black bass semble développer une agressivité aussi vive à l'égard des poissons d'étain et autres leurres à dandiner que la perche. Cette technique permet d'aller le chercher dans les secteurs les plus encombrés, où toute autre méthode est vouée à l'échec. Les modèles articulés, vivement colorés, semblent préférables. Selon que l'on pêche du bord ou en bateau, on utilisera une canne de 3 à 5 m, équipée d'un moulinet de type lancer léger garni de nylon en 28 à 30/100e. Ce diamètre est justifié par la présence de nombreux obstacles et la nécessité de sortir le poisson en force, d'autorité. La technique de pêche est identique à celle décrite pour la perche.

LES PÊCHES À LA MOUCHE DU BLACK BASS

Le black bass est le seul carnassier réellement moucheur, qui prend volontiers en surface toutes sortes d'insectes ou d'amphibiens, souvent avec une brutalité spectaculaire. Au bout d'une canne à mouche, il donne la pleine mesure de ses moyens en se défendant avec vigueur. Émotion assurée, sport garanti, dans une pratique où, encore une fois, fantaisie et efficacité ne se contrarient pas !

La pêche au popper

Le popper est certainement le plus meurtrier des leurres quand on pêche le black bass en surface à l'aide d'une canne à mouche. Cet objet a de quoi faire frémir d'horreur le pêcheur rationaliste, partisan

Un haut lieu de la pêche du black bass en Europe : le Rio Ebro, aux environs de Caspe (Espagne).

de l'imitation exacte ! Censé imiter un gros insecte, une grenouille, une musaraigne, il ne ressemble en fait à rien qui puisse être répertorié dans un manuel de zoologie. Bien conduit, il figure pourtant à la perfection une bestiole qui se débat à la surface de l'eau pour échapper à la noyade. Son nom particulier aurait plusieurs origines. Pour certains, il provient du verbe *to pop* qui évoque en anglais le bruit d'un bouchon qui saute, bruit émis par l'imitation lorsqu'elle émerge à la surface après avoir piqué la tête sous l'eau. Pour d'autres, il aurait pour origine la traduction littérale de *to pop down* (descendre brusquement) et *to pop up* (remonter brusquement). Ce terme évoquerait alors la faculté du popper à plonger à la moindre traction pour remonter aussi rapidement. Il existe trois sortes de poppers de surface, qui travaillent différemment à la tirée :

- le popper à face antérieure concave, légèrement creusée, qui plonge en poussant beaucoup d'eau et en faisant des bulles ;
- le popper dont la face antérieure est taillée en biseau vers l'avant : il ricoche à la surface ;
- le popper dont la face antérieure est taillée en biseau vers l'arrière : il plonge carrément.

Le popper montre une tête de liège (ou de balsa) conique, dont la partie antérieure est plus volumineuse que la partie postérieure, transpercée éventuellement de 3 ou 4 élastiques qui figurent les pattes. Quelques plumes forment en arrière une collerette très fournie. Une petite queue de plumes termine l'imitation. Le Deer Hair Bug est une sorte de popper uniquement composé de poils de cervidés, dont le gros corps peut être agrémenté de 3 plumeaux, 2 en tête, 1 en queue.

Le matériel

En raison de son poids et de son volume, le lancer du popper exige un matériel adapté.

- *La canne* est puissante, bien équilibrée, à action de pointe. Une bonne canne à réservoir peut convenir si elle mesure plus de 9 pieds.

Personnellement, j'utilise une canne de 11 pieds en 3 brins spéciale «truite de mer», un peu lourde mais qui possède une grande réserve de puissance utile lors de la lutte avec un gros poisson. Sa longueur permet de conserver la soie haute au cours des lancers, et de fouetter ainsi plus facilement au-dessus des obstacles.

- *Un bon moulinet* manuel fait l'affaire. Il doit offrir les possibilités de *reel control* (freinage à la main de la bobine). La présence d'un multiplicateur est appréciable pour récupérer rapidement quand un black

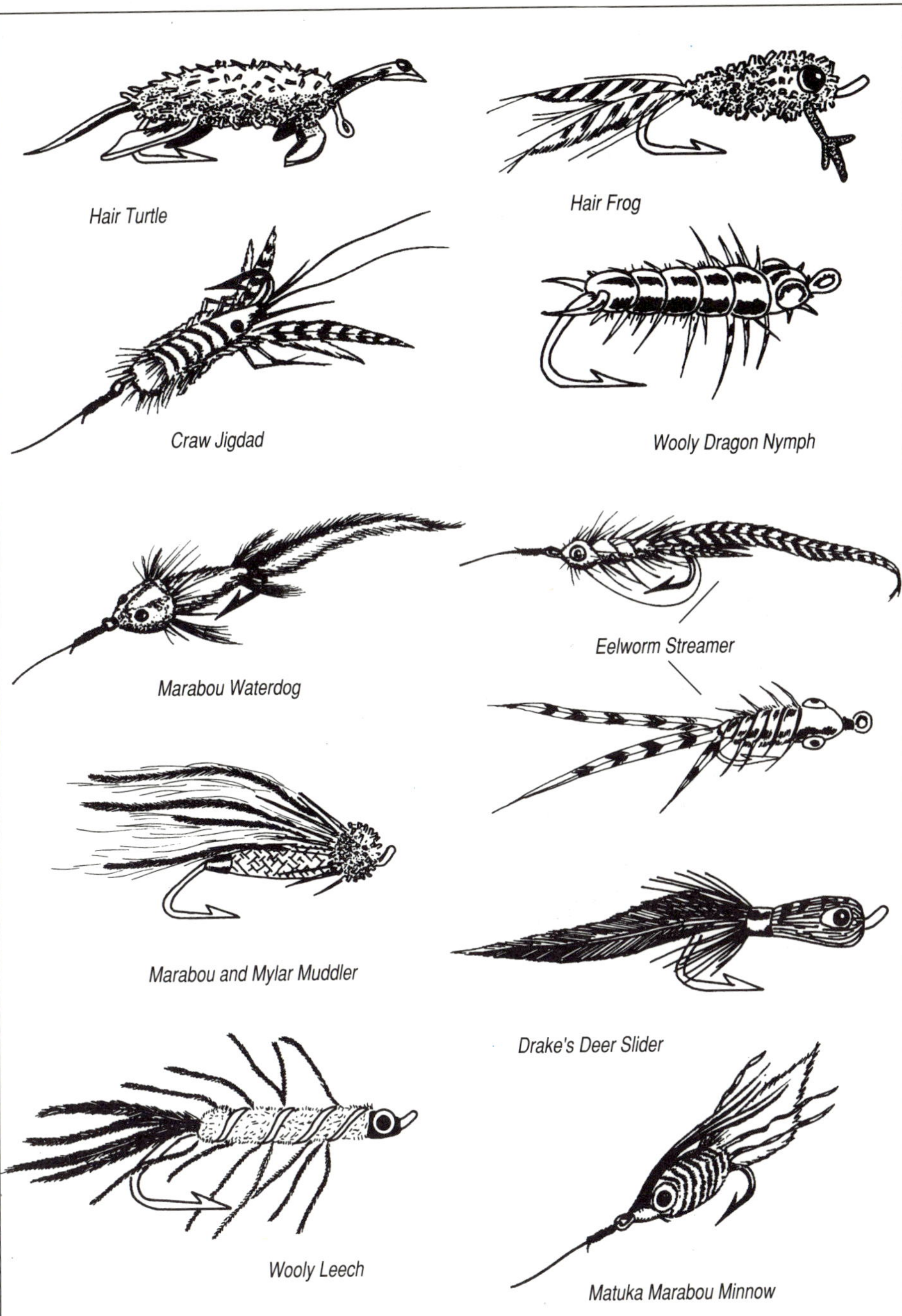

Streamers à black bass

FABRIQUER UN POPPER

Les poppers sont difficiles à trouver dans le commerce. Ils sont chers, et on les perd souvent ! Mieux vaut donc les fabriquer soi-même, d'autant qu'on peut laisser courir son imagination : les plus fantaisistes sont au moins aussi bons que les autres.

■ La tête peut être construite à partir de balsa que l'on trouve en baguettes rondes de 8 à 11 mm de diamètre. Le bois doit être le plus dur possible, ce qui ne l'empêche pas d'éclater parfois à la touche d'un gros black. Le liège, plus souple, est donc souvent préférable.

■ Le matériau est mis en forme au cutter (forme de cône dont le côté le plus large se trouve vers l'avant), puis poncé au papier de verre. L'avant est plus ou moins biseauté ou creusé d'une cavité de dimension variable.

■ Une fois la tête façonnée, on pratique à l'aide d'une lame de scie à métaux une encoche étroite à la partie inférieure, où viendra se loger la hampe de l'hameçon (partie avant) n° 4 à 8, œillet tourné vers le bas, qui sera collé à la cyanolite. Si l'on désire que l'hameçon se présente toujours pointe en l'air, ce qui est préférable quand on pêche dans les herbiers, il faut enrouler sur la hampe, juste derrière l'œillet, quelques spires de fil de plomb avant le collage.

■ La tête est ensuite décorée selon la fantaisie de chacun avant d'être trempée dans un vernis imperméable.

■ Une fois le popper sec, on emprisonne vers l'arrière à l'aide de quelques spires de soie une touffe de plumes qui figure la queue, et on monte en arrière le corps d'un palmer pour donner du volume à l'ensemble et épaissir la silhouette. La queue peut être remplacée par une jupe de matière plastique souple et lacérée. On peut rajouter des pattes (fils de caoutchouc) qui traversent le corps et équilibrent bien l'ensemble, des antennes, peindre des yeux, monter des ailes, cela au gré des fantaisies et de l'imagination de chacun !

bass fonce sur le pêcheur, d'où parfois l'utilité du moulinet automatique.

On a tout intérêt à «charger» la canne à l'aide d'une soie d'un ou deux numéros au-dessus de celui préconisé par le fabriquant. Une soie lourde (au minimum n° 8 et jusqu'à 10) est indispensable pour bien propulser le leurre. Les meilleures sont les soies WF (fuseau décalé) autoflottantes. Il existe des soies «spécial black» WF, dont le fuseau est encore plus décalé et le ventre plus court. Le bas de ligne, d'une longueur de 2 à 2,50 m, peut être en un seul brin de 24 à 28/100e (il est parfois nécessaire de bloquer sur place un gros black dans un endroit encombré), ou en queue-de-rat. Le black bass n'est généralement pas très regardant en ce qui concerne la finesse de la ligne.

Deux formules de montage spéciales black bass

(les mesures en cm ou en m indiquent les sections successives du bas de ligne, de la pointe à l'extrémité supérieure, reliée à la soie. Juste au-dessous sont indiqués les diamètres des nylons)

1 m 24 à28/100^{e}	50 cm 35 à 40/100^{e}	1 m 45 à 50/100^{e}				
30/60 cm 25/100^{e}	15 cm 30/100^{e}	15 cm 35/100^{e}	15 cm 45/100^{e}	25 cm 50/100^{e}	35 cm 55/100^{e}	50 cm 60/100^{e}

L'action de pêche

On lance sur les chasses ou les postes présumés, discrètement, un placage bruyant n'étant pas nécessaire pour attirer l'attention du black bass. La chute du leurre suffit à le mettre en alerte. Il est important de veiller à étendre la soie bien droite. Le popper doit ensuite rester immobile au moins 10 s, le temps que les rides formées par sa chute à la surface disparaissent. C'est en effet souvent durant cette phase qu'il attaque ! Si rien ne se produit, on effectue une tirée sèche, exercée sur la soie de la main gauche, d'environ 10 cm, de façon à provoquer le fameux éclaboussement et le petit bruit caractéristique. Le leurre est à nouveau immobilisé (c'est très important). On peut alterner ces manœuvres avec des tremblements sur place imprimés de la pointe du scion.

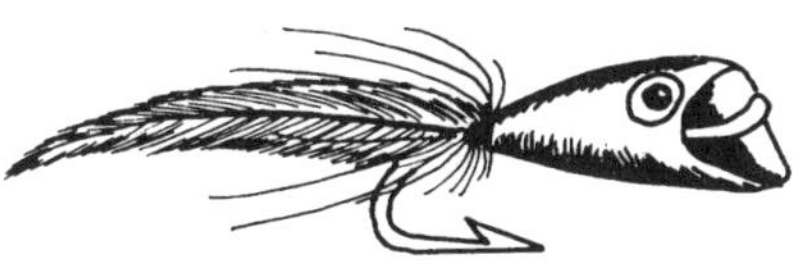

Darter

Pencil Balsa Popper

Halfand Half Bug

Poppers à black bass

Les faux lancers sont réduits au minimum, et le plan de battement du scion franchement décalé entre le lancer arrière et le lancer avant évite au leurre de venir percuter la canne et d'occasionner de sérieux dégâts. Le pêcheur doit conserver une attention constante sur son leurre. La touche n'est en effet pas forcément spectaculaire, et peut se traduire par un gobage très discret exigeant toutefois un ferrage rapide et puissant.
Il est inutile d'insister trop longuement sur le même poste, les gros blacks attaquant souvent au premier passage.

LES AUTRES PÊCHES À LA MOUCHE

La mouche sèche

Le pêcheur emploie de gros modèles munis ou non de pattes, plus ou moins figuratifs, dans des teintes sombres ou vives (y compris fluo !), montés sur des hameçons n° 6 à 12. Les modèles les plus régulièrement prisés sont les sedges ou les Panama. La mouche est posée près d'un poste présumé, puis ramenée lentement par saccades, en la faisant draguer. Le gobage, souvent discret (le black aspire la mouche), appelle un ferrage immédiat.

Les streamers

Tous les modèles qui ressemblent de près ou de loin à un ver, un amphibien, un insecte ou un alevin peuvent convenir. Le choix est immense et les Américains ont dans ce domaine une imagination fertile ! Muddlers, Bucktails, Hair Bugs, Zonkler sont parmi les modèles les plus connus. Les blacks sont capturés ainsi juste sous la surface, en surface ou entre deux eaux. Il est conseillé d'utiliser une soie flottante, les touches, qui se traduisent en profondeur par un imperceptible déplacement de la ligne, étant souvent indiscernables sur une soie plongeante. Le travail d'animation est essentiel, car le black ne mouche pas à poste fixe et il n'y a pas de dérive naturelle en l'absence de courant. La mouche est lancée puis ramenée par séries de tirées d'amplitude variable.

BIOLOGIE-ÉCOLOGIE DU BLACK BASS

Description

Surnommé également *Large mouth bass,* perche noire, perche truitée, perche d'Amérique ou achigan, le black bass n'est pas un Percidé mais un Centrarchidé, caractérisé par une nageoire dorsale paire, composée de deux parties jointives (et non séparées comme chez la perche). La première partie, courte, est soutenue par des rayons épineux. La seconde, plus développée et plus haute, par des rayons souples. Sa tête, massive, montre une bouche largement fendue ; la mâchoire inférieure, puissante et proéminente, déborde largement la supérieure. Les dents, nombreuses, sont réparties sur les arcs des mâchoires et la langue. Les opercules, recouverts d'écailles, se terminent en pointe. Le corps trapu, massif, légèrement bossu donne une impression de puissance. Le pédoncule caudal est épais. Le dos sombre, vert foncé à noir, contraste avec les flancs verts qui montrent des marques sombres, diffuses, plus ou moins losangiques, et le ventre clair.

Les plus gros black bass sont présents dans les États du sud des États-Unis (Floride, Alabama, Géorgie). Le record mondial, qui dépasse les 10 kg, a d'ailleurs été obtenu en Géorgie. En Europe, la taille varie de 30 à 60 cm, pour des poids moyens de 2 à 5 livres.

Habitat

Le black bass, dont l'acclimatation en France semble si délicate, s'adapte cependant à quantité de milieux humides. C'est un habitant typique des eaux calmes, tempérées, des étangs ou des lacs peu profonds, du cours inférieur des rivières. On le rencontre également dans les petits canaux, les mares, les zones de marais. Il marque une prédilection certaine pour les lieux encombrés de végétaux tels que les nénuphars, les herbiers immergés de potamots, les ceintures végétales (roselières), les souches, branchages et arbres morts immergés.

Trois idées reçues circulent au sujet du black bass : il fuirait les hauts fonds, les eaux boueuses et la fraîcheur. De nombreux exemples, tant en Europe qu'en Amérique du Nord, vont à l'encontre de ces affirmations et n'expliquent pas la rareté du black sur notre territoire.

En fait, s'il est absent de nos cours d'eau, c'est bien en raison d'une mauvaise volonté évidente de la part de nos dirigeants qui ne souhaitent pas préserver ou mieux gérer l'espèce. Aucun effort d'alevinage n'est entrepris à grande échelle, et le poisson ne bénéficie d'aucune mesure de protection. Les seules belles populations se développent dans quelques eaux closes, à la suite d'initiatives privées.

Régime alimentaire

Prédateur opportuniste, le black bass capture, selon son humeur et les disponibilités alimentaires du milieu, une grande diversité de proies.

L'alevin se nourrit de larves planctoniques puis, dès qu'il atteint la taille de 5 cm, d'insectes aquatiques. L'adulte se montre plus volontiers carnassier, bien qu'il puisse, en certaines occasions et notamment l'été, centrer sa prédation sur des grosses libellules qui tournoient autour de l'étang. Ce chasseur actif, opérant essentiellement à l'affût, consomme de nombreux petits poissons, des perches-soleils et des poissons-chats mais aussi beaucoup d'amphibiens qu'il n'hésite pas à faire chuter de leurs supports flottants en imprimant de violents coups de nez sous les feuilles. Il adore également les écrevisses et se montre volontiers cannibale dès l'âge de 2-3 mois. Le père, si attentif à la protection de sa progéniture lors de l'incubation des œufs et des premiers jours de l'existence des alevins, peut ainsi dévorer ses propres petits quelques mois plus tard.

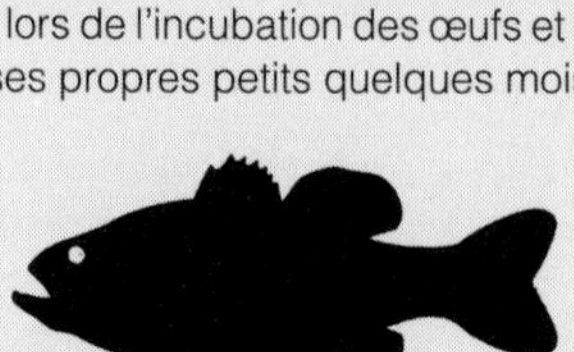

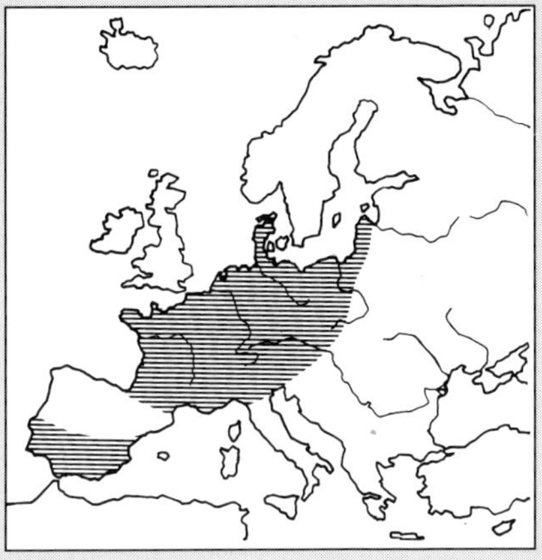

Répartition

Le black bass est originaire du sud-est des États-Unis, à l'ouest du Mississippi. L'importance qu'il revêt aux yeux des pêcheurs américains explique sans doute l'agrandissement de son aire de répartition à tout le pays (Hawaii compris) ainsi qu'à certaines nations voisines telles que le Honduras, Cuba ou le Canada. L'espèce a été introduite avec des résultats plus ou moins heureux dans plusieurs pays européens : la Pologne, le Danemark, la Suisse, l'Allemagne, la France (en 1882), l'Italie et l'Espagne, où son implantation est un véritable succès. Il a également trouvé d'excellentes conditions de reproduction au Maroc, dans divers lacs de barrage de l'intérieur du pays. Mon plus gros «bass» marocain, je l'ai pris alors que j'avais une douzaine d'années dans l'Aguelmane Azigza, lac aux eaux limpides situé dans les montagnes du Moyen Atlas, qui ne connaissent pas d'hivers spécialement cléments ! Son introduction au Kenya, en Afrique du Sud ainsi (et surtout !) qu'à Madagascar a donné des résultats très prometteurs !

Croissance

1 an	10-50 g
2 ans	150-200 g
3 ans	350-400 g
4 ans	500-850 g
5 ans	750-1200 g

Reproduction

La période du frai se trouve sous la dépendance étroite de la température, qui doit atteindre 17-18 °C. Selon les latitudes, elle se déroule donc d'avril à juin. Comme chez tous les Centrarchidés, elle est précédée d'une parade compliquée au cours de laquelle le mâle cherche à attirer une femelle vers un nid rudimentaire – entouré de brindilles et en forme de petite cuvette – qu'il a construit sur un fond propre de sable ou de graviers, toujours situé à proximité d'un repaire (herbier, souche, branche immergée). Chaque ponte comporte 2 000 à 4 000 œufs d'un diamètre de 1,5 mm, agglutinés en masses compactes qui adhèrent au fond du nid. Sitôt les œufs déposés, la femelle est chassée sans ménagement par le mâle qui va se montrer le plus vigilant des pères. Par de lents mouvements de nageoires, il crée un brassage de l'eau au-dessus des œufs, destiné à les oxygéner et à empêcher tout dépôt de sédiment.

Le black bass fait preuve d'une étonnante agressivité lors des parades, évinçant tous ses concurrents en les chargeant, gueule largement ouverte. J'ai pu assister un jour de mai, en Sologne bourbonnaise, à cet étonnant manège. J'avais repéré un gros black de 3 à 4 livres qui montait une garde vigilante sur son nid, dans quelque 40 cm d'eau. M'approchant discrètement, je lançai une branchette sur le poisson. D'un mouvement vif, il se retourna et brisa littéralement le morceau de bois en surface !

Les alevins reposent pendant quelques jours au fond du nid. Le père continue ensuite à assurer une surveillance étroite durant une dizaine de jours. Ils sont alors la proie privilégiée des perches qui chassent en meute, et peuvent anéantir en quelques heures toute la ponte. En effet, et je l'ai observé à plusieurs reprises en Bourbonnais, tandis que le mâle charge l'un des intrus, le reste des prédateurs s'en donne à cœur joie ! Voici l'une des faiblesses du bass : il supporte difficilement, en eau close, la concurrence avec la perche commune.

Au bout de 10 à 15 jours, tandis que les alevins mesurent 2 à 3 cm, le père abandonne sa surveillance. Les jeunes vont se regrouper en bancs dissimulés parmi les herbiers aquatiques. Ils vont se nourrir de larves planctoniques et d'insectes jusqu'à l'âge de 2-3 mois, stade où ils mesurent 10-15 cm.

Comportement et incidences sur la pêche

Le black bass n'est pas connu pour être réellement grégaire. Seuls les sujets de taille inférieure à 3 livres se rassemblent en petites troupes n'excédant pas 8-10 individus. Son humeur fantasque, son comportement tout à fait imprévisible où de véritables frénésies alimentaires succèdent à de longues périodes d'apathie totale seraient dues à une constante observée dans

Un black vient de surgir de son repaire pour assener un violent coup de mâchoires

ses habitudes : la recherche permanente d'une «température de confort». Si le black entre en activité le matin, le soir ou en pleine journée, c'est bien à cause des variations de la température de l'eau qui influent directement sur ses rythmes d'activité alimentaire. C'est ainsi qu'en pleine canicule, sur deux étangs distants l'un de l'autre de moins d'un kilomètre, l'un «de bois», ombragé, l'autre de plaine, le poisson pourra être actif à toute heure de la journée dans le premier, seulement de courts instants le matin et le soir dans le second. Au cours de la même période et sur le même étang, il pourra être mordeur en pleine journée, le long des rives ombragées, à mi-profondeur, mais certainement pas en surface et en plein soleil lors des journées estivales caniculaires !

Prédateur actif, le black bass chasse à l'affût mais peut poursuivre également une proie, qu'il abandonnera vite si l'attaque n'est pas décisive. Ses chasses sont signalées par des remous en surface, des roseaux bousculés, des claquements sonores de «gobages» sur des insectes ou des amphibiens.

à un malheureux goujon… avant de l'engloutir !

GESTION-AMÉNAGEMENTS

Le black bass en France : un constat d'échec

Combien il est navrant pour tous les pêcheurs sportifs de citer une espèce sinon oubliée, du moins en voie de disparition... Aujourd'hui encore, rares sont les dirigeants de nos instances halieutiques qui se préoccupent de l'avenir du black bass. Seuls les départements des Landes et du Lot-et-Garonne semblent accorder encore une certaine importance à l'espèce, et effectuent quelques alevinages alors que, en 1951, le black bass était abondant dans 39 de nos départements.

Il est même encore considéré comme «indigène» par la loi de pêche du 17.12.1985 ! Pourtant, le réchauffement général des eaux qui a conduit à l'eutrophisation et à l'envahissement végétal de nos rivières à cours lent nous offre aujourd'hui une chance unique avec l'apparition de biotopes tout à fait favorables au black, dont l'introduction présente bien des avantages : c'est le seul carnassier que l'on puisse envisager de lâcher dans les petites ballastières ou les étangs dont la superficie est inférieure à 1 ha. Le brochet ne parvient jamais dans ces eaux à atteindre une taille convenable, et sa pêche n'y présente pas un réel intérêt. Le sandre a tôt fait de détruire tous les alevins avant de mourir à son tour... mais de faim !

Quant aux perches, ce sont de redoutables prédatrices qui, de surcroît, sont souvent atteintes de nanisme, contrairement aux blacks qui parviennent à réguler de façon très satisfaisante les populations de perches-soleils ou de poissons-chats. Il faut aussi savoir que le black bass est l'espèce d'eau douce la plus pêchée sportivement dans le monde. Le matériel et les leurres, aussi nombreux que variés, pourraient contribuer à relancer le marché halieutique. L'intérêt touristique de la présence de cette espèce est indéniable. Pourquoi tant de pêcheurs, écœurés par les échecs successifs enregistrés en France, ne pratiquent-ils plus leur loisir qu'à l'étranger ? Pourquoi notre pays qui, rappelons-le, possède le plus beau réseau hydrographique européen, ne figure dans aucun dépliant touristique étranger concernant les «vacances pêche» ?

La charge d'un étang en black ; la production de «fingerlings»

(selon une étude de J. Wurtz-Arlet effectuée en 1952 au Paraclet)

Pour produire des alevins d'un été, on immerge en avril 12 géniteurs de black bass à l'hectare, âgés de 3 ans et pesant environ 1 livre, accompagnés de 150 géniteurs de gardons (longs de 15 cm) qui constitueront le poisson-fourrage. Fin octobre-début novembre, on obtient 3 000 à 10 000 fingerlings de 8 à 15 cm, qui pèsent environ 25 g.

Dans un étang pêché tous les ans et produisant 150 à 200 kg de poissons à l'hectare, on immerge à l'hectare, en hiver : 300 jeunes blacks d'un été, 100 carpes de 500 g et 200 gardons géniteurs de 15 cm. L'hiver suivant, on obtient 250 blacks de 200 à 250 g, 100 carpes de 1 500 g et 4 000 à 5 000 alevins de gardons en plus des géniteurs.

Quelques conseils pour l'implantation du black bass

■ L'eau doit atteindre une température de 18 °C en avril, mai ou juin, époques de la reproduction. Ces conditions sont théoriquement remplies en France dans toutes les régions de plaine ou de moyenne montagne.

■ En rivière, la première opération de repeuplement doit être massive et effectuée en plusieurs endroits car le black bass a tendance à se décantonner et à s'établir loin du lieu de lâcher.

■ Le black bass ne supporte pas la concurrence avec les autres carnassiers. Il est très vulnérable à la prédation du brochet qu'il n'hésite pas à charger lorsqu'il protège son nid, ou à celle des perches qui détruisent grand nombre d'alevins.

Seule son association avec le sandre peut être envisagée, dans la mesure où les deux espèces n'occupent pas les mêmes étages. Il ne doit jamais être introduit en eau close en compagnie d'un autre prédateur. On peut l'aider à se reproduire en disposant dans l'étang, sous 40 cm d'eau, des boxes de ponte (un par couple de géniteurs) qui sont en fait des boîtes carrées de 1 m de côté, dont l'une des faces est ouverte sur l'étang. Le fond de la boîte, garni de gravier propre, offre un substrat propice à l'édification du nid.

■ Il est important, notamment dans les ballastières récentes, de favoriser la croissance des herbiers et autres ceintures végétales. On peut créer des postes de chasse et d'affût en immergeant des vieux pneus, des souches, voire des arbres entiers, des tuyaux de béton (diamètre d'environ 40 cm), en plantant des pieux contre lesquels on adosse des fagots. Ces repaires constituent également des refuges sûrs aux jeunes blacks contre les prédateurs.

■ Le poisson-fourrage doit être présent en nombre suffisant. La perche-soleil et le rotengle sont recommandés. Ce dernier est adapté à des eaux calmes et chaudes, riches en herbiers. De plus, il se reproduit tout l'été, offrant aux jeunes blacks une nourriture abondante à base d'alevins.

Où rencontrer le black bass en France ?

Le black bass ne subsiste plus guère en France que dans quelques étangs landais (petit étang de Biscarosse et celui de Léon) où sa reproduction est naturelle, dans le Lot-et-Garonne (surtout le lac d'Allemans de Dropt), dans la Garonne (secteur d'Agen), dans certains canaux (roubines) méridionaux. On peut le rencontrer occasionnellement dans la Seine aux environs de Montereau (aval de Paris, dans les bras morts entre Ternon et Les Andelys), dans quelques secteurs de l'Aude, de la Vidourle, de la Saône, notamment en Côte-d'Or, sur la Vieille-Saône, au niveau des bras de Pagny ou de Chatelret. Grâce à certaines initiatives privées, il est présent dans de nombreux étangs en Sologne, Sologne bourbonnaise (environs de Paray-le-Frésil, Chevagnes), de Bresse, de Picardie. Les bras morts de la Loire, souvent privés, sont parfois intéressants, notamment vers Decize.

Des espèces proches méconnues

- *Le black bass à petite bouche* (Micropterus dolomieu)

Sa gueule est moins largement fendue que celle de son proche cousin. Le bord postérieur du maxillaire supérieur parvient en effet à l'aplomb exact de l'œil. Son aire de répartition d'origine se situait plutôt à l'est du Canada et des États-Unis, s'étendant jusqu'au nord du Minnesota. Aujourd'hui, grâce à des implantations ponctuelles, il occupe une grande partie de l'Amérique du Nord. L'espèce a été introduite dans les Ardennes belges et françaises, où elle a prospéré jusqu'à la Seconde Guerre mondiale. Actuellement, sa présence est anecdotique. Le black bass à petite bouche est légèrement plus petit que le bass à grande bouche (moyenne de 2 à 5 livres). Les eaux vives fraîches et oxygénées, les lacs limpides à fonds de galets offrent un habitat privilégié pour le bass à petite bouche qui peut toutefois s'adapter également à des étangs ou cours d'eau calmes, envahis de végétation. On le rencontre fréquemment en compagnie de la truite fario. La puissance de ce poisson est légendaire. De toutes les espèces pêchées sportivement, à taille égale, c'est celle qui effectue les départs les plus brutaux, les plus foudroyants. Il pourrait être intéressant de la lâcher dans certains de nos cours d'eau dépeuplés en truites !

- *Le black bass tacheté* (Micropterus punctatus) *ou black bass du Kentucky.*

Sa répartition est limitée au sud-est des États-Unis. Le record actuel des captures à la ligne est de 4,1 kg.

La perche commune ou perche de rivière

Perca fluviatilis

Percidés

Une voracité légendaire lui vaut le surnom de «tigresse des eaux douces» ; on l'appelle aussi «belle zébrée» car ses flancs sont ornés de bandes sombres verticales qui rehaussent ses magnifiques couleurs, et «perdrix de la rivière» en raison de sa chair ferme et délicieuse : la perche est sans conteste le plus populaire et le plus abondant de nos carnassiers.

LES PÊCHES DE LA PERCHE

L'agressivité naturelle de la perche, son appétit insatiable, son abondance dans nos eaux en font la prise la plus commune des traqueurs de carnassiers. Ce véritable «sauve-bredouille» qui saute sur tout ce qui bouge et qui brille fait également preuve d'un éclectisme alimentaire tel qu'on peut le capturer à l'aide de techniques de pêche variées. Elle fait ainsi la joie du modeste pêcheur, du gamin qui effectue ses premières armes au bord de l'eau, mais sait également intéresser le virtuose de la mouche, de l'ultra- léger ou du maniement du leurre souple.

LES POSTES À PERCHE

La perche recherche tous les abris naturels ou artificiels susceptibles de lui offrir des postes d'affût et des refuges contre les prédateurs.

■ En rivière

On la rencontre le long de parois verticales qui tombent à pic sur un fond important (falaise, berge abrupte creusée par le courant). Elle est également présente partout où des obstacles brisent la puissance du courant : aval des piles de pont, des souches et arbres morts échoués en travers de la rivière, des touffes d'herbiers, des rochers, des turbines de moulin. Elle apprécie les parties calmes des biefs, des fosses précédant les déversoirs ou des remous lents qui se situent en aval de ces ouvrages et autres vannages. La perche semble préférer les fonds lisses et propres de sable ou de gravier aux lits vaseux.

■ En étang

Elle recherche les zones d'abris offerts par les débarcadères, les passerelles de tous genres montées sur pilotis, les herbiers et bordures de roseaux. Elle est présente près des chaussées aux berges abruptes, d'autant plus que des voûtes de feuillage offrent des zones ombragées et que des branches brisées encombrent le fond. On la rencontre également parmi les fouillis végétaux de queues d'étang ou à proximité des déversoirs.

■ En lac de barrage

Des bancs compacts évoluent près de l'arrivée des tributaires, parmi les arbres noyés ou à demi immergés situés près des rives, au pied des falaises abruptes qui se perdent sous la surface ou des éboulis rocheux, au niveau des «escaliers» marquant une brusque chute de niveau, autour des îlots, des hauts fonds, des avancées et des anses. On peut la rencontrer, surtout en période hivernale, sur des fonds importants de l'ordre de 20-30 m.

La pêche au coup, à la ligne flottante

Certains puristes peuvent trouver rustiques les techniques de pêche au coup de la perche, qui sont vieilles comme le monde, la belle zébrée ne se montrant pas franchement délicate quand elle est en appétit, ni très chipoteuse vis-à-vis des montages utilisés. Il n'en demeure pas moins vrai que cette pêche aux appâts naturels a fait de tout temps ses preuves, et se montre irremplaçable, y compris lorsque notre petit prédateur n'est pas en pleine activité. Gourmand et jaloux de ses congénères, il résiste rarement à une bestiole bien présentée qui gigote devant son nez. Loin d'être statique, la traque de la perche relève d'une démarche itinérante où tous les postes, y compris les plus difficiles, doivent être prospectés avec minutie sans s'attarder inutilement sur chacun d'eux.

Le matériel

- *La canne :* si l'on choisit de «pêcher sous la canne», technique valable en eau close ou très faiblement courante, on peut accorder sa préférence à un modèle télescopique classique, dont la longueur atteint 6 ou 7 m afin de faciliter la prospection des postes éloignés des rives, et au scion sensible. Pour pêcher en rivière à la longue coulée, une canne à anneaux est préférable, de type «pêche de la truite au toc», ou «pêche au coup à l'anglaise». Elle mesure 3,50 à 4,50 m, est souple et nerveuse afin de pouvoir lancer à distance des esches fragiles.
- *Le moulinet,* qui ne sert guère que de réserve de fil, est choisi dans les petits modèles très simples à tambour tournant ou les modèles à tambour fixe de type lancer ultra-léger, l'essentiel étant justement que son poids ne soit pas trop élevé.

Le ver de terreau est une excellente esche pour capturer la perche en toutes saisons.

Les esches

- *La petite bête* est l'une des esches les plus appréciées, surtout l'hiver et au début du printemps. Il s'agit de la larve de la grande éphémère ou mouche de mai (*Ephemera danica*). Elle est eschée sur un hameçon fin de fer n° 12 à 14, au niveau du dernier segment de la queue afin de la léser le moins possible et qu'elle reste vivante et frétillante. Cet organisme limnophile est récolté en tamisant le sable grossier des rives, puis conservé une semaine au réfrigérateur dans une boîte de bois garnie de mousse humide.
- *Les larves de libellule* appartenant au genre Agrion, qui ressemblent vaguement à la petite bête, peuvent la remplacer sans se montrer aussi appréciées. Elles sont récoltées à l'aide d'un troubleau parmi les herbiers immergés.
- *Les vifs* figurent parmi les meilleurs appâts durant tout l'été et l'automne, et demeurent en toutes circonstances irremplaçables pour la capture des très grosses perches. Les alevins brillants de petite taille (3 à 4 cm) sont les plus prenants, tels que gardons, chevesnes, vandoises, ables, ablettes, vairons.

Pour les grosses perches, il est préférable d'utiliser des vifs de 5 à 10 cm. Le poissonnet est esché par le nez, la pointe de l'hameçon tournée vers l'extérieur en clouant les deux lèvres, ou au niveau du pédoncule caudal.

- *Les vers de terre,* faciles à récolter en abondance, communs partout, sont l'esche de base du pêcheur de perche. Le gros lombric à tête noire ou, mieux, le ver de terreau sont les plus prenants. Selon leur taille, ils sont eschés sur des hameçons n°8 à 12.
- *L'écrevisse américaine* de taille réduite peut séduire une perche, eschée sur un hameçon 4 à 6.
- *Tous les invertébrés* destinés à la pêche à la truite, porte-bois, patraque, larve de tipule, ver de farine, teigne, peuvent également être employés.

L'action de pêche

Après avoir abordé discrètement les rives, on procède par tâtonnements successifs à un réglage approximatif du flotteur, de manière à d'abord pêcher au ras du fond. Après avoir lancé la ligne, il est très important, surtout en eau stagnante, d'imprimer à l'esche un travail de dandine qui la fait monter et descendre, suivi de balancements latéraux. Inutile d'insister trop longuement, et mieux vaut, dans tous les cas, préférer prospecter le maximum de postes à toutes les hauteurs de la colonne d'eau que de s'attarder sur un secteur qui, au bout de quelques minutes, n'a pas livré ses habitants.

En rivière, on confie la ligne au courant. On procède ensuite, lorsque le flotteur parvient à proximité d'obstacles intéressants (arbres immergés, rochers, herbiers), à des tirées et des relâchers qui animent l'esche de manière très attractive pour la perche et qui peuvent inciter une récalcitrante à mordre.

A la touche, franche, on rend la main quelques secondes avant de ferrer, sans brutalité excessive afin de ne pas déchirer les fragiles membranes labiales du poisson, ce qui provoquerait un décrochage.

LES PÊCHES À DANDINER

Ces techniques spécifiquement destinées à la perche (le brochet et le sandre s'y laissent prendre également !) sont peu répandues et ne connaissent pas le succès qu'elles méritent.

Elles sont pourtant d'une surprenante efficacité en toutes saisons, et souvent l'hiver, en lac de barrage, où les gros spécimens se tiennent dans leurs repaires les plus secrets, parmi l'enchevêtrement des arbres morts immergés. On peut pratiquer la dandine à l'aide de leurres ou d'appâts naturels.

Le matériel

- *Une canne* à anneaux de 4 à 5 m est préférable lorsqu'on pêche des bords tandis qu'en bateau, on préférera une canne à lancer de 2,50 à 3 m, à scion très souple, afin de limiter les chocs imprimés au leurre lors des mouvements de dandine.
- *Le moulinet* à tambour fixe est garni d'une bobine de 150 m en 24 à 28/100e.

Les leurres à dandiner

Ils sont utilisés traditionnellement dans les grands lacs alpins et jurassiens, mais hélas pas suffisamment dans les retenues d'eau artificielles de l'ensemble de l'Hexagone. C'est bien dommage car ce sont les seuls qui puissent être employés avec succès dans les secteurs les plus encombrés, et à grande profondeur. En effet, l'anneau brisé qui réalise souvent l'articulation entre le corps du leurre et l'hameçon permet un décrochage facile en raison du poids de l'ensemble. Il en existe plusieurs modèles dans le commerce (Zazou, Strower, Jocker, cuiller Stingsilda) dont de nombreux en provenance des pays scandinaves où ces techniques de pêche sont très prisées, aussi bien en mer qu'en eau douce. On peut les fabriquer soi-même à bon compte, à l'aide de n'importe quel morceau de plomb fondu coulé dans un moule de plâtre. Selon la fantaisie de chacun, le leurre sera agrémenté d'un «signal œil», d'un pompon rouge, de teasers, ou peint en couleur fluo. Le traditionnel poisson d'étain demeure excellent dans les secteurs peu boisés. Malheureusement, il est peu adapté à la pêche en eaux très encombrées car l'hameçon, solidaire de la masse du leurre, ne permet pas un décrochage aussi aisé. De plus, les grammages sont souvent trop faibles pour exploiter les eaux profondes.

Monture destinée à pêcher au poisson mort, à dandiner. La chevrotine peut être grattée en surface à l'aide d'un couteau de manière à offrir une surface lisse et brillante qui augmente le pouvoir attractif.

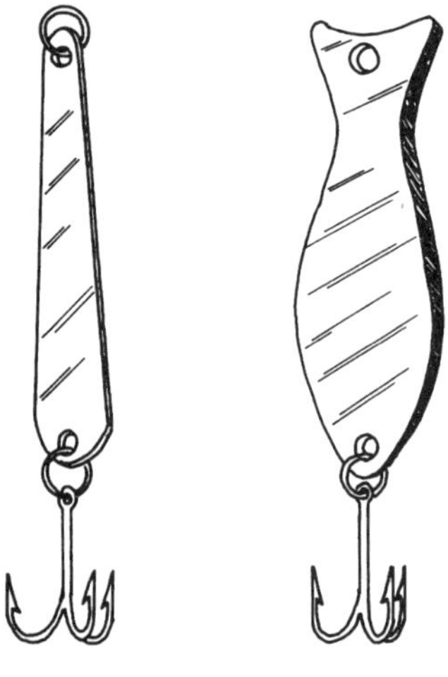

Leurres à dandiner classiques lourds, en plomb moulé

L'action de pêche

Le leurre est descendu à la verticale, sous la canne, au-dessus de n'importe quel poste encombré de végétation noyée. Dès que la bannière mollit, le pick-up est refermé, le fil récupéré, de manière à maintenir le scion à 50 cm au-dessus de la surface, puis légèrement tendu.

Le leurre est ensuite relevé en un premier mouvement, lent, qui s'effectue à la verticale sur une hauteur d'environ 60 cm, aussitôt suivi d'un coup sec du poignet correspondant à un ferrage à vide, automatique. Ce petit coup de main nécessite un certain apprentissage. Il est ensuite à nouveau descendu au fond, puis remonté en procédant de la même manière sur toute la hauteur de la colonne d'eau. Ces mouvements désordonnés mais bien contrôlés

LA PÊCHE À LA BALLE (OU BALLETTE)

On exploite l'attrait exercé par un «plomb leurre» brillant qui joue le rôle d'appelant et bat le rappel à plusieurs mètres à la ronde, combiné à la présentation d'appâts naturels bien frétillants qui stimulent l'appétit de la perche. Cette technique très efficace permet d'exploiter les cavités profondes et d'aller chercher les perches l'hiver en lac de barrage par moins 20-30 m.

■ Le matériel

- *Une canne* à anneaux télescopique ou à emmanchement de 5 à 6 m est utilisée lorsqu'on pêche du bord. On lui préférera une canne à lancer de 3 m environ, dotée d'un scion souple, lorsqu'on pratiquera d'une embarcation.
- *Le moulinet* est choisi parmi les modèles à tambour fixe de type lancer léger.
- *La ballette :* les premiers utilisateurs de ce lest, qui employaient une véritable balle de fusil, expliquent l'origine de cette curieuse appellation. On trouve aujourd'hui dans le commerce des balles nickelées très brillantes dans des grammages malheureusement peu variés qui vont de 10 à 15 g. Il est facile de réaliser soi-même ce type de lest en coupant par le milieu, en sens transversal, une olive, et de diversifier ainsi les possibilités de grammages, qui peuvent atteindre 20 g quand on prospecte des eaux profondes. La surface du plomb est grattée au couteau pour la rendre plus brillante.
- *Trois hameçons* en potence de tailles différentes sont montés sur le corps de ligne de manière à proposer par exemple, petite bête, vif et ver de terreau, ballette en bout de ligne.

■ Les esches

Toutes les esches naturelles décrites pour la pêche au coup peuvent convenir.

■ L'action de pêche

Le fil est tenu à la main à la manière des pêcheurs de truite au toc afin de mieux percevoir les touches. On laisse descendre la ligne jusqu'au fond sans perdre le contact. Dès que la bannière mollit, on récupère l'excédent de fil de manière à amener la pointe du scion à 50 cm au-dessus de la surface.
On relève ensuite doucement la canne jusqu'à la verticale, en respectant un ou deux temps d'arrêt au cours de l'ascension, avant de laisser à nouveau plonger l'ensemble. Il est important de combiner ces mouvements avec des déplacements latéraux afin de bien prospecter toutes les zones d'obstacles. Les mouvements de dandine sont d'amplitude variable afin d'imprimer au lest une nage désordonnée qui le fait briller de ses mille facettes, sans toutefois l'éloigner de 60 à 80 cm du fond.
La touche se traduit par un choc nettement ressenti dans les doigts qui pincent le fil. On répond à cette sollicitation en rendant la main quelques secondes avant de ferrer.

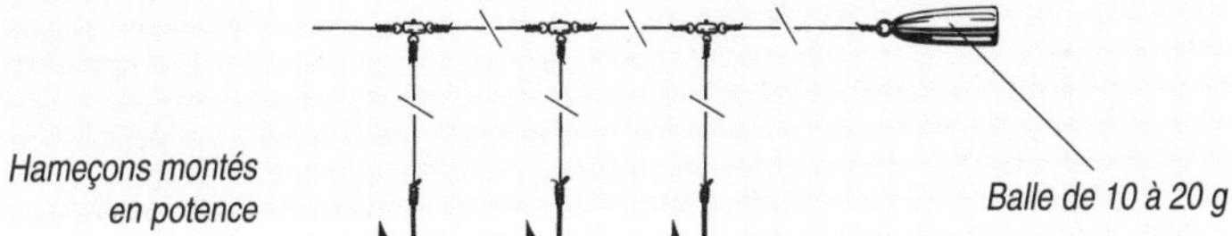

produisent des éclats brillants dans l'eau, qui battent le rappel, et auxquels peu de perches restent insensibles. La touche se traduit par un choc brusque au cours du ferrage automatique, par un déplacement latéral de la bannière ou un arrêt anormal lors de la descente. On y répond par un ferrage énergique et immédiat, en remontant sans finasser le poisson afin qu'il ne gagne pas les refuges offerts par les branches immergées. Il est important de bien noter la profondeur approximative à laquelle évolue un banc afin d'animer le leurre au bon endroit... et de profiter au plus vite d'une frénésie alimentaire qui ne dure jamais bien longtemps !

La pêche sous la glace est une technique passionnante pratiquée dans de nombreux pays du nord de l'Europe, au Canada et au nord des États-Unis dans les grands lacs. Interdite en France, sauf dans les eaux closes et privées, elle permet de réaliser de nombreuses captures de carnassiers tels que perches, sandres ou brochets, à la «dandinette», au ver, au vif ou au mort posé. Le trou est réalisé à l'aide d'une vrille.
Dans son ouvrage Ice fishing, *l'Américain Gene Little insiste toutefois sur le danger mortel que représente une couche de glace insuffisante. L'épaisseur doit être d'au moins 6 cm pour s'aventurer au milieu du lac, et de 10 cm pour envisager de creuser un trou. Seule une couche d'au moins 15 à 20 cm supporte le passage d'un véhicule de type «scooter des neiges».*

LA PÊCHE À LA GAMBE

Cette technique traditionnelle des grands lacs alpins et jurassiens est surtout rentable l'été ou au début de l'automne, lorsque les bancs de perches chassent en surface les immenses bancs d'alevins de l'année.

Le matériel

- *Une canne* à lancer de 2,80 à 3 m suffisamment puissante pour pouvoir ramener sans problème 2 à 5 perches.
- *Le moulinet* de type lancer léger à tambour fixe est garni de 150 m en 24 à 28/100e.

Le montage

Il existe des gambes toutes prêtes dans le commerce, composées de 3 à 5 leurres minuscules montés sur de courtes potences de 6 à 8 cm, et espacés sur une ligne mère d'environ 2,50 m. Ces leurres présentent des formes très curieuses. Il peut s'agir de tétines et autres biberons, de minuscules leurres souples, de petits plumets de laine. Il faut savoir que, dans la plupart de nos eaux, la législation n'autorise que l'usage de deux hameçons, et donc se renseigner sur la législation en vigueur concernant les secteurs que l'on désire prospecter.
La plombée montée en bout de ligne est surtout utilisée lorsque les chasses sont très actives, car la ligne est ramenée par rapides saccades pour maintenir l'ensemble en surface. On peut employer également ce montage pour exploiter les couches profondes du lac.
Un buldo rempli aux 2/3 se révèle parfois très attractif. Il imiterait en effet, lors de la récupération, le bouillonnement émis par une perche en chasse qui attire immanquablement d'autres poissons curieux et jaloux, et concentre leur attention sur les leurres situés en arrière.

L'action de pêche

Cette technique est surtout intéressante à partir d'un bateau. On aborde à distance raisonnable les chasses trahies en surface par des bouillonnements spectaculaires, avant de lancer les leurres derrière ces démonstrations de prédation. La ligne, ramenée par saccades, fait vibrer les petites imitations.
Les perches se précipitent, tapent dans les leurres. Beaucoup se décrochent, mais il convient d'attendre que la plupart des hameçons soient «garnis» avant de ramener rapidement.
En effet, une perche qui se débat au bout d'un hameçon attire tous ses congénères. Les poissons sont décrochés au plus vite pour profiter de la frénésie alimentaire. Lorsque la chasse cesse, il ne reste plus au pêcheur qu'à attendre ou à explorer lentement la surface du lac, à la recherche d'autres bouillonnements.

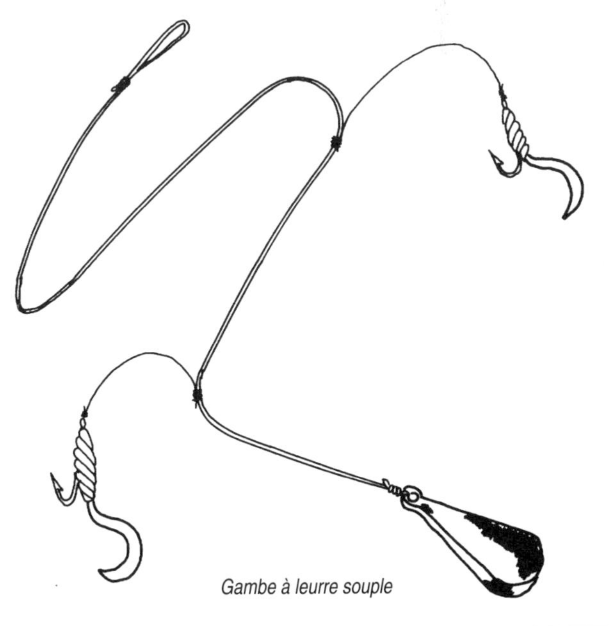

Gambe à leurre souple

La pêche au lancer léger

Nous savons que tout ce qui bouge, frétille, tourne peut tenter une perche, et les leurres clinquants, brillant de mille reflets, n'échappent pas à la règle. La pêche au lancer permet une prospection rapide et active de tous les bons postes, y compris les plus encombrés. Les virtuoses de l'ultra-léger pourront ici pleinement s'exprimer sous les basses frondaisons des rives, qui dissimulent les repaires les plus secrets de la belle zébrée ! Quel régal alors de tromper la vigilance puis d'extraire de sa cachette un gros sujet dépassant la livre, qui oppose tout son poids et son énergie à un malheureux 12/100e.

Le matériel

- *Une canne* à lancer choisie dans les gammes destinées à la truite fait bien l'affaire, dont la longueur sera comprise entre 1,80 et 2,20 m et dont la puissance est en rapport avec les leurres utilisés, du n° 0 au n° 2.
- *Le moulinet* à tambour fixe, de type lancer léger ou ultra-léger, est garni de 150 m en 12 à 16/100e. La finesse du nylon conditionne la précision du lancer. Il peut être utile d'adjoindre au leurre une fine crinelle d'acier ou un brin de Kevlar dans les eaux contenant du brochet.

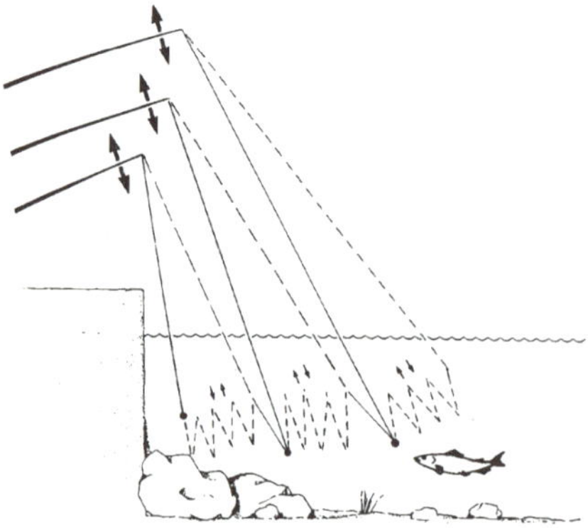

Animation d'un poisson d'étain

Les leurres

- *Les cuillers tournantes* : tous les modèles destinés à la truite, plombés sous la palette ou en tête, peuvent convenir, des tailles 0, lorsqu'on pêche en eau peu profonde (petites rivières et queue d'étang), aux numéros 1 ou 2. Dans certaines circonstances (eaux très profondes, grosses perches récalcitrantes), on peut être amené à utiliser des cuillers n° 3. Dans ce cas, le matériel de base est adapté à la pêche du brochet. La teinte de fond est dorée, cuivrée, argentée ou noire, agrémentée de points ou zébrures de couleurs vives auxquels la perche semble très sensible. Elle apprécie tout autant des fantaisies ornant le triple telles que teasers, pompon rouge, leurre

En étang, les perches recherchent les refuges offerts par les constructions sur pilotis.

souple, poissonnet de plastique. Les minuscules cuillers-mouches sont intéressantes pour prospecter les bordures, les plages peu profondes, les herbiers en été et en automne, lorsque les perches y chassent le menu fretin.

- *Les cuillers ondulantes* : excellents leurres, ils passent pour les meilleurs en eau profonde, dans les modèles longs de 3 à 6 cm pour un poids de 5 à 6 g. L'hameçon peut également comporter quelques additifs comparables à ceux employés pour les cuillers tournantes.

- *Les leurres souples* : leur arrivée sur le marché a révolutionné la pêche de la perche. La belle zébrée est en effet très sensible à ces leurres qui sont d'une rare efficacité l'hiver, en eau profonde, lorsque les petits prédateurs ont rejoint le refuge des branches immergées.

La tête plombée de 3 à 6 g, qui maintient la pointe de l'hameçon en l'air, évite des accrochages trop fréquents. Les modèles de type virgule long de 3 à 7 cm, à la nage frétillante des plus attractives, fonctionnent bien dans les coloris clairs, blancs ou jaunes.

On peut également piquer le leurre sur une monture destinée au poisson mort, l'associer à une cuiller tournante ou ondulante, ou encore à une monture Jig destinée au black bass.

La perche apprécie les fantaisies, tel un poissonnet en plastique souple monté derrière la palette d'une cuiller tournante.

Les époques favorables

Les deux temps forts sont :

■ **Le milieu de l'été et le début de l'automne**
Ces périodes correspondent aux regroupements d'alevins en bancs immenses près des rives et des herbiers. Les perches sont alors prises de véritable frénésie alimentaire qui s'apparente presque à un suicide collectif lorsque le pêcheur a la chance d'envoyer alors ses leurres ou appâts au milieu des chasses.

■ **Le début du printemps (mars-avril)**
Il correspond aux grands rassemblements des perches, préludes à la reproduction. Les eaux teintées ne réunissent pas théoriquement les meilleures conditions pour traquer la perche. C'est pourtant à l'occasion d'une crue que j'ai pris, gamin, ma plus belle perche. Elle s'était emparée d'un énorme lombric monté sur une ligne «à la calée», destinée à une anguille. Elle pesait 2,5 kg et reste encore aujourd'hui l'une des prises qui m'a laissé le plus beau souvenir !

L'action de pêche

En lac de barrage, il est important d'explorer toute la hauteur de la colonne d'eau, à partir des fonds de 20-25 m jusqu'à proximité de la surface. En rivière et en étang, on s'attarde particulièrement à proximité de tous les obstacles. La récupération, particulièrement en eau calme, ne doit pas être monotone ni trop régulière. Elle est saccadée, entrecoupée d'arrêts, de tirées, de relâchers, de mouvements latéraux du scion qui font changer le leurre d'axe. Une action de dandine au ras du fond, le long de berges abruptes ou d'obstacles, se révèle toujours payante, surtout avec les leurres souples.

La pêche au poisson mort manié

La technique est semblable à celle décrite pour le sandre lorsqu'on pêche en lac ou en ballastière. On utilise alors avec succès une monture Drachko n° 0. En rivière, il est préférable d'employer une petite monture godille de type Aulne, très efficace pour explorer la proximité d'obstacles qui brisent les courants. Les poissons choisis comme appâts, ablettes, ables, gardonneaux, mesurent 6 à 7 cm.

Contrairement à ce que pourrait laisser supposer son appellation, la perche-soleil n'appartient pas à la famille des Percidés, mais, comme le black bass, à celle des Centrarchidés. Ce poisson très vorace est considéré comme nuisible dans nos eaux. Il représente une proie appréciée du brochet et surtout des gros black bass avec qui il partage les mêmes origines nord-américaines.

BIOLOGIE-ÉCOLOGIE DE LA PERCHE

Description

La perche est reconnaissable à son corps trapu, massif, au dos bossu, dont les flancs sont nettement compressés latéralement. Les écailles, solidement implantées, portent de petites excroissances dentelées qui confèrent au tégument un aspect et un contact rugueux : ce sont des écailles cténoïdes, typiques de l'espèce. La tête, relativement plate et conique, porte une mâchoire supérieure munie de fragiles membranes labiales latérales... qui ont tôt fait de se déchirer sous le fer de l'hameçon ! La gueule est armée de nombreuses petites dents réparties sur les mâchoires, le vomer et le palatin.

La présence de deux nageoires dorsales séparées par un court espace désigne la perche comme un Percidé. La première, longue, est soutenue par 13 à 15 rayons épineux aux extrémités acérées, avec 2 taches noires à son extrémité postérieure. 14 à 16 rayons souples soutiennent la seconde, plus courte et moins haute. Les nageoires pectorales, pelviennes, anale et caudale sont souvent colorées d'un bel orange vif. L'opercule, écailleux, au rebord très coupant, se termine par une pointe acérée. Le dos de la perche est vert sombre à noir, les flancs verdâtre à jaune doré, ornés de 5 à 7 zébrures verticales noires. Le ventre est blanchâtre. En eau propre ou courante, les couleurs sont vives, brillantes et très contrastées. Elles deviennent plus ternes en eau close, dans les canaux, étangs et lacs.

Croissance

On considère à tort que la croissance de la perche est lente. Dans des milieux riches en poisson-fourrage, elle peut atteindre le poids respectable de 3 kg à 5 ans. En France, la taille moyenne varie de 25 à 30 cm, selon la densité du peuplement et les potentialités alimentaires offertes par le milieu. Elle pèse en moyenne 1 kg à l'âge de 10 ans.

Habitat

Extrêmement commune dans la plupart des ruisseaux où elle se montre très prolifique, la perche s'accommode de tous les milieux aquatiques de moyenne altitude, aussi bien des mares, étangs, lacs que des canaux, rivières et fleuves. Elle affectionne les secteurs encombrés, les ouvrages immergés parmi lesquels elle s'embusque pour échapper à ses prédateurs, ou pour guetter ses prises. Elle colonise volontiers les tributaires classés en 1re catégorie des lacs de barrage, exerçant alors une prédation néfaste à l'encontre des populations salmonicoles. Dans ces mêmes lacs, on peut la rencontrer à grande profondeur, jusqu'à 20-30 m. Elle supporte une légère salinité et c'est pourquoi il est fréquent de la rencontrer dans les petits fleuves côtiers.

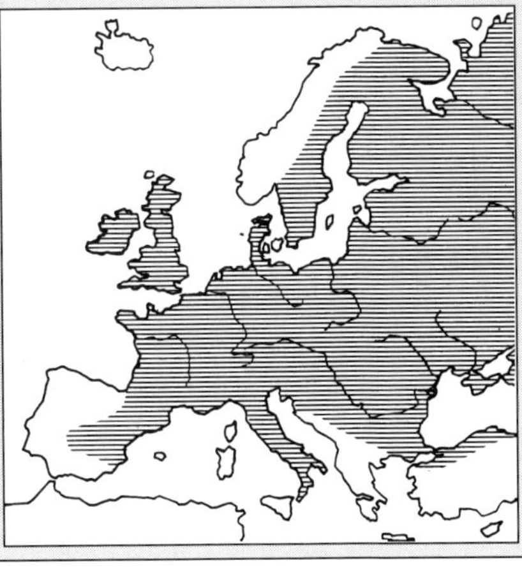

Répartition

La perche est commune dans toute l'Europe, depuis la Scandinavie jusqu'aux Pyrénées et en Italie. Elle a été introduite récemment en Espagne.

Régime alimentaire

Carnassier oportuniste, la perche se nourrit aussi bien de vers, de larves d'insectes (celle de la grande éphémère ou «petite bête» est particulièrement appréciée !), de crustacés (écrevisses américaines), de mollusques. Progressivement, l'adulte va centrer sa prédation sur les alevins de gardon, de chevesne, les ables et autre menu fretin. Dans ses moments de grande activité, sa voracité peut être exceptionnelle et, même repue, elle continue à poursuivre ses proies ! La rapidité de ses réflexes est nécessaire au succès de sa quête alimentaire, soumise à une féroce compétition.

Reproduction

La maturité sexuelle est atteinte à 2-3 ans chez le mâle, 4-5 ans chez la femelle. Le frai a lieu d'avril à juin, quand la température de l'eau atteint 12-14 °C. Les œufs, dont le diamètre atteint 2 mm, sont déposés en longs rubans adhésifs et gélatineux à proximité des berges, parmi la végétation immergée, les racines et les branchages. La longueur de ces pontes en cordons peut dépasser les 2 m. La durée d'incubation est d'environ 21 jours. Les alevins, qui mesurent 5 mm à la naissance, résorbent leur vésicule vitelline en 15 jours environ. La prolificité de la perche est tout à fait exceptionnelle puisqu'une femelle de 20 cm peut pondre jusqu'à 200 000 œufs !

Comportement

Un fort instinct de grégarité oblige la perche à vivre en bancs composés d'individus de taille sensiblement égale. Les troupes de jeunes, les plus denses, peuvent comporter des milliers de sujets. Elles s'amenuisent progressivement sous l'effet conjugué du cannibalisme et de la prédation. Les bancs de perches adultes ne sont plus constitués que de quelques dizaines à une centaine d'individus. Ces rangs s'éclaircissent par la suite, au fur et à mesure de la croissance des poissons, les plus grosses perches demeurant solitaires ou évoluant par paires ou trios.

Habituellement grégaires et pouvant évoluer en bancs immenses, les perches deviennent peu à peu, au fur et à mesure de la croissance, solitaires. Elles n'en demeurent pas moins des prédateurs redoutables.

Un banc de perches forme une véritable société dans laquelle les rapports entre individus sont régis par une hiérarchie très stricte. Chaque poisson occupe dans le groupe une place précise, déterminée en fonction de sa taille. Durant tout l'été et l'automne, lors des grands rassemblements d'alevins, les prédateurs opèrent à la manière de véritables meutes, encerclant les bancs de poissonnets et les poursuivant à grand renfort de claquements de mâchoires. Un bouillonnement spectaculaire peut se produire sur une surface dépassant parfois les 100 m². Le menu fretin n'hésite pas, pour échapper à ses bourreaux, à s'élancer au-dessus de la surface en bonds successifs pour s'échouer sur les berges ! L'apparition de ces chasses est tout aussi subit que le brusque arrêt de toute activité alimentaire, qui peut reprendre, sans raison objective, à quelque distance de là.

La perche est très agressive, curieuse, attirée par tout ce qui bouge et qui brille. Elle répond donc bien à la sollicitation des leurres les plus farfelus. Cette curiosité est surtout expliquée par la compétition alimentaire acharnée qui sévit au sein du banc, et incite chaque individu à vouloir s'emparer d'un poissonnet avant son voisin ! Inversement, si les plus gros sujets appartenant à une troupe suivent un leurre en refusant de mordre, c'est l'ensemble du banc qui va se méfier et ne pas attaquer !

GESTION-AMÉNAGEMENTS

La perche indésirable !

Nuisible pour certains, d'un grand intérêt halieutique pour d'autres, la perche demeure le plus populaire et le plus abondant de nos carnassiers. Sa relative facilité de capture à l'aide des techniques les plus variées, des plus simples aux plus sophistiquées, la met à la portée du plus modeste pêcheur qui, certains jours, pourra réaliser des bourriches mémorables. Sa chair ferme et délicieuse, qui lui a valu le surnom de «perdrix de la rivière» n'est pas le moindre de ses attraits.

Cette espèce, considérée par beaucoup comme un poisson noble et dont l'introduction est recommandée par de nombreux pisciculteurs, n'offre cependant qu'un intérêt très limité en eau close de petite dimension. En effet, la distrophysation et l'abondance de plancton qui en résultent favorisent la pullulation des perchettes, qui, faute d'espace suffisant et surtout de nourriture, sont parfois atteintes de nanisme chronique, qui se traduit entre autres par une disproportion entre une tête volumineuse et un corps amaigri de taille réduite.

De plus, ces milliers de petits sujets éliminent progressivement la nourriture de base des alevins appartenant à d'autres espèces, avant de s'en prendre à ces mêmes alevins. Beaucoup de magnifiques parcours salmonicoles ont été ainsi colonisés avant de perdre toute leur valeur, suite à la construction de barrages hydroélectriques. Les perches lâchées dans ces réservoirs sont remontées dans les tributaires où elles pullulent littéralement, aux dépens des alevins des truites, par exemple. En étang, l'introduction de perches en association avec le black bass est catastrophique pour l'avenir de ce dernier. Les zébrées forment de véritables meutes qui exercent des ravages parmi les alevins de black très vulnérables dans leur nid, malgré la surveillance d'un père attentif qui ne peut éloigner tous les prédateurs au cours d'une même charge.

Le silure glane

Silurus glanis

Siluridés

Tous les pêcheurs rêvent de se mesurer un jour à ce fantastique adversaire, le plus gros poisson que l'on puisse capturer à la ligne en eau douce.

LES PÊCHES DU SILURE

En raison des mensurations exceptionnelles de notre adversaire, le matériel pour sa pêche ne souffre pas la médiocrité : il est d'une qualité irréprochable et d'une robustesse à toute épreuve. De nombreux pêcheurs, hantés par l'espoir de se mesurer à un pareil prédateur, ne se consacrent plus qu'à sa traque. Sa pêche exige des précautions particulières, notamment le respect de la plus parfaite discrétion en raison de la faculté du poisson à percevoir la plus imperceptible vibration. Ainsi, il est recommandé d'entourer les talons de canne d'un manchon de mousse, de garnir le fond de la barque de moquette afin d'amortir les chocs, de se déplacer avec précaution sur les rives.
On pêchera d'autant plus profond (7-8 m) que le temps est clair. Plus méfiant que la carpe ou le sandre, le silure relâche fréquemment l'appât s'il perçoit la moindre résistance.

LES PÊCHES AUX LIGNES POSÉES

La pêche à la plombée coulissante

Elle semble préférable chaque fois que la configuration du fond s'y prête et que des indésirables tels que écrevisses ou poissons-chats ne pullulent pas.

Le matériel

Il doit être d'une robustesse à toute épreuve. Hormis la «Télé silure» de Garbolino, il n'y a pas de matériel spécifique adapté à cette pêche. On choisira donc dans les gammes destinées à la carpe, au brochet ou à la pêche en mer.
- *La canne* : très robuste, elle est suffisamment puissante pour lancer des poids de 150 à 200 g, voire plus si on utilise un gros vif. Elle mesure de 3,50 à 5,50 m selon l'utilisation prévue, est télescopique pour faciliter son transport, équipée d'un porte-moulinet fiable et solide (fixe de préférence). Les anneaux, d'excellente qualité, sont larges et glissants.
- *Le moulinet* à tambour fixe, de type lancer mi-lourd mer ou saumon, est doté d'un frein doux et progressif. Le pick-up, pas indispensable, peut être remplacé par un système de récupération au doigt. Il doit être très fiable, à ressort puissant et galet tournant.
Selon l'encombrement des lieux, la bobine est équipée de 200 m en 45 à 50/100e. L'état du fil, qui vieillit très vite, doit être vérifié souvent.

Les esches

- *Les vers* (vers de rosée, vers de fumier, vers à tête noire, avec une préférence pour les premiers) sont des appâts très appréciés du silure. Les gros lombrics sont eschés par paquets de 5 ou 6. Les petits vers de fumier sont enfilés à l'aide d'une aiguille sur un fil de coton par 30 ou 40, puis rassemblés en fagots.
- *Les écrevisses* sont également très appréciées, eschées vivantes, par une ou deux au niveau d'un segment de la queue ou présentées sous la forme de queues décortiquées.
- *Les vifs* : les meilleurs sont les plus résistants et les plus remuants (chevesnes, carpeaux, tanches) dans des poids variant de 300 à 500 g.

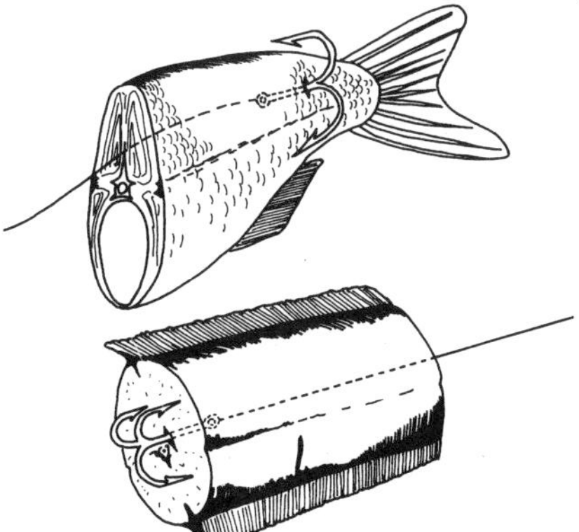

Eschage de tronçons de poisson (poisson blanc et anguille) sur hameçon triple

- *Les morceaux de poissons* : maquereaux, harengs, sardines.
- *Les abats* tels que tripes de poulet, foies de volaille ou de génisse.
- *Les encornets*.

Les Anglais ont mis au point des *appâts de synthèse* inspirés des bouillettes à carpe, confectionnés à l'aide de farines de viande et de poisson, d'œufs et de semoule, le tout bien sûr aromatisé... et ça marche !

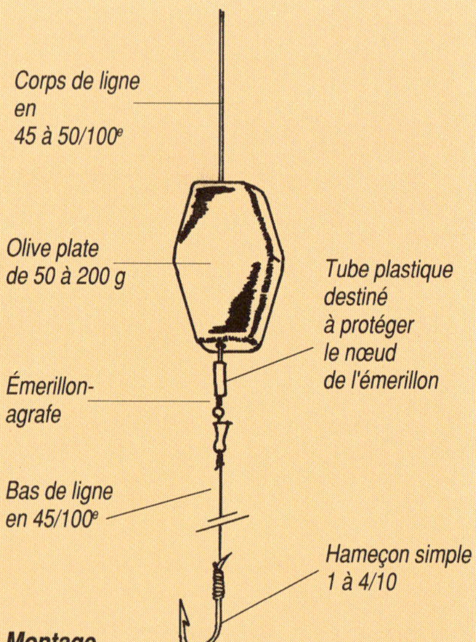

Montage à plombée coulissante

Une plombée plate hexagonale ou une olive de 50 à 200 g, selon la force du courant, coulisse sur un corps de ligne en 45 à 50/100e. Elle est arrêtée par un tube plastique ou un plomb destiné à protéger le nœud de l'émerillon-agrafe, auquel est fixé un bas de ligne de 50 à 80 cm en 45/100e (la crinelle d'acier est inutile). Un hameçon simple 1 à 4/0, un double ou triple complétant l'ensemble, très piquant et fort de fer.

La pêche à la ligne flottante

Cette technique, surtout utilisée sur les fonds d'importance moyenne (Seille), est moins prisée sur la Saône. Le matériel est identique à celui décrit pour la pêche à la plombée coulissante. Les esches utilisées sont essentiellement des vifs.

Deux types de montage en pater noster

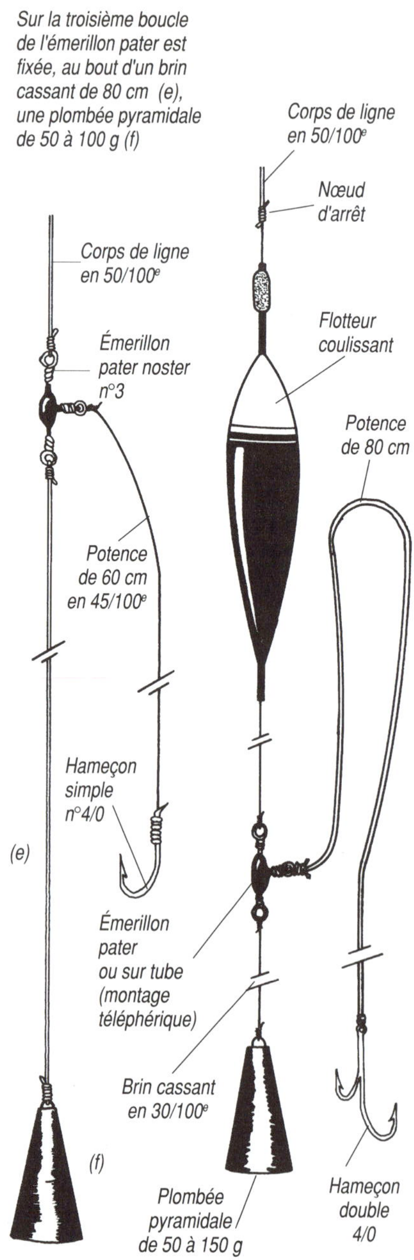

A l'issue du combat, le silure peut être saisi à la main. Pour éviter de douloureuses morsures, il est préférable toutefois de se munir de gants. Cette prise à la main ou waller guff *est effectuée en enfonçant franchement le pouce à l'intérieur de la gueule de manière à le coincer en arrière des dents réparties sur la mandibule. Les quatre autres doigts ferment la tenaille de façon à obtenir une prise sûre et solide, puis le poisson est hissé vivement sur la berge... ou dans l'embarcation.*

La pêche au pater noster

Ce type de montage permet de présenter l'appât au-dessus du fond, à la hauteur choisie par le pêcheur, de manière à mettre l'esche hors de portée d'indésirables tels que l'écrevisse américaine ou le poisson-chat. On peut également faire évoluer entre deux eaux un gros vif de 400 à 500 g (brème, tanche, carpeau). La canne est placée sur son support selon un angle de 45°, de façon à maintenir l'appât au-dessus du fond. Le pick-up est ouvert, fil coincé dans une branchette ou sous un petit lest. Le frein peut être aussi complètement desserré.

LES PÊCHES AU LANCER

Sous-exploitée en France, cette méthode est pourtant très prisée en Europe centrale et en Allemagne.

Le matériel

- *La canne :* elle doit être relativement longue (3 à 3,50 m) afin de former le bras de levier indispensable au maniement du leurre, du haut des rives escarpées, et à la maîtrise des poissons de belle taille.
- *Le moulinet* est choisi dans les modèles à tambour fixe, de type lancer mi-lourd mer ou saumon, garni de 200 m de nylon de 40 à 50/100e fluo.

Les leurres

- *Les cuillers* : on utilise surtout des cuillers ondulantes de 20 à 40 g, longues de 10 à 14 cm, à palettes lourdes ou légères mais plombées 1 m en amont.

Le leurre doit avoir une nage lente, et descendre en virevoltant vers le fond au moindre relâché. On doit faire travailler sa cuiller au plus près du fond. Les S de Mepps et Syclops en couleur fluo sont de

Le silure est également sensible à l'attrait exercé par un leurre souple bien travaillé, ici de type «virgule», monté sur une monture Drachkovitch.

bonnes ondulantes à silure. Les tournantes de type Aglia longue peuvent à la rigueur être utilisées.

- *Les poissons-nageurs :* excellents leurres d'été, ils sont choisis dans les grandes tailles (10 -15 cm). Les modèles flottants sont très appréciés. On peut les plomber en amont, de manière à ramener le leurre en traînant le lest dans la vase. Le nuage de sédiments ainsi soulevé est très attractif.

LA PÊCHE AU POISSON MORT MANIÉ

Cette technique a permis la capture de nombreux silures. Un poisson de 12 à 15 cm (gardon, tanche) est monté sur une Drachko n° 3 ou 4, ou toute autre monture comportant 2 triples, articulée en tête et à plombée interchangeable. Selon la profondeur ou la puissance du courant, la chevrotine placée en tête pèsera 10 à 20 g.

On peut également utiliser une monture mixte où un demi-poisson (entrailles comprises) est associé à un leurre souple du type virgule. Le silure, très sensible aux odeurs et au goût, apprécie ce type de leurre.

L'action de pêche

Elle s'apparente à celle du brochet. On ramène lentement au ras du fond, par tirées irrégulières, et sursauts de 20 cm tous les 50 cm, puis entre deux eaux, le poisson n'hésitant pas parfois à attaquer juste sous la surface. Cette pêche est très lente, insistante, et elle se pratique près des obstacles immergés et autres postes favorables.

QUELQUES INDICATIONS SUPPLÉMENTAIRES CONCERNANT LES PÊCHES DU SILURE

Les époques et conditions favorables

Le silure cesse toute activité durant la période hivernale, où il tombe en léthargie. De même, il ne se nourrit guère pendant la période de reproduction que tout pêcheur sportif se doit d'ailleurs de respecter. Il entre en activité dès lors que la température de l'eau atteint 14 °C. On peut espérer réaliser les premières prises de mars à mai, puis de juillet à octobre. Il est surtout actif la nuit (il faudrait qu'on puisse le pêcher durant ces heures !), à l'aube et au crépuscule. Les conditions météorologiques les plus favorables sont un temps couvert et pluvieux, nuageux, accompagné d'un vent de sud ou d'ouest, un redoux après une vague de froid. Il est conseillé de profiter des périodes de crue et autres instants où l'eau est teintée.

Les postes à silure

La connaissance des secteurs prospectés et une lecture approfondie de l'eau conditionnent le succès.

- *En rivière :* durant la journée, il faut le chercher sur toutes les places ombragées, ou profondes, le long des berges abruptes et encavées par le flot principal qui apporte directement à notre paresseux sa nourriture. Il apprécie tout particulièrement les rives pourvues de racines et de branchages immergés, qui offrent des zones de frayères appréciées dès la fin du printemps. Un tronc d'arbre abattu au milieu d'un remous calme offre également une place de choix. Tous les secteurs situés en aval des ouvrages peuvent être fréquentés s'ils sont suffisamment profonds (fosses derrière une pile de pont, une digue, une écluse). Le poisson se tient volontiers dans le lit central de la rivière, ainsi qu'à proximité de l'arrivée d'un tributaire ou d'un collecteur d'eaux usées, de rejets d'abattoirs, des eaux réchauffées par les centrales thermiques ou nucléaires. Le soir venu, il vient souvent chasser le long des herbiers de bordure.
- *En étang, lac, retenue artificielle :* ces milieux offrent un habitat de prédilection avec une nourriture abondante, des fonds vaseux sur lesquels il aime évoluer. On peut le rencontrer en lac de barrage, sur l'ancien lit de la rivière, au ras des herbiers précédant les eaux profondes le matin ou le soir, au pied des falaises et des éboulis rocheux, à proximité des îlots et des tributaires.

La mise au sec du silure

Le silure peut être hissé sur la berge à l'aide d'une grande épuisette à carpe ou à saumon, ou grâce à l'emploi d'une gaffe fichée dans la mâchoire inférieure ou au niveau des opercules, pointe ressortant par la gueule. Le coup n'est en aucun cas porté au niveau du ventre, qui se déchire facilement. Les sportifs et les pêcheurs désirant relâcher les prises utilisent la méthode du *waller guff*, ou prise à la main (qui doit être gantée pour éviter le râpage de l'épiderme), qui n'est employée que lorsque le poisson est épuisé. Le pouce, enfoncé dans la gueule, est coincé en arrière du massif de dents situé sur la mâchoire inférieure. Les autres doigts, placés à l'extérieur, forment une pince solide et assurent une prise ferme. Le poisson est ensuite directement hissé sur la berge de manière à profiter de l'effet de surprise, en prenant garde aux violents coups de queue assenés avec rage.

La défense du silure, le combat

A la différence du black bass, le silure n'effectue pas de chandelles. Les gros remous qui trahissent sa présence en surface n'en demeurent pas moins spectaculaires et impressionnants ! Conscient de sa force, il oppose son poids et sa taille en s'aidant du courant, et assène de grands coups au fond pour reprendre des forces. Lorsque la fatigue se fait sentir, il effectue des cercles de plus en plus courts avant de monter en surface dans un énorme remous.

L'amorçage

Les Anglais ne conçoivent pas cette pêche sans amorçage préalable, tandis que les pêcheurs de Saône et de Seille estiment cette opération peu concluante. On peut capter indirectement l'attention du silure en attirant le menu fretin à l'aide de farines grasses (arachides, par exemple), ou exciter sa convoitise en immergeant durant une dizaine de jours un mélange d'avoine concentré et de purée de poisson (brème) à laquelle on ajoute progressivement des morceaux entiers.

Les appelants à silure

Les pêcheurs d'Europe centrale mettent à profit, depuis des siècles, les facultés du silure à percevoir le moindre bruit. Ils ont ainsi fabriqué des appeaux destinés à attirer le prédateur. L'un des plus connus est le Butochkalo (ou Buschkalo), morceau de bois dont l'extrémité élargie est façonnée en forme de bol. Appliquée parallèlement à la surface, par coups rapides répétés trois à six fois toutes les minutes environ, il éveille la curiosité du silure. Son arrivée, le jour, est trahie par un sillage de bulles. Dans ce cas, il se tient fréquemment au fond où un appât (souvent un vif) lui est proposé. Pour mettre en œuvre cette technique qui exige un long apprentissage, la barque est indispensable.
La nuit, il monte carrément en surface, pouvant à l'occasion serrer la main du manipulateur ! Voilà pourquoi Yougoslaves ou Roumains hésitent à pêcher à l'appeau durant les heures nocturnes !

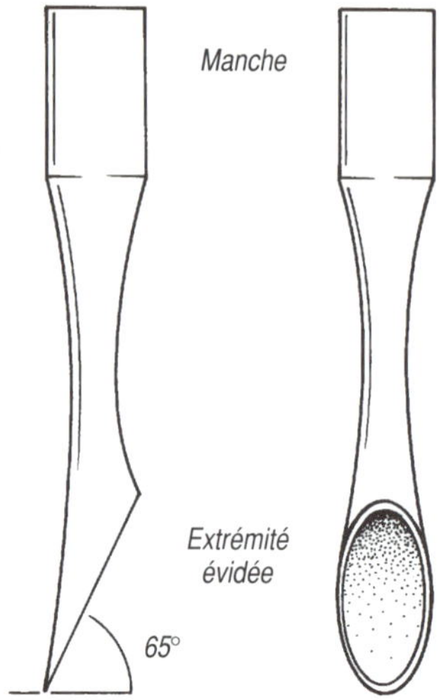

Appelant yougoslave en bois (d'après R. Gallego)

Le poisson-chat

Bien qu'il ressemble au silure, le poisson-chat n'appartient pas à la même famille, mais à celle des Ictaluridés, caractérisée par un corps plus court et trapu. La tête est encadrée par 8 barbillons, implantés sous la mâchoire inférieure, et 4 autres sur la mâchoire supérieure, dont 2 très longs attachés à la commissure des lèvres. Le poisson-chat n'atteint jamais les dimensions du silure. Il mesure au maximum 45 cm pour un poids de 1,5 kg. C'est un habitant des eaux calmes et envahies de végétation. Originaire d'Amérique du Nord, son introduction en Europe est considérée comme un véritable fléau tant sa voracité est grande et son taux de reproduction élevé.

BIOLOGIE-ÉCOLOGIE DU SILURE

Description

Le silure n'attire pas vraiment la sympathie, avec sa tête énorme, massive et aplatie, dotée de deux yeux minuscules qui semblent vous dévisager avec gourmandise ! La gueule, largement fendue, montre deux barbillons très longs renforcés par des cartilages, plantés sur le bord de la mâchoire supérieure, ainsi que quatre barbillons plus courts situés en position infère sous la mâchoire inférieure. Il s'agit de véritables organes chimio-sensoriels qui renseignent le poisson sur tout ce qui l'entoure. Ils portent des capteurs gustatifs dont la performance n'a rien à envier à celle des squales, qui permettent de détecter des substances dissoutes dans l'eau avec une sensibilité un million de fois supérieure à celle de l'odorat humain.

Le système auditif, très développé, permet de capter les plus infimes informations acoustiques (ondes, modifications imperceptibles de pression dans l'eau, vibrations). L'appareil de Weber, aux osselets soudés, a atteint l'un des plus hauts degrés de perfection observé chez les poissons. De plus, la vessie natatoire joue un rôle d'amplificateur et de transmission d'ondes acoustiques. De très nombreuses cellules olfacto-gustatives sont réparties également sur tout le corps, et notamment le long de la ligne latérale. La myopie prononcée du silure n'est donc pas un handicap. Contrairement au sandre, l'espèce n'a pas développé une vision adaptée à la pénombre et à la turbidité... elle ne s'en porte pas plus mal pour autant !

Les mâchoires, très puissantes, portent des massifs de dents minuscules, ressemblant à des aiguilles, tournées vers l'intérieur, et qui fonctionnent comme des râpes.

Le silure présente de nombreuses similitudes avec le poisson-chat. Pourtant, il n'appartient pas à la même famille, et s'en distingue notamment par l'absence de nageoire adipeuse. Le corps est long, de type serpentiforme, renflé dans sa partie antérieure. Totalement dépourvu d'écailles, il est recouvert d'un mucus abondant et visqueux. La nageoire anale, très longue (elle est soutenue par 84 à 92 rayons mous), n'est séparée de la caudale que par un court espace. Les nageoires pectorales, déployées en éventail, sont soutenues par 14 à 17 rayons mous et ornées d'un rayon épineux acéré, contrairement à la dorsale qui en est dépourvue.

Le dos est noir, les flancs sombres à reflets grisâtres sont tachetés de points noirs et marbrés de plaques jaunes irrégulières. Le ventre est clair.

Les plus gros sujets, capturés en Europe centrale (Dniepr et Danube), qui constituent des records historiques, mesuraient aux alentours de 5 m pour un poids de 300 kg ! Plus couramment, les plus beaux silures que l'on puisse espérer capturer pèsent de 25 à 50 kg. En France, les premières prises ont été enregistrées dans la Seille, puis en Saône. Ensuite, des captures ont été mentionnées dans le Rhin, la Loire, la Seine, la Moselle, la Dordogne, la Vienne... et le lac de Saint-Cassien, dans le Var, avec un spécimen record de 90 kg !

Croissance

1 an : 20 cm 4 ans : 50 cm pour 2-3 kg 6 ans : 100 cm pour 6-7 kg.

Une autre espèce, *Silurus aristotelis*, en voie de disparition, est confinée dans la basse partie du fleuve Acheloos, en Grèce. Son poids n'excéderait guère 10 kg.

Habitat

Le silure est plutôt un habitant des fleuves et des rivières à courant lent, à fond important (5-10 m et plus), dont le substrat vaseux ou sableux est encombré de végétaux aquatiques, d'arbres morts, d'enrochements. Il recherche les endroits les moins éclairés. Il est présent dans les grands deltas comme celui du Danube, et il s'accommode des eaux saumâtres de certains estuaires. On le rencontre sur les rives de la Baltique et de la mer Noire. Il s'acclimate fort bien dans les lacs, étangs et retenues artificielles.

Le silure apprécie les fonds limoneux encombrés d'obstacles (racines, arbres morts) parmi lesquels il se dissimule durant la journée, ne partant qu'au crépuscule en quête de nourriture. Il chasse toutefois volontiers en plein jour lorsque les eaux sont teintées à la faveur d'une crue.

Répartition

Originaire d'Europe centrale et orientale, le silure glane serait tout spécialement abondant en Bulgarie, en Roumanie, en Russie, en Pologne et surtout dans le delta du Danube. Son aire naturelle de répartition s'étend depuis le Rhin et le bassin du Rhône à l'ouest, jusqu'aux eaux tributaires de la Caspienne, de la mer Noire, de la mer d'Aral (ex !) à l'est. La Baltique marque sa limite septentrionale (il est présent en Suède et en Finlande). Au sud, on le rencontre en Yougoslavie, en Hollande, dans les îles Britanniques et en France.

Dans notre pays, il semble avoir fréquenté les bassins du Rhin et du Doubs depuis des milliers d'années. Son extension se poursuit à l'heure actuelle, et il devrait en toute logique bientôt coloniser tous nos cours d'eau.

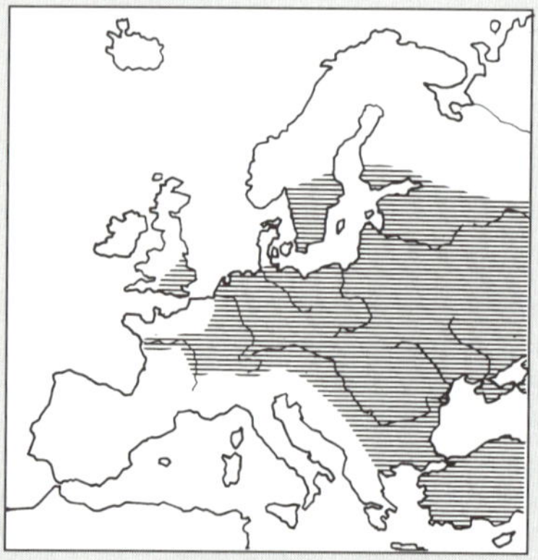

Régime alimentaire

L'un des aspects les plus étonnants de la biologie du silure est l'éclectisme de son régime alimentaire. Il s'accommode en effet des proies les plus diverses, dont le volume n'est pas toujours en rapport avec sa taille. C'est ainsi qu'un adulte pesant 30 à 100 kg au plus peut aussi bien filtrer délicatement la vase pour en extraire des micro-invertébrés que capturer des vers, des amphibiens, des reptiles, des mollusques, des crustacés (il adore les écrevisses !), des poissons (brèmes et gardons), des mammifères aquatiques (rats musqués, ragondins), des oiseaux d'eau (Anatidés et autres). Une chose est certaine, il n'est pas ce charognard auquel beaucoup d'auteurs faisaient allusion, mais bien un grand prédateur.

Les alevins, puis les jeunes de moins de 1 an se nourrissent surtout d'invertébrés.

Reproduction

La maturité sexuelle est atteinte à l'âge de 4-5 ans chez le silure. Les pisciculteurs jugent que les meilleurs reproducteurs se situent dans la classe d'âge qui correspond aux poids 15-20 livres, soit 6-10 ans.

La reproduction, tardive, se déroule lorsque la température de l'eau atteint 20-24 °C, jamais au-dessous de 18 °C, durant la nuit. Elle s'effectue par couples séparés, de la fin mai au début août selon les régions, en zones peu profondes encombrées d'obstacles, de racines, de branchages immergés et autres herbiers aquatiques. La femelle dépose 20 000 à 30 000 œufs par kilo dans un nid grossier préalablement aménagé par le mâle, à l'aide de divers débris végétaux. Les œufs, jaune verdâtre, très adhésifs, ont un diamètre de 1,5 mm. Ils sont surveillés par le mâle durant toute la durée d'incubation, qui est de 3 à 10 jours selon la température de l'eau. A leur naissance, les bébés silures se dispersent pour se dissimuler parmi les végétaux aquatiques.

La reproduction, aléatoire, est tributaire de nombreux facteurs : qualité biochimique de l'eau, biotope adapté, prédation. Les alevins sont en effet très sensibles à la prédation du sandre ainsi qu'au cannibalisme. On estime qu'une ponte réussirait tous les 5 à 10 ans (en effet, l'enduit visqueux et adhésif des œufs peut empêcher une bonne oxygénation qui nuit au développement de l'embryon) et que les pertes enregistrées au bout de la première année s'élèveraient à 95 % !

Comportement

S'il semble surtout actif la nuit, ainsi que dans les premières lueurs de l'aube ou le soir au crépuscule, le silure peut parfaitement chasser en pleine journée, surtout lorsque le ciel est couvert, sombre, ou que les eaux sont légèrement teintées suite à une crue. L'expérience de nombreux pêcheurs qui ont enregistré plusieurs captures successives en un laps de temps très bref, sur un même coup, atteste que le silure n'est pas toujours le prédateur solitaire que l'on croyait. Il peut évoluer par bancs de 2, 3, voire 10 individus au sein desquels s'établirait une hiérarchie très stricte fondée sur des rapports dominant-dominé. Le silure ne se nourrit pas seulement au fond. De nombreux pêcheurs l'affirment : leurs leurres ont souvent été attaqués alors qu'ils évoluaient près de la surface. D'ailleurs, il suffit de se pencher sur des études de contenus stomacaux – canards colverts, rats musqués ou ragondins – pour en avoir la certitude. Certains manipulateurs d'appeaux, qui ont failli être mordus au bras par une énorme gueule, peuvent aussi le confirmer, et en ont gardé un souvenir impérissable ! Durant toute la période hivernale, le silure tombe en léthargie en s'enfouissant dans la vase.

GESTION-AMÉNAGEMENTS

Le phénomène silure

■ *Un peu d'histoire*

La brusque (et récente) apparition du silure constitue l'un des phénomènes écologiques des plus extraordinaires de notre siècle en matière de colonisation d'un milieu aquatique. Le 29 juin 1977, un petit encart dans le ***Courrier de la Saône-et-Loire*** fait l'effet d'une bombe en publiant une information étonnante : la prise d'un poisson fabuleux, long de 1,60 m pour un poids de 25 kg, au carrelet, dans un petit affluent de la Seille. L'affaire commençait à tomber dans l'oubli lorsqu'au mois d'avril 1978, une seconde capture est mentionnée, dans la Seille cette fois-ci, d'un spécimen aux mensurations plus modestes (0,80 m pour 3,8 kg), suivie, le 14 février 1979, d'une prise de 11 kg pour 1,22 m. De 1980 à 1987, le nombre (et le poids moyen) des prises augmente sensiblement, cela jusqu'en 1985, où force est bien de constater que la densité de silures dans la Seille est phénoménale ! Les rumeurs les plus fantaisistes commencent alors à courir, entretenues par une presse en mal d'articles à sensations. Parallèlement, de nombreuses captures sont enregistrées dans la Saône, puis dans d'autres fleuves tels que la Loire, la Seine (prise d'un silure le 2 mai 1985 à Levallois-Perret !) et sur le lac de Saint-Cassien, dans le Var, où un pêcheur de carpe anglais, John Allen, met au sec (puis relâche après l'avoir photographié) le plus gros poisson jamais capturé à la ligne en eau douce en France : un silure de 90 kg qui mesurait 2,20 m ! Jusqu'en 1988, 2 000 silures auraient été capturés, dont plus de 200 par an sur la Seille ! A partir de cette date, on constate une nette régression de l'espèce sur la Seille, le nombre de captures annuelles tombant à 10. On ne peut aujourd'hui savoir si la raison en est une pression de pêche excessive ou (et c'est probable) un juste équilibre trouvé par l'espèce dans son milieu, en relation avec la quantité de proies disponibles.

■ *La situation actuelle*

Si les populations sur la Seille semblent, sinon en déclin, du moins avoir trouvé un équilibre, l'extension se poursuit dans bon nombre de grands fleuves, notamment la Saône dont la capacité d'accueil est beaucoup plus considérable en raison de la présence de fosses profondes, de fonds envasés et de la longueur même de la rivière. Les rencontres sont de plus en plus fréquentes en Loire, de la Nièvre à la Loire-Atlantique (notamment dans les secteurs réchauffés par les eaux de rejet des centrales nucléaires !), en Moselle, en Seine, en Garonne, en Vienne, en Dordogne.

■ *Les raisons d'une brusque apparition*

En l'absence d'études concrètes, la présence de silures dans nos fleuves demeure un mystère. Plusieurs facteurs ont contribué à son apparition :

- Les introductions clandestines, dont l'exemple bien connu d'un propriétaire du Doubs qui lâcha en 1966, dans la Saône morte, 20 petits silures de 200 g en déclarant : «On entendra parler de mes silures !».

- Des raisons d'ordre écologique, et notamment les modifications profondes du biotope : l'extraction des granulats, en dégradant les écosystèmes aquatiques, a favorisé l'installation de l'espèce par la création de fosses profondes, l'établissement d'une turbidité permanente, l'envasement des fonds. Le réchauffement général et l'eutrophisation des eaux ont également favorisé le développement de l'espèce.

- Certains auteurs évoquent une mutation dans la structure des enveloppes qui protègent l'œuf. Y aurait-il eu disparition de la matière adhésive qui freine le potentiel reproducteur de l'espèce ou... destruction des algues et champignons qui attaquaient les œufs, par certaines formes de pollution, comme la pluie acide ?.... Le mystère reste entier !

Impact écologique : de «l'intox» à la réalité

Malgré de nombreuses études entreprises, le silure n'a jusqu'à ce jour fait l'objet d'aucune publication ni rapport officiel concernant l'opportunité de son apparition qui date, rappelons-le, de plus de 10 ans ! Au lieu de cela, il fait l'objet d'articles plus douteux les uns que les autres, aux titres aussi évocateurs que les «dents de la rivière», le «dévoreur de bébé... ou de baigneur»... Fions-nous plutôt à l'expérience et aux observations des pêcheurs.

■ *Un «requin d'eau douce»*

- Faux !! Le silure n'est pas et ne sera jamais, à moins d'une mutation profonde, un squale. Il suffit d'observer ses mâchoires qui sont larges, certes, mais armées de dents minuscules et râpeuses pour s'en convaincre.

En aucun cas le silure ne peut dépecer ou découper en menus morceaux une proie... car il n'est pas armé pour cela ! Il tue sa victime en l'écrasant entre ses robustes mâchoires et l'avale d'un seul coup, sans autre forme de procès ! Les plus grosses proies qu'il puisse capturer (et c'est exceptionnel !) sont des ragondins. Il faut savoir que le silure est attiré par tous les bruits incongrus qui se font entendre en surface. Ainsi, le clapotis des rames peut l'inciter à venir observer une barque et provoquer l'effroi !

■ *Un destructeur de poissons*

- Faux !! Au contraire, il contribue à rétablir un équilibre rompu, là où le brochet ne parvient plus à réguler les populations de brèmes, gardons ou poissons-chats. Son appétit n'est pas excessif, plutôt réduit par rapport aux autres carnassiers puisqu'il cesse de s'alimenter durant tout l'hiver et pendant la période de reproduction. Il couvre ainsi le tiers de ses besoins annuels entre avril et juin, et recommence à s'alimenter fin juillet jusqu'à mi-octobre. De plus, son coefficient alimentaire n'excède pas la moyenne de n'importe quel prédateur, puisqu'il lui faut 8 à 10 kg de proies vivantes pour gagner 1 kg de poids.

Quelques autres pôles d'intérêt

- Le silure représente un atout économique certain, générateur d'un afflux de pêcheurs provenant de tous les coins de l'Hexagone et de l'étranger. Sa chair, délicieuse, justifie son élevage en pisciculture.
- Il représente aussi l'avenir de la pêche sportive dans nos eaux.
- Il peut être introduit avec succès dans les ballastières invidangeables envahies de poissons-chats ou de perches-soleils, ou dans les étangs trop vaseux pour le sandre.
- Il ne semble pas risquer de proliférer, vu son comportement casanier et territorial, et la rapidité avec laquelle les effectifs semblent avoir trouvé, sur la Seille, un juste équilibre.

L'avenir du silure

Il est probable que l'extension se poursuive sur tous les fleuves lents. Quoi qu'il en soit, cette espèce fragile mais qui pourrait représenter l'avenir de la pêche aux carnassiers dans nos eaux publiques doit être étudiée de très près. Il paraît urgent de gérer ses populations en tenant compte de ses particularités biologiques et écologiques, en adoptant une réglementation qui permettra à l'espèce de supporter une pression de pêche croissante (par l'établissement d'un *bag limit* journalier, en ne conservant que les plus gros sujets au-delà de 25 kg ou par la mise en application d'une fermeture spécifique lors de la période de reproduction).

Des silures dans son étang : quelques idées d'aménagement

Le silure recherche les eaux profondes, mais également la présence d'obstacles sous lesquels il peut s'abriter de la lumière durant la journée. Des souches ou des troncs d'arbres sur lesquels on cloue de vieilles poutres en bois offrent des abris de premier ordre. Dans le lac d'Ossiach, en Autriche, les pêcheurs professionnels d'antan ont immergé des pyramides de pierre de 15 m de haut pour 10 m de côté, qui comportent de nombreuses anfractuosités occupées à la base par les silures et au sommet par le poisson-fourrage ! Les secrets des emplacements étaient transmis de père en fils, puis ont été peu à peu oubliés !

Les poissons blancs

*Pour le pêcheur sportif,
les poissons blancs ont longtemps
fait figure de parents pauvres.
Ce n'est plus le cas aujourd'hui,
grâce aux techniques modernes
qui nous viennent d'Angleterre.
Le pêcheur de carpe ou de brème
dispose d'un matériel
ultra-sophistiqué, qui le place
en position de leader en matière
d'innovation technique.
La pêche des poissons blancs
regroupe une confrérie
aux compétences très variées.
Elle est à l'origine de la plupart
des vocations de pêcheurs :
ces enfants éprouvent les premières
émotions d'une capture
en s'intéressant au vairon
ou au goujon. Elle est également
pratiquée par de véritables
techniciens qui connaissent
les secrets des montages les plus
fins, des amorces «magiques»
ou d'une nouvelle électronique
adaptée aux besoins de la cause.*

La carpe

Cyprinus carpio

Cyprinidés

Après avoir fait longtemps figure de parent pauvre de la pêche à la ligne, le carpiste français est aujourd'hui un leader en matière d'innovations technologiques.

LES PÊCHES MODERNES DE LA CARPE

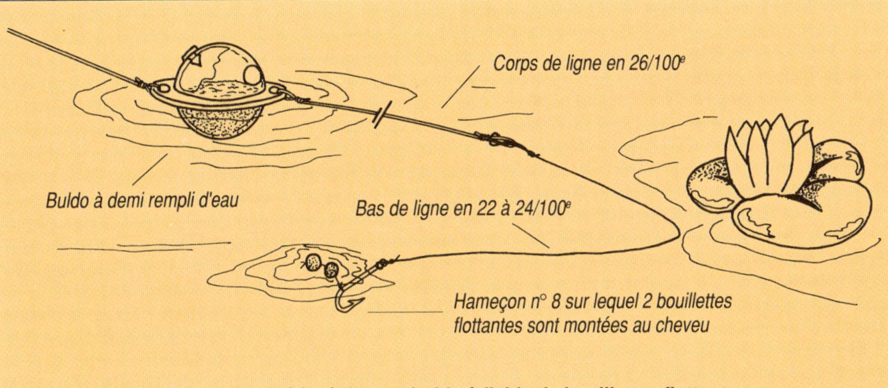

Montage destiné à pêcher au buldo à l'aide de bouillettes flottantes.
Cette technique est très efficace l'été, lorsque les poissons se tiennent juste sous la surface.

Encore appelées pêches à l'anglaise, ces techniques qui emploient des matériaux ultra-sophistiqués ainsi qu'une multitude de gadgets nous viennent, comme leur nom l'indique, d'Angleterre. Les innovateurs en la matière sont en effet des Anglais qui, voilà quelques années, bouleversèrent les habitudes des carpistes traditionnels tout en les étonnant par les résultats remarquables obtenus en opérant sur quelques grands lacs, tel celui de Saint-Cassien dans le Var. Depuis, la pêche de la carpe à l'anglaise connaît un développement spectaculaire en France et ne cesse de faire de nouveaux adeptes. Finis les montages grossiers, les bonnes vieilles cannes télescopiques disposées sur leurs fourches de noisetier... Place à un matériel souple, léger, à de nouveaux appâts de synthèse. Après avoir fait longtemps figure de parent pauvre de la pêche à la ligne, le carpiste français est un leader en matière d'innovations techniques. Il se trouve, de par les matériaux utilisés, à la pointe du progrès en ce qui concerne la recherche et l'industrie halieutiques. A travers cette véritable révolution est née une nouvelle éthique, irréprochable : le respect absolu de l'adversaire. *Born to kill*, si elle demeure la devise des marines, n'est certainement pas celle du carpiste moderne qui s'attache à rendre la liberté à toutes ses prises. A ce propos, nous pouvons noter que le célèbre «tableau d'honneur» (page réservée dans de nombreuses revues halieutiques à la parution de clichés représentant un pêcheur et sa prise) est barré, dans les revues anglaises, de l'épitaphe infamante et sans appel de *killer*.

Je me permettrai à ce sujet d'émettre un avis tout à fait personnel. Loin de moi l'idée de considérer chaque prise comme l'excellente opportunité d'un bon repas. Mais le fait de se régaler d'une carpe farcie de temps à autre ne saurait détruire un écosystème envahi de plus en plus par les poissons blancs. Le *catch and release* cher à nos amis anglo-saxons n'a pour effet dans ce cas précis que d'encourager une prolifération pas toujours souhaitable (rappelons à ce sujet que rendre sa liberté à une carpe en Australie, où ce poisson est

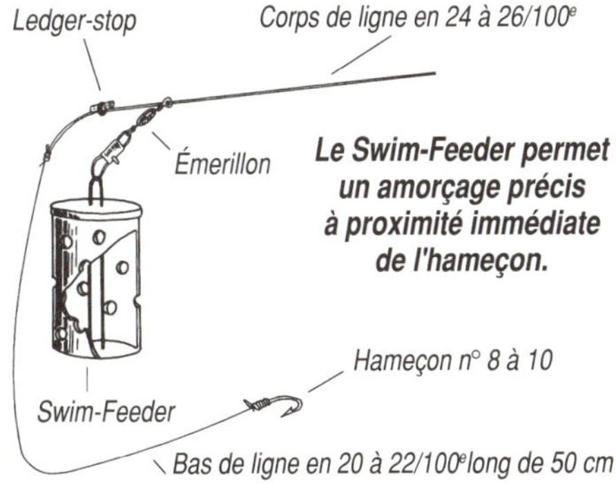

Le Swim-Feeder permet un amorçage précis à proximité immédiate de l'hameçon.

considéré comme une véritable catastrophe écologique, est passible d'une amende de 1000 $).
Cette éthique, irréprochable il est vrai, pourquoi ne pas l'appliquer plus souvent à des espèces autrement plus rares et menacées comme le brochet ou le saumon ? Disons que cela fait le jeu de nos instances halieutiques, peu cohérentes avec elles-mêmes : relâchons carpes, brèmes, gardons et autres Cyprinidés qui pullulent, oublions dans le même temps la gestion désastreuse de nos carnassiers ou de nos migrateurs.

LA PÊCHE MODERNE À L'ANGLAISE

Le matériel

- *La canne* : le vrai carpiste qui pratique «à l'anglaise» utilise trois cannes disposées en batterie, en fibre de carbone pure ou mêlée à du bore ou du Kevlar. Ces matériaux, issus de technologies de pointe, allient la nervosité requise, la légèreté souhaitée à une puissance suffisante pour effectuer des lancers à longue distance (au-delà de 100 m !) tout en garantissant la maîtrise de gros poissons. L'action est plutôt parabolique pour compenser la violence du ferrage et les départs brutaux de la carpe qui mettent à rude épreuve le fin nylon employé. La poignée, typique des cannes à l'anglaise, est divisée en deux parties distinctes. Le talon comporte une poignée courte (environ 20 cm) – ou poignée de combat – qui assure l'appui de la main gauche. Au-delà se situe le porte-moulinet (les modèles à vis sont préférables et évitent au moulinet, souvent mal tenu par des bagues d'aluminium, de tomber lors de la lutte) qui précède une seconde poignée plus longue permettant une prise très sûre de la main droite. En ce qui concerne les matériaux utilisés pour cette partie, nous préférons le liège pour des raisons de confort et d'esthétique. La forme particulière de cette poignée en deux parties permet également à la canne de mieux travailler sur toute sa longueur, améliore la distance des lancers et facilite le travail de beaux poissons.
La longueur et la puissance (exprimées en livres anglaises : 1 lb = 454 g), indiquées sur le talon de la canne, dépendent des conditions de pêche. On distingue grossièrement trois grands types de modèles (nous n'évoquons pas les cas particuliers tel celui d'une rivière étroite et encombrée où le poisson, qui doit être sorti d'autorité, nécessite l'emploi d'une canne courte mais puissante) :
- ceux destinés aux pêches de bordure jusqu'à une distance de 50 m et qui s'adressent à des poissons de taille moyenne : canne de 3,60 m, de 1 lb 1/2 à 2 lb ;
- pour les lancers à moyenne distance (90 m) en eau dormante, et l'éventualité toujours possible de capturer une belle pièce, nous préconisons un modèle de 3,60 à 3,90 m dont la puissance équivaut à 2 lb ou 2 lb 1/2 ;
- lorsqu'on pêche sur des plans d'eau très longs qui nécessitent des lancers au-delà de 100 m, des rivières aux courants puissants, et qu'on s'adresse à de gros poissons, la canne a une longueur de 3,90 m pour une puissance de 2 lb 1/2 à 3 lb.
- *Le moulinet* à tambour fixe, de type lancer léger, est choisi dans les modèles les plus perfectionnés, dotés d'un frein très fiable et progressif. La tendance actuelle est aux modèles débrayables comportant 3 ou 4 roulements à bille.
La bobine contient 200 m en 28 à 30/100e.

Les accessoires

- *Les supports de canne* : ils permettent de positionner des cannes en batterie.
- *Le lance-amorces :* il s'agit d'une fronde ou d'un «tube lance-bouillettes» permettant avec un peu d'habitude de propulser à grande distance les appâts en conservant une relative précision.
- *L'épuisette* : indispensable, elle est large et profonde (au moins 1 m), en mailles fines afin de ne pas blesser le poisson.
D'autres matériels, pas toujours indispen-

LES DÉTECTEURS DE TOUCHE

■ Le détecteur de touche sonore et lumineux appartient à la panoplie du carpiste moderne. Au moindre départ, un «bip-bip» appuyé se fait entendre tandis qu'un signal lumineux apparaît. Les meilleurs modèles sont dotés d'une mémoire visuelle de la touche qui permet d'identifier instantanément la canne sur laquelle s'est produite une tirée sans suite. Le pêcheur qui opère en eau privée la nuit, réveillé en sursaut par l'avertisseur sonore qui s'éteint sitôt que cesse la traction exercée sur la ligne, ne perd pas ainsi son temps à vérifier toute la batterie.

■ L'écureuil : second indicateur visuel de touche, il assure la tension de la bannière pour que les détecteurs fonctionnent correctement, et indique l'ampleur de la tirée. Il remonte sur sa tige lorsque le poisson tire vers le large et descend si ce dernier au contraire revient vers la berge. Un bon écureuil doit coulisser parfaitement sur son support. Les meilleurs modèles sont construits en Teflon. Le poids de l'appareil varie selon les conditions de pêche : léger en eau dormante, il est plus lourd dans les rivières à courants puissants ou lorsqu'un vent violent souffle sur le plan d'eau. L'écureuil devant rencontrer le plus léger frottement possible, la tige est placée à l'aplomb exact de la canne. L'hiver, il est important de bien sécher ce petit appareil afin d'éviter la formation de glace qui bloque tout mouvement.

Mise en place de détecteurs de touche (écureuils) sur une batterie de cannes à l'anglaise.

sables, appartiennent typiquement à la panoplie du pêcheur à l'anglaise soucieux de préserver ses prises :

- *Le sac de pesée* : il se présente sous la forme d'une sorte de hamac «confortable» qui évite de cintrer la carpe et de compresser ses organes. Le poisson est posé délicatement dans ce sac, une main placée sous les opercules, la seconde à proximité de la nageoire anale.
- *Le peson* : le vrai carpiste choisit un modèle allant jusqu'à 50 kg... il est toujours permis de rêver !
- *L'appareil photographique* : la photo souvenir, qui immortalise notre prise, succède au cérémonial de la pesée et précède la remise à l'eau.

Dans le cas où l'on ne souhaite fixer l'image sur la pellicule qu'en fin de pêche, la carpe est conservée dans un sac spécial qui remplace la bourriche traditionnelle trop exiguë.

Conçu de la même manière que le sac de pesée, il est percé d'une centaine de trous qui assurent un bon échange d'eau, et immergé à une profondeur convenable.

Les montages

- *Le montage classique* : un plomb-poire ou plomb d'Arlesey de 20 à 50 g est placé en dérivation, fixé par l'intermédiaire d'un brin de nylon à une perle à potence coulissant sur le corps de ligne en 28 à 30/100e, venant buter sur un plomb sphérique ou un petit tube de plastique qui protège le nœud de l'émerillon. Le bas de ligne de 40 à 80 cm en Dacron est terminé par un hameçon simple à œillet n° 4 à 6.

- *Le montage anti-emmêlement* : le plomb est placé en dérivation sur une gaine de caoutchouc siliconée qui coulisse sur le corps de ligne. Ce montage réduit les risques d'emmêlement, cauchemar des carpistes, à condition que le bas de ligne soit plus court que le tube. Pour éliminer définitivement tout risque, l'empile peut être fixée, lors d'un long lancer, sur le tube à l'aide d'un fil soluble.

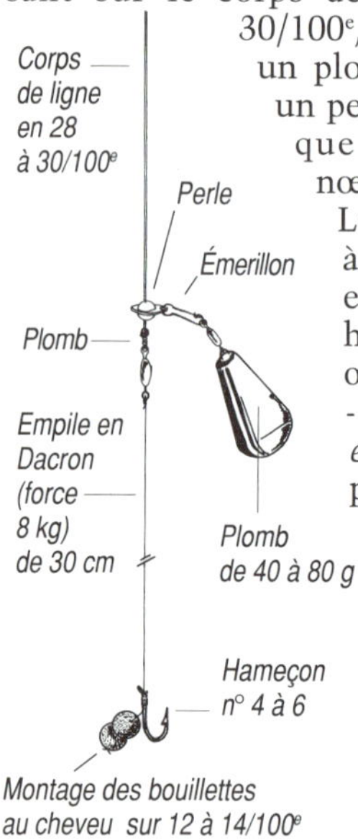

Montage de base pour pêcher la carpe à l'anglaise

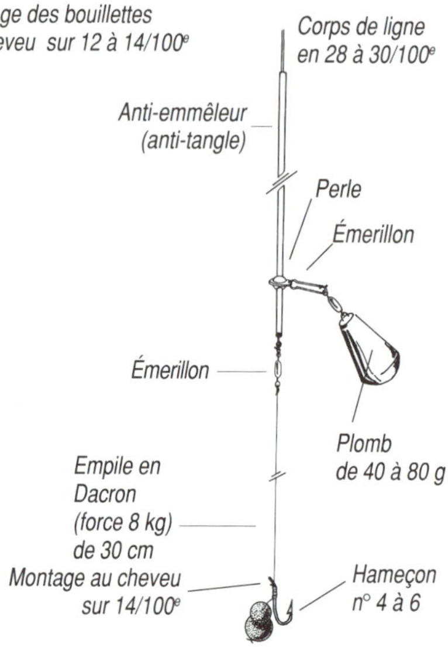

Montage avec anti-emmêleur

Si la gaine souple siliconée de l'anti-tangle recouvre l'émerillon d'attache de l'empile et que le plomb pèse au moins 50 g, il s'agit en plus d'un montage de fuite auto-ferreur.

- *Le montage de fuite* : il est de plus en plus utilisé dans les eaux européennes. Les carpes, devenues très méfiantes, montrent une tendance qui s'affirme au fil des années à s'emparer plusieurs fois de l'appât puis à le souffler avant de se décider à aspirer. Ce phénomène occasionne tirées sans suite et faux départs. Pour déjouer cette ruse, les pêcheurs anglais ont donc inventé plusieurs types de montages auto-ferreurs ou montages de fuite. Le poids du lest doit être supérieur à 50 g pour offrir une résistance suffisante lors du départ. Il est immobilisé sur le corps de ligne grâce à un *ledger stop*. Il peut également être placé en dérivation sur une gaine siliconée pour éviter les emmêlements, cette dernière

Pêche de la carpe à l'anglaise en étang.

étant elle-même bloquée en amont par le *ledger stop*.

- *Le bas de ligne* : les plus complexes, dont l'apparition est récente, sont réalisés en multifibres. Par leur faculté à se désunir, ils n'offrent aucun signe de présence à la carpe la plus tatillonne. Pour éviter tout risque d'emmêlement lors du lancer, une marque anglaise a mis au point un gel inodore, le *no tangle*, qui raidit ces empiles très souples momentanément, avant de se dissoudre dans l'eau au bout de 60 s.
- *L'eschage au cheveu* : cette nouvelle méthode d'eschage permet d'éloigner l'appât de l'hameçon. Il est fixé au bout de 3 à 4 cm de Dacron très fin (la longueur varie selon le nombre et la taille des esches) rattaché à la hampe de l'hameçon. On déjoue ainsi la méfiance de la carpe, dont la suspicion n'est pas éveillée par la raideur d'une empile ou la vue d'un hameçon. En aspirant l'appât, qui ressemble ainsi à s'y méprendre aux grains dispersés lors de l'amorçage, le poisson avale l'hameçon. En soufflant, l'ardillon se trouve bien positionné pour piquer aux lèvres. Ce montage est idéal pour optimiser le piquant de l'hameçon en le libérant de toute entrave. L'eschage se fait au moyen d'une aiguille pour bouillettes.

Les esches

Avec ce type de montages, on peut employer des esches traditionnelles telles que pomme de terre, fève, maïs. Les Anglais, qui décidément ont révolutionné nos habitudes, substituent à ces denrées classiques des appâts de synthèse, les *boilies* (ou bouillettes, voir notre encadré pp. 212-213), qui sont de petites billes de pâte confectionnées à l'aide de farines (viande, poisson, maïs, arachide, blé, soja) et de produits dérivés du lait à haute teneur en protéines (caséine, caséinate de calcium, de sodium...), auxquels on incorpore des parfums divers, carnés ou fruités (homard, fraise...), ainsi que des colorants, des produits sucrants *(sweetner)* et autres simulateurs de goût qui augmentent le pouvoir attractif de la bouillette. On peut également employer des graines, des granulés pour chien, du jambon ou même du pâté de tête !

Tous ces produits n'existent pas dans la nature. Cependant, les Anglais ont montré que la carpe pouvait s'habituer à n'importe quel appât pourvu qu'un amorçage d'accoutumance régulier et abondant soit effectué.

Les principales graines

- *Le maïs doux* : il présente l'avantage d'une cuisson rapide, l'inconvénient d'une mauvaise tenue à l'hameçon.
- *Le maïs dur* : sa préparation, longue, exige 48 h de trempage. La cuisson est facultative. Il tient bien à l'hameçon.
- *Le haricot* : il tient bien à l'hameçon et sa préparation est rapide.
- *Le chènevis* : excellente esche dont la cuisson est rapide, il est difficilement utilisable sur un montage au cheveu.
- *La noix tigrée* (tiger nut) : elle résiste très bien à l'attaque des poissons blancs et offre une bonne tenue au cheveu.

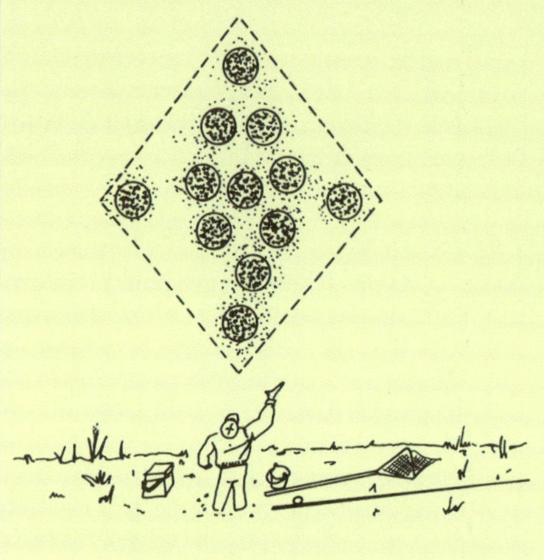

Amorçage en eaux calmes, en forme de losange

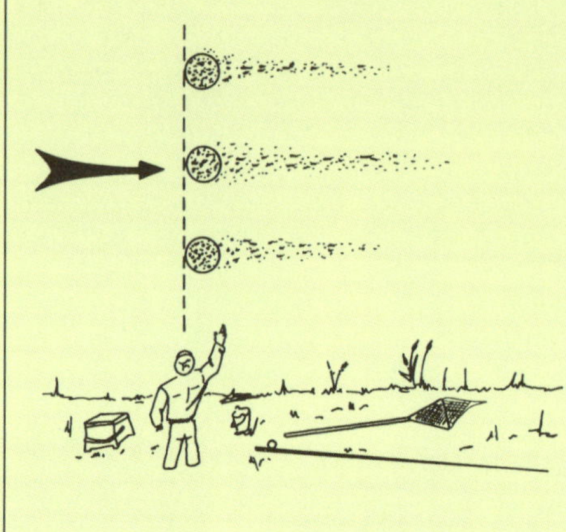

Amorçage en rivière de type barrage

L'action de pêche

- *L'amorçage* : impératif, il est réalisé plusieurs jours à l'avance, sur un poste a priori favorable. L'observation du manège des poissons, qui empruntent des cheminements réguliers lors de leur quête alimentaire, des bulles qui crèvent la surface et trahissent l'activité de fouille des carpes (à ne pas confondre avec les dégagements de méthane fréquents en eau dormante et dans les lacs de barrage !) apporte d'utiles indications sur le choix de l'emplacement. L'amorçage est effectué sur une zone ovale ou rectangulaire (10 m sur 5) et réparti de manière homogène. Seules les esches que l'on compte utiliser en cours de pêche, aromatisées avec les mêmes parfums, sont employées. Selon les cas, il s'agira de graines ou de bouillettes. Plusieurs kilos sont nécessaires pour lancer un coup à carpe. Cela ne signifie pas pour autant qu'il faille tomber dans un excès ou dans l'autre. Trop d'amorce gave les carpes et les rend indisponibles... Pas assez les incite à rapidement vider les lieux pour rejoindre un secteur plus hospitalier. 4 à 5 kg de graines par jour pendant 5 ou 6 jours ou 500 g de bouillettes, distribuées le matin et en début d'après-midi, constituent un excellent amorçage d'accoutumance. L'amorçage devient une opération délicate lorsqu'on opère à grande distance (vaste plan d'eau). Dans ce cas, il est bon de prendre un point de repère. Une excellente formule consiste à immerger un plomb relié à une cordelette qui maintient en surface un petit bloc de polystyrène de couleur vive, blanche ou rouge. Au-delà d'une cinquantaine de mètres, la meilleure formule consiste à distribuer l'amorce à l'aide d'un petit bateau pneumatique. L'amorçage de rappel en cours de pêche sera ensuite effectué à la fronde, au «tube lance-bouillettes» ou à la cuiller type Black Cobra, instruments qui exigent une grande expérience pour obtenir la précision requise. Certains pêcheurs utilisent de petits bateaux téléguidés qui emportent une certaine quantité d'amorce et l'immergent en un point précis ! On peut également fixer un chapelet de bouillettes au bas de ligne, à l'aide d'un fil soluble qui se dissout en 60 s, éparpillant les appâts autour de l'esche montée au cheveu.

- *La pêche* : une fois l'amorçage convenablement effectué, il est temps de passer à la seconde étape, l'action de pêche proprement dite. Après un lancer précis, la canne est posée sur son support, scion au ras de l'eau. L'excédent de bannière est récupéré à la manivelle. La ligne est introduite dans la fente de l'indicateur de touche électronique sonore et lumineux, puis dans l'écureuil positionné à mi-hauteur sur sa tige. Lorsqu'on choisit de pêcher pick-up ouvert, le nylon est ensuite maintenu sous le pince-fil. La ligne doit épouser une courbure naturelle ; elle n'est pas trop tendue ni complètement détendue. La moindre tirée est annoncée par le signal sonore et lumineux, et par l'écureuil qui monte ou descend plus ou moins selon la direction et l'amplitude de la tirée. Lors d'un départ brutal, il libère le nylon. Le pêcheur s'empare alors de sa canne pour effectuer un ferrage d'autant plus ample et puissant que la longueur de bannière sortie est importante. La lutte commence alors, canne maintenue en position verticale. La carpe montre toute la puissance de ses moyens. Adversaire extraordinaire, la brutalité de sa défense n'a rien à envier, à taille égale, à celle d'un saumon. Le poisson ne doit pas, dans la mesure du possible et s'il semble ne pas se diriger vers un obstacle, être bridé. Le frein est resserré progressivement au cours du combat, de manière que la carpe ne puisse prendre du fil qu'en exerçant un effort de plus en plus soutenu qui a tôt fait de l'épuiser. Elle revient parfois à toute allure vers le pêcheur, qui doit absolument conserver le contact en moulinant aussi vite qu'il le peut. Cette manœuvre est source de nombreux décrochages. A l'instant où le poisson se rend à l'épuisette, il est bon de desserrer à nouveau le frein, de manière à éviter la casse en cas d'ultime départ.

L'éthique des pêcheurs modernes de carpe «à l'anglaise» exige un respect absolu de l'adversaire, qui est systématiquement relâché (après avoir été pesé et photographié !) après la capture, en prenant soin de ne pas le blesser par des manipulations au niveau des ouïes.

TOUT POUR LA BOUILLETTE

■ Quelques denrées de base

- *Lait en poudre* : il entre dans la composition de nombreuses recettes (pas plus de 25 %). Les laits écrémés permettent d'obtenir des pâtes plus fermes.
- *Albumine d'œuf* : puissant liant, sa présence (5 à 15 % de la recette) permet la formation d'une peau résistante autour des bouillettes.
- *Lactalbumine* : protéine contenue dans le lait en provenance de Nouvelle-Zélande ; il confère une texture caoutchouteuse à la bouillette (pas plus de 20 % dans la recette).
- *Caséine* : principale protéine du lait, qui absorbe peu de liquide. Elle forme des bouillettes fermes et collantes (10 à 20 % dans la recette).
- *Caséinate de calcium* : poudre légère qui ne colle pas, son pouvoir liant est inférieur à celui du caséinate de sodium (10 à 20 %).
- *Caséinate de sodium* : bon liant qui conserve les bouillettes souples, lisses et légères, il est utilisé pour obtenir des appâts flottants.
- *Farine de poisson* : son odeur est appréciée de la carpe (10 à 30 %).
- *Farine de crevette* : ses arômes puissants se montrent parfois irrésistibles (10 à 30 %).
- *Farine de lupin* : très collante, elle donne des bouillettes lourdes et denses. Son goût amer peut être atténué par du sucre (20 %).
- *Gluten de maïs* : très collant, à goût âcre qui ne semble pas indisposer la carpe (10 %).
- *Semoule de maïs* : devient collante à la cuisson (20 %).
- *Gluten de blé* : liant puissant, il confère à la pâte une texture élastique difficile à pétrir (10 %).
- *Germe de blé* : goût sucré agréable, peu collant (20 %).
- *Sucre* : pour lier et adoucir (10 %).

■ Les parfums

Les Anglais ont constaté qu'il suffisait parfois de modifier un arôme pour enregistrer de nouvelles touches, les poissons s'étant habitués aux autres recettes qu'ils associent à des pièges. Il existe des parfums fruités et carnés.

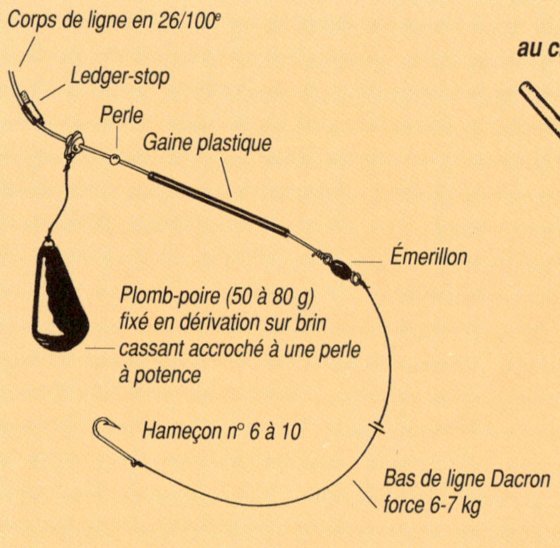

Montage de fuite auto-ferreur avec anti-tangle rigide

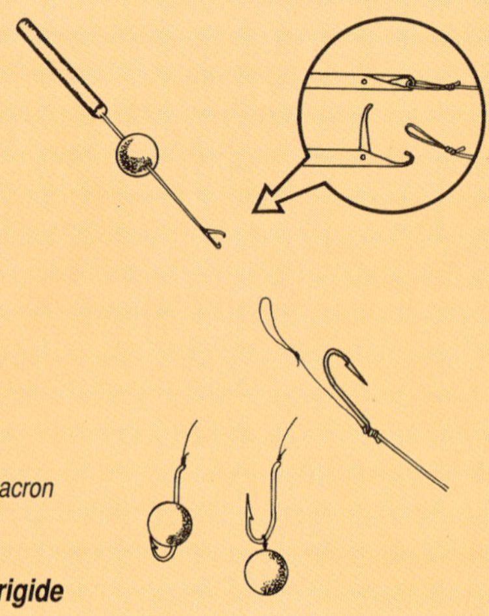

Montage d'une bouillette (boilie) au cheveu à l'aide d'une aiguille à boilies

La carpe à écailles ou carpe royale est considérée comme une variété très proche de la forme originelle, qui aurait été importée par les Romains, d'Asie Mineure, au début de l'ère chrétienne.

- *Les arômes fruités* : odeur agréable de fraise, banane, pomme, vanille, noix de coco, pêche, cerise, *chocolate malt.*
- *Les arômes carnés* : ils flattent moins notre odorat mais séduisent la carpe ; coquille Saint-Jacques, crabe, homard, écrevisse, moule.

Tous ces parfums doivent être testés. Certains se révèlent excellents sur une rivière donnée et inefficaces sur un plan d'eau situé à quelques kilomètres. Ils sont vendus en flacons sur lesquels on peut adapter des pulvérisateurs *(sprays caps)*, 10 à 20 ml (1 pression = 1 ml) suffisent à aromatiser 1 kg de mélange sec.

■ Les colorants

Ils sont disponibles en poudres ou sous forme liquide, en couleurs vives (rouge, orange, jaune, blanc) ou neutres (noir, beige).

■ La confection des bouillettes

Il existe sur le marché des bouillettes prêtes à l'emploi d'une qualité parfaite. L'amateur de «cuisine» peut toutefois confectionner lui-même ses appâts. Il est recommandé dans un premier temps d'acheter des mélanges mixtes préparés à l'avance, avant de se lancer dans la haute gastronomie et de préparer des «recettes secrètes» qui, il faut l'avouer, font partie du plaisir de cette pêche. Les recettes qui contiennent plus de 30 % de gluten de blé, lait ou sucre en poudre, sont à éliminer, globalement ou séparément.

La poudre est versée dans un seau à raison de 1 kg par exemple, auquel on ajoute une dizaine d'œufs. On mélange le tout de manière à obtenir une pâte ferme et homogène, en rectifiant au besoin à l'aide d'un œuf ou de quelques gouttes de lait pour obtenir le résultat voulu.

Le produit est ensuite placé dans le réservoir d'un «pistolet» (les nouveaux modèles ont une contenance de 750 g) qui débite une saucisse de pâte au calibre voulu, généralement de 13 à 14 mm de diamètre. Les bouillettes sont alors façonnées de façon à obtenir une sphère de la grosseur d'une bille.

La phase terminale de l'opération consiste à ébouillanter les appâts durant 1 mn 30 environ, pour leur conférer une peau dure qui résistera aux lancers appuyés et aux attaques des petits poissons. Les bouillettes sont ensuite mises à sécher sur des grilles, dans un local aéré. Elles peuvent être conservées plusieurs mois au congélateur mais se dégradent vite à l'air libre.

BIOLOGIE-ÉCOLOGIE DE LA CARPE

La band-carp, *très proche de la forme dite miroir, est reconnaissable à la rangée d'écailles unique disposée le long de la ligne latérale. Une autre bande longitudinale d'écailles plus petites épouse la courbure du dos. Dix-sept rayons soutiennent la nageoire dorsale.*

Description

Très polymorphe, la carpe comporte de nombreuses variétés issues pour la plupart de sélections en pisciculture. Les premiers travaux effectués dans ce domaine remontent (en France !) au Moyen Age, où, à travers toute l'Europe chrétienne, le clergé imposait plus de 200 jours maigres aux paroissiens ! De nombreux ordres monastiques ont donc sélectionné des races de carpes adaptées aux particularités géoclimatiques régionales : celles de Bohême, de Hongrie, de Galicie...

Aujourd'hui encore, les pisciculteurs s'attachent à obtenir des formes répondant aux besoins des consommateurs : tête petite, corps ovalaire dont les masses musculaires sont mieux réparties, absence d'écailles (pour faciliter le travail de la cuisinière !), meilleure croissance, résistance au froid et aux maladies.

Toutes ces variétés présentent un certain nombre de caractères communs : la tête, massive et conique, est terminée par une bouche protractile entourée de lèvres charnues. On remarque la présence de quatre barbillons sur la lèvre supérieure : deux antérieurs courts et grêles, deux postérieurs longs et épais situés en arrière de la commissure des lèvres.

La nageoire dorsale, unique, débute par un rayon fort et dentelé nommé scie par les pêcheurs, étant donné l'habileté avec laquelle la carpe se sert de cet outil pour couper le nylon d'une ligne.

Elle possède un tube digestif rudimentaire, en raison de la présence d'un plateau masticateur (la meule) extrêmement puissant, situé en arrière des dents pharyngiennes, où sont broyés les aliments les plus grossiers.

Les yeux, mobiles, semblent regarder vers le bas. Les opercules, épais et biseautés, assurent une fermeture hermétique de la cavité branchiale dans les lieux envasés.

On distingue plusieurs variétés de carpes selon le nombre et la répartition des écailles.

La carpe à écailles (ou carpe sauvage, ou carpe royale)

Elle est considérée comme une variété très proche de la forme originelle qui aurait conservé (ou retrouvé) ses caractères ancestraux. En France, on la rencontre dans des grands fleuves tels que la Loire, la Dordogne, la Seine, la Saône. Le corps, puissant mais assez élancé, est recouvert de grandes écailles adhérentes. Il est adapté à la nage dans les courants parfois puissants des rivières. Le dos est grisâtre, les flancs jaune doré, le ventre blanchâtre.

La carpe-miroir

Le corps est plus trapu, légèrement bossu. De grosses écailles encore nombreuses (leur nombre ne dépasse pas une trentaine) sont réparties sur le dos, vers le pédoncule caudal, à la base des nageoires et à proximité des opercules. La nageoire dorsale est soutenue par 18 à 20 rayons.

La carpe-cuir

La peau épaisse, presque nue de cette variété, prend l'aspect du cuir. La couleur brunâtre de l'épiderme ajoute à cette illusion. Quelques rares et grosses écailles peuvent apparaître çà et là, souvent autour des nageoires, le long de la ligne dorsale ou sur le pédoncule caudal. Les formes sont encore plus trapues que celles de la carpe-miroir. Certains sujets issus de sélections sévères en pisciculture montrent un corps presque discoïde. Le nombre de rayons flexibles soutenant la nageoire dorsale varie de 5 à 12. Cette carpe peut atteindre des dimensions considérables. L'actuel record du monde est détenu par M. Marcel Rouvière, qui a capturé dans l'Yonne (89) une carpe-cuir de 37 kg !

Croissance

La croissance du poisson est étroitement liée à la température de l'eau. A la fin de la deuxième année, une carpe ayant vécu dans les eaux froides et acides d'Angleterre pèse 200 g, contre 500 g en moyenne en France et 1 kg dans les eaux tempérées de Chine. Il est probable que des carpes du lac de Saint-Cassien, dans le Var, pèsent plus de 40 kg. Le record actuel sur ce plan d'eau est de 34,750 kg (capture à la ligne). Si la carpe peut atteindre la longévité exceptionnelle d'une cinquantaine d'années, la durée moyenne de vie est de 15-20 ans dans les eaux françaises. Les poissons centenaires appartiennent donc à la légende !

Habitat

La carpe affectionne les eaux calmes ou faiblement courantes qui se réchauffent vite au printemps, riches en végétation. Elle tolère des taux d'oxygène très bas, qui peuvent atteindre 0,4 mg/l !

En rivière, c'est un habitant typique de la zone à brème qui occupe les fonds profonds. Elle montre une très grande faculté d'adaptation et peut être observée dans de petits cours d'eau froids, où elle se dissimule dans les trous profonds et les enrochements qui ménagent des caves inexpugnables. Les ballastières, canaux et lacs de barrage offrent d'excellents biotopes pour la carpe. Poisson de fond, elle monte volontiers en surface au cours des belles journées estivales.

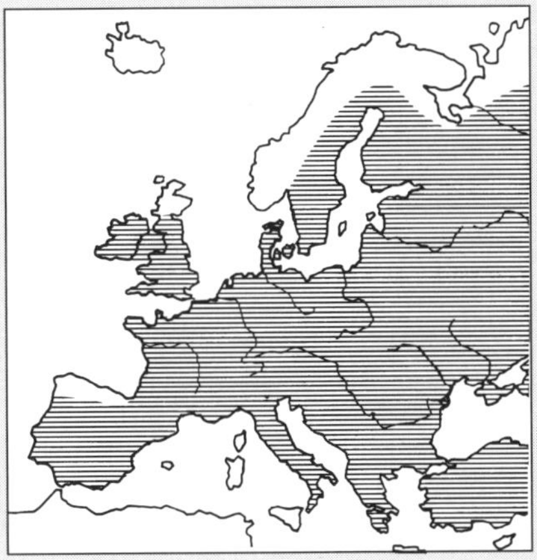

Répartition

La carpe est endémique dans toute la zone tempérée d'Asie, depuis l'est du Caucase jusqu'au Japon. On distingue plusieurs sous-espèces qui occupent des régions précises :

- Cyprinus carpio aralensis *: Asie centrale ;*
- Cyprinus carpio carpio *: Asie Mineure et fleuves se jetant dans la mer Noire ;*
- Cyprinus carpio viridiviolaceus *: Viêt-nam du Nord ;*
- Cyprinus carpio haematopterus *: Chine et Japon.*

Elle est présente dans la plupart des eaux d'Europe occidentale, où elle aurait été introduite par les Romains.

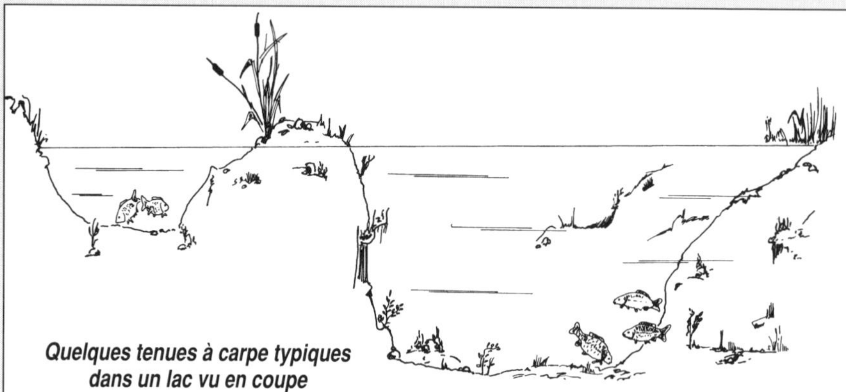

Quelques tenues à carpe typiques dans un lac vu en coupe

Régime alimentaire

L'alevin, planctonophage, se nourrit de plancton animal et végétal. L'adulte est plutôt omnivore. Ses principales périodes d'alimentation et de croissance ont lieu pendant la belle saison. C'est pourquoi les pisciculteurs désignent leurs sujets en nombre d'étés depuis l'éclosion. Dans les régions à hivers prolongés, la carpe peut ralentir son activité durant cette saison et tomber plus ou moins en léthargie, sans toutefois qu'il ait été réellement observé qu'elle s'envase. Le menu de la carpe comporte une part animale non négligeable (larves d'insectes, vers, mollusques et même parfois alevins) complétée par des apports végétaux tels que racines, jeunes pousses, bulbes, graines.

Reproduction

La maturité sexuelle est atteinte à 2 ans chez le mâle, 3-4 ans chez la femelle. Le frai a lieu au début de l'été, en mai, juin, juillet selon les régions, lorsque la température de l'eau atteint la valeur minimale de 19 °C pendant au moins une semaine. Elle se déroule en eau peu profonde riche en herbiers aquatiques.

Si les supports végétaux sont absents, la ponte peut être déposée sur de vieux troncs immergés, des souches ou des racines. On remarque alors des rassemblements de géniteurs qui donnent lieu à des manifestations bruyantes parmi les ceintures végétales de bordures. Chaque femelle peut être accompagnée de 4 ou 5 mâles. Elle émet environ 150 000 œufs par kilo (ce qui signifie qu'une grosse carpe peut pondre plus de 1 million d'œufs !), d'un diamètre de 1,5 cm, qui incubent en 5-6 jours à 20 °C.

Comportement

Fondamentalement grégaires, les troupes que constituent ces poissons ont tendance à se disloquer au fur et à mesure que la taille des individus augmente. Les très grosses carpes sont plutôt solitaires. Très sensibles à la température de l'eau, elles diminuent fortement leur activité en dessous de 4-6 °C. Suetov, un ichtyologue russe, a montré qu'il s'agissait du poisson s'enfonçant le plus profondément dans le sable ou les sédiments à la recherche de sa nourriture. C'est donc, par excellence, un poisson fouisseur, aidé en cela par ses barbillons tactiles.

La carpe vaque à ses occupations en empruntant des cheminements bien établis qui varient selon les saisons. Très méfiante, elle apprend vite à s'éloigner d'esches qu'elle associe à de douloureux souvenirs de capture. Les Anglais, qui relâchent toutes leurs prises, l'ont constaté à leurs dépens. Ils déploient des trésors d'ingéniosité, proposent des appâts aux parfums les plus variés pour tromper la vigilance du poisson et pouvoir ainsi capturer le même individu plusieurs fois dans la saison ! De la même manière, la carpe fuit les postes où trop de ses congénères ont été sorties de l'onde.

GESTION-AMÉNAGEMENTS

Des amours de (fausses !) carpes

Ctenopharyngodon idella... Ces termes barbares correspondent à l'appellation latine de la carpe chinoise, mieux connue sous le nom d'«amour blanc», sans doute en raison de son fleuve d'origine. Dotée d'un corps très fuselé, non bossu comme celui de la carpe, et recouvert de grosses écailles, sa tête petite est terminée par une bouche peu fendue. Exclusivement herbivore, c'est un fantastique consommateur de macrophytes qui peut débarrasser en un temps record la végétation envahissante d'un plan d'eau (elle peut consommer jusqu'à 150 % de son poids en végétaux par jour). A ce titre, elle se révèle être un précieux auxiliaire du pisciculteur. Son introduction dans les eaux du domaine public est strictement interdite. Pour cette raison, sa répartition est limitée à quelques pièces d'eau privées.

On se demande quelles sont les raisons qui incitent nos gestionnaires à en interdire l'implantation en France, cette espèce ne pouvant se reproduire dans nos eaux et ne devenant réellement efficace dans ses opérations de faucardage que lorsque la température du milieu atteint 18-20 °C. De plus, c'est un poisson d'un grand intérêt pour le pêcheur à la ligne, dont l'introduction est conseillée dans toutes les eaux appartenant au domaine public de pays comme l'Allemagne.

Hypophtalmichthys molitrix, l'amour argenté, a sans doute une action moins spectaculaire sur la prolifération des herbiers que l'amour blanc. Pourtant, les deux espèces sont complémentaires. Si la première broute les végétaux supérieurs, la seconde, microplanctonophage, se nourrit d'algues unicellulaires dont elle limite le développement excessif, freinant ainsi l'eutrophisation. Un amour blanc de 250 g filtre 32 l d'eau par heure, pour en extraire 2 à 3 g de plancton.

Une variété appartenant à la même espèce : la carpe Koï

Qui pourrait imaginer que ces magnifiques poissons exotiques, aux couleurs vives et aux magnifiques nageoires, qui folâtrent dans les bassins d'ornement des jardins de Tokyo, à l'ombre des bonsaïs, sont de «vulgaires» carpes.

Elles ont été sélectionnées depuis le début du XVIIIe siècle à partir d'un stock indigène japonais du lac Briva et sont aujourd'hui collectionnées au même titre que des tableaux de maître ! Lors d'une récente vente aux enchères, une carpe Hi Goï (autre nom donnée à la carpe Koï) a été obtenue pour la somme incroyable de 1,8 million de francs lourds. Chaque année, 100 millions de sujets changent ainsi de propriétaire.

Le summum est de réussir à obtenir un individu entièrement blanc, dont chaque flanc est marqué en son centre d'une tache rouge circulaire représentant l'emblème du soleil levant. Banzaï !

Les origines de la carpe

L'origine et la date des premières acclimatations font l'objet de nombreuses divergences. Les premiers à avoir introduit la carpe sur tout le pourtour du bassin méditerranéen dès le début de l'ère chrétienne seraient les Romains, à l'aide de sujets en provenance d'Asie Mineure, et non Marco Polo qui, selon la légende, aurait ramené de ses voyages extraordinaires des carpes de Chine dans la seconde moitié du XIIIe siècle. Cela dit, le plus vieux traité de carpiculture, qui aurait plus de 2 000 ans, a été écrit par des Chinois !

En 1245, Jean du Plan Carpin, moine franciscain, serait revenu de l'Empire du Milieu avec des carpes conservées dans des barriques. Durant le Moyen Age, à travers toute l'Europe, les moines ont ensuite contribué au développement de la carpiculture. Le poisson aurait été introduit au XVe siècle en Angleterre et en 1876 aux États-Unis, à la demande des immigrants d'Europe centrale, qui apprécient à tel point sa chair que la carpe figure au menu de tous les repas de fête. En revanche, elle est jugée indésirable en Australie, où elle a été implantée au début de notre siècle.

Le gardon

Rutilus rutilus

Cyprinidés

Seuls les véritables techniciens de la pêche au coup, disposant d'un matériel adapté et possédant le «secret» des bonnes amorces, parviennent à réaliser régulièrement de belles bourriches de gardons, poisson pourtant abondant et réputé comme étant la prise de base du débutant.

LES PÊCHES DU GARDON

La pêche du gardon est l'une des plus populaires et des plus pratiquées. C'est la prise type du pêcheur au coup, qui intéresse aussi bien le débutant que les as de la compétition. L'éclectisme alimentaire de cette espèce et son abondance contribuent à son succès. La capture de quelques gardons est possible à l'aide de montages grossiers, mais seuls les vrais spécialistes, connaissant les secrets d'un bon amorçage et sachant utiliser des lignes très fines parfaitement équilibrées, peuvent prétendre réaliser de belles bourriches.

La pêche au coup, à la ligne flottante

Le matériel

- *La canne* : sa longueur dépend de l'éloignement du coup et de sa profondeur. Une canne de 4 à 6 m peut être choisie dans les modèles télescopiques. Au-delà (c'est le cas de certaines cannes de compétition ou cannes pour grands plans d'eau et rivières très larges), on lui préférera un modèle à emboîtement afin d'obtenir un meilleur équilibre. Les cannes roubaisiennes, dont la crosse est munie d'un caoutchouc amortisseur, permettent de maîtriser de gros gardons pouvant peser plus d'une livre.
- *Les montages* : si, en période de frénésie alimentaire, le gardon peut mordre sur des

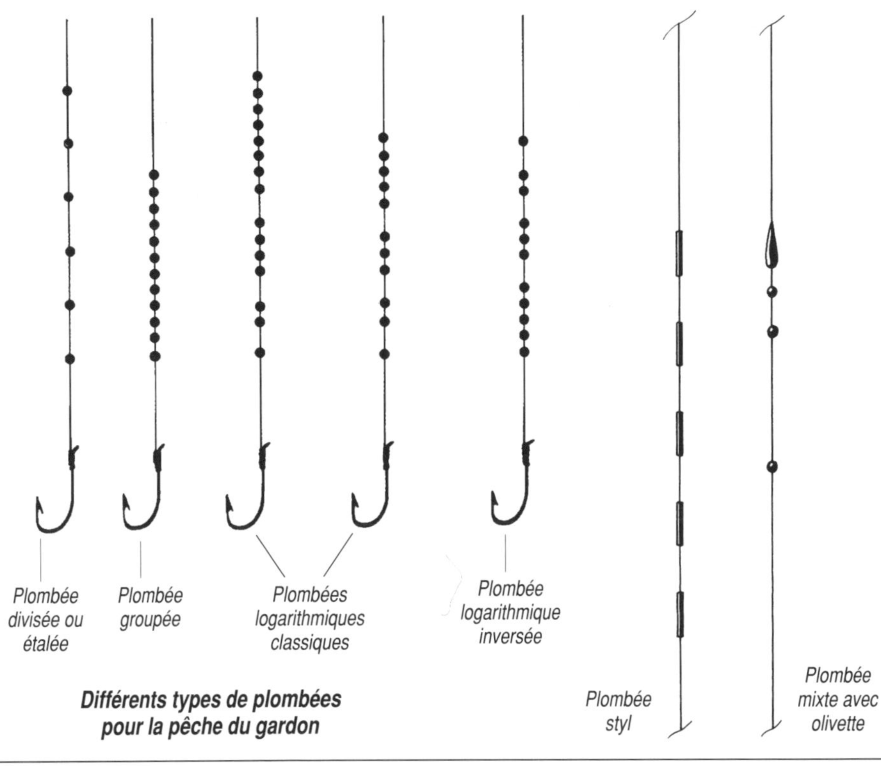

Différents types de plombées pour la pêche du gardon

La pêche du gardon à partir d'une embarcation nécessite une certaine discrétion lors des déplacements ou des mouvements à bord...

montages grossiers, le succès de cette pêche dépend en grande partie de la finesse de la ligne, de la sensibilité du flotteur, et du bon équilibre de la plombée. En absence de courant et par temps calme, on peut utiliser un corps de ligne en 8/100e sur lequel coulisse un flotteur très sensible. Fusiforme ou sphérique dans les modèles de petite taille à longue quille métallique, il supporte une plombée de 0,5 à 1 g étalée sous la forme de petits plombs sphériques. Certains préfèrent pour des pêches difficiles une minuscule olivette qui bute sur le nœud de raccord du bas de ligne, dont le diamètre n'excède pas le 7/100e et la longueur 30 cm.
L'hameçon, n°20 à 24, fin de fer à tige longue, est bleui. En rivière, ou en étang lorsqu'un fort vent fait lever des vaguelettes, un flotteur trapu et quillé est mieux adapté. Pour de gros gardons, le corps de ligne sera en 10/100e et l'empile en 8/100e. La plombée, groupée, peut être remplacée par une olivette goutte d'eau accompagnée d'une petite cendrée pincée à 10 cm au-dessus de l'hameçon n°18 à 20.

Les esches

- *Le ver de vase* : il s'agit d'une larve de chironome, d'un beau rouge rubis, très appréciée du gardon (ainsi que de tous les Cyprinidés), que l'on rencontre dans les eaux stagnantes non polluées.
Ce véritable sauve-bredouille donne les résultats les plus constants tout au long de l'année. Esche fragile, elle doit être manipulée avec les plus grandes précautions et eschée à l'hameçon (nos 18 à 22) avec délicatesse, afin de ne pas la vider de son contenu, ce qui lui ôterait tout son pouvoir attractif.
- *L'asticot* blanc ou coloré est valable en toute saison, ainsi que le caster, qui correspond à la chrysalide de l'asticot et a la réputation d'être très apprécié des gros gardons.

- *Les «pifises» :* ces petites larves de Diptères colorées en rouge peuvent remplacer le ver de vase.
- *Le ver de terreau* : excellent pour eaux teintées ou en période hivernale, il est monté sur hameçon n°18 à 20.
- *La pâte* : certaines pâtes synthétiques peuvent donner des résultats surprenants en l'absence de touches sur des esches traditionnelles. On peut confectionner soi-même une pâte excellente en mouillant de la farine jusqu'à obtention d'une texture homogène et légèrement collante grâce à l'adjonction de sucre ou de miel. Le jaune d'œuf est un excellent liant qui confère à la pâte une belle coloration dorée. Certains pêcheurs qui désirent obtenir un mélange plus ferme ajoutent des flocons de pomme de terre déshydratée.
- *La mousse filamenteuse*, récoltée sur les gros galets ou le long des quais, est très appréciée des gardons en période estivale. L'eschage se fait en raclant légèrement le substrat de mousse à l'aide d'un hameçon n°18 fin de fer.

L'amorçage

Il conditionne le succès pour pêcher le gardon. Les préparations vendues dans le commerce conviennent généralement fort bien. On peut les substituer à une recette «maison» à base de tourteau de chènevis mêlé à de la farine de maïs, de la chapelure de pain trempée et essorée, de la terre de taupinière lorsqu'on pêche en eau courante, additionnée d'un fouillis de vers de vase, véritable gourmandise du gardon. L'huile de chènevis est un excellent liant dont l'arôme est très apprécié. L'amorçage de départ est constitué de 5 à 10 boules de la grosseur d'une orange. Une distribution de quelques boulettes en cours de séance maintient l'intérêt des poissons.

L'action de pêche

Elle débute par un sondage précis de la coulée ou du coup. Le rendement maximum est obtenu en réglant le flotteur de manière que l'esche évolue au ras du fond. La sonde est toujours fixée sur la tige de l'hameçon et non sur le fil. Les manœuvres d'aguichage (tenues et relâchers en eau

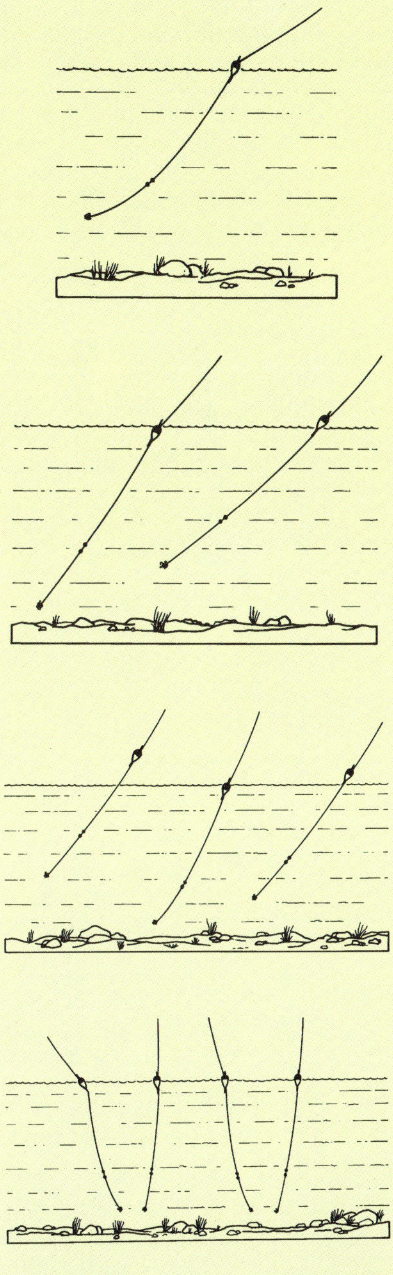

Manœuvres d'aguichage en rivière destinées à exciter la convoitise du gardon

courante, «fausse coulée» en eau calme) augmentent le pouvoir attractif de l'esche. La touche, généralement franche, peut commander un ferrage légèrement retardé lorsqu'on opère au ver de terreau ou à l'asticot. Le ferrage est immédiat si l'hameçon est esché d'une boulette de pâte.

LA PÊCHE AU CHÈNEVIS (PÊCHE À LA GRAINE)

Très subtile et difficile à maîtriser, cette technique exige des réflexes sûrs et ultra-rapides.

Elle s'adresse surtout à des gardons de taille moyenne à grosse (200-500 g).

Le chènevis est la graine de chanvre utilisée dans l'industrie textile. Très appréciée du gardon, elle fait partie des esches qui permettent de réaliser les plus jolies bourriches durant toute la belle saison, de juin à octobre.

Le matériel

- *La canne* : la rapidité du ferrage conditionne le succès. Pour une réponse immédiate, il est conseillé d'utiliser une canne courte (guère supérieure à 5 m) à action de pointe, pour éviter tout retard au ferrage. Les cannes roubaisiennes dotées d'une crosse à élastique intérieur représentent le meilleur compromis équilibre-rigidité. Les modèles courts ne sont pas adaptés à toutes les situations, notamment à la pêche à longue distance (grands plans d'eau, rivières larges). Au-delà d'une longueur de 6 m, une canne rigide à emboîtement est préférable.

- *Les montages* : la ligne légère et fine pour être pêchante, la bannière la plus courte possible (1,50 m environ) répondent aux impératifs d'un ferrage instantané. Le corps de ligne a un diamètre de 8 à 10/100e selon la taille des poissons. Le flotteur, fusiforme par temps calme et absence de courant, trapu en rivière, est équilibré par une plombée semi-massive, logarithmique inversée (courant), ou étalée (eau dormante). En étang, le bas de ligne en 6 à 8/100e est court (10 cm). En rivière ou par vent violent et formation de vaguelettes, sa longueur varie de 15 à 50 cm pour une présentation plus naturelle de l'esche. L'hameçon n°16 à 20, selon la taille des graines, à tige longue et fin de fer, est bleui.

Il est ensuite délicatement piqué dans la pulpe, à la base de la graine, puis tourné dans la graine, la pointe ressortant sous la queue.

L'amorçage

Sur un coup qui n'a jamais été pêché à la graine, un amorçage d'accoutumance abondant est requis, pour habituer le gardon au chènevis. Il est réalisé à heure fixe, 2 ou 3 jours à l'avance, sous la forme de 2 pains de tourteau de chènevis additionnés de1 l de graines pures, cuites à chaque séance. Les graines de chènevis peuvent être achetées

LES COUPS À GARDON

En rivière, le gardon apprécie les coulées lentes et profondes, à fond régulier tapissé de végétation aquatique ou de galets recouverts de mousse. On le rencontre souvent le long des ouvrages (quais, digues, aval des déversoirs), ainsi que dans les reculées calmes bordées de végétation. Tous les endroits où une cassure apparaît dans le relief (dépression en eau peu profonde, haut-fond dans une fosse) sont à prospecter.

LA PÊCHE AU BLÉ

Le blé cuit est une excellente esche estivale qui intéresse aussi bien les gros gardons que d'autres Cyprinidés tels que la carpe et la brème. Pour éviter des casses trop fréquentes, le bas de ligne a un diamètre minimum de 10/100e. L'hameçon, n°14, est esché d'une graine qui laisse bien apparaître la pointe de l'ardillon. L'amorçage a lieu durant deux jours avant la séance de pêche. Le rappel est facultatif en eau calme. La touche de gardon sur le grain de blé, contrairement au chènevis, est assez lente, d'où un ferrage facilité.

Pour la pêche du gardon, il faut se munir d'un matériel important et sophistiqué.

cuites ou crues. Dans ce dernier cas, la cuisson est précédée d'un trempage dans l'eau, de 12 à 24 h (à raison de 4 l d'eau pour 1 l de graine). On peut mêler à l'eau de cuisson 2 cuillerées à soupe de sucre en poudre afin de rendre les graines plus brillantes. Le feu est maintenu durant 15 à 20 mn, jusqu'à apparition des germes. On verse alors dans le fait-tout de l'eau froide pour affermir la pulpe et obtenir une meilleure tenue à l'hameçon.

En début de séance de pêche, il est bon de renouveler l'amorçage avec quelques boules à base de tourteau de chènevis (1 volume) mêlé à 2 volumes de farine d'arachide, 1 volume de pomme de terre cuite et écrasée, 3 volumes de PV1 et éventuellement 1 volume de pain trempé et essoré. On ajoute des graines cuites et une quantité variable de terre de taupinière ou de sable jaune, pour amener l'amorce plus rapidement au fond en cas de courant vif. Certains «petits malins» additionnent le mélange d'un faible pourcentage (5 %) de produits stimulants (coriandre ou cacao). D'autres, lorsqu'ils opèrent sur une coulée rapide, congèlent des paquets de graines à l'intérieur desquelles ils placent un lest (caillou) qui maintiendra l'amorce au fond à l'endroit voulu. Le nec plus ultra consiste à immerger des sacs solubles (genre Solucit) lestés. L'amorçage de rappel, opéré toutes les 2 ou 3 coulées, est réalisé à l'aide de quelques pincées de graines jetées à la volée.

L'action de pêche

L'importance d'un sondage précis est toujours capitale, de manière à faire évoluer l'esche au ras du fond. En rivière, chaque coulée est entrecoupée de nombreuses manœuvres d'aguichage, jeu permanent de retenues et de relâchers d'amplitudes variables qui conditionnent le succès. La touche est souvent discrète, très rapide. Elle appelle un ferrage immédiat et un renouvellement de l'esche quel que soit le résultat obtenu, la graine de chènevis tenant très mal à l'hameçon. En cas d'insuccès, on peut tromper l'attente en utilisant d'autres appâts : graines noires (sans germe) ou blanches (décortiquées).

Préparation d'une amorce à base de fouillis de vers de vase.

La pêche à la ligne flottante, à l'anglaise

Cette nouvelle technique est très intéressante dans les rivières larges à courant profond et régulier, ainsi que dans les vastes plans d'eau où les poissons sont mordeurs au large. Toutes les esches décrites précédemment (hormis le chènevis et la pâte) peuvent convenir, en particulier l'asticot (les jets d'asticots pris à la fronde sont d'un excellent rendement).

Le matériel

- *La canne* : on emploie une canne à l'anglaise de 3,90 à 4,20 m en 3 brins, à scion très fin dont la souplesse est compatible avec l'emploi de nylons de 8 à 10/100e.
- *Le moulinet* à tambour fixe est doté d'un frein dont la qualité est irréprochable.
- *Les flotteurs* : il existe aujourd'hui de nombreux modèles spécifiques destinés à cette pêche à distance.

Les modèles à un point de fixation : ce sont les flotteurs de type Waggler, dotés d'un petit œillet métallique à la base, à l'intérieur duquel coulisse le nylon. Cette disposition permet un noyage rapide de la bannière qui est ainsi soustraite à l'action du vent. Le flotteur est bloqué en amont par un plomb ou une petite ligature, il est arrêté en aval au moyen d'un plomb. Il est surtout utilisé dans les eaux calmes.

Les modèles à deux points de fixation : il s'agit des modèles Pace Maker et Stick (excellents par courant régulier si la profondeur ne dépasse pas 2,50 m), Slider (pour rivières profondes), Avon (excellents par courant agité en raison de leur très bonne stabilité).

- *Les plombs* : il faut utiliser des plombs spéciaux, très mous, pincés sur le nylon entre le pouce et l'index, qui se déplacent sur la bannière au gré des besoins sans risque de détériorer le nylon. La numérotation est établie par ordre de taille décroissant : SSG, AAA, BB ou n° 1, 4, 6, 8. Pour le gardon, le flotteur est généralement équilibré à l'aide de 3 à 6 plombs choisis dans la série AAA, soit 2 à 5 g. La plombée est plutôt groupée en eau courante, étalée en eau calme.

- *Le nylon* : le corps de ligne a généralement un diamètre de 10 à 12/100e, le bas de ligne est en 8/100e. Le nylon spécialement conçu pour cette technique est très souple, offre une excellente résistance à la rupture et une faible élasticité, requise pour un ferrage à longue distance. De plus, il se voit facilement.
- *Les esches* : l'asticot est le plus employé car il se prête fort bien à l'amorçage à longue distance, y compris à la fronde.

L'action de pêche

Une fois le flotteur en position (il est inutile de lancer trop loin au début, une distance de 15 à 20 m étant suffisante pour un ferrage efficace), le pêcheur immerge le scion dans l'eau puis donne quelques tours de manivelle pour noyer la bannière et amener la ligne sur le poste. A la touche, et compte tenu des distances, un ferrage ample mais sans brutalité est requis.

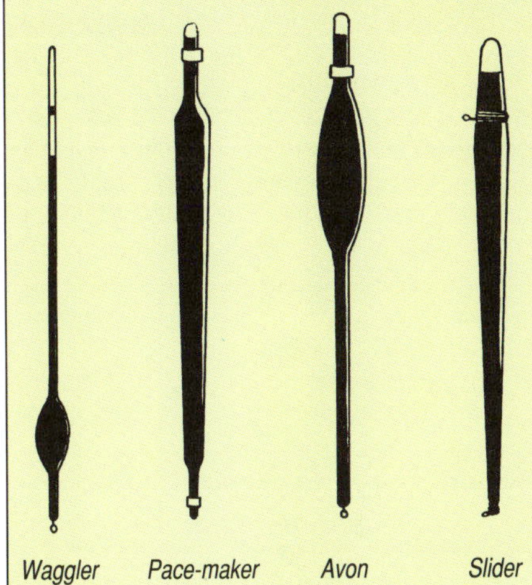

Flotteurs anglais

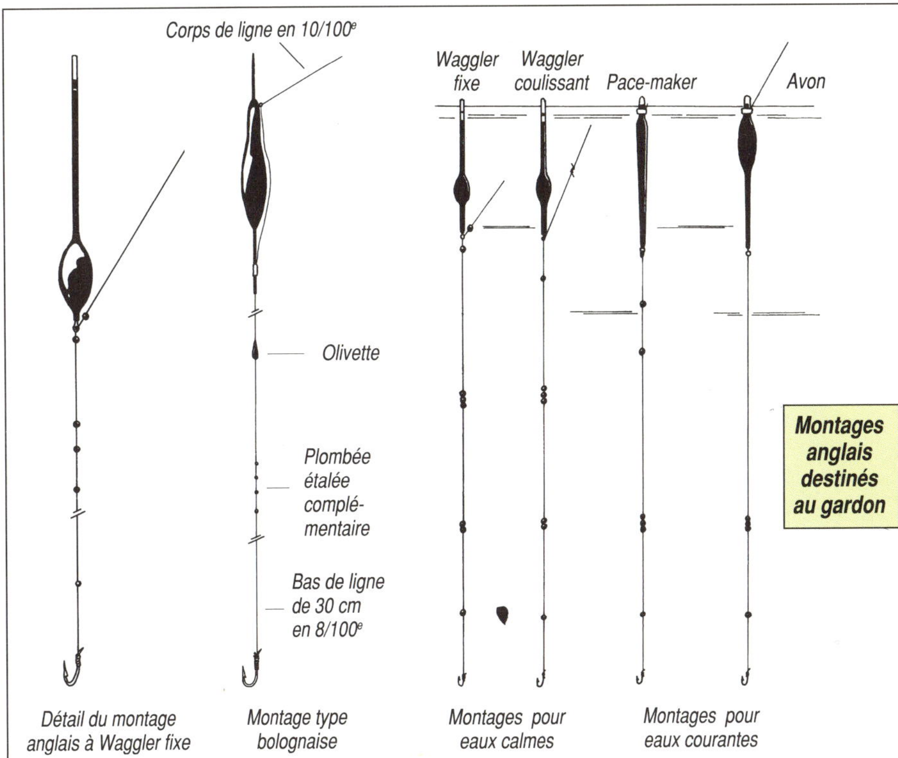

Montages anglais destinés au gardon

BIOLOGIE-ÉCOLOGIE DU GARDON

Description

Le gardon s'hybridant facilement avec d'autres Cyprinidés (brème, rotengle, ablette), son identification peut se révéler aléatoire, d'autant plus qu'au sein même de l'espèce existent plusieurs formes et variétés dont la morphologie peut être différente. Le gardon est souvent confondu avec le rotengle. Quelques critères de reconnaissance permettent cependant de différencier les deux poissons, selon le tableau ci-joint.

	Gardon	Rotengle
Nageoire dorsale	Située à l'aplomb des pelviennes	Implantée en arrière de l'aplomb des pelviennes
Œil	Rouge	Jaune à orangé
Bouche	Petite, presque horizontale	Oblique
Ventre	Sans carène	Caréné
Hauteur du corps	Corps peu élevé, plutôt allongé	Hauteur du corps plus grande, au moins supérieure à 2 fois celle de la tête
Dents pharyngiennes	Sur 1 rang	Sur 2 rangs
Mâchoire supérieure	Plus longue que l'inférieure	Plus courte que l'inférieure

Le corps du gardon, plutôt allongé, est recouvert d'écailles brillantes assez grandes, au nombre de 41 à 45 le long de la ligne latérale. Le pédoncule caudal, fin, se termine par une nageoire caudale nettement échancrée. La dorsale, de dimension identique à l'anale, se situe à l'aplomb des pelviennes. La ligne latérale, continue, est bien visible. Le dos, vert foncé à bleuté, contraste avec les flancs plus clairs à reflets argentés et le ventre blanc ou légèrement rosé. Les nageoires pectorales, dorsale et caudale sont brunes. Les pelviennes et l'anale sont rougeâtres. La croissance du gardon est lente ; il ne mesure que 10 cm à 2 ans. Sa taille peut atteindre 40 à 50 cm pour un poids record de 1 à 2 kg.

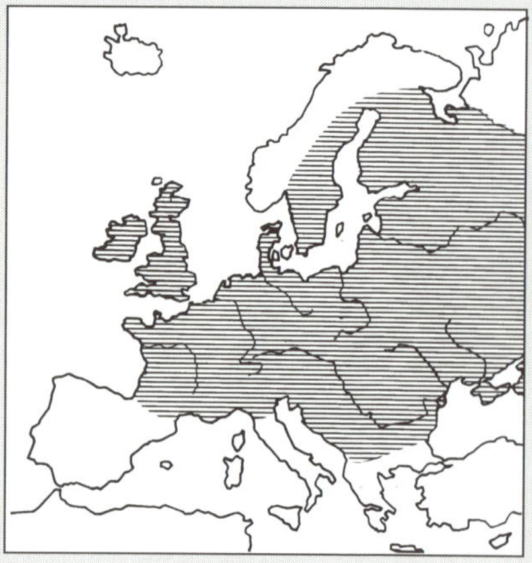

Répartition

Très répandu en Europe centrale et occidentale, le gardon est absent d'Espagne (du moins la forme que nous connaissons) et des pays nordiques.

Habitat

On le rencontre dans la majorité des fleuves, rivières, ruisseaux et plans d'eau de moyenne et basse altitude, jusque dans la zone des estuaires. Sa présence est notée dans de nombreux cours d'eau à truite de plaine, mais il est absent des lacs et torrents d'altitude, ainsi que de tous les secteurs à courants rapides. Il apprécie les fonds de sable et de limon envahis de végétation.

Régime alimentaire

Le gardon fouille la vase, le gravier et les herbiers du fond à la recherche de diverses proies animales (larves d'insectes, vers, mollusques), de débris végétaux, de jeunes pousses, d'algues microscopiques ou de mousse. A la belle saison, il vient volontiers gober en surface des insectes à la dérive.

Reproduction

La maturité sexuelle est atteinte à 2-3 ans, lorsque le poisson mesure 12 à 15 cm. Le frai a lieu à la fin du printemps, de mai à juin, selon la température de l'eau, qui doit atteindre 12-14 °C. Il donne lieu à des rassemblements spectaculaires de géniteurs en eau peu profonde, envahie par la végétation. Les poissons remontent souvent à cette occasion à proximité de l'arrivée d'un tributaire, qui assure une bonne oxygénation de la ponte.Les œufs, jaunâtres, d'un diamètre de 1,5 mm, sont déposés parmi les herbiers où ils adhèrent sur les tiges et les feuilles. Chaque ponte comporte environ 100 000 œufs qui incubent en 8 à 15 jours. Durant toute la période de reproduction, les mâles portent des tubercules nuptiaux répartis sur le dessus de la tête et les flancs. La ponte concerne simultanément toutes les femelles d'un même banc. Les facteurs coordinateurs qui déclenchent ce processus n'ont pas encore été élucidés.

Comportement

Le gardon est fondamentalement grégaire. Les jeunes sujets forment des bancs comportant des milliers d'individus, qui tendent à se résorber progressivement avec l'âge des poissons, les gros gardons demeurant plutôt solitaires ou évoluant en petites troupes. Durant toute la belle saison, les poissons occupent plutôt la zone superficielle située de 0 à 5 m. En hiver, ils regagnent les eaux profondes et ralentissent considérablement leur activité pour tomber en semi-léthargie lorsque la température de l'eau avoisine 0 °C.

LE ROTENGLE

Le rotengle est très proche morphologiquement du gardon. En période nuptiale, ses flancs sont magnifiquement teintés de nuances dorées et ses nageoires sont d'un rouge éclatant. L'été, il monte volontiers en surface pour gober des insectes à la dérive. Outre les techniques de pêche classiques destinées au gardon, on peut donc le capturer à la mouche sèche ou à la surprise.

La tanche

Tinca tinca

Cyprinidés

Le corps de ce paisible poisson est recouvert d'un abondant mucus auquel on attribuait autrefois des vertus médicinales. En effet, des poissons apparemment malades sont souvent observés se frottant contre les flancs de la tanche.

LES PÊCHES DE LA TANCHE

La tanche est bien connue des pêcheurs, qui apprécient sa combativité et la finesse de sa chair. La pêche est surtout productive de juin à octobre, lorsque les poissons sont sortis de leur état léthargique. Très méfiante, la tanche demande une approche et des déplacements sur les rives discrets, ainsi que des montages assez fins. On la recherche à proximité de ses tenues habituelles, le long des bordures plantées de nénuphars ou de potamots. Sa présence est signalée par des nuages de bulles en chapelets qui crèvent la surface, visibles lorsqu'elle est occupée à fouiller le fond à la recherche de sa pitance.

LA PÊCHE AU COUP À LA LIGNE FLOTTANTE POSÉE

Le matériel

- *La canne* : une canne à coup classique en carbone à emboîtement de 6 à 9 m peut convenir. Pour pêcher des coups situés à longue distance ou maîtriser plus aisément de gros poissons, on peut lui préférer une canne à l'anglaise de 3,30 m. Dans le premier cas, une crosse à élastique extérieur permettra de contrer la défense brutale d'une belle pièce.
- *Le montage de la ligne* : le choix du flotteur dépend des conditions de pêche. Par temps calme et en l'absence de vaguelettes, une forme longue et effilée classique, très sensible, du type de celles préconisées pour le gardon, convient. Un flotteur plus trapu à longue quille, en forme de poire, pouvant supporter une plombée de 2 à 4 g, est préférable les jours de grand vent, pour maintenir la ligne sur le coup amorcé. La plombée de 1 à 4 g est choisie en fonction de la profondeur prospectée et de la présence éventuelle de vagues ou de courant. Elle peut être répartie sous la forme d'une olivette, suivie de petits plombs sphériques ou cylindriques étalés, afin de bien positionner la ligne sur le coup amorcé. Par temps calme, quelques plombs cylindriques répartis à intervalles réguliers garantissent la souplesse et la discrétion nécessaires. Le corps de ligne est en 16 à 14/100e. Le bas de ligne, long de 50 cm, est en 12/100e.

Les esches

En période estivale, on peut proposer à la tanche deux grains de blé montés sur un hameçon simple n°14, une graine de chènevis, de maïs, voire une bouillette à carpe pour les gros sujets. Un morceau de pain d'épice esché sur un hameçon triple donne d'excellents résultats. Les esches animales demeurent une valeur sûre et constante tout au long de l'année. Parmi les plus appréciées, citons le ver de terreau monté par deux sur un hameçon n° 14 à 16, l'asticot esché sur hameçon n° 16 à 18, seul ou en bouquet, le bouquet de vers de vase sur hameçon n° 18 à 20. Le fragment de queue d'écrevisse est parfois utilisé.

L'amorçage

Il est indispensable pour attirer et mettre en appétit les tanches. Il est préférable d'effectuer cette opération la veille de la partie de pêche, en raison du caractère craintif du poisson. La base de l'amorce est de la chapelure de pain assez grossière, à laquelle on ajoute des composés farineux (farine de maïs, jaune de Hollande, semoule de maïs et surtout farine de pain d'épice, dont l'odeur attire irrésistiblement les tanches).

On peut également apporter du tourteau de chènevis, de lin ou d'arachide.

Il est important d'adjoindre à l'amorce l'esche proposée en cours de pêche : vers de terreau, asticots, fouillis de vers de vase, blé... Pour bien maintenir la préparation au fond, certains pêcheurs ajoutent à leur composition une part de terre argi-

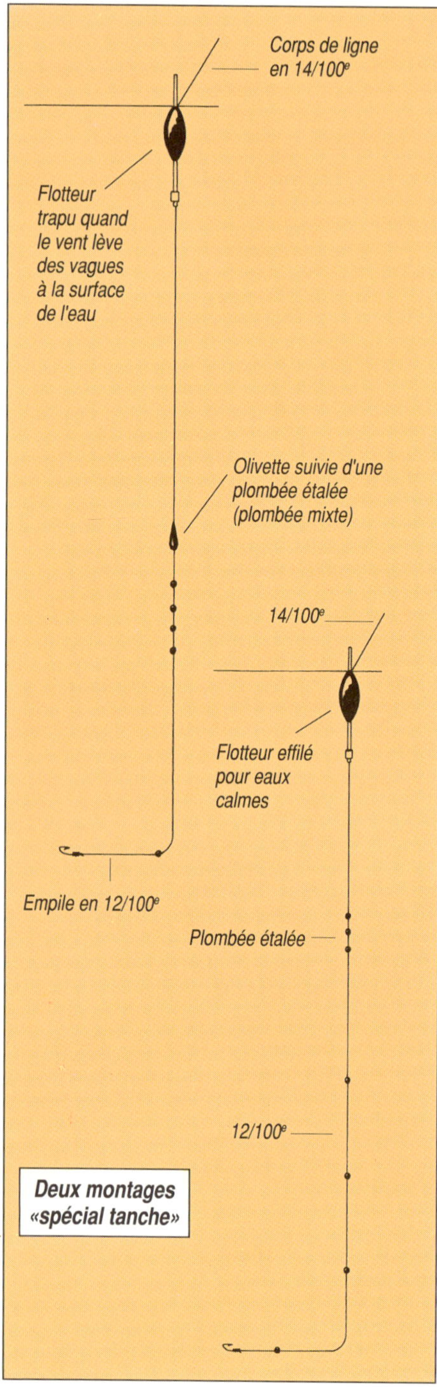

Deux montages «spécial tanche»

leuse. Lorsque la tanche parvient sur le coup, elle signale sa présence par des chapelets de bulles caractéristiques.

L'action de pêche

Elle consiste en premier lieu à bien sonder le coup de manière à faire reposer l'esche sur le fond, accompagnée de l'empile.
Cette opération, ainsi que les déplacements sur les rives, sont effectués le plus discrètement possible afin de ne pas éveiller la méfiance du poisson.
La touche, souvent hésitante, est signalée par des tressaillements timides. Il faut attendre une plongée franche avant de ferrer. La défense est lourde, obstinée. Au contraire de la carpe, la tanche ne cherche pas à effectuer des départs brutaux vers des obstacles.
Elle oppose plutôt sa puissance en tenant le fond avec obstination, tout en tournant en rond. Parfois, elle revient sur le pêcheur. L'instant où elle parvient à l'épuisette est le point critique de la bagarre. Semblant reprendre des forces, elle effectue souvent un plongeon brutal auquel on ne s'attend pas... et qui provoque une casse imparable !
La tanche peut aussi être pêchée à rôder, ou plus exactement à vue lorsqu'elle se tient sous la surface par les belles journées estivales. Sa présence est alors signalée par des mouvements dans les herbiers aquatiques, des bruits de succion émis lorsqu'elle tente de capturer une proie sous les nénuphars. La ligne utilisée est dépourvue de flotteur, et l'appât proposé au milieu de ces manifestations.

LA PÊCHE MODERNE À LA PLOMBÉE

Voir la brème.

BIOLOGIE-ÉCOLOGIE DE LA TANCHE

Description

Elle est reconnaissable à son corps épais et trapu, recouvert d'écailles minuscules protégées par un mucus abondant. Les pêcheurs attribuaient autrefois à cette matière visqueuse des vertus médicinales. En effet, de nombreux poissons qui semblaient malades ont été observés se frottant contre les flancs de la tanche. Ce comportement curieux et inattendu n'a jamais été expliqué. La tête, massive, est ornée de deux courts barbillons implantés au niveau de la commissure des lèvres. La bouche est protractile. Les nageoires du mâle, considérablement développées à l'époque du frai, serviraient à guider la laitance lors de la fécondation des œufs. La robe de la tanche, magnifique, est vert bronze à reflets dorés. Les yeux, petits et haut placés, laissent supposer une fonction visuelle réduite, compensée par la très grande sensibilité tactile des barbillons, qui jouent un rôle déterminant dans la recherche de nourriture. La tanche mesure en moyenne une trentaine de centimètres. Elle peut atteindre la taille respectable de 60 cm pour un poids de 3-4 kg.

Habitat

La tanche est répandue dans les eaux calmes et chaudes, riches en végétation. On la rencontre dans les mares, étangs, canaux, lacs, les reculées des rivières et des fleuves abritées des courants principaux, les bras morts.

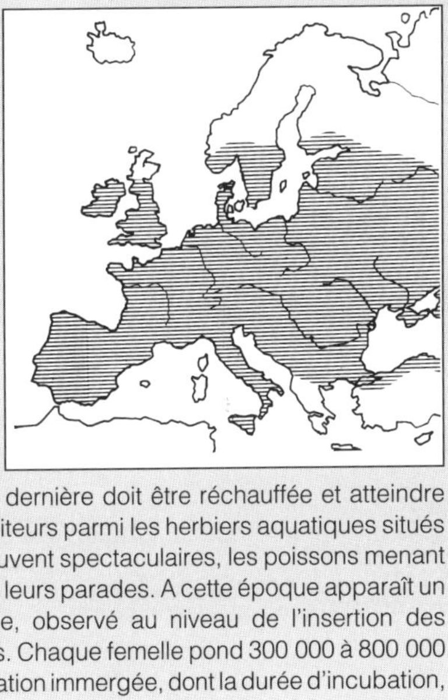

Répartition

La tanche est présente dans toute l'Europe.

Régime alimentaire

Omnivore, la tanche se nourrit en fouissant le substrat vaseux du fond, de jeunes pousses d'herbes aquatiques, de grains et autres débris végétaux, sans oublier un grand nombre de petites proies telles que vers, mollusques, larves d'insectes et parfois alevins chez les gros sujets.

Reproduction

La maturité sexuelle est atteinte à 3-4 ans. A l'époque du frai, qui se déroule de mai à juillet selon les régions et la température de l'eau (cette dernière doit être réchauffée et atteindre 20-25 °C), on assiste à des rassemblements de géniteurs parmi les herbiers aquatiques situés en eaux peu profondes. Ces manifestations sont souvent spectaculaires, les poissons menant grand tapage et bousculant les roseaux au cours de leurs parades. A cette époque apparaît un dimorphisme sexuel supplémentaire chez le mâle, observé au niveau de l'insertion des nageoires pelviennes, marquée d'un bourrelet épais. Chaque femelle pond 300 000 à 800 000 œufs minuscules (diamètre de 1 mm) parmi la végétation immergée, dont la durée d'incubation, rapide, ne dépasse pas 8 jours.

Comportement

Poisson de fond durant la majeure partie de l'année, on peut la voir musarder en surface certains après-midi d'été, parmi les feuilles flottantes des nénuphars et des potamots, surtout lorsque les eaux sont très réchauffées. Elle capture ainsi de menues proies en émettant un bruit de succion caractéristique. En hiver, elle cesse toute activité et s'enfouit dans la vase pendant de longues semaines. Elle ne s'alimente plus et demeure immobile, les ouïes fermées. Cet état de léthargie limite la consommation d'oxygène. Volontiers grégaire, elle vit habituellement en petites troupes qui évoluent sur un territoire familier, en rejoignant les postes déjà explorés et en empruntant les cheminements reconnus.

La grande brème

Abramis brama

Cyprinidés

Son corps très comprimé latéralement, presque discoïdal, lui vaut l'appellation de «plateau».

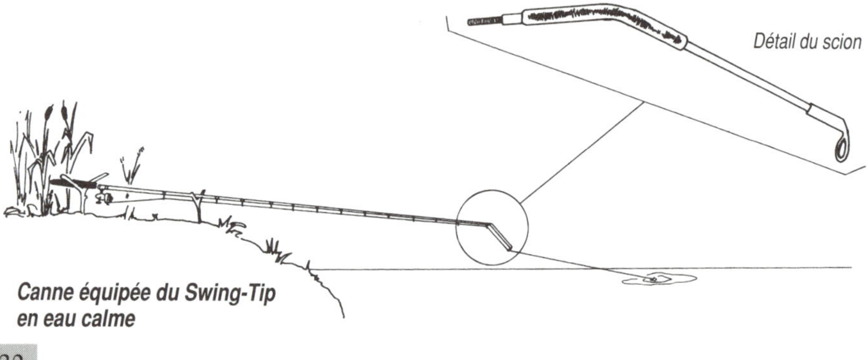

La pêche moderne à la plombée, au Swing-Tip et au Quiver-Tip

La pêche à la plombée a longtemps été réservée à la recherche des gros poissons tels que carpes ou barbeaux, à l'aide de montages lourds. Le savoir-faire des Anglais a permis à cette technique de connaître une évolution considérable, en même temps que les pêches modernes à la ligne flottante et au moulinet. De nouveaux indicateurs de touches très sensibles ont été mis au point, qui permettent l'utilisation de montages fins et légers qui s'appliquent aux conditions de pêche les plus difficiles (longues distances, grandes profondeurs, vent violent, courant).

La brème est peu estimée par de nombreux pêcheurs, qui lui reprochent sa chair molle bourrée d'arêtes, ainsi que sa piètre défense. Grâce aux techniques anglaises, sa pêche présente pourtant un réel intérêt ; les captures sont nombreuses et les prises, souvent de belle taille, peuvent donner du fil à retordre sur les nylons fins utilisés. A ce titre, elle est très appréciée des Anglo-Saxons, qui savent réaliser des bourriches mémorables. La meilleure période pour rechercher la brème se situe du milieu de l'été au début de l'automne, dans les parties calmes des fleuves bordées de ceintures végétales, dans les lacs et étangs.

Le matériel

- *La canne* : de nombreux fabricants livrent aujourd'hui d'excellentes cannes à un prix tout à fait abordable. Leur conception est identique à celle décrite pour la pêche à l'anglaise à la ligne flottante. La longueur est toutefois en moyenne plus réduite (3 à 3,60 m selon la profondeur, la distance à atteindre, la taille des prises). L'extrémité du scion comporte un anneau spécial doté d'un filetage intérieur destiné à recevoir l'indicateur de touche. Ne nous fions pas à l'apparente finesse de ce scion, capable de maîtriser un beau poisson. La nervosité requise est offerte par le carbone ou les matériaux composites. Pour éviter la casse au ferrage, une action parabolique est préférable.
- *Le moulinet* : il est choisi dans les modèles à tambour fixe destinés au lancer léger, dotés d'un frein très sensible afin que le nylon, fin, se déroule sans à-coup. Certains pêcheurs préfèrent les moulinets capotés, qui réduisent les risques de perruque mais augmentent le freinage lors du lancer. La bobine est garnie de 150 m en 12 à 14/100e.
- *Le Quiver-Tip* : polyvalent, cet indicateur de touche est aussi efficace dans les eaux calmes que courantes. Il demeure fonctionnel par grand vent. Le «bout qui tremble» est une sorte de mini-scion fin et nerveux en fibre de verre ou de carbone,

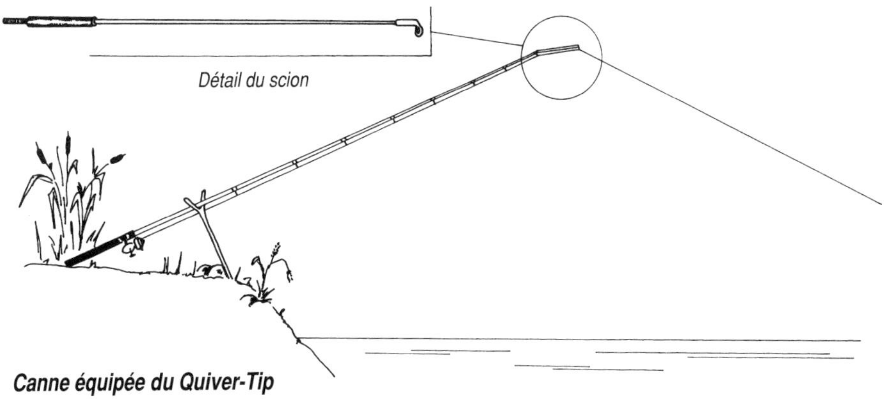

Canne équipée du Quiver-Tip

long de 25 à 30 cm, terminé par un anneau.
- *Le Swing-Tip* : le «bout qui danse» a été conçu pour les eaux calmes. Par grand vent ou courant soutenu, il perd de sa fiabilité. Il est composé d'une courte partie métallique munie d'un filetage qui permet de le fixer à l'anneau de tête du scion, complétée par une gaine de silicone qui sert de charnière plus ou moins rigide selon les circonstances (très souple par temps calme et eau stagnante, plus rigide par temps venteux et courant).
Un tube d'aluminium, de rotin, de bambou ou de fibre de verre, long de 15 à 25 cm, est enfilé dans le silicone. Il se soulève ou se met à l'horizontale pour indiquer une touche. La sensibilité du montage peut être modifiée en changeant les dimensions de cette tige.
- *Le montage* : selon le principe anglais qui évite au poisson de sentir l'inertie du montage lors de l'engamage, la plombée est placée en dérivation sur une courte potence (5 cm), logée à l'intérieur d'une gaine siliconée en caoutchouc qui limite les risques de vrillage autour du corps de ligne lors du lancer. Elle est rattachée au corps de ligne par l'intermédiaire d'une perle à potence coulissante qui bute sur un émerillon, lui-même relié à l'empile de 80 cm en 12/100e, terminée par un hameçon n° 12 à 18 selon la taille de l'esche. Le lest a une forme de poire.
Traditionnellement, on utilise des plombs d'Arseley de 5 à 15 g munis d'un petit émerillon-baril.
- *Le Swim-Feeder* : cette plombée peut être remplacée par un Swim-Feeder, petit cylindre creux en plastique transparent percé de nombreux trous. Rempli d'asticots, d'amorce, ou des mêmes larves incluses entre deux bouchons d'amorce, il sert d'amorçoir en libérant progressivement sur le fond, dans l'axe du bas de ligne, les éléments qu'il contient, sous l'action du courant.

Les esches

La brème apprécie un bouquet d'asticots blancs, rouges, de vers de vase, de petits vers de terreau, ainsi que des esches végétales telles que deux grains de blé, un grain de maïs ou de la mie de pain. Les panachés sont très appréciés des grosses brèmes.

L'amorçage

Il s'effectue en deux temps. La première phase correspond à un amorçage massif (une dizaine de boules de la taille d'une orange) composé d'un mélange à base de chapelure de pain, de tourteau de lin ou de soja, de PV1, de semoule cuite de maïs ou de couscous, de jaune de Hollande. Certaines amorces du commerce conviennent

BIOLOGIE-ÉCOLOGIE

Description

La grande brème est facilement identifiable à son corps ovoïde, presque discoïdal, comprimé latéralement. Cette particularité morphologique lui vaut la dénomination de «plateau» par les pêcheurs.

La bouche, protractile, porte une mâchoire inférieure plus courte que la supérieure, oblique et légèrement tournée vers le haut. Le ventre présente une forme de carène aiguë au niveau de la nageoire anale. La caudale, allongée, est dotée d'un lobe inférieur plus long que le lobe supérieur.

L'ensemble des nageoires est plutôt gris. Seules les nageoires pelviennes et anale sont teintées de rouge à leur point d'attache sur le corps. La coloration de la robe est plutôt terne : le dos est gris sombre à brun verdâtre, les flancs gris à reflets bleutés, le ventre blanc. Elle s'avive en période nuptiale, montrant de beaux reflets dorés. A cette même époque, les mâles portent des tubercules sur le dessus de la tête. La brème mesure en moyenne 30 à 40 cm pour un poids de 300 à 500 g. Elle peut atteindre la taille record de 70 cm pour un poids de 5 kg.

Une espèce proche, la brème bordelière *(Blicca bjoerkna)*, est reconnaissable à sa taille moyenne plus modeste, sa nageoire dorsale plus haute et pointue ; les dimensions de son œil par rapport à celles de sa tête sont proportionnellement plus élevées. La base des nageoires pelviennes et anale est souvent rougeâtre, même en dehors de la période de reproduction.

DE LA GRANDE BRÈME

Habitat

La brème marque la 4e zone dans la classification de Huet, qui correspond aux grandes rivières de plaine à courant large, lent, de faible pente mais à grand débit. Elle montre une prédilection pour les zones calmes à fond limoneux ou vaseux, les reculées, les bras morts. On la rencontre aussi dans les lacs et étangs, parmi les herbiers aquatiques.

Répartition

La brème est surtout présente en Europe centrale et au nord de l'Europe occidentale.

Elle est absente d'Espagne et d'Italie. Ses effectifs sont actuellement en progression spectaculaire en France, tout spécialement dans les lacs de barrage, pour plusieurs raisons :

- régression des prédateurs tels que les grands brochets qui seuls (avec le silure) pouvaient capturer les grosses brèmes ;

- diminution des prélèvements par les pêcheurs à la ligne qui préfèrent se tourner vers d'autres espèces, ainsi que par les pêcheurs professionnels pour qui ce poisson ne présente qu'un intérêt limité ;

- grande résistance à la pollution organique et à la dystrophisation.

Régime alimentaire

La grande brème se nourrit en fouillant la vase et les herbiers, à la recherche de divers invertébrés aquatiques (vers, mollusques, petits crustacés, larves d'insectes) qu'elle capture de manière typique, le corps penché vers l'avant, presque dans un plan vertical. Elle consomme également des débris végétaux, parfois le frai d'autres poissons, ou des alevins lorsqu'il s'agit de gros sujets. A ce titre, sa présence en forte densité peut la rendre indésirable.

Reproduction

La maturité sexuelle est atteinte à 3 ans chez le mâle, 4-5 ans chez la femelle. Le frai a lieu en mai-juin, quand la température de l'eau atteint 12 à 15 °C. Il donne lieu à des manifestations bruyantes parmi les herbiers aquatiques situés à faible profondeur. Chaque femelle dépose environ 30 000 œufs par kilo, qui adhèrent aux supports végétaux et incubent en 6 jours. Cette ponte est étalée sur plusieurs jours.

Comportement

Grégaire, la brème se déplace en bancs d'importance variable (souvent très grands) selon des trajets et des niveaux qui varient avec les saisons et l'alternance jour / nuit. Ainsi, durant la phase nocturne, elle monte volontiers en surface, tandis qu'elle évolue au ras du fond en cours de journée. Dans les eaux closes, elle s'envase durant l'hiver et tombe en léthargie. Ce poisson aux mœurs paisibles, très lent, est assez craintif.

tout à fait, telles que Drachko fin, 3 000 anglaise, Tesse, Raboliot. Les amorçages de rappel sont effectués à la fronde, à l'aide de l'esche utilisée (boules compactes d'asticots ou de casters liés par une poudre collante pour éviter leur dispersion lors du jet). Ces lancers précis à longue distance exigent un sérieux entraînement.

L'action de pêche

Après avoir lancé la ligne sur le coup amorcé, l'excédent de bannière est récupéré par quelques tours de manivelle. Le fil doit être tendu sans excès pour bien percevoir les touches, sans pour cela éveiller la méfiance du poisson. La touche est détectée par un léger relâcher ou un redressement de l'indicateur.

LA PÊCHE À LA LIGNE FLOTTANTE

Voir la carpe, le gardon, la tanche.

L'ablette

Alburnus alburnus

Cyprinidés

Encore appelée «vif argent», l'ablette ressemble à un bijou aux mille facettes brillantes. Sa pêche passionne aussi bien les compétiteurs de pêche au coup que les amateurs du fouet, de la volante ou les enfants, qui peuvent avec un minimum d'entraînement espérer de nombreuses captures.

LES PÊCHES DE L'ABLETTE

Il n'est guère de poisson plus amusant à pêcher que l'ablette : sa méfiance est proverbiale, et la vivacité de sa touche étonnante. La pêche au coup exige l'emploi d'un matériel très fin. L'ablette répond bien à un amorçage de surface qui crée un nuage clair, blanchâtre ou jaunâtre.
Le petit poisson d'argent se capture aussi à la volante, technique redoutable d'efficacité mais très difficile lorsqu'elle s'adresse à une espèce aussi vive (voir chevesne), et au coup à l'aide de techniques anglaises (voir gardon).

Dans les grandes rivières, l'ablette apprécie les zones de courants propres et oxygénées.

LA PÊCHE AU COUP, À LA LIGNE FLOTTANTE

Le matériel

- *La canne* : lorsque les poissons acceptent de s'approcher des rives, une canne courte (2 à 4 m) permet d'effectuer dans les meilleures conditions le ferrage immédiat requis. Dans les lacs de barrage et les grands plans d'eau où les poissons, méfiants, se tiennent plus au large, on utilise une canne à emmanchement de 6 à 9 m, à scion droit, plein et nerveux.
- *Les montages* : on peut monter une ligne d'un seul tenant en 6,5 à 8/100e. En eau courante, le flotteur est choisi dans les modèles petits mais très stables. En forme de poire, trapu et quillé, très sensible, il est réglé à la limite extrême de flottaison afin d'éviter le dragage sous l'action du vent. La pointe de l'antenne est peinte de couleur vive pour bien repérer l'évolution de la ligne dans les courants, et déceler la moindre anomalie indicatrice d'une touche. Lorsque les ablettes se tiennent à une profondeur constante (80 cm à 1 m sous la surface, par exemple), une plombée rapide, semi-groupée pour éviter les risques d'emmêlement (ou une olivette), amènera plus rapidement l'esche à portée des poissons. Si ces derniers évoluent à des profondeurs variables, on choisira plutôt une plombée étalée.
- *L'hameçon*, fin de fer à tige longue, est choisi dans des numérotations réduites (n° 22 à 24) car l'ablette, en raison de la grande sensibilité de ses lèvres et de sa méfiance instinctive, a tôt fait de repérer la présence d'un hameçon plus gros.

Les esches

Si on dispose de fouillis à mêler à l'amorce, le ver de vase est tout indiqué ; on le pique en travers du corps sur un hameçon n° 24 en prenant garde à ne pas le vider de son

Amorçage de surface pour l'ablette

Amorçage lourd, de fond, en eau courante, destiné au barbeau

contenu. Les petits asticots et les *pinkises* montés sur hameçon n° 22 sont excellents, ainsi que les fourmis, fourmis volantes ou œufs de fourmis piqués sur hameçon n° 24. Le petit cube de sang ou de lard est très prisé l'hiver.

L'amorçage

Il conditionne en grande partie le succès. On utilise une amorce de surface, claire, légère et sans grumeaux, qui éclate en touchant la surface et dont le nuage se maintient très longtemps en suspension sans couler. La technique employée ici est dite «amorçage d'excitation», et requiert le jet d'une pincée d'amorce de rappel de manière à exciter l'appétit des ablettes, sans les gaver, et à les maintenir sur place. On en trouve d'excellentes dans le commerce. Les cuisiniers amateurs peuvent confectionner eux-mêmes des recettes à base de chapelure de pain très fine (ou de biscuits écrasés non sucrés) mêlée à de la farine et à de la semoule de maïs. Tous les pêcheurs ont remarqué le goût prononcé de l'ablette pour les saveurs grillées. Ils ajoutent donc parfois du chènevis moulu grillé... ou du marc de café ! Une couleur très claire peut être obtenue par adjonction de lait en poudre. L'amorce doit être humidifiée légèrement (en vaporisation, par exemple) de manière à obtenir une pâte qui ne se délite pas en l'air mais éclate à la surface de l'eau. Les grumeaux sont ôtés au tamis.

L'action de pêche

Il est très important de contrôler parfaitement la dérive de la ligne, en maintenant la bannière tendue. Une attention constante sur le flotteur permet de réagir à la moindre sollicitation, et de répondre en temps voulu à des touches-éclairs. Lorsque les poissons semblent devenir chipoteurs, il suffit parfois de modifier la disposition de la plombée, le réglage du flotteur ou la taille de l'hameçon pour obtenir à nouveau des touches. La moindre anomalie – enfoncement du flotteur, léger arrêt ou déplacement latéral – commande un ferrage immédiat, sans brutalité, pour ne pas déchirer les lèvres fragiles du poisson.

LA PÊCHE À LA MOUCHE

L'ablette est l'un des poissons les plus difficiles à prendre à la mouche tant est fulgurante la vivacité de sa touche. En raison de sa relative abondance et de sa disponibilité (elle peut moucheronner en plein hiver à la faveur d'un timide rayon de soleil), elle offre au débutant l'opportunité, en toute saison, d'améliorer sa technique de ferrage. Le matériel employé est identique à celui préconisé pour la truite, à savoir une canne de 8 à 9 pieds adaptée à une soie n° 3 ou 4. Le bas de ligne, long de 3 m, est terminé par une pointe en 6,5 à 12/100e selon la méfiance des poissons... et l'aptitude du pêcheur à effectuer des ferrages délicats ! Les mouches, de faible volume, sont montées sur hameçon n° 20 à 22. L'idéal est qu'elles flottent dans la pellicule de surface. Les minuscules «culs-de-canard» au corps teinté de jaune, de vert ou de rouge, les petits palmers som-

La pêche de l'ablette à la ligne flottante requiert un amorçage d'excitation spécifique, dit de surface, qui doit former une traînée blanchâtre.

bres, les moucherons et les fourmis sont tout indiqués. On attaque à moins de 10 m des gobages, avant de poser la soie bien droite tout en évitant des plaquages qui feraient couler la mouche. Il est important de localiser avec précision l'artificielle dès son arrivée sur l'eau, instant souvent mis à profit par une ablette pour gober... et recracher tout aussi rapidement. Il est préférable, plutôt que d'effectuer un ferrage classique en relevant la canne, d'exercer une simple traction sur la soie. On évite de casser les bas de lignes et surtout d'arracher les lèvres très fragiles de l'ablette.

Les pêches à l'insecte naturel

On peut pratiquer à la volante, ou à l'aide d'une canne ordinaire de 4 à 5 m équipée d'une ligne d'un seul tenant en 8/100e terminée par un hameçon n° 22. L'appât (petite mouche de maison, fourmi volante) est propulsé avec délicatesse sur les gobages, puis dérive dans la coulée. Les touches, très nombreuses, ont lieu souvent dès le posé. Certains pêcheurs emploient un asticot graissé qui évolue juste sous la surface. Dans ce cas, il est utile de monter un minuscule flotteur qui indiquera la moindre attaque.

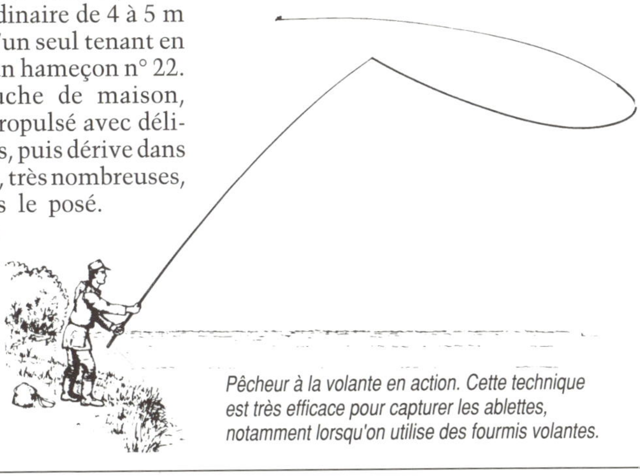

Pêcheur à la volante en action. Cette technique est très efficace pour capturer les ablettes, notamment lorsqu'on utilise des fourmis volantes.

BIOLOGIE-ÉCOLOGIE DE L'ABLETTE

Description

Encore appelée poisson d'argent ou vif-argent, l'ablette est reconnaissable à son corps fin et élancé, très comprimé latéralement et recouvert de grandes écailles brillantes à reflets nacrés qui se détachent facilement. La disposition de la mâchoire inférieure, orientée vers le haut et qui déborde nettement sur la supérieure, indique une adaptation à la quête alimentaire de surface. Le pédoncule caudal, fin, est terminé par une nageoire caudale bien échancrée. La nageoire dorsale est implantée nettement en arrière des pelviennes.

Une ligne sombre à reflets verdâtres ou bleutés parcourt les flancs au-dessus de la ligne latérale sombre. Le dos, brun-vert, contraste avec les flancs brillants qui renvoient des éclats argentés. Toutes les nageoires sont grisâtre à incolore.

Croissance

La croissance de l'ablette est très lente, le poisson ne mesurant que 2 ou 3 cm à 1 an. La taille moyenne varie de 10 à 15 cm pour un poids de 15 à 50 g. Elle peut atteindre 30 cm pour un poids maximum de 150 g.

L'ablette ressemble à l'able de Heckel. Ce dernier s'en distingue par une ligne latérale plus courte et une taille moyenne plus réduite (4-5 cm). On peut également la confondre avec le spirlin, reconnaissable à ses deux lignes de points noirs situés au-dessus de la ligne latérale.

Répartition

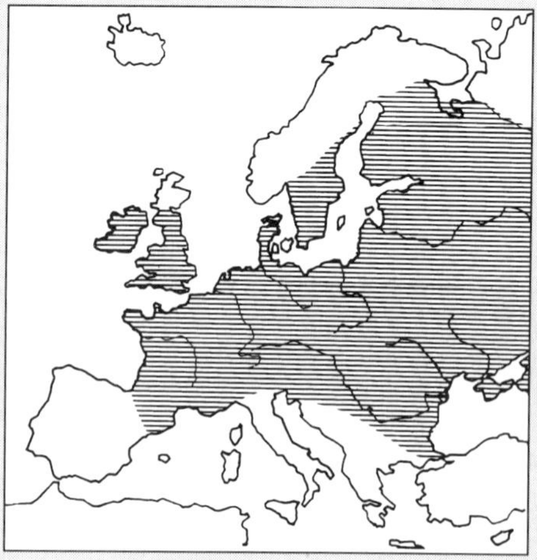

Les effectifs de l'ablette, autrefois très abondants, semblent aujourd'hui en régression dans toutes les régions touchées par la pollution. Le petit poisson a également beaucoup souffert de la prédation exercée par le sandre au cours de la phase exponentielle de son apparition.

Fréquente dans l'ensemble de l'Europe, l'ablette est absente des zones méridionales (Espagne, Italie, Yougoslavie) et nordiques (Norvège, Finlande).

Habitat

On peut rencontrer l'ablette à tous les niveaux de la rivière, sauf dans la partie supérieure de la zone à truite (torrent d'altitude) où la température de l'eau est trop basse. Ses besoins en oxygène, élevés, sont comparables à ceux du goujon. Dans la zone à brème, elle affectionne les eaux propres et les secteurs de courants. On peut la rencontrer également dans les lacs et même certains étangs où elle évolue souvent au large, à l'ombre des arbres de bordure ou à proximité de l'arrivée des tributaires. Dans les rivières, elle affectionne les rejets colorés non boueux tels ceux des laiteries ou de certaines usines agro-alimentaires. Autrefois, elle était toujours présente en grand nombre dans les traînées savonneuses situées à l'aval des lavoirs. L'ablette est plutôt un poisson de surface qui évolue dans les zones superficielles ou entre deux eaux, plus rarement au fond. Elle ne regagne les fosses et remous profonds qu'en période hivernale.

Régime alimentaire

Omnivore, l'ablette se nourrit au fond de divers invertébrés aquatiques – mollusques, crustacés, larves d'insectes, petits vers – ainsi que de débris végétaux. A la belle saison, elle monte volontiers en surface gober les insectes ailés à la dérive.

Reproduction

La maturité sexuelle est atteinte à 2-3 ans. Le frai, printanier, se déroule en mai-juin, quand la température de l'eau atteint 14-15 °C. Il donne lieu à des rassemblements de géniteurs en eau peu profonde, sur les plages de graviers. Chaque femelle pond 3 000 à 5 000 œufs qui incubent en 20 jours.

Comportement

Grégaire, l'ablette peut former des bancs immenses dans certains grands lacs, où elle évolue durant tout l'été à proximité de la surface.

LA VANDOISE

La vandoise occupe le même habitat que l'ablette. On peut aussi la pêcher selon les mêmes techniques, notamment à la mouche et à la volante, ainsi qu'à la ligne flottante, à l'aide de «vers d'eau» ou de teignes.

Elle ressemble à la fois au gardon et au chevesne, mais son corps est plus élancé, légèrement comprimé latéralement et recouvert de grandes écailles argentées. Sa bouche, en position inférieure, est moins fendue que chez le chevesne. Son œil est toujours jaune. Le dos de la vandoise est sombre, les flancs clairs à reflets verts et argentés, le ventre blanc. Les nageoires pelviennes, pectorales et anale sont rouges ou rosées.

La vandoise se reproduit de mars à mai, dans les eaux courantes peu profondes à fond de sable et de graviers. Chaque femelle pond 10 000 à 30 000 œufs de 1,5 mm de diamètre, qui adhèrent aux galets du fond. La durée d'incubation est de 20 à 25 jours.

Le chevesne

Leuciscus cephalus
Cyprinidés

Le plus omnivore des Cyprinidés est également l'un des seuls qui demeure actif l'hiver. On peut donc le pêcher en toutes saisons, à l'aide des techniques les plus variées !

LES PÊCHES DU CHEVESNE

Son appétit féroce n'empêche pas le chevesne de faire preuve de la plus grande circonspection face à un appât mal présenté. Méfiant et craintif, difficile à leurrer, il oblige le pêcheur à se montrer très discret, à soigner son approche en utilisant au mieux les zones ombragées, la végétation de bordure et les obstacles naturels pour masquer sa silhouette. Toujours sur le qui-vive, notre poisson a une perception aiguë du danger, et le moindre reflet du soleil sur la canne, la plus petite vaguelette anormale provoque immanquablement sa fuite. En revanche, il se révèle très intéressant à pêcher en raison de son régime omnivore qui l'incite à s'orienter vers quantité d'appâts et de leurres, cela en toutes saisons, contrairement à la plupart des Cyprinidés.

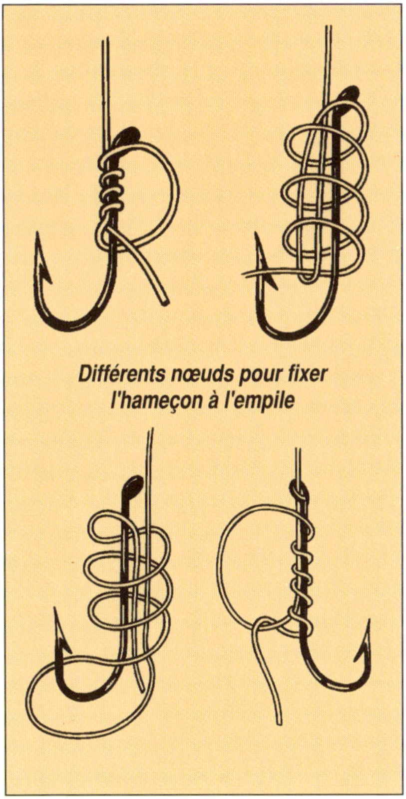

Différents nœuds pour fixer l'hameçon à l'empile

LA PÊCHE À LA VOLANTE

La pêche à la volante est un mode de capture très particulier, aux origines fort anciennes, qui tend hélas aujourd'hui à devenir désuet. Il demeure pourtant diablement productif et exige une grande habileté ainsi qu'un long apprentissage. Il constitue en fait un moyen terme entre la pêche au coup et la pêche à la mouche, et permet de propulser à distance, avec une rare précision, un insecte ou une larve par l'intermédiaire d'une soie. On peut ainsi atteindre des poissons aussi méfiants que le chevesne sans avoir révélé sa présence.

La pêche à la volante était traditionnellement pratiquée sur les bords de la Loire durant toute la belle saison. Elle s'adresse à tous les poissons blancs moucheurs tels que l'ablette, la vandoise et bien sûr le chevesne. Dans son délicieux petit ouvrage *La Boîte à pêche*, Maurice Genevoix a su décrire, avec le talent et la poésie qu'on lui connaît, cet art difficile.

Le matériel

- *La canne* : certains pêcheurs utilisent des cannes à anneaux munies d'un moulinet à mouche manuel qui contient la soie, afin de varier la longueur du lancer. La canne à volante traditionnelle était fabriquée autrefois en bambou noir. Aujourd'hui, on choisira une canne télescopique sans anneaux de 4,50 à 6 m, à scion très long et surtout très souple.
- *Le montage* : la longueur totale de la ligne dépasse de 1 à 2 m celle de la canne. Elle est constituée de 5 à 6 m de soie parallèle, prolongés par 1,50 m de bas de ligne en queue-de-rat à pointe en 12 à 16/100e. Selon la taille de l'esche, on emploie des hameçons n°10 à 16.

Les esches

Tous les insectes terrestres qui tombent accidentellement dans l'eau peuvent convenir, ainsi que les insectes aquatiques sous leur forme parfaite. Sur les bords de la Loire, l'appât traditionnel était la mouche de maison eschée par deux sur un hameçon n°14 à 16, qui permet de capturer de grosses ablettes en «culs-de-grève», des vandoises et des chevesnes. Le grillon est excellent au mois de juin pour tenter les gros chevesnes qui musardent le long des berges, ainsi que la sauterelle, le petit hanneton, la «mouche de saule», le doryphore. L'un des appâts-rois, qui s'adresse surtout à l'ablette et permet de réaliser des fritures mémorables, est la fourmi volante. Teignes, asticots et diverses larves d'insectes aquatiques peuvent également être utilisés en pêchant juste sous la surface.

L'action de pêche

Cette pêche très active peut se pratiquer à vue lors des chaudes journées estivales. Il s'agit alors de repérer les chevesnes qui folâtrent en surface, dans les fosses profondes, les pools lents ou sous les frondaisons situées au ras des berges. La clef du succès réside dans une approche discrète, en utilisant au mieux les obstacles et l'environnement végétal pour ne pas dévoiler sa présence.

Sur les grèves de la Loire, la progression s'effectue à genoux... ou en rampant ! Le mouvement du lancer s'apparente à celui de la mouche en plus souple, plus délié, afin de ne pas déchirer une esche très fragile. Pour les mêmes raisons, on évitera les faux lancers, et surtout de faire claquer la soie. Le posé est réalisé non pas sur le nez du poisson, mais sur le côté ou en arrière, afin que l'effet de surprise joue en notre faveur. S'il n'a pas détecté notre présence, neuf fois sur dix, le chevesne se retourne brutalement et saisit l'appât, qui doit arriver légèrement plaqué, sans se poser de questions. S'il décèle la moindre anomalie, le plut petit défaut de présentation, il aborde notre esche avec circonspection, tapant du nez dessus... avant de plonger dans l'onde et de disparaître ! L'arraché est également effectué d'un geste doux et progressif. On peut pratiquer en *wading* en remontant au milieu de la rivière et en lançant en direction des berges, sous les frondaisons.

Les chevesnes occupent volontiers des postes typiques à truite dans les petites rivières rapides où les poissons sont peu discernables sous la surface. On pêche

alors les postes 3/4 amont, en suivant attentivement la dérive de l'insecte qui évolue à la pointe du bas de ligne préalablement graissé sur toute sa longueur.

La touche, annoncée par une plongée du nylon avec un gobage, appelle un ferrage sans retard. Lorsque plusieurs poissons évoluent ensemble, il suffit de lancer au milieu du groupe pour provoquer l'attaque, en jouant sur la concurrence qui s'établit au sein du banc.

LA PÊCHE AU SANG

Pratique hivernale, la pêche au sang est typiquement réservée à notre glouton de chevesne qui demeure actif durant toute la mauvaise saison. Très productive, elle permet la capture de gros sujets affamés, qui mordront franchement sur des caillots bien présentés.

Le matériel

- *La canne* : n'importe quelle canne à anneaux ou à fil intérieur, télescopique ou à emmanchement, peut convenir, dotée d'un petit moulinet à tambour tournant qui ne servira que de réserve de fil.

La pêche du chevesne exige de s'approcher prudemment des rives, et de dissimuler au mieux sa silhouette afin de ne pas alerter ce poisson très méfiant.

- *Le montage de la ligne* : le corps de ligne en 18/100e est complété par un «flotteur-carotte», fusiforme et bon porteur, lesté par une olivette ou une plombée groupée située à environ 40 cm de l'hameçon simple n°10 à 12, ou triple n°12 à 14 si on utilise une éponge.

L'esche

On emploie un petit cube de sang caillé. Les meilleurs sangs sont ceux de volaille, obtenus facilement dans un abattoir. La préparation des esches est délicate et peu ragoûtante.

Dans un premier temps, on laisse reposer 2 l de sang dans un seau avant de comprimer le caillot obtenu entre deux planches de bois afin d'en extraire le sérum. Le caillot est découpé en petits cubes, au ciseau.

L'esche tenant très mal à l'hameçon, une petite astuce consiste à imbiber le sang frais de coton hydrophile dont les fibres vont conférer une consistance suffisante à l'ensemble.

Certains pêcheurs préfèrent utiliser une éponge qu'ils imbibent de sang frais après chaque coulée en action de pêche. D'autres emploient des morceaux de foie frais ou des cubes de rate.

L'amorçage

Il est indispensable et s'effectue en tête de coulée, à la louche, à l'aide de sang frais mêlé à du son et à une quantité variable de terre de taupinière (selon la force du courant), pour lier la préparation et empêcher une dispersion trop rapide en surface. La coprophagie du chevesne étant un fait établi et reconnu, certains pêcheurs, soucieux d'obéir aux lois de la nature, n'hésitent pas à ajouter à l'immonde recette de la bouse de vache !

L'action de pêche

Elle se pratique d'amont vers l'aval. On se place en tête d'une coulée lente et profonde, aux abords d'une grande fosse ou d'un remous profond. L'esche devant évoluer à proximité du fond, le flotteur est réglé en conséquence. La touche, souvent lente, ressemble à un accrochage. Elle appelle un ferrage immédiat en raison de la mauvaise tenue de l'appât. Les prises s'espacent rapidement sur un même coup, le chevesne apprenant vite à se méfier après la capture de quelques-uns de ses congénères.

Il est temps de changer de secteur et de descendre vers l'aval à la recherche d'un autre bon poste.

LA PÊCHE AUX FRUITS

Si le chevesne a une réputation de glouton justifiée, il sait aussi se montrer délicat et apprécier en gastronome averti les délices offerts par les fruits sauvages qui, selon les saisons, tombent des frondaisons bordant les rives. La pêche aux fruits, excellente technique qui permet la capture de très gros spécimens, est à réserver aux périodes où le poisson les découvre naturellement dans la rivière.

Le matériel

- *La canne* : selon la largeur de la rivière, l'éloignement des coups, la longueur des coulées, on pourra employer une canne à anneaux télescopique ou à emmanchement de 4,50 à 6 m, équipée d'un petit moulinet à tambour tournant, ou une canne à l'anglaise de 3,60 m, qui permet de faire évoluer l'appât sur de grandes distances en aval, vers des postes encombrés inaccessibles des rives, ou encore une

LE LANCER ARBALÈTE

La technique du lancer arbalète permet de propulser, à l'aide d'un matériel à ultra-léger, un insecte ou un leurre au travers des frondaisons, lorsque les rives sont plantées d'arbres. Ce lancer est très utilisé pour la pêche du chevesne au lancer, le poisson se tenant souvent dans des lieux encombrés. Après avoir sorti environ 50 cm de bannière, le leurre est pincé entre le pouce et l'index de la main gauche, tandis que, dans le même temps, la main droite maintient le fil en provenance du moulinet (pick-up ouvert). Il suffit ensuite d'exercer une traction sur le leurre de manière à armer le ressort du scion, puis de lâcher l'ensemble.

Le chevesne est la victime désignée du pêcheur à la mouche qui opère l'été, en pleine canicule. Le poisson se tient alors à l'ombre des frondaisons, au ras des rives.

canne à lancer type «vairon mort» de 2,50 m, qui facilite des lancers précis sous les frondaisons des berges, sites de repos privilégiés du chevesne. Dans les deux derniers cas, un moulinet de type lancer léger à tambour fixe fait l'affaire, avec une bobine remplie de nylon en 16 à 18/100e.
- *Le montage* : un flotteur fusiforme, bon porteur, est équilibré par une olivette qui bute sur un émerillon-agrafe lorsqu'on utilise un hameçon triple, ce dernier étant alors relié à un bas de ligne de 50 cm sur lequel sont réparties quelques esches. Ce montage, parfait pour des eaux courantes, peut se révéler insuffisamment discret sur des pools lents et profonds, compte tenu de la méfiance du poisson. Dans ce cas, une plombée étalée (plomb sphérique) est préférable à l'olivette.

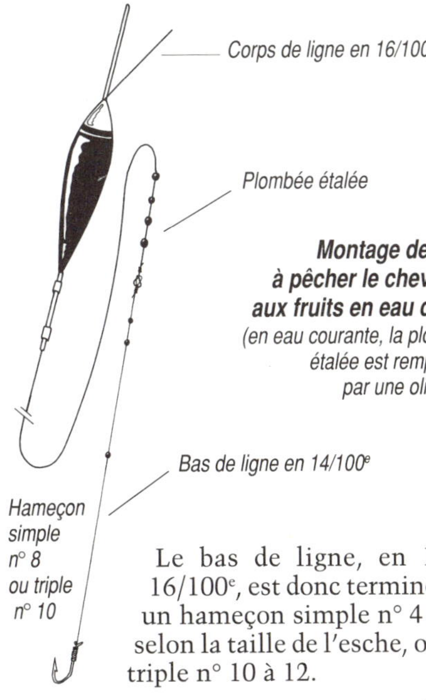

Montage destiné à pêcher le chevesne aux fruits en eau calme
(en eau courante, la plombée étalée est remplacée par une olivette).

Le bas de ligne, en 14 à 16/100e, est donc terminé par un hameçon simple n° 4 à 10 selon la taille de l'esche, ou un triple n° 10 à 12.

Quelques victimes de la pêche à la mouche.

Les esches

Selon la saison, on peut employer des cerises, des mûres, des grains de raisin, voire des baies de sureau. La cerise est dénoyautée avant eschage, puis ajustée sur un hameçon triple à l'aide d'une aiguille à locher. Mûre et grain de raisin sont eschés de la même manière.
Tous les appâts doivent être très frais et bien fermes, parfaitement mûrs.

L'amorçage

Il n'est pas obligatoire quand arbres fruitiers ou ronces bordent les rives. Si tel n'est pas le cas, il est effectué à la volée – à la main ou à la fronde – sur les coulées qui semblent propices, plusieurs jours à l'avance afin d'accoutumer le poisson à cette esche. Il est important d'amorcer ainsi plusieurs coups, car la prise de plus de 3 ou 4 poissons sur une même coulée est exceptionnelle.

L'action de pêche

On se place en amont d'une coulée profonde qui semble propice, le long d'une berge creuse léchée par le courant et surplombée d'un rideau d'arbres, en aval d'une pile de pont ou d'un bloc immergé, dans un remous profond ou une fosse. Le flotteur est réglé de manière que l'esche évolue à environ 10 cm du fond. La touche, franche, nécessite un ferrage immédiat en raison de la mauvaise tenue de l'esche à l'hameçon. Lorsque les prises s'espacent, il est inutile de s'attarder. Mieux vaut aller prospecter d'autres postes amorcés.

LA PÊCHE AU LANCER

La prise d'un chevesne sur une cuiller n° 1 ou 2 est chose courante quand on pêche la truite ou la perche. Il semble toutefois préférable de le traquer à l'ultra-léger, selon les conseils formulés dans le chapitre consacré à la truite.

LA PÊCHE À LA MOUCHE

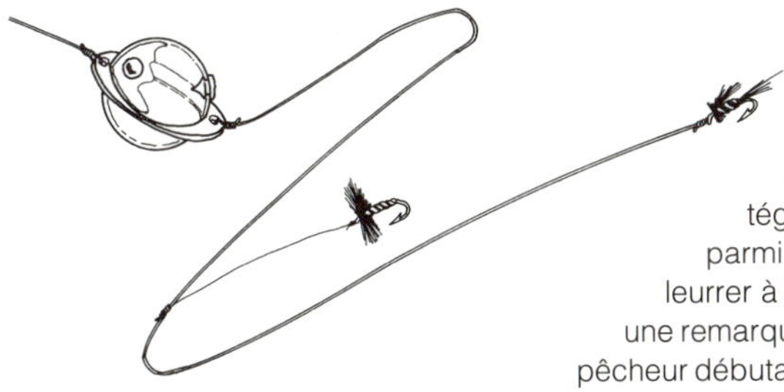

Train de mouche en arrière d'un buldo

Très amusante, elle permet à l'amateur de pêche au fouet de continuer son activité en période de fermeture spécifique de la truite, sur les parcours classés en 2e catégorie. Très sélectif, le chevesne figure parmi les poissons les plus difficiles à leurrer à la mouche. A ce titre, sa pêche est une remarquable école d'apprentissage pour le pêcheur débutant, qui pourra se «faire la main» une grande partie de l'année. L'abondance de ce poisson et son réel intérêt pour le moucheur compensent sur certaines rivières la régression des populations salmonicoles. La discrétion étant toujours de rigueur, le bas de ligne doit être fin en pointe (12/100e) et d'une longueur suffisante pour retarder l'effet de dragage et surtout éviter que le poisson ne détecte la présence de la soie. Sur les grands profonds et les calmes, les pools lents, il doit mesurer 3 à 4 m (voire 5 m sur des poissons très sélectifs). Les mouches les plus communément utilisées sont des modèles fournis de type palmers (noir, roux, gris, bicolores, tricolores). Le chevesne semble attiré par la présence d'une petite note de couleur, et notamment une queue (Tag) rouge sur les modèles sombres. Les sedges conviennent également fort bien. Il peut parfois se montrer sélectif, et ne prendre que de petites araignées, ou des émergentes («culs-de-canard»). Les mouches «bourrues» en poils de lièvre ou de chevreuil sont particulièrement attractives. L'artificielle doit être posée non pas sur le nez du poisson, mais le long des flancs ou vers la queue. L'effet de surprise joue alors souvent en notre faveur, le chevesne se retournant d'un bloc pour engamer sa proie sans prendre le temps de l'examiner.

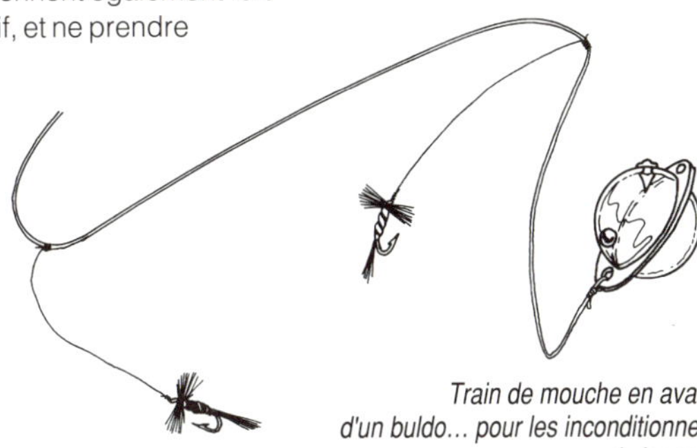

Train de mouche en avant d'un buldo... pour les inconditionnels du lancer !

LA PÊCHE À LA SURPRISE DU CHEVESNE ET DE LA TRUITE

La pêche à la surprise est par excellence une pratique estivale, qui peut demeurer la seule valable lorsque les eaux sont basses et surchauffées, tant pour le chevesne que pour la truite. Très amusante, elle requiert un matériel réduit... mais beaucoup d'intuition, de savoir-faire, de discrétion ! Il est dommage que beaucoup de pêcheurs au toc qui réalisent de magnifiques paniers au printemps se fassent plus rares sur les berges l'été venu. Ils ratent l'occasion de capturer de fort beaux poissons, tentés à cette époque de l'année par toutes les bestioles qui tombent accidentellement dans l'eau. En ce qui concerne la truite, cette technique est surtout efficace dans les rigoles dont le cours serpente à travers les prairies, difficilement exploitables autrement en raison des rideaux de graminées qui les recouvrent parfois totalement. Elle demeure aussi très valable dans les petits ruisseaux ou même les grandes rivières, où il est parfois possible de pêcher à vue des truites ou chevesnes indolents, godillant dans le courant, apparemment sans appétit aux heures chaudes de la journée, mais qui peuvent se laisser tenter par un insecte bien présenté.

Le matériel

Il est sensiblement identique à celui préconisé pour le toc (voir la truite).

- *Une canne* longue sans anneaux (6 m et plus), la fameuse «barre» des pêcheurs auvergnats, assez raide et à action de pointe, convient pour les petits cours d'eau. L'utilisation d'une bannière courte et fine (1 à 2 m) requiert alors une grande habileté pour insérer l'appât au travers des branchages les plus épais et réussir à assurer une présentation correcte après une approche discrète.
- *Un simple moulinet* à tambour tournant équipe les cannes à anneaux ou à fil intérieur ; il sert uniquement de réserve de fil.
- *Le corps de ligne* est en 14 à 16/100e (voire 18/100e lorsqu'on est obligé de sortir d'autorité les truites à travers un épais rideau de branches).

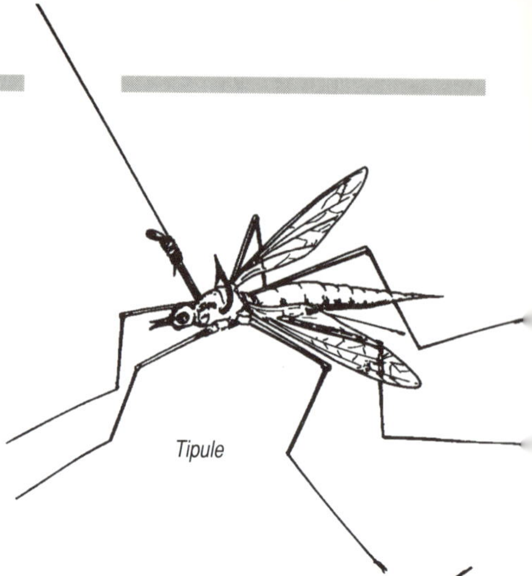
Tipule

Teigne de la cire

Les esches

Toutes les bestioles terrestres (chenilles, mouches de maison, hannetons de fougère

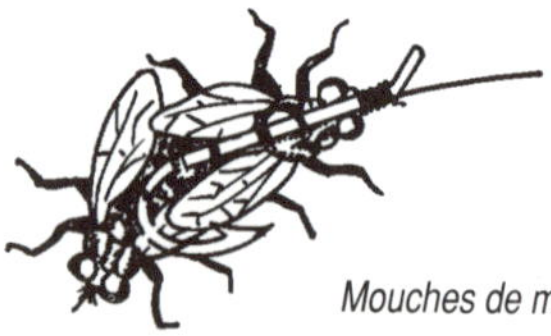
Mouches de maison

Fourmi volante

et autres petits Coléoptères) susceptibles de tomber accidentellement dans la rivière peuvent convenir.

- *Le grillon* est un excellent appât qu'on utilise de fin mai à juillet. Il peut permettre alors de grosses prises lorsque toutes les autres esches demeurent inopérantes. Son procédé de capture le plus classique consiste dans un premier temps à repérer le petit terrier dans lequel il vit (le repérage s'effectue au chant, toujours émis près de l'entrée du trou), puis à taquiner la bestiole à l'aide d'un brin d'herbe à l'intérieur de son repaire dont il ressortira alors avec plus ou moins de bonne volonté. On peut également verser de l'eau dans le terrier.

LE DAPPING

Nous ne pouvons évoquer la pêche à la surprise sans citer une technique chère aux Irlandais, pratiquée à partir d'une barque dans les grands lacs. Il s'agit du *dapping*, qui se montre d'une redoutable efficacité lors des éclosions des grandes éphémères ou mouches de mai. Le matériel, très simple, comprend une canne de 4 à 5 m à laquelle est fixé un fil plat (il offre plus de prise au vent) dont la longueur dépasse d'un tiers celle de la canne. On pêche à vue sur les gobages, la bannière gonflée par le vent grâce au maintien vertical de la gaule entraînant à l'endroit voulu l'éphémère, délicatement eschée à un hameçon n° 14.

Pour une pêche de surface destinée à présenter l'appât vivant, l'hameçon est passé délicatement sous le corselet afin de laisser l'insecte libre de ses mouvements. Si l'on prospecte à fond ou entre deux eaux, les élytres et les pattes arrière sont arrachés.

- *La sauterelle* est l'appât idéal des journées d'été, à utiliser dans les ruisseaux aux berges enherbées, dans les rigoles et cours d'eau qui serpentent à travers les prairies après la récolte des foins. Habitué à cette manne providentielle, le chevesne (ou la truite) ne rechigne guère à avaler un tel appât bien présenté, dès lors que le pêcheur a su ne pas dévoiler sa présence. La capture de ces petits Orthoptères en pleine journée n'est pas toujours aisée, aussi est-il préférable d'effectuer sa récolte le matin, quand la rosée détrempe les tiges des graminées et que les sauterelles sont encore engourdies par le froid. Elles seront conservées dans une petite bouteille à goulot étroit, afin d'éviter que tout le produit de la récolte ne s'enfuie d'un seul élan lorsqu'on soulève le couvercle. L'hameçon pénètre sous le corselet de la sauterelle pour ressortir au niveau des derniers segments de la queue.

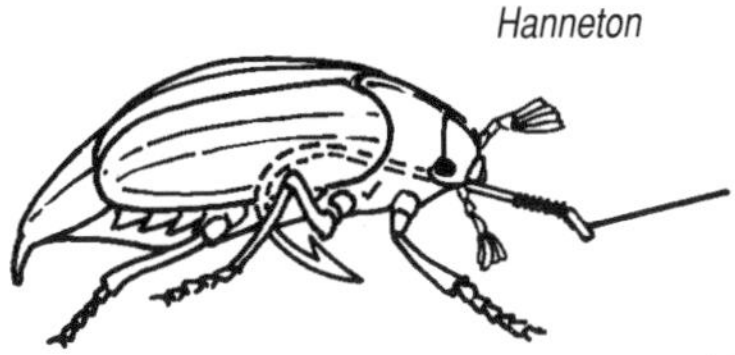
Hanneton

Doryphore

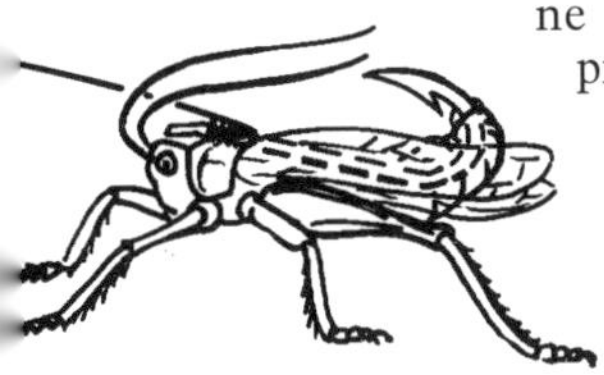
Sauterelle

L'action de pêche

En ce qui concerne le grillon, les périodes les plus favorables correspondent aux heures chaudes de la journée, entre 11 heures et 16 heures. Pour respecter les règles de discrétion impératives, on progressera en retrait des berges ou, lorsqu'on se déplace dans le lit de la rivière, accroupi ou agenouillé. Le chevesne qui guette la chute accidentelle d'un grillon se tient au ras des berges, sous les branchages de bordure. L'insecte est donc posé à proximité de ces postes. L'attaque est souvent très brutale. Il convient de rendre la main pour laisser au poisson le temps d'engamer cette grosse proie avant de ferrer. Bizarrement, dès la première apparition des sauterelles, le chevesne délaisse le grillon, qui peut retourner en toute quiétude à son chant.

Le moment est venu d'utiliser la sauterelle selon la même technique. Lorsqu'on pêche à vue, l'insecte doit être déposé délicatement derrière le poisson afin de ne pas l'effrayer. Fréquemment, le bruit de sa chute suffit à l'alerter, et il effectue parfois plusieurs mètres pour s'en emparer. Si aucune touche ne survient, on accompagne la dérive tout au long des petites coulées qui convergent vers un obstacle ou sous les berges susceptibles d'abriter truite ou chevesne. Dans certains cas, il peut être nécessaire de plomber légèrement le montage afin que l'appât soit entraîné dans les caves profondes.

Des manœuvres d'aguichage, qui consistent en de légers tremblotements imprimés sur place à la sauterelle, de la pointe du scion, peuvent décider un poisson récalcitrant à mordre. Dans les grandes rivières, il est préférable de remonter les parcours très agités en cours de journée. L'été, les truites ou chevesnes occupent en effet les postes richement oxygénés situés dans les courants tumultueux, sous les cascades et derrière les blocs rocheux. Ils peuvent aussi se tenir à l'ombre des frondaisons au ras des berges. On remonte *up stream* en prospectant à distance toutes les tenues favorables.

Grillon

BIOLOGIE-ÉCOLOGIE DU CHEVESNE

Description

Le corps fuselé du chevesne, cylindrique et puissant, indique une adaptation à la nage en eau rapide. Sa tête massive porte une large bouche aux lèvres épaisses qui révèle un régime omnivore. L'œil volumineux montre un bel iris doré. Les écailles, grandes, sont bordées d'un liseré noir. Le dos est brun verdâtre, les flancs argentés s'avivent en période nuptiale et renvoient des reflets dorés. Les nageoires caudale et dorsale sont grisâtres, les pelviennes et anale rouge brique à orangé. La ligne latérale, basse, est bien visible. Le chevesne est fréquemment confondu avec la vandoise. Les hybridations entre les deux espèces rendent d'ailleurs la détermination parfois aléatoire. Quelques critères de reconnaissance morphologique permettent de les distinguer.

	Chevesne	**Vandoise**
Nageoire caudale	Large, peu échancrée	Mince, très échancrée
Nageoire anale	Convexe, arrondie	Concave
Bouche	Large, orientée vers le haut	Petite, étroite
Tête	Large et massive	Fine et plutôt pointue

Croissance

Le chevesne atteint une taille moyenne de 30 à 40 cm pour un poids de 300 à 500 g. Des spécimens record de 70 à 80 cm, atteignant le poids de 6 à 7 kg, ont été observés.

Répartition

Le chevesne est largement répandu dans toute l'Europe.

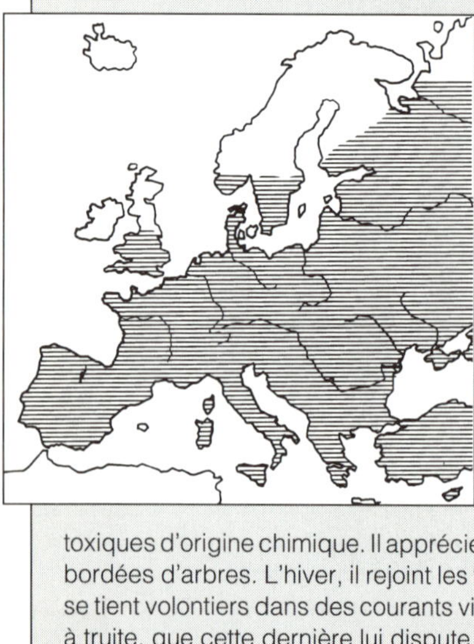

Habitat

Le chevesne peut occuper des habitats très variés situés de la zone à brème à la zone à truite, étant absent toutefois des torrents d'altitude. Sa présence dans certains petits ruisseaux de 1re catégorie est jugée indésirable en raison de sa gloutonnerie qui l'incite à s'emparer de truitelles. La construction de barrages sur de magnifiques parcours à truites, en favorisant un certain réchauffement des eaux en aval des ouvrages, du fait du ralentissement des débits, a ainsi favorisé une progression spectaculaire de ses effectifs. Ses besoins en oxygène sont en principe élevés, bien qu'il puisse supporter pendant de courtes périodes des taux d'oxygène dissous dans l'eau de 4 à 5 cm^3 par litre. S'il tolère des températures élevées sur les cours d'eau de plaine, ainsi qu'un certain taux de pollution organique, il n'en demeure pas moins très sensible à certains agents toxiques d'origine chimique. Il apprécie la proximité des obstacles naturels ou artificiels, les berges bordées d'arbres. L'hiver, il rejoint les fosses profondes et les grands remous. A la belle saison, il se tient volontiers dans des courants vifs situés à faible profondeur, occupant des postes typiques à truite, que cette dernière lui dispute parfois en le chassant sans ménagement.

Régime alimentaire

Le chevesne est le plus omnivore de nos Cyprinidés et sans doute de tous nos poissons d'eau douce. Opportuniste et vorace, il a des goûts très éclectiques qui l'incitent à inscrire à ses menus des aliments aussi variés que les insectes à leurs différentes phases d'évolution, du stade larvaire à la forme «imago» parfaite, aussi bien aquatiques que terrestres (lorsque ces derniers tombent accidentellement à l'eau), mollusques, crustacés, alevins, fruits tombés des arbres rivulaires (mûre, cerise), alevins, débris végétaux et organiques plus abominables les uns que les autres, qu'il n'hésite pas à aller cueillir à la sortie des bouches d'égout ! Cette apparente gloutonnerie ne l'empêche pas de faire preuve d'une étonnante circonspection qui l'incite à observer longuement une proie avant de s'en emparer. Très méfiant, il s'effarouche au moindre signe suspect.

Reproduction

La maturité sexuelle, tardive, est atteinte à 4 ans chez le mâle et 5 ans chez la femelle. Elle est compensée par une extraordinaire prolificité. Le frai, qui se déroule en mai-juin selon la température de l'eau (elle doit atteindre 15 °C), donne lieu à des rassemblements de géniteurs sur des secteurs à fond propre de galets, peu profonds, sur lesquels s'écoulent des courants bien oxygénés. Chaque femelle dépose en moyenne 200 000 œufs qui adhèrent aux graviers et incubent en 1 semaine.

Les courants lents et profonds des grandes rivières offrent des refuges de choix pour le chevesne.

Comportement

Grégaire, surtout lorsqu'il est jeune, le chevesne se rassemble par bancs comportant parfois plusieurs dizaines d'individus qui folâtrent volontiers en surface aux heures chaudes de la journée. Les gros sujets, ces fameux «bateaux» insaisissables, sont plutôt solitaires ou évoluent par groupes de 3 ou 4 poissons. Les chevesnes se mélangent fréquemment avec d'autres Cyprinidés d'eaux vives tels que les vandoises ou les ablettes. Ils présentent la particularité peu commune chez cette famille de demeurer actifs l'hiver.

Le vairon

Phoxinus phoxinus

Cyprinidés

BIOLOGIE-ÉCOLOGIE DU VAIRON

Description

Le plus petit poisson de nos eaux douces (6-8 cm !) est doté d'un corps allongé et cylindrique, recouvert d'écailles minuscules à peine visibles à l'œil nu. Le corps est très joliment coloré de vert bronze sur le dos ; il s'éclaircit progressivement sur les flancs marqués de taches brunes. Le ventre est blanc. En période nuptiale, les mâles sont parés de teintes rouges et or éclatantes.

Habitat-Répartition

C'est l'un des rares Cyprinidés à habiter la zone à truite. On peut le rencontrer à haute altitude, dans les torrents et lacs de montagne. Il habite également de nombreuses rivières de plaine dès lors que ses besoins en oxygène sont satisfaits. Le vairon apprécie autant les fonds propres de sable ou de gravier que la présence d'herbiers.

Le vairon est répandu dans toute l'Europe, sauf l'Espagne, l'Italie et le nord de la Scandinavie. Il a déserté nombre de nos cours d'eau en raison de la pollution, mais aussi des déversements surdensitaires de truites affamées qui ont concentré leur prédation sur ces proies providentielles.

Régime alimentaire

Omnivore à tendance carnivore, très vorace, le vairon consomme indifféremment larves d'insectes, petits crustacés, vers, mollusques, débris végétaux. Il peut exercer une forte prédation sur les minuscules alevins de Salmonidés à la sortie de l'œuf.

Reproduction

Elle a lieu de mai à juillet, sur des fonds caillouteux ou sablonneux bien oxygénés. Peu prolifique, chaque femelle pond 200 à 1 000 œufs d'un diamètre de 0,45 mm en eau peu profonde, qui adhèrent aux galets du fond. La durée d'incubation est de 5 à 10 jours.

Comportement

Grégaire, le vairon vit en groupes d'individus sensiblement de même taille (les plus petits sont impitoyablement chassés !).

Le goujon

Gobio gobio

Cyprinidés

BIOLOGIE-ÉCOLOGIE DU GOUJON

Description

Ce joli petit poisson présente un corps allongé et cylindrique, renflé dans sa partie antérieure. Avec sa bouche située en position inférieure, on pourrait le confondre avec un petit barbeau. Il s'en distingue néanmoins par la présence de 2 petits barbillons implantés à la commissure des lèvres (contre 4 portés par le barbeau sur la mâchoire supérieure). La nageoire caudale apparaît très échancrée. Les écailles sont bien visibles. Le dos est brun sombre à reflets verts, les flancs grisâtres, le ventre blanc. Des taches brunes marquent le dos et la ligne latérale.

Habitat-Répartition

Le goujon a des besoins en oxygène élevés. On peut donc le rencontrer dans la zone à truite, bien qu'il soit absent de la haute montagne. Il est présent aussi bien dans les lacs et étangs à fond propre de sable ou de graviers que dans les rivières, où il apprécie les zones de courant. On le rencontre dans toute l'Europe, sauf l'Espagne et l'Italie.

Régime alimentaire

La forme particulière de sa bouche, orientée vers le bas, indique le mode de vie fouisseur. En effet, le goujon se nourrit au fond de diverses petites proies animales telles que vers, larves d'insectes, crustacés, mollusques. Il consomme à l'occasion des débris végétaux.

Reproduction

Elle a lieu au printemps, d'avril à juin, en eau courante et à faible profondeur, sur des lits propres de galets et de graviers. Peu prolifique, chaque femelle pond en plusieurs fois 3 000 œufs de 1,5 mm de diamètre, qui adhèrent aux galets.

Comportement

Grégaire, il vit en bancs parfois importants. Il semble que le goujon connaisse des cycles biologiques de 5 ans au cours desquels on passe par une phase exponentielle d'apparition, puis, 5 ans plus tard, par une régression très nette.

LES PÊCHES DU VAIRON ET DU GOUJON

Ces deux poissons communs dans tous nos cours d'eau font la joie des petits et des grands. Ils font souvent les frais de l'apprentissage du jeune pêcheur, permettant au néophyte d'éprouver les premières émotions d'une capture. La plupart des vocations de pêcheurs sont nées grâce au vairon et au goujon, prises modestes, certes, mais qui aiguisent les réflexes et incitent à s'orienter, la passion aidant, vers d'autres captures. Intérêt supplémentaire de ces prises : ils sont excellents en friture et constituent des vifs à truites et à carnassiers de tout premier ordre.

La pêche à la ligne flottante

Le matériel

- *Une canne* très simple, télescopique, de 2 à 4 m, fait parfaitement l'affaire. La ligne a une longueur légèrement inférieure à celle de la canne. Un corps de ligne en 10/100e convient tout à fait, suivi d'une empile en 8/100e terminée par un hameçon n° 18 à 20, sans ardillon afin de ménager les lèvres fragiles des poissonnets si on souhaite les utiliser comme vifs. Un petit flotteur trapu est indispensable pour éviter des aspirations dans les remous, lesté par une plombée groupée afin que l'esche parvienne rapidement au fond.

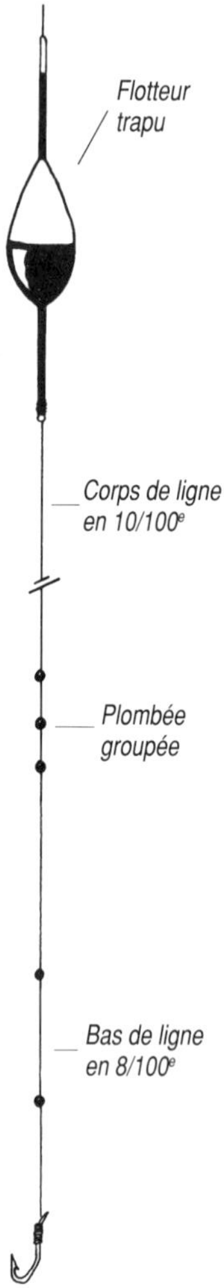

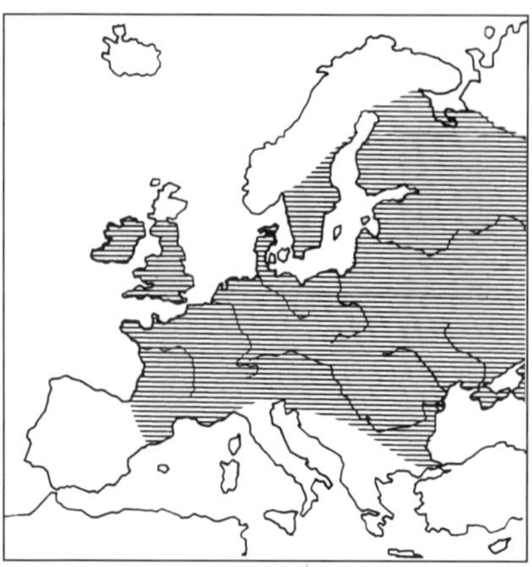

Vairon et goujon sont absents d'Espagne et d'Italie, et très rares en Europe du Nord.

Les esches

Vairons et goujons apprécient asticots, pifises, tronçons de vers de terreau, vers de vase.

L'action de pêche

Pour attirer les goujons, on peut effectuer un petit amorçage préalable à base de terre de taupinière mêlée à des vers de terreau ou à un fouillis de vers de vase. Le poissonnet appréciant les traînées d'eau trouble vers lesquelles il se rassemble afin de capturer des bestioles à la dérive, on peut aussi employer la célèbre technique de la «pêche à la boulée», qui consiste à gratter des pieds le lit de la rivière, afin de créer artificiellement une coulée d'eau boueuse. Vairons et goujons sont des erratiques qui changent fréquemment de secteur. Dès que les touches s'estompent, il est recommandé de changer de poste.

Dans les départements où cette technique est autorisée, la pêche à la carafe permet de nombreuses captures de vairons en un minimum de temps. Une simple bouteille de plastique dont le «cul» est percé, lestée par quelques cailloux et amorcée à l'aide de fouillis ou de chapelure, peut convenir.

Vairons et goujons font la joie des petits... et des grands !
Ils sont à l'origine de la plupart des vocations de pêcheurs.

Le barbeau

Barbus barbus

Cyprinidés

Curieusement, ce poisson qui était très apprécié autrefois – le «barbillon» était pêché «à la tirette» du haut des ponts à l'aide de gros plombs armés de nombreux hameçons – fait aujourd'hui figure de parent pauvre chez les pêcheurs de poissons blancs. C'est dommage, car sa défense est remarquable et sa chair pas si mauvaise que cela lorsque le barbeau est bien accommodé.

LES PÊCHES DU BARBEAU

Le barbeau a mauvaise presse auprès des pêcheurs, qui lui reprochent la mauvaise qualité de sa chair, soi-disant bourrée d'arêtes.
A ce titre, il est peu pêché. Je ne partage pas cet avis. Il est vrai que je garde pour ce poisson une tendresse toute particulière, qui remonte à mon enfance. A l'époque, la prise d'un gros barbeau (souvent à la ligne de fond, procédé sinon autorisé du moins admis dans ma rivière), que je rapportais, pas peu fier, à mon grand-père, était considérée comme un événement.
Nous accommodions amoureusement le «moustachu» : filets levés à l'aide d'un redoutable couteau finlandais, puis baignant dans un bon vin de Loire, le tout aromatisé d'un bouquet d'herbes de Provence et agrémenté de quelques tomates... Un régal après le passage au four !
Outre ces considérations gastronomiques, le barbeau est un adversaire de choix à la défense magnifique, qui lutte jusqu'à l'épuisement total. Pourquoi se priver alors de tels plaisirs ?

La pêche à la ligne flottante

Encore appelée pêche à la longue coulée, elle permet l'emploi de montages qui parviennent à tromper la vigilance de ce poisson très discret.

Le matériel

- *La canne* : en raison de la hauteur d'eau prospectée et afin d'effectuer un ferrage efficace à distance, on portera son choix sur une canne à anneaux télescopique (genre bolognaise) de 4 à 4,50 m, robuste compte tenu de la combativité du poisson.
Une canne à l'anglaise peut également convenir.
- *Le moulinet* : à tambour fixe de type lancer léger à mi-lourd, sa bobine est remplie de 100 m en 20 à 26/100e, selon l'encombrement des lieux et la taille des poissons présumés (qui, ne l'oublions pas, peuvent peser jusqu'à 8 kg environ).
- *Le montage* : les eaux agitées et profondes qui sont le domaine du barbeau nécessitent l'emploi d'un flotteur stable, qui résiste bien aux turbulences et bon porteur en raison des plombées souvent importantes (2 à 10 g) employées. Ses couleurs sont vives afin de ne pas le perdre des yeux au cours de sa dérive, lorsqu'il est aspiré de temps à autre par les tourbillons.
Le traditionnel flotteur toulousain qui a fait (et fait toujours !) les beaux jours de cette pêche, aux formes trapues et ramassées, est aujourd'hui remplacé par des modèles beaucoup plus sensibles. Les

Les postes à barbeau

Poisson d'eau vive, nageur infatigable capable de lutter des heures durant contre les courants les plus violents, le barbeau occupe des postes précis dans la rivière où il sera mordeur. Il recherche avant tout les endroits profonds et agités, les grands trous situés à l'aval des courants et des déversoirs, qui sont d'autant plus accueillants que les fonds sont tourmentés, encombrés d'obstacles divers tels que des blocs rocheux derrière lesquels il aime s'abriter de la violence des eaux.
On le rencontre dans les contre-courants formés à l'aval des piles de pont et autres obstacles barrant la rivière. L'aval immédiat des déversoirs de nos vieux moulins, dans les zones de remous qui font suite au blanc de l'écume cascadant sur les enrochements et les plates-formes cimentées, offrent des postes privilégiés. Dans les rivières de 1re catégorie, il occupe des coups typiques à truite en période estivale. Sur des parcours turbulents comme ceux du haut Allier, les anciens affirment que lorsque «les blancs» (barbeau, vandoise, chevesne) sont mordeurs sur de tels postes, la truite est totalement inactive.

En période estivale, le barbeau occupe volontiers des coups typiques à truite comme ici sur le haut Allier.

flotteurs coulissants, arrêtés par deux stop-flotteurs en caoutchouc noir, sont très pratiques pour exploiter de nombreux postes à des profondeurs différentes. Une agrafe interchangeable permet de remplacer facilement ce type de flotteur en fonction de la puissance du courant. Les nouveaux modèles aux formes sphériques destinés à la pêche à l'anglaise, de type Balsa, Avon ou Stick, beaucoup plus sensibles et maniables que le traditionnel toulousain, conviennent tout à fait (voir, dans le gardon, les différents types de plombées).
On peut utiliser avantageusement une plombée mixte disposée de la manière suivante : une olivette goutte d'eau qui coulisse sur le corps de ligne bute sur le nœud de raccord de l'empile. Cette dernière, longue d'au moins 40 cm (afin de ne pas alerter le poisson par la plombée principale), est lestée de quelques cendrées. Certains pêcheurs préfèrent une plombée étalée sous forme de plombs sphériques, ce qui permet à l'appât d'aller rapidement au fond tout en conservant une souplesse suffisante pour qu'il puisse rouler lentement sous l'action du courant.
Le flotteur est réglé de telle manière que l'appât traîne par intermittence au fond.

Les esches

Il ne faut pas hésiter à offrir des bouchées copieuses au barbeau pour éviter que l'esche ne soit dégustée au début de chaque dérive par le menu fretin. Omnivore, il apprécie aussi bien les esches végétales qu'animales. Tout est affaire de saison, d'état des eaux, de circonstances.
- *L'asticot* : excellente en toutes saisons, cette esche est l'une des plus communément employées dans les eaux où elle n'est pas prohibée. On choisit de gros asticots montés en bouquet par 3 ou 4 sur hameçon n°12 à 14.
- *Le ver de terreau* bien rouge et frétillant n'a pas son pareil dans les eaux légèrement teintées par une pluie d'orage. Il est monté en bouquet de 2 à 3 sur hameçon n°10 à 12.
- *L'écrevisse* représente un mets de choix pour le barbeau. Rappelons que seul l'emploi de l'écrevisse américaine est toléré, vivante lorsqu'elle est de petite taille. On peut n'utiliser que la queue d'une grosse écrevisse, décortiquée ou non, ou découpée en petits morceaux.
- *Le porte-bois* appartient au menu journalier du barbeau, qui le déniche en soulevant de son museau massif les pierres

situées au milieu des courants rapides. Une seule grosse larve, montée sur hameçon n°14, semble préférable à un bouquet de petites. Il est fréquent de capturer ainsi des barbeaux sur des coups typiques à truite, en saison estivale, dans les eaux de 1re catégorie où les deux espèces coexistent.
- *Le grillon* est la seule esche qui puisse tromper notre poisson en pleine canicule, lorsque les barbeaux sont rassemblés entre deux eaux dans les grandes fosses calmes et profondes. Totalement apathiques et refusant toute esche présentée classiquement, ils pourront toutefois se régaler de cet insecte si on a pris soin de le présenter sur un montage discret, à la bonne profondeur. La sauterelle peut être utilisée ainsi.
- *En période de crue* : outre le ver de terreau, un gros lombric et une petite limace – ou une lamproie de Planer – peuvent tenter les très gros spécimens.
- *Les fruits* : comme le chevesne, le barbeau sait tirer parti de toutes les ressources offertes par le milieu. Il ne dédaigne pas les fruits, et s'en régalera d'autant plus volontiers qu'on aura pris soin d'amorcer un coup plusieurs jours à l'avance. Le dernier

soir précédant la pêche, un bon kilo de cerises ou de raisins, selon les circonstances, légèrement écrasés pour que les arômes se diluent mieux dans l'eau, est jeté à la volée en tête du courant. Il est bien rare qu'on ne surprenne pas au petit matin, dans la première heure, un banc de barbeaux occupés à soulever les pierres pour se goinfrer de cette manne providentielle coincée entre les galets, à laquelle on les a habitués progressivement. Le fruit est esché sur un hameçon triple n° 8 à 10, à l'aide d'une aiguille à locher.

- *Le fromage* : de nombreux poissons – y compris la truite – apprécient le fromage, mais le barbeau en semble tout particulièrement friand. L'expérience prouve qu'il sait se montrer délicat, voire difficile, et que ses goûts en matière culinaire l'incitent plutôt à préférer les pâtes molles. Ainsi, il est friand de crème de gruyère, proposée sous forme de cubes aux divers parfums. Le fromage est esché à l'aide d'une aiguille à locher sur un hameçon triple n°12, afin de noyer les branches du triple dans la pâte et d'assurer ainsi une meilleure tenue. L'amorçage, effectué en éparpillant des morceaux de fromage en amont du coup, est souvent inopérant en raison de la force du courant. Pour pallier cet inconvénient, la pâte est incrustée dans une pierre poreuse, ou fondue dans un bloc de mâchefer. De tels lests, qui dérivent peu en raison de leur poids, libèrent lentement le fromage sur le fond.

L'action de pêche

Lorsqu'on pêche au grillon ou au «ver d'eau», on peut prospecter à rôder et explorer systématiquement tous les postes susceptibles d'abriter des barbeaux.

Sinon, on exploite une coulée amorcée au préalable. Il est très difficile de fixer un coup à barbeau, en raison de la violence du courant. L'amorçage doit être copieux, lourd et collant pour se maintenir suffisamment longtemps sur le poste. Il est effectué à l'aide de boulettes bien serrées, de la grosseur d'une orange, remplies de l'esche employée et rendues collantes par l'ajout de terre de taupinière tamisée ou, si cela ne suffit pas, d'argile pure. L'amorce, lancée en tête de coulée, sera rendue plus attractive si l'on incorpore également de la chapelure de pain trempée, puis essorée, mêlée à du tourteau de lin ou du PV1. Le flotteur est réglé de manière que l'esche et une partie du bas de ligne traînent par intermittence au fond. On laisse ensuite la ligne dériver au gré du courant en freinant le dévidage du fil de temps à autre.Ces petites retenues relèvent l'appât du fond et provoquent souvent la touche, le barbeau croyant que sa proie va lui échapper. Il ne faut pas hésiter à effectuer de longues dérives, jusqu'à 30 m, sur toute la longueur du courant. La touche d'un petit barbeau peut se traduire par une plongée brutale ou un déplacement latéral du flotteur. Dans bien des cas, elle est marquée par un simple arrêt du flotteur qui s'enfonce lentement et régulièrement sous la

L'amorçage de fond destiné au barbeau doit être lourd et collant en raison de la puissance des courants où il évolue.

pression du courant. Rien ne permet alors de la distinguer d'un quelconque accrochage au fond. Au moindre doute, on récupère l'excédent de bannière avant de ferrer sèchement. Il peut arriver que l'on croie à un accrochage au fond, le barbeau demeurant parfois immobile telle une souche, calé sur les galets, durant quelques secondes. La défense est ensuite longue et obstinée, le barbeau ne cherchant généralement pas trop à s'éloigner du lieu où il a été piqué. S'il est trop bridé, il peut dévaler à toute allure le courant sous l'effet de la douleur et de l'affolement. Opposant toute sa puissance et utilisant les veines d'eau les plus rapides, il cherchera alors à gagner un obstacle, rendant l'issue du combat hasardeuse. Il faut absolument tout tenter (incliner la pointe du scion à l'opposé de chacun de ses mouvements) pour le sortir du courant principal. Ce n'est qu'après avoir épuisé toutes ses ressources que ce vaillant combattant se rend à l'épuisette.

La pêche à la plombée

Cette technique permet les captures les plus régulières de gros poissons.

Le matériel

- *La canne* : d'une puissance adaptée à l'importance du lest envisagé et à l'éventualité toujours possible de capturer une grosse pièce (les carpes se laissent souvent tenter par une esche destinée aux barbeaux dans les grandes fosses et les remous où les deux espèces cohabitent), on peut la choisir dans les modèles télescopiques à anneaux destinés à la carpe, ou carrément opter pour une canne à lancer «spéciale brochet» de 3 à 3,50 m. Un modèle plus court constituera un handicap dans la lutte avec des poissons lourds et puissants, qui savent utiliser à merveille les courants.
Un moulinet à tambour fixe destiné au lancer léger ou mi-lourd complète l'ensemble, rempli de 22 à 26/100e.
- *Le montage* : on peut utiliser une plombée coulissante classique. Selon la force du courant, il s'agira d'une olive plate de 15 à 40 g qui bute contre un plomb protégeant le nœud de l'émerillon-agrafe relié à l'empile. Cette dernière est longue (au moins 70 cm), afin de ne pas éveiller la méfiance du poisson, qui ne doit pas voir le lest. Le plomb peut être remplacé par un Swim-Feeder, ou un ressort-amorceur classique.
On peut également utiliser les montages sophistiqués préconisés pour la pêche de la carpe à l'anglaise, où le lest (plomb d'Arseley) est placé en dérivation sur un brin de nylon de 15 cm protégé par une gaine siliconée, elle-même fixée à une perle à potence qui coulisse sur le corps de ligne et bute sur le nœud d'attache de l'empile. Si le fond est encombré, quelques chevrotines pincées sur un brin cassant monté en dérivation évitent la perte de l'ensemble du montage.

Les esches

Elles sont identiques à celles préconisées précédemment.

L'amorçage

Voir la pêche à la ligne flottante.

L'action de pêche

L'appât est lancé sur le poste présumé, et la ligne posée sur son support, à 45° par rapport à la surface. Il est important en effet de soustraire le maximum de longueur de nylon à l'emprise du courant, qui crée des vibrations sonores (un peu comme des doigts grattant sur une corde de guitare !) auxquelles le barbeau est sensible. La touche se traduit par une série de chocs plus ou moins appuyés. Il faut réagir vite car le barbeau a tôt fait de relâcher sa prise.

LA PÊCHE À LA PELOTE

Le barbeau, tout comme la carpe, est sensible à l'attrait exercé par la pelote, faite d'un mélange d'argile tamisée et d'asticots. Pour le barbeau, sa taille équivaut environ à celle d'une noix. On la confectionne en incorporant les larves à la terre, puis en mouillant la préparation jusqu'à obtenir une pâte malléable tenant bien à l'hameçon. Le bas de ligne est noyé dans la boule d'argile. On peut laisser apparaître en surface la grappe d'asticots eschés, pour exciter la convoitise du poisson. En ce qui concerne l'action de pêche proprement dite, il est recommandé de ne pas effectuer de longs lancers afin de ménager la pelote, très fragile... Le mieux étant de pêcher le long des berges, sous le scion.

Pelote vue en coupe

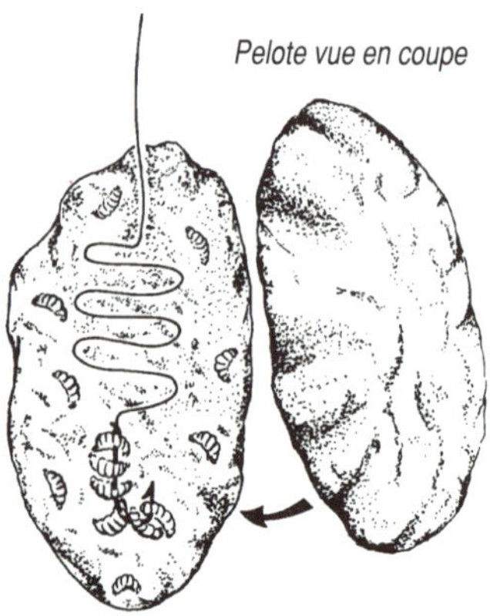

BIOLOGIE-ÉCOLOGIE

Description

Tout dans la morphologie du barbeau indique une parfaite adaptation à la nage en eaux vives. Le corps, cylindrique et fusiforme, épaissi vers l'avant, donne une impression de puissance peu commune chez un Cyprinidé... Le barbeau est véritablement taillé pour lutter contre les courants les plus vifs ! La tête, forte et conique, se termine par une bouche très curieuse, située en position inférieure, et entourée de lèvres charnues et cartilagineuses. Le barbeau doit ses diverses appellations («moustachu», «barbillon»...) aux quatre longs barbillons correspondant à des organes tacto-gustatifs extrêmement sensibles, situés sur la mâchoire supérieure, qui déborde nettement l'aplomb de la mâchoire inférieure, très courte. Les deux plus longs sont implantés à la commissure des lèvres, les deux plus courts à l'avant du museau.

La disposition particulière de la bouche surmontée de ces organes tactiles indique un mode de vie fouisseur. Les yeux, petits, semblent regarder vers le bas. La nageoire dorsale est située à l'aplomb des pelviennes. Haute et étroite, elle est dotée d'un premier rayon dur comportant de petits diverticules épineux, semblable à celui de la carpe. Le pédoncule caudal, large, se poursuit par une nageoire caudale bien échancrée. Les écailles, bien visibles, sont solidement implantées et difficiles à détacher.

Le barbeau est vivement coloré de brun sombre sur le dos, qui tranche avec les flancs verdâtres à reflets dorés et le ventre crème. La ligne latérale, noire, est nettement visible.

Une espèce particulière vit dans la plupart des fleuves côtiers du littoral méditerranéen, dans les zones de courants vifs : il s'agit du barbeau méridional *(Barbus meridionalis)*, de taille moyenne plus réduite (30 cm), reconnaissable aux nombreuses taches brunes et noires qui constellent ses flancs et le font surnommer «barbeau truité».

Le barbeau commun mesure de 40 à 50 cm pour un poids de 2 à 3 kg. Certains sujets record, de 10 à 12 kg pour une longueur de 1 m, auraient été capturés.

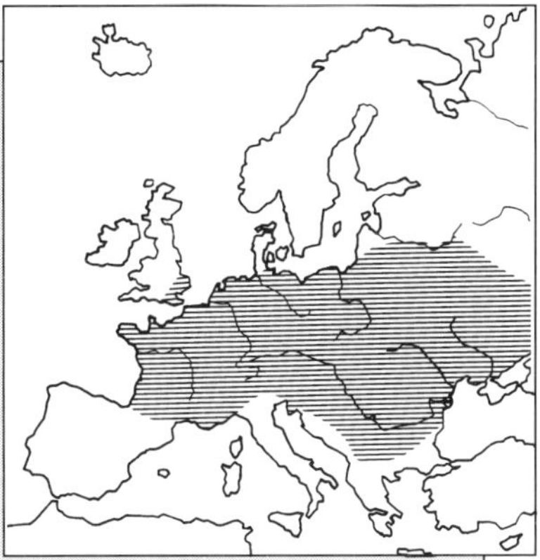

DU BARBEAU

Répartition

Le barbeau commun est présent dans de nombreuses rivières d'Europe centrale et occidentale. Sa répartition, qui s'étend jusqu'à la mer Noire, englobe également le sud de l'Angleterre. Il est absent d'Espagne, d'Italie, de Grèce, de Yougoslavie.

Habitat

L'habitat du barbeau définit la 3e zone dans la classification de Huet, qui forme la transition entre la zone à ombre en amont et la zone à brème en aval. Elle correspond à des eaux encore pures, à des courants larges et puissants succédant à de profondes fosses ou à des pools plus calmes. Le barbeau, avide d'oxygène, peut remonter très haut sur le cours supérieur et coloniser la zone à truite. Il est toutefois absent des torrents d'altitude. Il recherche avant tout la présence de graviers, de galets et de gros blocs rocheux derrière lesquels il stationne volontiers. On observe souvent des bancs à l'aval des piles de pont ou des déversoirs. L'hiver, il regagne les fosses profondes pour fuir les basses températures.

Régime alimentaire

Le barbeau peut être comparé au chevesne en ce qui concerne son éclectisme alimentaire. Les barbillons sensibles qui ornent son museau indiquent un mode de vie fouisseur. Il se nourrit au fond en retournant de son solide museau les galets, à la recherche de larves d'insectes, vers, mollusques, petits crustacés. Peu difficile et très opportuniste, tout peut «faire ventre», des micro-organismes et algues planctoniques raclés sur les graviers jusqu'aux poissonnets qu'il chasse comme un carnassier. Cela explique les prises fréquentes enregistrées par les pêcheurs au lancer ultra-léger... et les émotions ressenties lors de départs particulièrement brutaux qui laissent toujours penser qu'on a affaire à la «truite de sa vie» ! Il consomme également divers débris végétaux et organiques à la dérive. Son goût prononcé pour les œufs de poisson, qu'il dévore au fur et à mesure qu'ils sont émis, et pour les alevins vésiculés, qu'il débusque sous les graviers, lui font commettre de gros dégâts sur les frayères à truite ou à ombre lorsque ses populations deviennent pléthoriques. Contrairement au chevesne, il cesse de s'alimenter lorsque la température de l'eau tend vers 0 °C et se réfugie, en état de semi-léthargie, dans les grandes fosses. Lorsqu'il n'est pas surdensitaire, il contribue au nettoyage et à l'assainissement de la rivière.

Reproduction

La maturité sexuelle est atteinte à 4-5 ans chez le mâle, 6 ans chez la femelle. Le frai a lieu de mai à juillet selon la température de l'eau. Il est souvent précédé d'une migration vers les cours supérieurs de la rivière, dont l'amplitude peut être assez grande (quelques kilomètres à plusieurs dizaines de kilomètres). Cette remontée conduit les géniteurs vers des secteurs favorables à la ponte, à fonds de galets très propres, peu profonds et traversés par des eaux pures et oxygénées. Il est fréquent d'observer plusieurs petits mâles accompagnant une femelle et se pressant autour pour féconder les œufs, émis au nombre de 3 000 à 8 000 par individu. D'un diamètre de 2 mm, ils incubent en 15 à 20 jours.

Comportement

Typiquement grégaire, le barbeau vit en bancs d'importance variable selon la taille des individus, facilement repérables du haut d'un pont grâce aux éclats dorés renvoyés par les flancs des poissons qui se retournent à la recherche de leur nourriture. Nageur infatigable, il patrouille inlassablement sur le fond des courants puissants. Il ne monte qu'exceptionnellement entre deux eaux pour se saisir d'une proie.

L'anguille

Anguilla anguilla

Anguillidés

L'anguille a de tout temps suscité craintes et superstitions, sans doute en raison de sa morphologie serpentiforme. Les Anciens lui attribuaient des vertus miraculeuses et notamment le pouvoir de ressusciter les morts. Lorsqu'on sait que son sang contient des toxines extrêmement puissantes, on peut en douter !

LES PÊCHES DE L'ANGUILLE

La pêche de l'anguille est surtout efficace la nuit, lorsque le poisson quitte son refuge dissimulé sous les branches ou les souches immergées, parmi les enrochements ou dans les anfractuosités des rives, pour partir en quête de sa nourriture. Lorsqu'on ne dispose pas d'eaux closes et privées pour se livrer à cette activité nocturne, il est préférable de traquer l'anguille tôt le matin ou tard le soir.
Elle peut également se montrer active en pleine journée, en période de crue, ou lorsque les eaux se teintent brusquement à la suite d'un orage. Les meilleures époques pour la pêche se situent de la fin du printemps au début de l'automne, avec un pic en août.
Dans les estuaires et les marais côtiers, il est possible de la pêcher avec de bonnes chances de succès en pleine journée.

La pêche à la plombée

Le matériel

Il est des plus rustiques. Dans les petits cours d'eau, une simple canne à coup de 5 m, à scion rigide, fait l'affaire. La ligne est composée d'un monofilament de nylon de 3 à 4 m, en 35/100e, sur lequel coulisse une olive de 15-20 g qui vient elle-même buter contre un émerillon-agrafe. Le bas de ligne doit être très souple, pour ne pas éveiller la méfiance du poisson.
C'est pourquoi les spécialistes utilisent des empiles de soie tressée, terminées par un hameçon n° 2 à 5, selon la taille de l'esche employée. Dans les fleuves et les étangs, une bonne canne pour brochet, à anneaux, de 4 à 5 m, est préférable, ou n'importe quelle canne à lancer pouvant propulser jusqu'à 30 g.
Le moulinet à tambour fixe, de type lancer léger ou mi-lourd, est garni de 100 m en 35 à 40/100e. Une olive plate de 15 à 30 g vient buter sur un petit tube de plastique – ou un plomb d'arrêt – qui protège le nœud de l'émerillon-agrafe.
Le bas de ligne est semblable à celui employé précédemment.

Les esches

Omnivore, l'anguille appréciera tout autant de gros lombrics, un bouquet de vers de terre, une limace, une queue d'écrevisse décortiquée, un morceau de tripes de poulet, un tronçon de poisson.
Un petit poisson mort posé au fond (vairon, ablette), et légèrement faisandé, est également excellent, ainsi que la lamproie de Planer, toujours activement recherchée.

L'action de pêche

Si l'on opère de nuit, il est inutile de lancer loin, les anguilles venant chasser près des berges. Le jour, l'appât est présenté au fond d'une fosse profonde, d'un grand remous calme, ou à proximité de tout ouvrage. Autres postes intéressants : les obstacles qui brisent le courant, comme une pile de pont ou un arbre abattu.
Au moindre tressaillement du scion qui annonce une touche, il est important de rendre la main en ouvrant le pick-up. Les grosses anguilles, en effet, méfiantes, ont tôt fait de recracher l'appât le mieux présenté si elles perçoivent une anomalie.
Le ferrage est énergique, et l'anguille ramenée ensuite d'autorité sur la berge. Il ne faut surtout pas lui laisser le temps de gagner un quelconque obstacle autour duquel elle s'enroulera... Il serait alors impossible de l'en extraire, à cause de sa puissance de constriction.
Pour éviter des manipulations inutiles, qui couvrent le pêcheur de mucus (l'anguille engame en effet très profondément son appât), il est conseillé de changer l'empile après chaque capture. On maintient facilement sa prise à l'aide d'une feuille de papier journal. Pour la tuer, il suffit de frapper à l'aide d'un quelconque gourdin la région de la queue, qui contient les organes vitaux.

La pêche à la vermée

Ce procédé très ancien est surtout efficace les soirs d'été, par eaux légèrement teintées à la suite d'un orage.

Un matériel rustique – canne de bambou à scion rigide – convient tout à fait pour pêcher l'anguille au ver.

Le matériel

N'importe quelle canne en bambou de 4 à 5 m, à scion rigide, fait l'affaire. La ligne peut être une simple soie tressée de 2,50 à 3 m, terminée généralement par une plombée de 20 à 30 g.

La confection de la vermée

Une vingtaine de gros lombrics sont enfilés dans le sens de la longueur, au moyen d'une grosse aiguille, sur un fil à repriser en coton ou un brin de laine. Le chapelet de vers est ensuite entouré autour des doigts, de manière à former une grosse pelote, nouée autour de la plombée.

L'action de pêche

La vermée est descendue à l'aplomb des rives et maintenue juste au-dessus du fond, qui ne doit pas excéder 1 m. La touche est annoncée par des tressautements du scion. On laisse mordre longuement avant de relever la ligne d'un mouvement continu, sans à-coups. L'anguille reste prisonnière le temps qu'elle soit déposée dans un parapluie ouvert ou sur un drap, ses petites dents acérées ancrées dans le coton ou la laine. Certains pêcheurs enferment la vermée dans un fond de bas dont les fines mailles retiendraient mieux les dents.

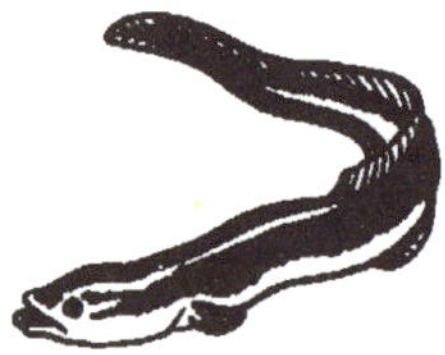

BIOLOGIE-ÉCOLOGIE DE L'ANGUILLE

Description

L'anguille adulte est dotée d'un corps très allongé, de type serpentiforme, recouvert d'un mucus abondant et d'écailles minuscules, qui apparaissent vers l'âge de 3 ans. La structure particulière de cette peau épaisse et visqueuse lui permet de capter l'oxygène atmosphérique et de se déplacer en ondulant sur la terre ferme et humide, pour contourner un obstacle. La tête, petite, conique, est mal individualisée. Elle est dotée d'une bouche minuscule dont les mâchoires sont cependant d'une puissance redoutable (attention aux morsures, ça pince très fort !), et garnies de petites dents acérées.

L'absence de nageoires pelviennes caractérise également le genre. On note la présence de nageoires pectorales, petites, disposées en éventail et soutenues par 18 rayons. Une nageoire impaire dorso-ventrale, soutenue par quelque 500 rayons, s'arrête au niveau de l'anus sur la face ventrale. Les yeux sont petits, les ouvertures operculaires, réduites, sont placées contre les pectorales. Deux paires de narines, situées en bout de museau et en avant des yeux, s'ouvrent sur une cavité olfactive très développée, qui indique le rôle considérable de l'odorat chez l'anguille.

Il existerait deux formes d'anguille. La première, dotée d'une tête très effilée, ne se nourrit guère que de petits invertébrés. La seconde, au crâne plus large et aplati, surtout observée dans les rivières, les fleuves et les étangs, serait beaucoup plus carnassière et centrerait sa prédation sur le poisson.

L'anguille adulte en cours de croissance est dite «anguille jaune». Le dos, vert sombre, contraste avec les flancs jaunâtres et le ventre blanc. Peu avant l'avalaison, elle revêt une robe noirâtre sur le dessus du corps, qui vire à l'argenté sur les flancs. Les mâles ne mesurent guère plus de 50 cm tandis que les femelles peuvent atteindre une longueur de 1,50 m pour un poids moyen de 3 kg.

Habitat

On la rencontre aussi bien dans les eaux douces que dans les milieux saumâtres, y compris dans les mares les plus isolées, qu'elle rejoint en rampant dans les rigoles humides. Bien qu'il soit possible de la rencontrer à tous les niveaux d'un cours d'eau, de la zone à brème à la zone à truite, elle semble préférer les fleuves ou rivières calmes, à fonds sablo-vaseux, les étangs riches en végétation et autres obstacles immergés (enrochements, souches, anfractuosités des berges), parmi lesquels elle se dissimule en cours de journée. Elle fuit les eaux trop froides des torrents d'altitude.

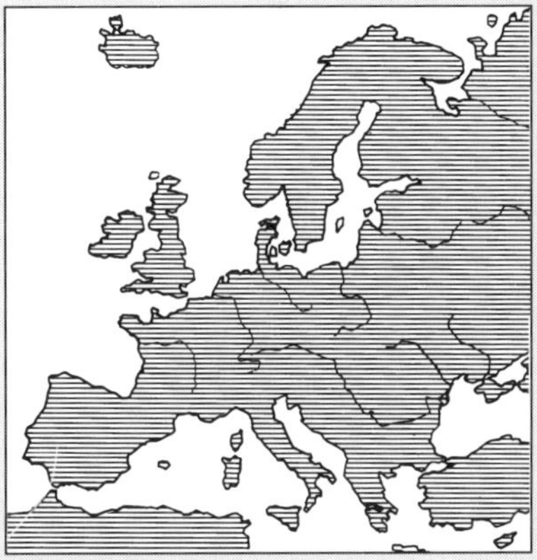

Répartition

Toute l'Europe.

Régime alimentaire

Il varie selon l'âge et le milieu. Les leptocéphales, planctonophages, cessent de s'alimenter durant leur métamorphose, qui les transforme en civelles. Les adultes, omnivores à tendance carnivore, se nourrissent de divers invertébrés aquatiques, de crustacés, mollusques, vers, limaces, batraciens, poissons, telle la lamproie de Planer, qui était très utilisée par les pêcheurs au cordeau. Elle apprécie également les proies mortes.

Reproduction

La reproduction de l'anguille est longtemps demeurée un mystère, en partie élucidé par l'océanographe danois Johannes Schmidt (1877-1933). Ce dernier a en effet déterminé l'endroit approximatif du lieu de ponte, qui se situe dans la mer des Sargasses, au large de la côte est des États-Unis. L'anguille est donc un poisson catadrome, qui vit et se développe en eau douce mais se reproduit dans l'Océan, à un endroit précis, recouvert d'un épais tapis végétal bloqué par des courants concentriques. Au terme d'un voyage extraordinaire de 6 000 à 7 000 km, ces poissons se rassemblent pour pondre, avant de mourir dans des circonstances mystérieuses. Les facteurs qui marquent le début de la migration catadrome semblent être sous le contrôle de la glande thyroïde, ou en étroite relation avec elle. Elle induit une véritable métamorphose de l'anguille, dont la peau s'épaissit, prenant une belle couleur argentée. Dans le même temps, les gonades se développent, les yeux à l'origine minuscules deviennent globuleux, tandis que l'appareil digestif régresse jusqu'à la fermeture de l'anus, l'animal cessant de s'alimenter.

L'avalaison débute en automne, et l'anguille parviendra à destination au début du printemps, en février-mars. Le frai a lieu à quelque 400 m de profondeur. Chaque femelle libère environ 1 million d'œufs qui incubent en 1 mois. Les larves demeurent ensuite inertes quelques jours parmi la végétation immergée en profondeur, jusqu'à résorption de la vésicule vitelline. Elles adoptent ensuite une forme aplatie et translucide, de 5 à 7 mm, et vont se laisser dériver passivement au gré des courants (Gulf Stream et ses collatéraux), jusqu'à proximité des côtes européennes, où elles gagnent progressivement la surface. Ce voyage dure 2 à 3 ans, et les alevins mesurent 6 à 8 cm à son terme, en janvier-février-mars sur la façade atlantique, avril-mai sur le littoral méditerranéen. Notre petite anguille subit alors une métamorphose au cours de laquelle elle cesse de s'alimenter. Elle se pigmente, perd du poids et change de forme pour adopter celle d'une petite anguille : elle est devenue «civelle» ou «piballe». Au cours des mois d'été, elle remonte activement dans les estuaires. Les mâles colonisent alors les étangs et marais saumâtres littoraux, tandis que les femelles remontent les cours d'eau et se répartissent progressivement dans les différents tributaires.

Les facteurs susceptibles de guider la migration restent obscurs. Il est toutefois établi que certaines des capacités de l'anguille dépassent l'entendement et nos pauvres facultés humaines. Elle serait ainsi capable de détecter des composés odoriférants à des dilutions de 12,9 trillions... Cela revient à dire qu'elle décèle 1 ml de substance diluée dans 48 fois le volume du lac de Constance ! Cette faculté d'analyse de la qualité des eaux, des taux de salinité, des variations thermiques, et sans doute également la perception des magnétismes et le guidage stellaire, pourraient l'aider dans son voyage.

Comportement

L'anguille est un poisson aux mœurs essentiellement nocturnes, qui n'est guère actif la journée, sauf à la suite de brusques montées des eaux. L'hiver, elle réduit son activité et, par grand froid, tombe en léthargie après s'être enfouie dans la vase.

GESTION-AMÉNAGEMENTS

L'avenir sombre de l'anguille

On a longtemps cru l'espèce inépuisable tant elle était abondante. Dans certains cours d'eau, elle représentait jusqu'à la moitié de la biomasse totale ! Pourquoi s'inquiéter alors lorsqu'on assiste à un véritable pillage organisé, exercé aussi bien à l'encontre des civelles, capturées au filet dans les estuaires, que des adultes, considérés comme nuisibles et donc détruits systématiquement par des pêches électriques, dans les eaux de 1re catégorie ! On ne mesurera les effets dévastateurs de ces actions que dans quelques années, bien que certains scientifiques aient déjà tiré la sonnette d'alarme, soulignant que l'avenir de l'anguille n'était pas garanti, spécialement sur toute la façade atlantique. Si elle demeure relativement abondante dans les estuaires et les marais littoraux, elle régresse de façon spectaculaire jusqu'à disparaître totalement des eaux de l'intérieur, sans que personne s'en préoccupe réellement !

Le massacre des civelles dans les estuaires et les marais littoraux, ainsi que les difficultés rencontrées par les adultes lors de leur remontée en eau douce (barrages, pollution...) risquent bien de faire disparaître l'anguille à plus ou moins long terme.

Les causes du désastre

- *La surexploitation des civelles :* la France est le premier pays européen «prédateur» de civelles, avec 1 500 à 2 000 tonnes récoltées chaque année, soit 6 milliards d'individus sur les 9 prélevés dans toute l'Europe, principalement destinés à l'exportation en Espagne. Cette pêche fait vivre 1 500 professionnels dans le golfe de Gascogne, une importante flottille artisanale sur le littoral méditerranéen. Elle concerne 5 000 ha de marais du littoral atlantique, «gérés» par des pêcheurs aux engins.
- *Les difficultés rencontrées en cours de remontée :* les civelles sont souvent bloquées au pied de barrages hydroélectriques infranchissables. Comme si cela ne suffisait pas, des norias de bateaux profitent alors de ces rassemblements pour les capturer au filet.
- *L'assèchement des marais littoraux* est particulièrement néfaste, surtout lorsqu'ils constituent les seuls refuges utilisables quand une rivière est barrée par un ouvrage incontournable.

Des mesures de protection urgentes à prendre

- *La limitation des pêches de la civelle.*
- *La mise en place de passes à poissons* adaptées au mode de locomotion de l'espèce, qui ne peut sauter comme le saumon, ou remonter des courants puissants, devient nécessaire. Il s'agit de rampes spéciales, dont le sol est recouvert de tapis-brosses en plastique, ou de branchages qui aident l'anguille à la reptation.

Les poissons de mer

La mer est un monde à part, dont l'immensité déroute le nouveau venu. Le pêcheur dispose en France d'extraordinaires possibilités, avec trois façades maritimes longues au total de 5 000 kilomètres, aussi riches que variées. La pêche en mer est active, sportive, parfois dangereuse... L'Océan ne pardonne aucune

imprudence ! La grande diversité des espèces et des techniques qui s'y rapportent, les tailles parfois impressionnantes des captures et leur défense magnifique offrent autant de pôles d'intérêt, qui ne peuvent laisser le pêcheur en eau douce indifférent, l'incitant à rejoindre au plus vite le grand domaine de l'eau salée !

Nous avons choisi de traiter dans ce chapitre les espèces principales qui figurent au «tableau» du pêcheur en mer. Il est évident que, dans le cadre d'un tel ouvrage qui se veut généraliste, certains poissons ont été volontairement exclus... Le monde de la pêche en mer est immense et mériterait à lui seul un manuel !

Le bar

Dicentrarchus labrax

Serranidés

Drenek en Bretagne, loup en Méditerranée, louvine ou loubine dans le Sud-Ouest, le bar suscite passion et convoitise. Sa magnifique défense, la délicatesse de sa chair, l'éventail des techniques qui se rapportent à sa pêche expliquent cet engouement.

LES PÊCHES DU BAR

LA PÊCHE AU LANCER

Efficace à partir des côtes rocheuses mais aussi des plages, c'est la méthode favorite des pêcheurs sportifs.
Le choix des leurres et des appâts, capital, doit être adapté aux circonstances. Il sera différent selon la taille des proies capturées par le poisson, l'heure de la marée, l'état de la mer. Reconnu comme l'un des poissons les plus combatifs, le bar est recherché avec passion par la plupart des pêcheurs en mer.

Le matériel

- *La canne :* une longue canne à deux mains est nécessaire pour approcher les secteurs dangereux, mais propices, mieux contrôler le travail du leurre, maîtriser un gros poisson et le mettre au sec à partir d'un promontoire rocheux contre lequel s'écrasent les déferlantes. Des modèles parfaits ont été créés, parallèlement à l'apparition des leurres souples et de surface, légers et nerveux.
Il s'agit des cannes «spéciales buldo» en bore, Kevlar ou carbone, de 3,90 m, qui facilitent les lancers des longs bas de ligne requis pour la pêche au buldo, et s'adaptent à toutes les situations.
- *Le moulinet :* il est avant tout parfaitement protégé contre la corrosion marine, à bobine enveloppante ou non, selon les goûts. On le choisit dans les modèles «mer mi-lourd», comportant 2 bobines «long cast», pour favoriser le lancer. La première est garnie de 200 m en 40 à 45/100e, pour pêcher par mer forte et à partir de postes en surplomb, qui exigent de brider le poisson et de le sortir en force ; la seconde, garnie de 200 m en 26 à 35/100e, est adaptée à la pêche par mer calme, ou à l'utilisation de leurres légers (15 à 20 g).
- *Le nylon* doit être d'excellente qualité, résistant à l'usure et aux nœuds. Les nylons fluo offrent une bonne visibilité, mais certains présentent l'inconvénient de se dégrader rapidement sous l'action conjuguée du sel et des ultra-violets. Ils doivent donc être changés fréquemment.

Les leurres

Le marché nous offre aujourd'hui une incroyable diversité de leurres, dont certains sont parfumés (Raglou Kitu, par exemple) ! Cela ne fait qu'aggraver la difficulté du choix en début de séance, qui tient compte de la saison (en début de saison, des leurres lourds sont préférables pour rechercher le bar au fond ; durant toute la période estivale, le choix est porté sur des leurres peu lestés, pour tenter les poissons qui chassent alors en surface), de l'état de la mer (claire ou trouble, calme ou agitée) et de la topographie des lieux (substrat sablonneux, rochers ...). Le type de nage, la couleur, la forme dépendent de ces paramètres, mais aussi (et surtout) de la nature des proies chassées par le bar.

- *Les cuillers ondulantes lourdes :* longues de 30 à 80 mm et pesant de 30 à 60 g, elles sont surtout utilisées par gros temps, ou dans les eaux profondes balayées par des courants violents. On les emploie seules ou – mieux – précédées d'une mitraillette de mouches blanches. D'excellents modèles sont actuellement proposés.

La série Yann Mer offre une gamme de grammages très complète, échelonnée de 10 à 500 g. Ces cuillers, qui ont fait leurs preuves depuis longtemps, nagent de manière très attractive à la moindre sollicitation, et descendent en virevoltant lors des relâchers. La MirroYann, distribuée par Ragot, phosphorescente, permet de pêcher la nuit dans les grandes fosses.

Les Flashmer sont des leurres remarquables, proposés dans des grammages variés (20 à 200 g). Leur palette est recouverte d'un nouveau revêtement de type Scalélite, qui renvoie des reflets argentés et irisés perceptibles à très longue distance. Afin de modifier la nage et de conférer un attrait supplémentaire, le triple est agrémenté de plumes et de filaments brillants chez certaines de ces cuillers (la célèbre Triple bar de Flashmer), ou d'un leurre souple (virgule). Parmi les autres modèles proposés sur le marché, nous pouvons citer le All Big de Technipêche, les «S» «spéciales

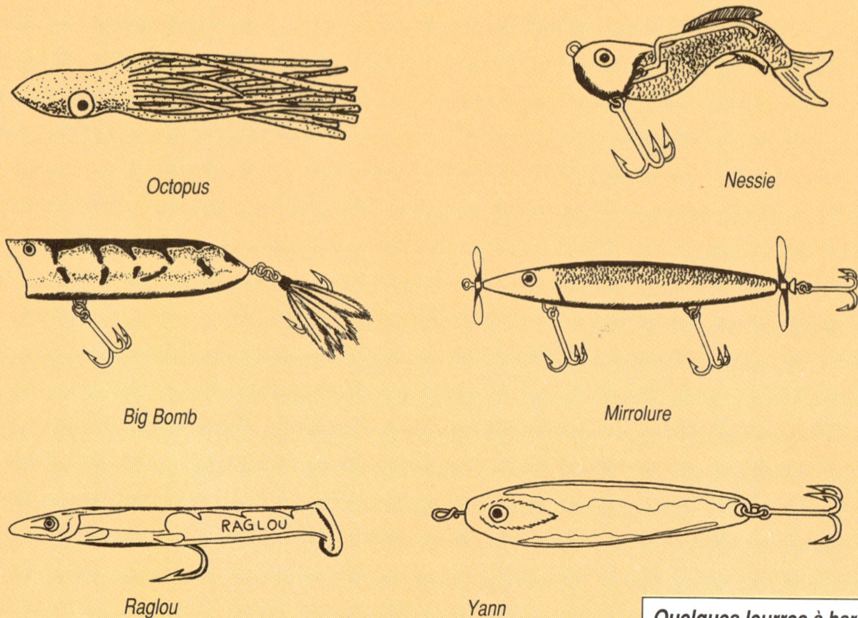

Quelques leurres à bar

mer» de Mepps (26 à70 g), à la nage irrégulière très attractive, et les cuillers Sainton (45 à 150 g).

- *Les cuillers ondulantes légères :* leur poids varie de 15 à 30 g. Elles ondulent plus ou moins selon la courbure de la palette, qui adopte souvent une forme de «S». Certaines, comme la Sea Fairy de JB, ont une palette large à la nage très attractive.

Toutes ces cuillers doivent être travaillées lors de la récupération, qui s'effectue par saccades, en alternant tirées, relâchers et mouvements latéraux du scion.

- *Les cuillers tournantes* : surtout utilisées en eaux peu profondes et dans les estuaires, elles semblent toutefois appelées à un meilleur avenir pour les pêches de surface en période estivale. Ange Porteux, célèbre pêcheur de bar, a confectionné un leurre tournant mixte qui consiste en une palette de cuiller tournante, allongée, associée à un Raglou. Elle est distribuée aujourd'hui par Ragot sous l'appellation «cuiller Angel».

- *Les leurres souples :* leur apparition a révolutionné la pêche du bar. Il en existe une multitude de modèles, dont les faibles grammages obligent à monter sur le corps de ligne un buldo. Celui-ci, totalement rempli d'eau, pèse de 40 à 60 g.

- *Les poissons-nageurs souples,* à queue ondulante ou battante, de taille et de couleur variées, sont censés imiter des civelles, sprats ou lançons. Ils peuvent être enfilés sur un hameçon Spid plombé en tête (1 à 7 g), pointe tournée vers le haut pour limiter le nombre d'accrochages. Parmi les plus connus, nous pouvons citer les Nessie, Kat, MinRag, Red Gill, Raglou.

- *L'anguillon de caoutchouc* blanc ou blond, simple ou lesté en tête, est très utilisé avec le buldo. Les nouveaux modèles comportent des filaments brillants en queue *(brills)* qui augmentent le pouvoir attractif du leurre.

- *Les imitations de Céphalopodes :* octopus, sepion, seiche.

- *Les poissons-nageurs rigides à bavette :* les plus célèbres sont les Rapala, dont certains sont spécifiquement étudiés pour le bar : le Sliver 13 et 20, et le Mag 18. Tous ces leurres sont propulsés au large

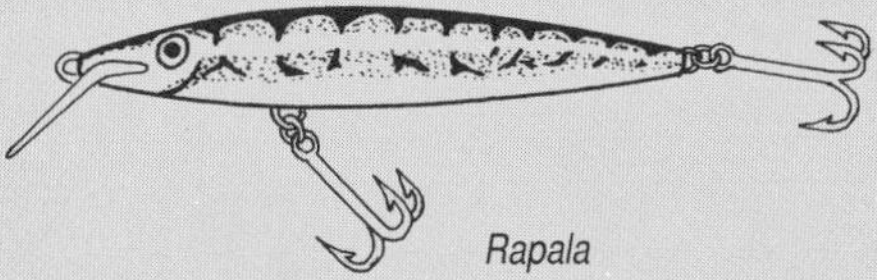

Rapala

Carnabis

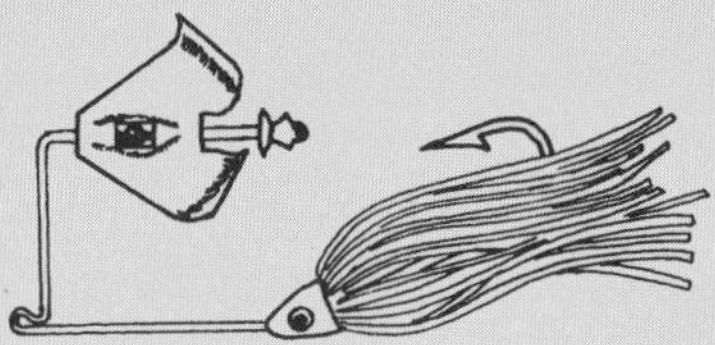

Buzzer

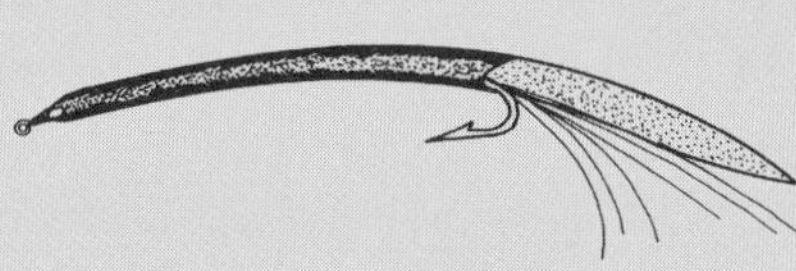

Anguillon de caoutchouc avec ses brills

Cuiller ondulante Flashmer

Red Gill

puis récupérés plus ou moins rapidement selon la nature du fond. Sachant que le bar mord souvent dans les vingt derniers mètres, il est important de bien insister au ras des roches, dans le blanc de l'écume, avant de relever l'ensemble.

- *Les leurres de surface :* on doit leur apparition récente au succès remporté par ce type de leurre aux États-Unis, pour la pêche de carnassiers tels que le brochet et le black bass. Ils sont surtout efficaces en période estivale, par mer calme, sur des fonds inférieurs à 4 m. Les bars, alors calés dans des anfractuosités rocheuses, n'hésitent pas à quitter leurs repaires pour happer ces leurres en une attaque rapide et vraiment spectaculaire.

- *Les poissons à hélice :* leur diffusion est longtemps restée confidentielle, les meilleurs spécialistes réalisant de forts beaux paniers dans le plus grand secret ! Aujourd'hui, tous les pêcheurs de bars connaissent les fameux Big Big, produits par la firme Ragot, en forme de cigares, dotés d'une hélice à chacune de leurs extrémités, armés de trois triples et proposés dans les grammages 14, 30, 42 g, ainsi que le nouveau Big Gum. La société Flashmer produit également l'excellent Mirrolure à deux hélices (9, 13, 17,5 g). Ces leurres sont fixés, directement sur le fil en provenance du moulinet, à un émerillon JB à agrafe, qui permet de changer formes, coloris et grammages en fonction des circonstances. Le poisson à hélice est propulsé vers le large, puis récupéré par saccades à la surface de l'écume, canne haute, ou d'un mouvement lent et régulier, le travail des hélices qui brassent l'eau se suffisant à lui-même.

- *Les poppers flottants :* leur principe de fonctionnement est identique à celui préconisé pour le black bass. A chaque traction, le leurre s'enfonce dans l'eau, provoquant un bruit particulier («pop») et créant un nuage de bulles attractif. Deux modèles sont actuellement distribués en France, le Big Bomb de chez Ragot, et le Pop'n de Bargley's, comportant une hélice caudale, produit par Daiwa. On peut facilement réaliser soi-même, et à moindres frais, ce type de leurres.

Une belle récompense pour le pêcheur au lancer : la prise d'un bar dans les déferlantes !

LA PÊCHE À LA LIGNE FLOTTANTE

Elle peut être pratiquée en bateau ou du bord, à partir de l'extrémité des pointes rocheuses et des jetées, à proximité des parcs à moules et à huîtres. Cette technique est très employée du Cotentin au Finistère et au Pays Basque. Sur les rivages de la Méditerranée, les vrais spécialistes opèrent de nuit, à l'aide d'un flotteur lumineux.

Le matériel

- *La canne :* la canne à buldo de 3,90 m, à scion plutôt souple, pour la pêche au lancer, est parfaite, afin de ménager des esches fragiles.
- *Le moulinet* à tambour fixe, de type lancer mi-lourd, est garni de 200 m en 30 à 35/100e.
- *La ligne :* on peut employer un gros flotteur fixe, à antenne de 4 à 5 cm, surmontée d'une boule de couleur vive (pour le repérer dans les vagues), dans les modèles destinés à la pêche en eau douce, ou un flotteur coulissant «spécial mer», bloqué par un nœud d'arrêt. Dans ces deux cas, le lest (olive de 15 à 20 g) bute sur une perle qui protège le nœud de l'émerillon-agrafe JB, relié à une empile de 60 cm. Le numéro de l'hameçon varie du 4 au 2/0, selon la taille de l'esche.

Le flotteur est préréglé à l'estime, de manière à faire évoluer l'esche au ras du fond ou entre deux eaux.

En Méditerranée, les spécialistes du loup pêchent la nuit à l'aide d'un flotteur lumineux. Cette technique, très productive dans les chenaux (appelés «graus») et les bassins portuaires de juillet à mars, va certainement faire un nombre grandissant d'adeptes sur le littoral atlantique. La luminescence est obtenue à l'aide d'une petite pile ou d'une cyallumette (bâtonnet chimique lumineux). Le montage est identique à celui préconisé précédemment. Toutefois, le diamètre du bas de ligne, long de 40 à 80 cm, peut descendre jusqu'au 18/100e, pour tromper la vigilance des loups très méfiants. L'hameçon, n°2 à 4 fin de fer, doit posséder un piquant irréprochable. Le flotteur est réglé de manière que l'esche évolue au ras du fond. Certains pêcheurs graissent le nylon sur une vingtaine de mètres, afin d'améliorer sa flottabilité et d'obtenir ainsi un ferrage plus efficace à longue distance.

Montage destiné à pêcher le bar la nuit, au flotteur lumineux

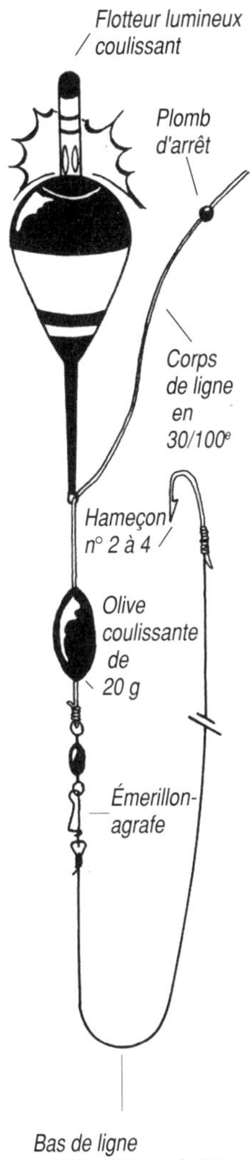

Les esches

Hormis les esches classiques (arénicole, bibi, néréide, lanière d'encornet, crabe mou), le pêcheur utilisera avec succès des vifs tels que le petit mulet, l'athérine, l'éperlan, piqués par les lèvres, le lançon, piqué au dos, ou la crevette vivante, eschée au niveau des derniers segments de la queue.

L'action de pêche

A l'aide du montage classique, l'art de cette pêche consiste alors à découvrir les veines de courant, qui amènent le flotteur en direction des postes présumés favorables. La dérive ne doit pas dépasser 40 m pour un ferrage efficace. On peut laisser évoluer la ligne dans le blanc de l'écume, au ras des rochers battus par la mer. Les manœuvres d'aguichage (tirées, relâchers) augmentent considérablement le pouvoir attractif de l'appât.

Toute anomalie dans la dérive (déplacement latéral, plongeon du flotteur) appelle un ferrage immédiat, car le bar recrache aussi vite qu'il engame, et d'autant plus ample que la longueur de bannière sortie est importante. Au flotteur lumineux, la touche est visible par une traînée lumineuse sous la surface. Certains spécialistes de la pêche aux appâts naturels opèrent «au senti», sans flotteur, nylon pincé entre pouce et index. Pour attirer les bars sur un coup et les maintenir, on peut les amorcer à l'aide de «strouille», ou «boëtte», sorte de bouillie liquide à base de coquillages écrasés (moules, coques), de déchets de poissons broyés (tête et tripes de sardine ou de maquereau), de crustacés (crevettes), mêlés à de la farine et à de l'huile. Quelques cuillerées à soupe sont lancées tous les 4 ou 5 coups de ligne.

LES ÉPOQUES ET CIRCONSTANCES FAVORABLES À LA PÊCHE DU BAR

■ La marée

Ce facteur est important, pour ne pas dire capital, lorsqu'on pêche au *surf-casting*. Le flot (du début de la marée montante jusqu'aux deux heures qui précèdent l'étale) est toujours plus favorable que le jusant. Les forts coefficients (supérieurs à 90) ne sont pas bons, contrairement aux jours qui précèdent ou suivent ces fortes marées où les poissons se montrent particulièrement actifs et mordeurs.

■ L'état de la mer

Une mer agitée par un bon clapot est préférable au calme plat, qui incite les poissons à se réfugier dans les failles rocheuses d'où ils ne sortent guère que la nuit. Le bar pressent tous les changements de temps : il s'approche des côtes et devient mordeur peu avant la tempête ou lorsque cette dernière, qui a sévi plusieurs jours, va mollir. Sur les plages des Landes ou de Vendée, les bars s'éloignent des côtes lorsqu'une grosse houle, venant du large, donne naissance à des déferlantes qui s'abattent avec fracas, et que le sable monte dans le creux de la vague. L'eau, qui devient gris sale, est alors peu favorable à la pêche.

■ Conditions atmosphériques

Un ciel couvert et pluvieux est préférable au grand beau temps.

■ Les vents

Un vent de terre qui sévit durant plusieurs jours, poussant les bancs de sprats (l'une des proies favorites du bar) vers le large, n'offre pas de bonnes conditions de pêche. En Bretagne, un vent de nord à nord-ouest de force 3 à 5 est excellent, un vent de sud-ouest à nord-nord-est médiocre. En Méditerranée, les vents de terre sont très défavorables.

■ L'heure

Statistiquement, en période estivale et par beau temps, l'aube est meilleure que le crépuscule, lui-même plus favorable que le grand soleil qui luit en pleine journée. On multiplie ses chances de capturer de gros bars la nuit, ces derniers perdant une partie de leur méfiance et se rapprochant des côtes. Cette pêche est très rentable mais dangereuse ! Par temps couvert et mer agitée, on peut espérer faire une belle pêche à n'importe quelle heure de la journée.

■ Les saisons

Sur tout le littoral atlantique et de la mer du Nord, le bar semble plus mordeur à deux époques précises : le printemps et surtout l'automne. De janvier à mars, il gagne le large à la recherche de courants tièdes et de fosses marines.

- Mer du Nord et Manche : juin, juillet, octobre, novembre sont les meilleurs mois.
- Atlantique : avril à juin et septembre à décembre.
- Méditerranée : la meilleure saison s'échelonne de septembre à février.

C'est à l'aube et au crépuscule que les bars sont les plus mordeurs.

LA PÊCHE AU SURF-CASTING

C'est la technique la mieux adaptée aux grandes plages sablonneuses situées sur les côtes des Landes et de Vendée. Sur nos autres rivages (mer du Nord, Manche, Méditerranée), elle attire de plus en plus d'adeptes.

Le matériel

- *La canne* : le vrai «pro» du surf-casting dispose d'un jeu de 3 ou 4 cannes disposées à 30 m les unes des autres (plus resserrées la nuit ou par mer agitée). Il s'agit de modèles longs (4,50 à 6 m) et puissants, capables de propulser bien au-delà de 100 m des lests de 150 à 250 g. Les cannes sont plantées à la verticale dans le sable grâce à un pic spécial qui s'adapte sur le talon, ou à l'aide d'un support de 1 à 1,20 m (tube d'aluminium), dont le diamètre est légèrement supérieur à celui du talon, pour qu'il soit parfaitement maintenu. Fabriquées en fibre de verre ou de carbone, ces cannes doivent avoir une action parabolique, pour ménager des esches fragiles.
- *Le moulinet* : de nombreux modèles à tambour fixe, sans anse de panier (ramassage du nylon au doigt), qui récupèrent 80 cm au tour de manivelle, ont été spécialement étudiés pour le surf-casting. La bobine est garnie de 300 m de nylon en 45/100e (Normandie, Picardie, Manche). Ce diamètre passe à 50, voire 60/100e, par mer agitée ou fonds encombrés, et sur les plages charentaises, girondines et landaises où la prise d'un maigre n'est pas exclue. Une telle longueur de nylon permet de reculer au fur et à mesure de la montée du flot.
- *Les montages* : le montage classique, emprunté à la pêche à soutenir, comprend 2 ou 3 hameçons n°1/0 à 3/0 selon la taille des esches, fixés au bout de potences de 30 à 50 cm en 35 à 40/100e, échelonnées sur le corps de ligne grâce à des émerillons pater. La première empile est installée à 60 cm du plomb-grappin ou en étoile, la seconde à 1,50 m, la troisième à 2,50 m. Les émerillons peuvent être remplacés par des clipots, préférés par certains pêcheurs.

Le bar se méfiant de l'aspect bridé, qui manque de naturel, des appâts fixés au bout de courtes empiles, de nombreux pêcheurs ont adopté le montage «au traînard», qui comprend une seule potence très longue permettant à l'esche de ballotter librement au gré des courants et du ressac. Le montage est très simple. Une empile de 1,50 à 4 m est reliée à un émerillon-agrafe, lui-même fixé à un émerillon pater monté sur le corps de ligne. Le lest (plomb-montre ou plomb-châtaigne) est attaché à un brin de nylon en 45/100e, de 30 à 40 cm de long.

MONTAGES DESTINÉS AUX POISSONS-NAGEURS SOUPLES

Le corps de ligne en 35/100e est fixé à un émerillon-baril auquel est rattaché le buldo, grâce à un anneau brisé. Sur le même anneau brisé est fixé un émerilllon JB à agrafe, auquel est reliée l'empile en 30/100e, de 2,50 m, qui supporte le leurre souple.
Seconde possibilité : le corps de ligne en 40/100e est fixé au même émerillon-baril, auquel est attaché un brin cassant de 60 cm en 30/100e, qui supporte un plomb-poire de 40 g. Sur l'autre boucle de l'émerillon est montée l'empile, longue de 2,50 m en 35/100e, terminée par le leurre.

Les esches

Toutes les esches classiques peuvent convenir, tels le crabe mou, l'arénicole, la néréide, la crevette, la lanière d'encornet, le lançon. Il est recommandé de fixer à chaque hameçon un appât différent. Les pattes du crabe doivent être ficelées ou ôtées, de manière à l'empêcher de s'embusquer sous un obstacle.
Certains pêcheurs fixent le corps du crustacé en bout, et les pinces sur la seconde potence.

L'action de pêche

Elle débute généralement à marée basse et se poursuit tout au long du flot jusqu'à l'étale de la pleine mer. On affirme généralement que le bar se tient dans «la troisième vague». Aujourd'hui très sollicité, devenu méfiant, il évolue souvent plus au large, d'où la nécessité d'effectuer de longs lancers. On augmentera ses chances en posant les esches près d'un obstacle (rocher, épave) ou dans un chenal sablonneux. La canne est ensuite posée sur son support, dans l'attente d'une touche. Cette dernière est signalée par des oscillations du scion, qui finit par plier franchement. Elle est souvent très brutale, le poisson parvenant à désensabler le lest dont l'inertie suffit à assurer le ferrage. Parfois, la bannière mollit, signifiant que le bar qui vient d'engamer fonce vers la côte. Il est important d'agir alors très vite, en moulinant rapidement de manière à reprendre le contact. Ce type de touche est source de nombreux décrochages. La mise au sec du poisson ne pose guère de problème sur les plages en pente douce, mais le combat peut se prolonger, le poisson utilisant la puissance des vagues qui se retirent pour tenter de se débarrasser de l'hameçon ou de rompre le nylon.

LA PÊCHE À LA TRAÎNE, EN BATEAU

C'est l'une des méthodes les mieux adaptées pour pêcher les gros bars qui se tiennent au large, à proximité des écueils, évoluant parmi les chenaux sablonneux

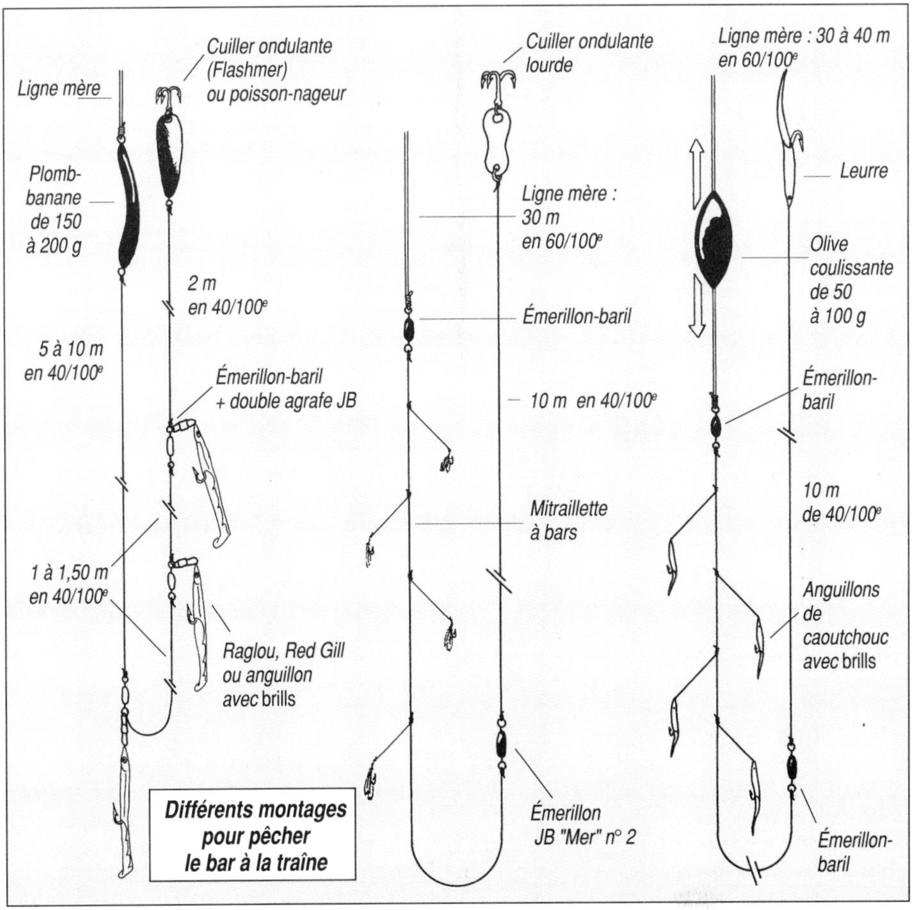

Différents montages pour pêcher le bar à la traîne

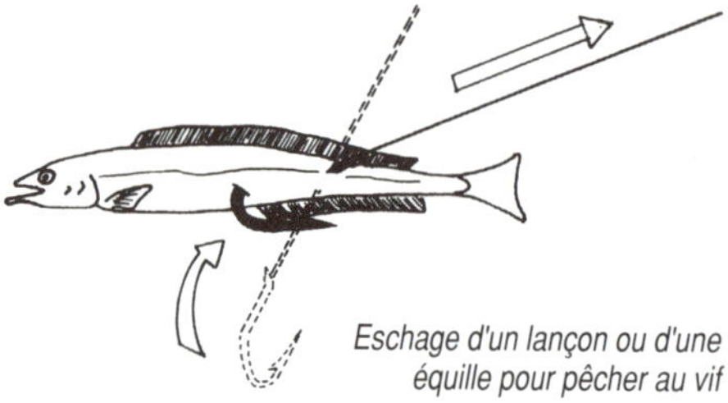

Eschage d'un lançon ou d'une équille pour pêcher au vif

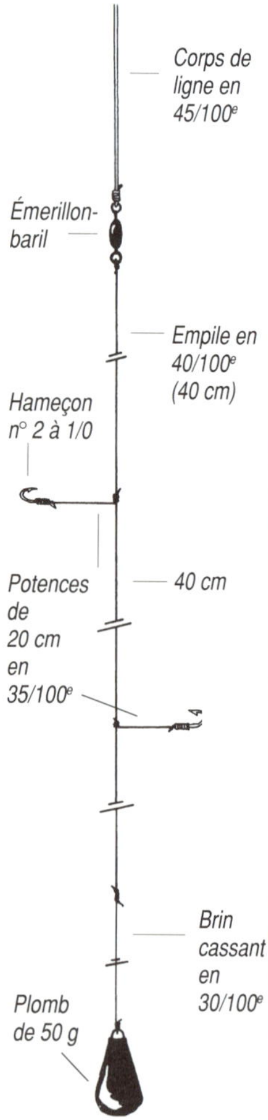

Montage pour pêcher aux appâts naturels du bord ou en bateau à soutenir

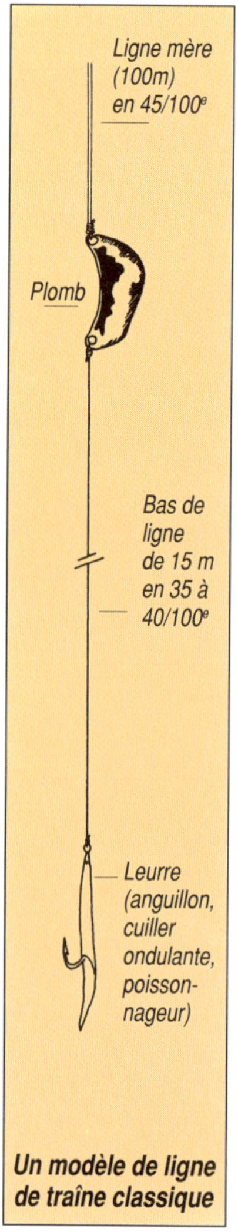

Un modèle de ligne de traîne classique

situés entre des à-pics rocheux ou au milieu des failles qui rompent la monotonie des plateaux sous-marins. On pratique surtout cette pêche à marée descendante. Les coefficients de marée plutôt bas ou moyens sont préférables aux périodes de vive eau.

La traîne classique

On peut choisir une solide canne de traîne, avec ses poulies munies d'un moulinet à tambour tournant dont la bobine est garnie de 300 m en 60 à 70/100e ou plus simplement, à la manière des marins-pêcheurs, une ligne à main enroulée sur un plioir. L'extrémité du corps de ligne est reliée à un plomb-poire de 750 g à 1 kg. Un clipot, placé 50 cm à 1,50 m au-dessus, soutient le bas de ligne ainsi composé : 10 à 15 m de nylon en 80/100e, auxquels font suite un émerillon, puis 5 m de 40 à 55/100e. Le leurre terminal est un anguillon de caoutchouc blanc muni de *brills*, un poisson-nageur (Rapala), un leurre souple tel le Raglou, ou une cuiller ondulante précédée d'une mitraillette composée à l'aide de mouches blanches. Le clipot est avantageusement remplacé par un triangle de traîne.

Quand tout est en place, le plomb est descendu au fond. Lorsqu'on perçoit le léger «toc» signalant son arrivée à destination, la ligne est remontée de 1,50 à 3 m, et la traîne débute à une vitesse de 1 à 4 nœuds (1 nœud = 1 852 m/h). On longe au plus près les tombants, on rase les hauts-fonds rocheux et tous les endroits susceptibles d'abriter des bars, en décrivant des «8». Cette pêche à proximité des écueils exige une grande expérience de la mer et ne peut être envisagée que par des marins confirmés.

La traîne lourde

La traîne lourde fait appel à un treuil puissant, manuel ou électrique, sur lequel est enroulé un câble tressé, solide, qui soutient un gros plomb à déclencheur. Une canne de traîne à poulie, équipée d'un moulinet à tambour tournant, complète l'ensemble. Le nylon en provenance du moulinet est serré dans la «pince-déclen-

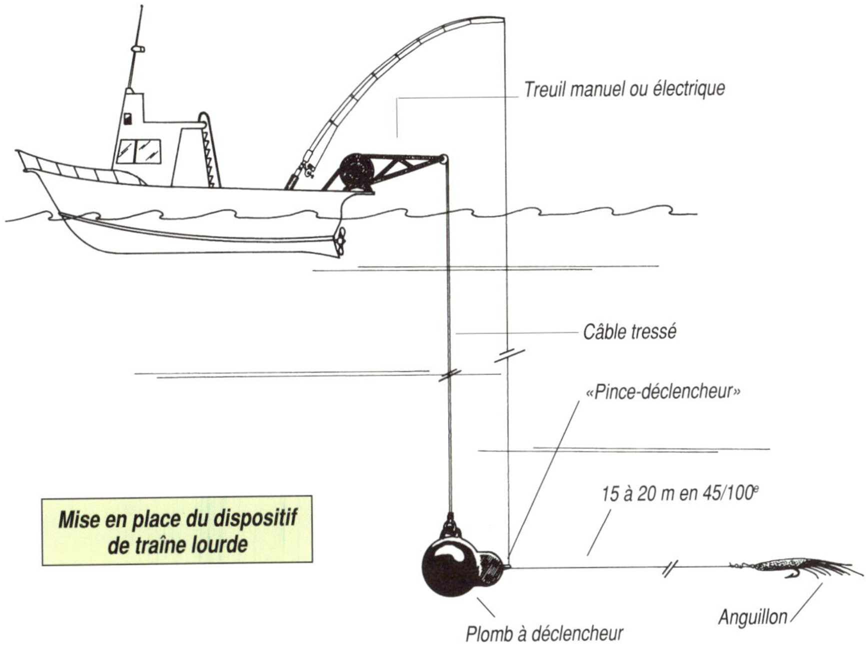

Mise en place du dispositif de traîne lourde

cheur». Le bas de ligne est terminé par un leurre léger, qui ne doit pas descendre sous le plomb, pour éviter les accrochages (cuiller ondulante, leurre souple, anguillon). Il existe des «engins de traîne» qui remplacent le plomb. Directement montés sur le corps de ligne, précédés de 2 ou 3 chevrotines antivibratoires, ils sont reliés à un bas de ligne de 20 m en 35 à 45/100e. Les leurres décrits précédemment conviennent pour armer ce montage. La forme étudiée des engins leur permet de plonger sous l'effet dynamique du courant créé par la vitesse du bateau. Parmi tous les modèles proposés, nombreux et variés, nous pouvons citer l'Hydrojet, le Paravane, l'Aquadive et la Super Aquadive.

La traîne criminelle

Elle permet de prospecter les fonds les plus tourmentés en limitant les risques d'accrochage. Il s'agit d'une méthode de traîne à la main, la ligne étant enroulée sur un plioir. Son efficacité, dans des parages où tous les autres montages se montrent inopérants, lui a valu son sobriquet. Toute la difficulté de cette pêche réside dans le calcul exact de la plombée, qui doit faire évoluer le leurre près du fond, animé de la main par des mouvements irréguliers.

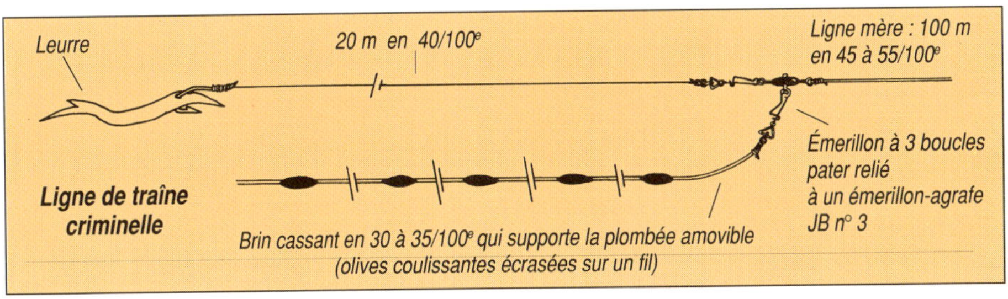

Ligne de traîne criminelle

LE BAR À L'ULTRA-LÉGER

Nous devrions plutôt parler de lancer léger, en raison du diamètre des nylons employés, qui varient du 18/100e au 24/100e. Face à un poisson devenu très méfiant, cette technique peut se montrer d'une redoutable efficacité. Elle permet de lancer loin – sans plombée auxiliaire risquant d'éveiller la suspicion du poisson – et de surprendre ainsi des bars vaquant à leurs occupations nourricières dans des secteurs rarement prospectés.

En période estivale, ce type de lancer autorise l'emploi de leurres légers (anguilles de sable munies de *brills*, petites ondulantes, poissons-nageurs et leurres souples) et d'esches fragiles de petite taille. La précision des lancers, améliorée, est très appréciable dans la prospection des chaos rocheux et des petites criques. Les cannes «spéciales buldo» à scion souple, de 3,60 à 3,80 m, peuvent convenir pour la propulsion de leurres dont le poids ne dépasse pas 20 à 30 g.

QUELQUES CONSEILS POUR RÉUSSIR

Le bar, qui évolue souvent près de la surface dès l'arrivée des beaux jours, a une vue perçante. Il sait détecter la silhouette du pêcheur sur un promontoire et s'abstient de mordre... quand il ne regagne pas au plus vite le large. Il est donc important, dans cette pêche sans doute aussi fine que celle de la truite, de masquer au mieux sa progression en utilisant les obstacles naturels (blocs rocheux). Les premiers lancers sont effectués en retrait des rives, le pêcheur s'attachant à bien prospecter le ras des berges et des à-pics rocheux, dans l'écume qui dissimule souvent la présence d'un beau bar en maraude. Les lancers à grande distance, qui nécessitent un certain espace, seront effectués plus tard, si la première démarche n'a pas abouti. La touche du bar est toujours très brutale. Il est nécessaire de conserver le contact en permanence, afin d'éviter le décrochage, puis d'amener le poisson sur une pente douce pour l'échouer en le faisant glisser sur le goémon, si on ne dispose pas d'épuisette. En cas d'insuccès, et avant de changer de secteur, il est bon de changer à plusieurs reprises de leurre (longueur, forme, teinte), de modifier sa nage et son allure en le travaillant de manière irrégulière.

LE BAR À LA MOUCHE

Si cette technique n'est certainement pas aussi rentable (en ce qui concerne le nombre et la taille des prises) que les méthodes décrites précédemment, elle permet cependant aux inconditionnels du fouet de passer d'agréables moments et de vivre des émotions sans pareilles lorsqu'un beau bar de près de 1 kg se bat au bout d'une canne à mouche.

Elle est surtout employée dans les parcs à moules ou à huîtres, au moment du flot. Le pêcheur devra prendre garde à la montée des eaux. Le matériel est identique à celui préconisé pour la truite de mer ou le «saumon léger», à savoir : une canne puissante à une main, de 9 pieds, adaptée à une soie de 8. Le bas de ligne, court (2,50 m) est terminé par une pointe en 26/100e. Si la mer est très calme, il faut veiller à allonger ce bas de ligne car le bar, méfiant, est effrayé par la vue de la soie. Cette dernière est flottante ou à pointe plongeante. Les mouches, à dominante blanche, mesurent 8 à 10 cm. Elles sont montées sur des hameçons n°s 2 à 4.

Dans les parcs à huîtres, les meilleurs postes, où les bars se rassemblent parfois en grand nombre, sont des dépressions situées à l'aval immédiat d'un obstacle freinant la montée des eaux. Attention toutefois à ne pas trop s'attarder au moment du flot, et à regagner la terre ferme en temps voulu.

Il ne faut surtout pas oublier que les parcs à moules ou à huîtres, à marée haute, sont recouverts de plusieurs mètres d'eau !

La prise d'un bar à la mouche réserve des émotions sans pareilles.

Les postes à bar

On rencontre le bar dans les zones agitées, oxygénées par les vagues et les courants, où l'eau blanchit sous l'effet des déferlantes qui s'écrasent avec fracas dans les chaos rocheux. Il affectionne les côtes rocheuses battues par le ressac, les pointes isolées, le bas des falaises et les éboulis anfractueux. Dissimulé sous le blanc de l'écume où il se sent en sécurité, il perd une partie de sa méfiance. Le pêcheur prendra donc soin de choisir les sites les plus accidentés, les plus dangereux et difficiles d'accès, pour partir à la rencontre des bars, qui se jouent des remous et des courants les plus violents, aimant évoluer sur des fonds de 4 à 6 m. Il est important de savoir que le comportement de ce poisson échappe à toute logique, et que le bar méprise nos raisonnements humains. Ainsi, certains postes, a priori favorables et distants les uns des autres de seulement quelques dizaines de mètres, ne présenteront un intérêt qu'à une heure précise (flot ou jusant), ou à un certain coefficient de marée. Selon ces paramètres et l'état de la mer, le bar sera mordeur ou pas, attaquera plus volontiers un certain type de leurre ou d'appât qu'un autre. Seule l'expérience compte dans ce domaine, fruit de nombreuses heures d'observations ou de renseignements pris auprès des pêcheurs locaux, souvent avares de bons conseils ! Aux premières lueurs de l'aube, le bar est souvent présent dans les petites criques abritées, peu profondes, à fond de galets, où il pousse les bancs de sprats. Sur les grandes plages sablonneuses, on affirme volontiers qu'il chasse dans «la troisième vague». Cela peut être exact, mais sa méfiance instinctive l'incite généralement à se tenir plus au large, auprès de groupes de rochers isolés, ou éventuellement d'une épave, contre lesquels la mer bute avec fracas. L'observation de la configuration du terrain, à marée basse, peut donner d'utiles renseignements et permettre de repérer tous ces obstacles, parfois invisibles au moment de l'étale de haute mer. Les petits sujets remontent volontiers dans les estuaires ou autour des ouvrages portuaires, rejoints la nuit par des gros. En Méditerranée, un coup de vent du sud ou du sud-est provoque une montée du niveau des eaux des étangs littoraux, accompagnée de l'arrivée de nombreux loups dans les chenaux («graus»). La pêche du bar sur les côtes balayées par les déferlantes peut être dangereuse. Par mer forte, il faut prendre garde aux rochers glissants et pêcher d'un promontoire qui ne risque pas d'être submergé par les vagues.

BIOLOGIE-ÉCOLOGIE DU BAR

Description

Poisson au corps élancé et fusiforme recouvert de grandes écailles argentées, le bar présente une morphologie de grand prédateur. La bouche, largement fendue, est armée de puissantes mâchoires aux lèvres charnues. Les opercules, marqués d'une grande tache noire, se terminent par deux épines acérées. On note la présence de deux nageoires dorsales, très proches l'une de l'autre et de longueur égale, dont la première est soutenue par des rayons épineux. La nageoire caudale est très échancrée. La teinte du dos, gris sombre à reflets bleutés, s'éclaircit progressivement sur les flancs pour acquérir une dominante argentée. Les jeunes individus sont parfois marqués de nombreuses taches noires réparties sur les flancs.

La taille moyenne du bar varie de 40 à 60 cm, pouvant atteindre exceptionnellement 1 m pour un poids de 12 kg. Rappelons à ce sujet que la taille légale de capture est de 36 cm en Manche et Atlantique.

Sur les côtes de Vendée, de Gironde et dans le golfe de Gascogne, on rencontre une espèce très proche, le bar moucheté *(Dicentrarchus punctatus)*, reconnaissable à sa robe tachée de points noirs. Ses dimensions sont en moyenne plus réduites que celles du bar commun (55 cm pour 3 kg), sa croissance plus lente (41 cm à 7 ans). Il fréquente les fonds sableux, sablo-vaseux, et rocheux. En ferme marine, le bar commun pèse de 200 à 500 g à 2 ans.

Habitat - Répartition

Poisson commun sur les rivages de la Méditerranée, de l'Atlantique jusqu'au sud du Sahara, de la Manche, de la mer du Nord et de la mer Noire, le bar est un chasseur côtier qui apprécie les zones brassées par le ressac, bien oxygénées. Il est présent aussi bien le long des côtes rocheuses que dans les vagues qui déferlent sur les grandes plages sablonneuses de Vendée et des Landes. On peut l'observer jusqu'à une profondeur de 100 m. Il est également présent dans les eaux saumâtres des estuaires et des étangs, ainsi que dans les ports, où il se réfugie sous les coques de bateau...

Régime alimentaire

Prédateur actif et vorace, le bar chasse, à l'affût ou en maraudant parmi les vagues, les poissons, crevettes et Céphalopodes (petits calmars, seiches). Il apprécie également les vers marins et certains coquillages.

Reproduction

Le bar se reproduit de janvier à mars en Méditerranée, de mars à juin sur les côtes atlantiques. Les œufs, pélagiques, dérivent au gré des courants.

Comportement

Les jeunes individus, grégaires, se rassemblent en bancs parfois importants. Les adultes sont plutôt solitaires. Très craintifs, dotés d'une excellente vue, ils n'en demeurent pas moins curieux. Ainsi, l'une des méthodes de capture employée par les chasseurs sous-marins à l'affût (Agachon) consiste à souffler bruyamment dans le tuba afin de provoquer la formation d'un nuage de bulles, ou à taper sur le tube métallique de la flèche à l'aide du couteau. Le bar, attiré par ces bruits insolites, ne tarde pas à s'approcher, ce qui peut le conduire à sa perte !

Le bar affectionne les côtes rocheuses battues par les vagues.

Le lieu jaune

Pollachius pollachius

Gadidés

Habitant des côtes rocheuses, où il recherche les anses calmes abritées du vent et de la houle, le lieu jaune oppose une magnifique défense, comparable à celle du bar. Méfiant et lunatique, il offre une pêche passionnante et peut être aussi bien capturé à la ligne flottante qu'à soutenir, au lancer et même à la mouche ! Certains pays nordiques, et notamment l'Irlande, sont de véritables paradis pour le pêcheur de lieu.

LES PÊCHES DU LIEU JAUNE

Appelé aussi «bar du pauvre» car on le capture fréquemment en cherchant ce dernier poisson, le lieu est un magnifique poisson de sport, à la défense vigoureuse, qui offre l'intérêt supplémentaire d'une chair délicieuse.

La pêche au lancer

Lorsque les lieus sont présents en densité acceptable et que quelques gros spécimens évoluent à proximité des rivages, la pêche au lancer offre de belles émotions.

Le matériel

Il est identique à celui préconisé pour le bar.

- *La canne* : on peut choisir une canne à deux mains classique de 2, 80 à 3, 30 m, en fibre de verre ou de carbone, ou une «spéciale buldo» de 3,90 m.

- *Le moulinet* : identique à celui décrit pour le bar. Pour ne pas brider l'évolution des leurres, effectuer des lancers à longue distance et tromper la méfiance du poisson, il est recommandé de ne pas monter au-delà de 35/100e. Pour ma part, j'utilise un 26/100e fluorescent qui m'a permis, en Irlande, de sortir sans trop de problèmes plusieurs gros lieus de 70 à 80 cm. En fait, le seul inconvénient d'un fil fin est le départ d'un gros poisson dans les laminaires, parmi lesquelles il se «cale» et d'où il est alors difficile de l'extraire.

Les leurres

Tous les leurres de surface (Big Big, poppers) sont éliminés d'entrée.

- *Les cuillers ondulantes* : en ce qui me concerne, les prises les plus régulières sont effectuées sur des Flashmer de 20 g ou, mieux, des Jensen «Tobis», également de 20 g, qui imitent à la perfection la nage d'un lançon. Ces cuillers légères peuvent cependant être propulsées, sans plombée auxiliaire, à l'aide d'un bon 26/100e. Le lieu étant très sensible aux manœuvres d'aguichage, elles demandent à être travaillées par des coups de poignet et des mouvements de scion, de manière à les faire évoluer en une nage saccadée et irrégulière. Il est important de ramener lentement, au ras du fond, donc de laisser couler la ligne à la profondeur voulue avant la récupération.

- *Les cuillers lourdes* (Yann rouges) de 30 à 50 g, agrémentées d'un petit anguillon de caoutchouc, se montrent très efficaces dans la prospection des grands fonds. On peut augmenter leur pouvoir attractif en ajoutant, en amont, une mitraillette de mouches blanches ou bleues, ou un train de petits poissons-nageurs ornés de fils luminescents *(brills).*

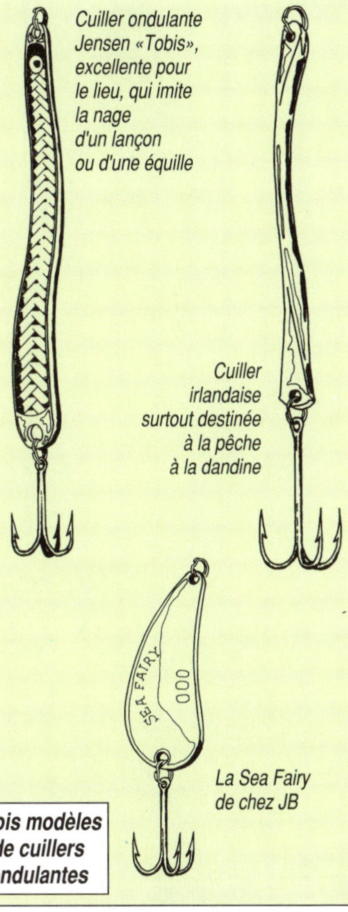

Trois modèles de cuillers ondulantes

- *Les poissons-nageurs souples et rigides à bavette* (rouges ou jaunes, décrits dans le chapitre consacré au bar), et les leurres souples peuvent convenir. Le buldo doit toutefois être remplacé par un plomb-poire de 20 à 60 g (selon la profondeur et la force du courant), monté en dérivation sur un brin cassant. Dans ce cas, le bas de ligne mesure de 1 à 1,80 m.

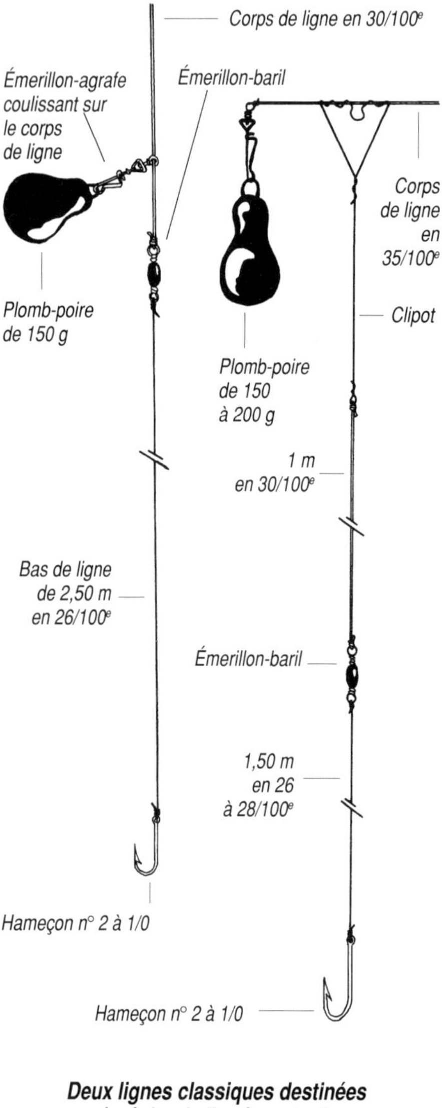

Deux lignes classiques destinées à pêcher le lieu à soutenir

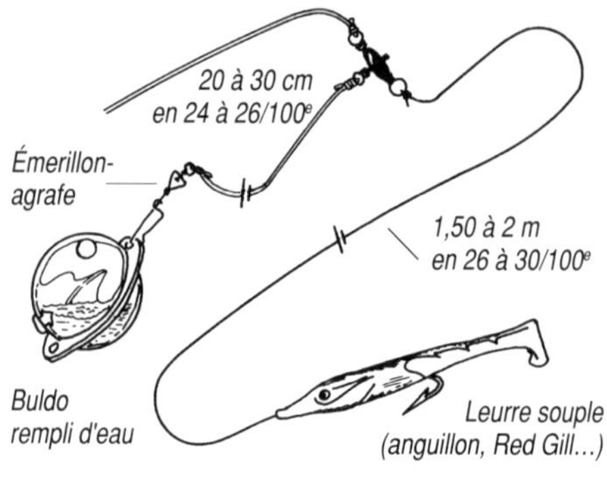

Montage au buldo pour pêcher le lieu au lancer, aux leurres

LA PÊCHE À LA LIGNE FLOTTANTE

Elle se pratique à partir d'un promontoire, d'une pointe rocheuse ou de l'extrémité d'une digue.
Le matériel et les montages du flotteur coulissant sont identiques à ceux préconisés pour le bar.
En ce qui concerne les esches, le lieu apprécie tout particulièrement un lançon vivant fixé par le dos ou un bouquet vivant. On peut également utiliser une gravette, une languette de maquereau ou une arénicole. Un bon amorçage (voir recette de la «strouille», dans le bar) attire les poissons et les maintient sur place.

L'action de pêche

Dans un premier temps, on recherche un courant qui semble partir vers le large. La veine d'eau est amorcée de quelques louches de strouille, dont les traînées huileuses indiquent le trajet du flot.
On peut commencer à régler le flotteur de manière que l'esche évolue environ 3 m sous la surface. Cette hauteur sera modifiée en cas d'insuccès. Une fois la ligne lancée, on lui laisse accomplir une dérive de 30 à 40 m, distance limite pour obtenir un ferrage satisfaisant. La touche, généralement rapide, exige une réponse énergique. La prospection au ras des tombants et

des falaises abruptes, battues par une mer pas trop agitée, peut aussi se révéler très payante.

LA PÊCHE À DANDINER

Cette technique très meurtrière peut être pratiquée à partir du rivage, le long des tombants, des falaises abruptes et des ouvrages portuaires, ou bien depuis un bateau, mouillé à proximité d'une épave ou de rochers anfractueux immergés. Au large, elle permet la capture des plus gros lieus, qui ne s'aventurent jamais près des côtes.

Le matériel

- *La canne :* selon que l'on pêche du bord ou en bateau, la longueur sera plus ou moins élevée. Dans le premier cas, la canne mesure 4,50 à 5,50 m, dans le second, de 3 à

LES POSTES À LIEU

Ils sont similaires à ceux du bar. Rappelons à nouveau que le lieu apprécie les eaux calmes. Ainsi, lorsque la mer est agitée, il est inutile de le chercher sur les pointes et les promontoires balayés par les déferlantes, mais plutôt dans les criques profondes et abritées. Il affectionne les fonds accidentés, formés de blocs rocheux couverts de laminaires, et semble déserter les fonds sableux.
On le rencontre le long des tombants abrupts, au pied des éboulis rocheux que la marée ne découvre jamais et près des falaises. Méfiant et craintif, il aime sentir au-dessus de lui une certaine hauteur d'eau. Il est également présent dans le voisinage des ouvrages portuaires. Au large, on trouve les plus gros spécimens autour des îlots et des épaves.

Un beau lieu irlandais pris à la cuiller ondulante.

Le lieu attaque les leurres métalliques avec une rare agressivité. Sa défense énergique n'a rien à envier à celle du bar.

3,60 m. Sa puissance doit permettre de lancer des leurres de 30 à 100 g.

- *Le moulinet,* à tambour fixe ou tournant, est garni de 200 m en 35 à 45/100e.
- *Les montages :* on peut utiliser un panaché d'appâts (petit poisson, languette de maquereau taillée en forme de triangle de 6 à 8 cm de long et de 1 cm à la base, crevette), fixé au bout de potences réparties sur le corps de ligne. Ce dernier est terminé par une cuiller ondulante lourde, de 30 à 100 g, pouvant comporter, en queue, un anguillon rouge en caoutchouc monté sur un hameçon simple. Les appâts, afin de simuler la présence d'un mini-banc de sprats ou autres poissonnets, peuvent être avantageusement remplacés par un train de mouches blanches ou bleues, ou une mitraillette de minuscules leurres souples. Plusieurs anguillons de caoutchouc rouges munis de *brills* luminescents sont également très prenants.

L'action de pêche

L'ensemble est descendu vers le fond jusqu'à perception d'un «toc» très sensible et du mollissement de la bannière, signalant que le montage est parvenu à destination. La ligne est ensuite remontée de 50 cm à 1 m, avant d'être raccompagnée au fond. Ce manège est répété plusieurs fois avant de passer à l'étage supérieur, 2 m plus haut. Il est important de bien noter la profondeur à laquelle se déroulent les premières touches, de manière à réaliser d'autres captures, le lieu se déplaçant en bancs. La défense, vigoureuse au début, devient vite passive au fur et à mesure que le poisson remonte. Les différences de pression entraînent un gonflement de la vessie natatoire, qui gêne le lieu lors de ses mouvements à son arrivée en surface.

LA PÊCHE À LA TRAÎNE

Elle se déroule à vitesse très réduite (1 ou 2 nœuds), au-dessus des épaves, des fonds rocheux tapissés d'algues et le long des tombants.
On peut utiliser une canne de traîne classique, dont la puissance équivaut à environ 50 lb, dotée d'un moulinet à tambour tournant garni de 300 m en 60/100ᵉ. Le lest peut être remplacé par un Hydrojet, qui précède un bas de ligne de 30 à 45/100ᵉ, selon la taille présumée des poissons et les risques d'accrochage au fond. Le bas de ligne comporte une mitraillette de mouches blanches ou bleues. Il est terminé par un anguillon rouge de belle taille (environ 12 cm) ou une cuiller ondulante légère. De nombreux pêcheurs prèfèrent se dispenser de la canne et enroulent leur ligne sur un plioir. Elle est alors formée de 100 m de tressé, séparés en quatre tronçons de 25 m, reliés les uns aux autres par des émerillons.
Le dernier est fixé au triangle de traîne, qui supporte la plombée (1 à 2 kg), placée sur un lien de 80 cm en 50/100ᵉ, et le bas de ligne, d'une quinzaine de mètres en 30 à 45/100ᵉ, terminé par un anguillon en caoutchouc rouge ou jaune.

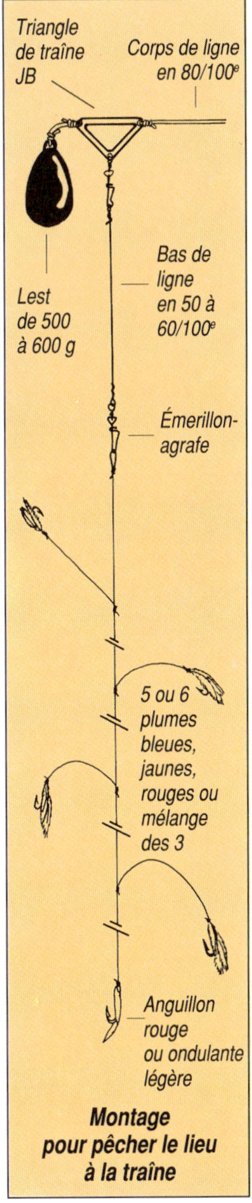

Montage pour pêcher le lieu à la traîne

LA PÊCHE À LA MOUCHE

Le matériel est identique à celui préconisé pour la pêche du bar, à une différence près : la soie doit être entièrement plongeante, de manière à entraîner le leurre plus rapidement à la profondeur voulue. Une fois le streamer parvenu à destination, il est ramené par petites tirées de la soie ; il faut le faire évoluer au plus près du fond. Une nage plus irrégulière peut être obtenue par quelques oscillations de scion.
Cette technique très amusante m'a permis de capturer quelques poissons dans des criques aux eaux limpides du Donegal, en Irlande. Il faut malgré tout une belle densité de poissons pour espérer effectuer quelques prises. Un beau lieu de 2 à 3 kg au bout d'une canne à mouche, c'est vraiment du sport.
Les mouches sont des fabrications «maison» (il n'existe pas de mouches spécifiques destinées au lieu dans le commerce), censées imiter, plus ou moins, les lançons et les équilles dont le lieu se gave durant tout l'été sur les côtes irlandaises. Je ne puis affirmer qu'elles marchent sur nos rivages avec autant de bonheur.

Les particularités de la pêche du lieu

Dans les baies abritées aux eaux claires, il est possible de capturer des lieus à la mouche. Les modèles utilisés, de gros streamers, présentent souvent des dominantes bleues.

■ Les saisons

Selon les conditions atmosphériques et les marées, le lieu apparaît sur nos rivages au printemps, à partir du mois de mars. Les plus belles densités sont observées en mai-juin, alors que la température de l'eau a augmenté de manière sensible. Le gros des effectifs regagne le large en octobre-novembre.

■ L'état de la mer et les conditions météorologiques

Contrairement au bar, le lieu est plus mordeur par mer calme et eau très claire. Une eau exagérément trouble le fait fuir durant plusieurs jours. Ayant beaucoup pêché le lieu jaune en Irlande, j'ai constaté que les touches stoppaient, dans les grandes baies du nord du pays, dès lors que des précipitations abondantes faisaient gonfler les rivières qui, à leur tour, teintaient les eaux littorales. Il semble préférer un temps gris à un soleil caniculaire. En période estivale et par grand beau temps bien établi, le lieu sera plus mordeur le matin à l'aube et le soir au crépuscule. Le pêcheur désireux de réaliser un beau panier prendra donc soin de rechercher de petites criques et des baies, abritées lorsqu'un vent fort agite la mer, ainsi que des zones à falaises, situées à l'ombre lorsqu'un soleil radieux luit. Les vents les plus favorables viennent d'ouest ou de nord-ouest.

■ Les marées

Bien que certains postes soient plus propices à l'étale de pleine mer, il semble préférable de pêcher 2 heures après le début de la marée descendante, et jusqu'à 2 heures après le début de la marée montante.

■ Autres particularités

On ne pêche pas le lieu comme le bar, ces deux poissons présentant des comportements radicalement opposés. La pêche du lieu est une quête difficile, car ce poisson, très méfiant, ne connaît pas les mêmes périodes de frénésie alimentaire que le bar. Il semble beaucoup plus sélectif et sensible à la présentation des montages. La finesse de la ligne est un gage de succès, ainsi que les manœuvres d'aguichage. Il est important de savoir également que le lieu chasse plutôt au fond ou entre deux eaux, contrairement au bar, qui évolue plutôt dans les parages immédiats de la surface, sous l'écume. Le lieu adopte volontiers, lorsqu'il découvre un milieu favorable, un comportement sédentaire. Le bar est un maraudeur perpétuel.

BIOLOGIE-ÉCOLOGIE DU LIEU JAUNE

Description

On reconnaît le lieu jaune à son corps élancé et fusiforme, qui montre une ligne latérale s'inscrivant sur le dos, au-dessus des nageoires pectorales. La mâchoire inférieure, proéminente, ne porte pas, contrairement à la plupart des Gadidés, de barbillon. Cependant, la présence de trois nageoires dorsales séparées, soutenues par des rayons mous, ainsi que de deux nageoires anales, est caractéristique de la famille. L'ensemble du corps est recouvert d'écailles minuscules, peu visibles, protégées par une mince couche de mucus. Le dos, brun verdâtre, contraste avec les flancs aux magnifiques nuances dorées, et le ventre gris à reflets irisés.

Les plus gros lieus, qui évoluent au large, à proximité des écueils et autour des épaves, peuvent peser jusqu'à 10 kg pour une longueur de 1,30 m. Sur les côtes françaises, les poissons ne dépassent guère la taille de 60 à 70 cm pour un poids de 3 à 5 kg.

Répartition

Le lieu jaune est présent dans l'Atlantique, la Manche, la mer du Nord, jusqu'au nord de la Norvège. La limite méridionale semble être le Portugal. Signalé en Méditerranée, il y demeure très rare. Il est particulièrement abondant sur les côtes rocheuses à l'ouest de l'Irlande, où sa pêche, du bord, est un véritable régal.

Habitat

Le lieu apprécie les fonds tourmentés, les chaos rocheux et les épaves. Contrairement au bar, il s'aventure rarement à proximité immédiate de la surface, sur nos côtes. Ce n'est pas le cas en Irlande, où, ayant effectué de nombreuses plongées dans les baies situées au nord-ouest de l'île, j'ai observé à plusieurs reprises des quantités phénoménales de gros lieus jaunes qui chassaient les bancs de lançons dans très peu d'eau, particulièrement à l'aube ou au crépuscule.

Régime alimentaire

Le lieu se nourrit de poissons, de crustacés, de Céphalopodes, de vers marins.

Reproduction

La ponte a lieu de février à mai, selon la température de l'eau, qui doit atteindre 10 °C, sur des fonds qui n'excèdent pas 150 m. Elle donne lieu à d'importants rassemblements de géniteurs. Sitôt qu'ils atteignent la taille de 25 mm, les alevins rejoignent les côtes, où ils se nourrissent durant 2 ans de divers animalcules planctoniques, avant de gagner à nouveau le petit large.

Comportement

Grégaire, le lieu, selon sa taille, peut chasser en groupes importants. Les gros individus deviennent plutôt solitaires.

Le congre

Conger conger

Congridés

Ce robuste poisson à l'allure inquiétante pullule littéralement autour de certaines épaves. Le pêcheur qui opère à soutenir sur de tels sites, à partir d'une embarcation, se promet de belles émotions. Il aura l'occasion de se mesurer à un adversaire coriace, méfiant et bagarreur, qui peut atteindre des tailles impressionnantes.

Lochage d'une tête de maquereau

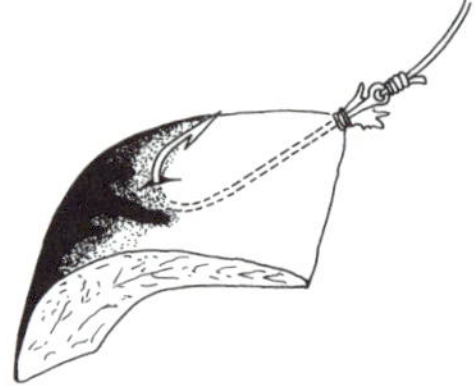

Eschage à l'hameçon d'un morceau de maquereau

LES PÊCHES DU CONGRE

Relativement commun, le congre est un adversaire coriace qui offre l'opportunité de fort belles captures. C'est la principale victime des concours de pêche. Les spécialistes qui opèrent sur des épaves parviennent à réaliser des prises exceptionnelles atteignant plusieurs dizaines de kilos. Le plus gros congre jamais capturé pesait près de 100 kg vidé !

LES PÊCHES DU BORD

On les pratique à partir d'une côte rocheuse ou d'ouvrages portuaires (digues, jetées). Certains pêcheurs avisés opèrent à proximité des appontements de chalutiers qui, dès leur retour, attirent quantité de congres, se rassemblant sous les coques en quête de débris rejetés dans le port.

Le matériel

- *La canne :* on choisira un robuste modèle à *surf-casting,* très raide, de 3,40 à 4 m. Le moulinet, à tambour fixe ou tournant, est rempli de 200 m en 50 à 60/100e.

- *Le montage,* classique, comporte un coulisseau sur le corps de ligne, qui bute sur une perle ou un plomb cylindrique destinés à protéger le nœud de l'émerillon-agrafe, auquel est fixé un bas de ligne en acier de 60 à 80 cm – force 15 à 20 kg – terminé par un hameçon n° 3/0 à 6/0. Le lest (un plomb-poire de 40 à 80 g) est fixé en dérivation sur un brin cassant, à partir du coulisseau. On peut se passer de ce dernier ustensile et monter, directement sur le fil en provenance du moulinet, une grosse olive. Toutefois, le coulisseau laisse entière liberté à l'appât et évite à un congre méfiant de ressentir l'inertie du lest lors de la touche. En Normandie, les pêcheurs utilisent plutôt un montage comprenant un émerillon pater dont l'une des boucles soutient un brin cassant relié à un plomb-grappin. Un bas de ligne nylon de 1 m est attaché à la seconde boucle et relié à l'avançon d'acier par un émerillon-baril.

Les esches

Quel que soit l'appât choisi, il doit être de première fraîcheur. Le congre a la réputation d'apprécier les poissons gras (maquereau, sardine, hareng) ainsi que les Céphalopodes (lanière de seiche ou d'encornet, tentacule de poulpe).
On peut également lui proposer un poisson maigre (tacaud, merlan), entier ou en filet. Le congre aime les bonnes bouchées : il ne faut pas hésiter à bien garnir l'hameçon.

L'action de pêche

La ligne est immergée au niveau du poste présumé. Le long d'une côte rocheuse, un tombant abrupt qui disparaît en eau profonde offre d'excellentes possibilités, ainsi que le pied d'une falaise comportant de nombreuses anfractuosités. La touche très particulière du congre est annoncée par une série de petites tirées timides, le poisson pinçant et mâchouillant l'appât, le recrachant à plusieurs reprises avant de se décider à l'engamer. Il est essentiel d'attendre un départ

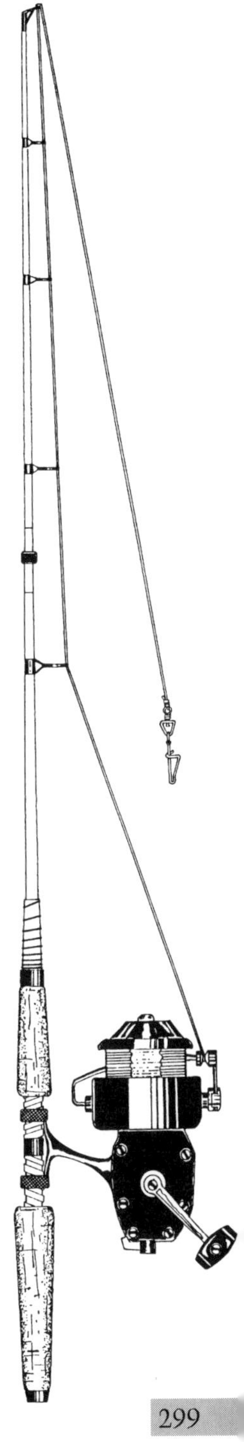

Équipement de base pour pêcher le congre à soutenir

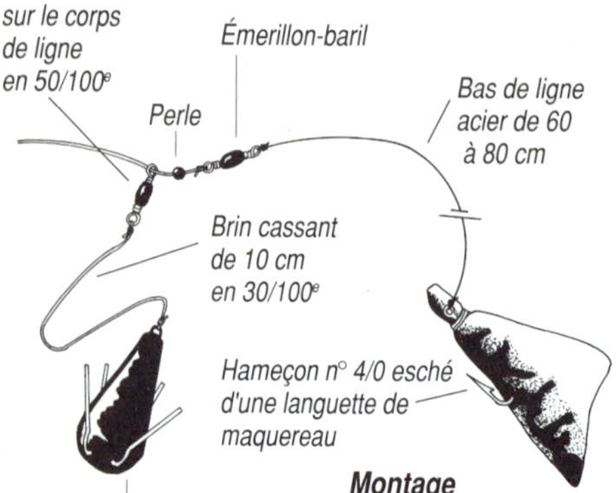

Montage pour la pêche à soutenir, du bord ou en bateau

franc avant de ferrer... et de pomper, en moulinant le plus vite possible, de manière à surprendre la prise et à la décoller du fond avant qu'elle ne regagne son repaire.

La pêche en bateau

Les plus gros congres sont régulièrement capturés «à soutenir» à partir d'une embarcation mouillée au-dessus de fonds rocheux ou d'une épave.

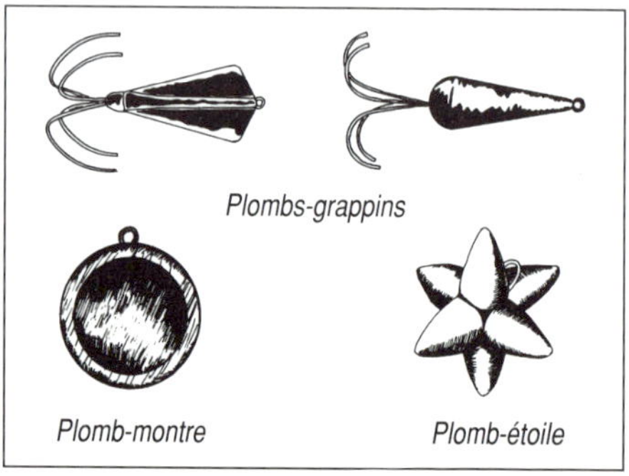

Le congre apprécie les côtes rocheuses, où il se réfugie dans les anfractuosités et grottes sous-marines jamais découvertes à marée basse.

Le matériel

Il est inutile de s'encombrer d'un matériel trop lourd et de lignes «incassables» de 90 à 100/100e. Si le congre est décollé à temps du fond, il est vaincu aisément sur des fils plus fins, quand le combat se déroule en pleine eau.
Dès qu'il parvient à enrouler sa queue autour d'un obstacle quelconque ou qu'il regagne son refuge, un câble ne parviendrait pas à l'en déloger tant la résistance opposée par l'animal est farouche !
- *La canne :* une robuste canne «bateau» très raide, de 1,80 à 2,10 m, en fibre de verre creux ou plein, de puissance 50 lb, facilitera le travail en puissance du poisson. Elle est traditionnellement équipée d'une double poulie en tête.
- *Le moulinet* à tambour tournant est garni de 200 m en 60 à 70/100e.
- *Le montage :* le principe du montage comportant un coulisseau est identique à celui évoqué précédemment, bien que plus fort. Le lest pèse de 300 g à 1,5 kg, selon la profondeur et la force du courant. Sur les épaves peuplées de très gros congres méfiants qui ont déjà ressenti le fer de l'hameçon, un tel type de ligne – qui limite la résistance ressentie par le poisson lors de l'engamage – augmente les chances de capture. L'hameçon tourillonné est choisi dans les modèles 4/0 à 6/0.

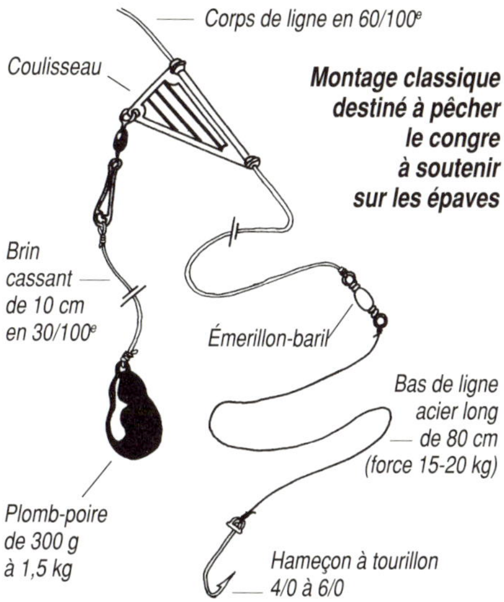

Montage classique destiné à pêcher le congre à soutenir sur les épaves

LES POSTES À CONGRE

Le congre apprécie tous les fonds chaotiques parmi lesquels il installe ses repaires, les anfractuosités rocheuses jamais découvertes à marée basse, les abris artificiels offerts par les ouvrages portuaires, les épaves situées au large. Il aménage parfois ses tunnels d'affût dans les sols sablonneux ou vaseux.

Montage destiné au tout-venant, à soutenir.
Un congre peut se laisser tenter... Mais gare aux emmêlements. (schéma général et détail d'un clipot)

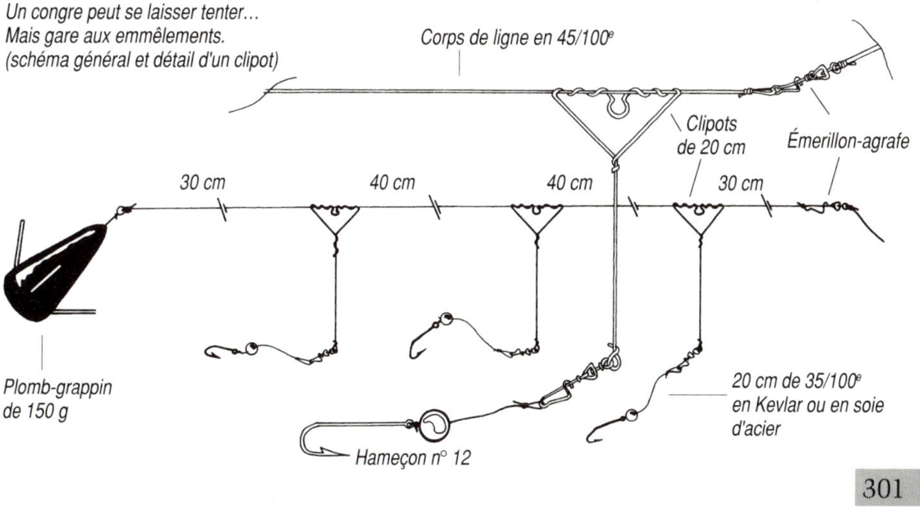

L'action de pêche

La touche, timide, se produit de la même manière que celle évoquée précédemment. Au départ franc (attention à bien tenir ou fixer la canne, qui peut être entraînée à la mer !), on répond par un ferrage puissant, à la limite de la rupture, suivi d'une récupération rapide destinée à surprendre le poisson et à le décoller du fond. Il se laisse ensuite remonter en tournant sur lui-même. Ce n'est qu'arrivé près de la surface qu'il va donner toute la mesure de ses puissants moyens, opposant une résistance farouche et tentant désespérément de regagner le fond.

Le gaffage est délicat. Une grosse pièce pesant plus de 20 kg nécessite l'emploi d'une gaffe à deux crocs – ou, mieux, de deux gaffes de ce type –, le premier coup étant porté sur la tête tandis que le second est asséné sous le ventre avant que la prise soit tirée et hissée à bord. **L'hameçon ne doit jamais être ôté alors que le congre est encore vivant.** Ses mâchoires puissantes peuvent en effet broyer tous les doigts d'une main. Le poisson est tué de quelques coups de gourdin, de batte de base-ball ou de matraque plombée, portés sur la partie gonflée du ventre. Pour plus de précaution, les vertèbres cervicales sont ensuite sectionnées d'un coup de poignard, qui peut aussi être frappé entre les yeux.

Le poisson est alors enfermé dans un sac en toile de jute afin de débarrasser le pont d'un hôte dangereusement encombrant.

HEURES ET SAISONS

En Méditerranée, le congre est surtout actif durant les heures crépusculaires et nocturnes. Dans l'Océan, il devient mordeur au moment de l'étale, lorsque les courants s'apaisent. Le congre quitte alors son repaire pour en prospecter les alentours immédiats, à la recherche de nourriture.

Il est très sensible aux variations de température, notamment au froid, et les meilleures chances pour sa capture correspondent à la belle saison.

BIOLOGIE-ÉCOLOGIE

Description

Poisson allongé au corps cylindrique qui s'aplatit progressivement jusqu'à l'extrémité de la queue, le congre ressemble à une anguille. Il s'en distingue par une mâchoire supérieure proéminente, qui déborde la mandibule. Ces deux mâchoires, extrêmement puissantes, peuvent causer de douloureuses blessures si on manipule le poisson sans précaution.

La nageoire dorsale, qui débute à l'aplomb du bord postérieur des pectorales, rejoint l'anale au niveau de la queue, sans cassure. On note l'absence de nageoires pelviennes.

La peau, dépourvue d'écailles mais recouverte d'un mucus abondant, présente une coloration noirâtre sur les flancs et le dos, qui s'éclaircit progressivement sur la face ventrale. Les coloris de la robe varient selon l'habitat. Lorsqu'il vit parmi les chaos rocheux, le congre est plutôt très sombre. Il devient gris laiteux s'il fréquente des fonds sableux.

Les congres peuvent atteindre des dimensions impressionnantes. Ainsi, certaines femelles pèsent jusqu'à 60 kg pour une longueur de 3 m.

Habitat

On rencontre le congre, habitant des côtes rocheuses, de la zone de balancement des marées jusqu'au talus continental, à des profondeurs de 150 à 300 m. Il apprécie les anfractuosités où il se dissimule durant la journée, partageant parfois son repaire avec un homard.

Les épaves constituent un habitat de prédilection, ainsi que les abris offerts par les ouvrages portuaires.

Régime alimentaire

Prédateur très actif et vorace, le congre s'attaque aussi bien à des poissons, des Céphalopodes (poulpes, calmars, seiches), ou à des crustacés (homards, langoustes, crevettes et crabes), qu'il broie entre ses puissantes mâchoires. Il pille volontiers les casiers des pêcheurs.

DU CONGRE

Le regard inquiétant d'un congre qui pointe le nez hors de son repaire, généralement à la faveur de l'étale de pleine mer, pour partir en quête de nourriture.

Reproduction

Parvenu à maturité sexuelle (atteinte entre 5 et 15 ans), le congre subit d'importantes modifications physiologiques : le tube digestif s'atrophie, les dents se déchaussent, le squelette devient fragile. Parallèlement, les organes sexuels augmentent de volume et peuvent représenter jusqu'à un tiers du poids total. Les poissons entreprennent alors une migration vers la haute mer, dans une zone qui s'étend de la mer des Sargasses à la Méditerranée orientale : elle les conduirait à des profondeurs de 200 à 300 m. Chaque femelle pond plusieurs millions d'œufs, qui donnent naissance à des larves ou leptocéphales, pélagiques, qui dérivent par des fonds de 100 à 200 m. Elles subissent une métamorphose au bout de 2 ans, alors qu'elles ont atteint une taille d'environ 15 cm, et se transforment en alevins dont la morphologie est proche de celle de l'adulte. La croissance va ensuite continuer le long des côtes.

Comportement

De mœurs essentiellement nocturnes, le congre quitte son abri dès la tombée de la nuit, pour partir en quête de nourriture. Il peut chasser en plein jour à la suite d'une tempête. Les plus gros spécimens, parfois méfiants, hésitent à s'aventurer hors de leur repaire. Ils chassent alors à l'affût, s'élançant en une détente fulgurante sur des proies passant à proximité.

Répartition

Le congre est présent en Atlantique, du Sénégal à la Norvège et à l'Irlande, et sur tout le pourtour méditerranéen.

Le mulet

Mugil sp.
Mugilidés

Il présente la particularité d'être aussi bien présent, selon les saisons, sur la frange littorale que dans les estuaires ou en eau douce. Trois principales espèces évoluent le long de nos côtes : le muge à grosses lèvres, le mulet capiton et le mulet doré.

LES PÊCHES DU MULET

Le mulet offre la possibilité de réaliser des pêches magnifiques en toute saison. C'est certainement l'un des poissons les plus communs et les plus accessibles au pêcheur de bord de mer. Il évolue sur la frange littorale et s'aventure volontiers dans les ports, les étangs littoraux et les estuaires. Certains remontent très loin en eau douce. La méfiance du mulet, son sens aigu du danger obligent le pêcheur à faire preuve d'une grande discrétion, aussi bien dans ses déplacements que dans la confection de ses montages.

La finesse est de rigueur pour tromper ce poisson très rusé. Sur les côtes rocheuses, le mulet, pourtant excellent nageur, fuit le ressac pour se réfugier dans les criques abritées où l'eau est calme et claire. Il évolue toutefois volontiers juste dans le blanc de l'écume formée par les vaguelettes qui viennent mourir sur les rochers, à quelques centimètres sous la surface. Il s'agit là de postes privilégiés aux premières lueurs de l'aube.

On le rencontre en abondance à la sortie des égouts, dans les ports ou à proximité des rejets de conserverie. Dans ce cas, sa chair est inconsommable. Les sujets vivant en mer sont mangeables.

LA PÊCHE À LA LIGNE FLOTTANTE

Le matériel

Une bonne canne à coup dotée d'anneaux – télescopique ou à emmanchement – de 5 à 6 m fera l'affaire (les modèles destinés à l'eau douce peuvent convenir). Elle est équipée d'un moulinet à tambour fixe de type lancer léger, dont la bobine est garnie de 150 m en 22 à 24/100e. Le moulinet est indispensable pour rendre du fil au cours de la lutte avec un gros poisson.

Les montages

On accordera un soin tout particulier à la confection de la ligne et à la finesse du montage, en raison de la méfiance du poisson. Un bouchon niçois, ou une plume fusiforme (plus sensible !), coulisse sur le corps de ligne en 22 à 24/100e, lesté de manière que l'antenne seule dépasse de l'eau. La plombée est étalée au-dessus du nœud de raccordement avec le bas de ligne, long de 30 cm et armé d'un hameçon simple n° 8 à 12, selon la taille de l'esche.

Les esches

Les esches animales telles que la crevette cuite décortiquée, la gravette, l'arénicole, le gueulin ou la tripe de sardine peuvent convenir, mais l'esche royale semble être la mie de pain pétrie sur l'hameçon (malaxée éventuellement avec la chair broyée d'une sardine). Le pain sec flottant ou le macaroni cuit sont également prisés.

L'action de pêche

Il n'y a point de salut sans un amorçage efficace et sérieux ! Celui-ci, de manière à habituer progressivement les mulets à se rendre sur le poste convoité, est réalisé à heure fixe (étale de pleine mer), tous les jours, durant 3 ou 4 jours. On fabrique cette «strouille» à l'aide de pain rassis, essoré et pétri, mêlé à des déchets de conserverie (ou des sardines passées au hachoir), des crevettes broyées et de la farine d'arachide, de manière à améliorer la consistance de l'ensemble, sans empêcher la pâte de se déliter dès son contact avec la surface de l'eau.

Le jour de la pêche, l'amorce est distribuée discrètement à raison d'une à deux louches de rappel toutes les 2 ou 3 prises. L'approche conditionne le succès, le pêcheur devant impérativement échapper à la vue du poisson en se tenant en retrait des rives, quitte à se déplacer en rampant ! La touche est souvent discrète, le mulet aspirant lentement l'appât. Le flotteur s'agite à plusieurs reprises à la surface avant de plonger dans l'onde... C'est le moment de ferrer ! La lutte avec un gros poisson est ensuite difficile, la défense d'un beau mulet n'ayant rien à envier à celle d'un bar. Lorsqu'on utilise le pain, il est important d'offrir une belle bouchée, au moins de la grosseur d'une noisette.

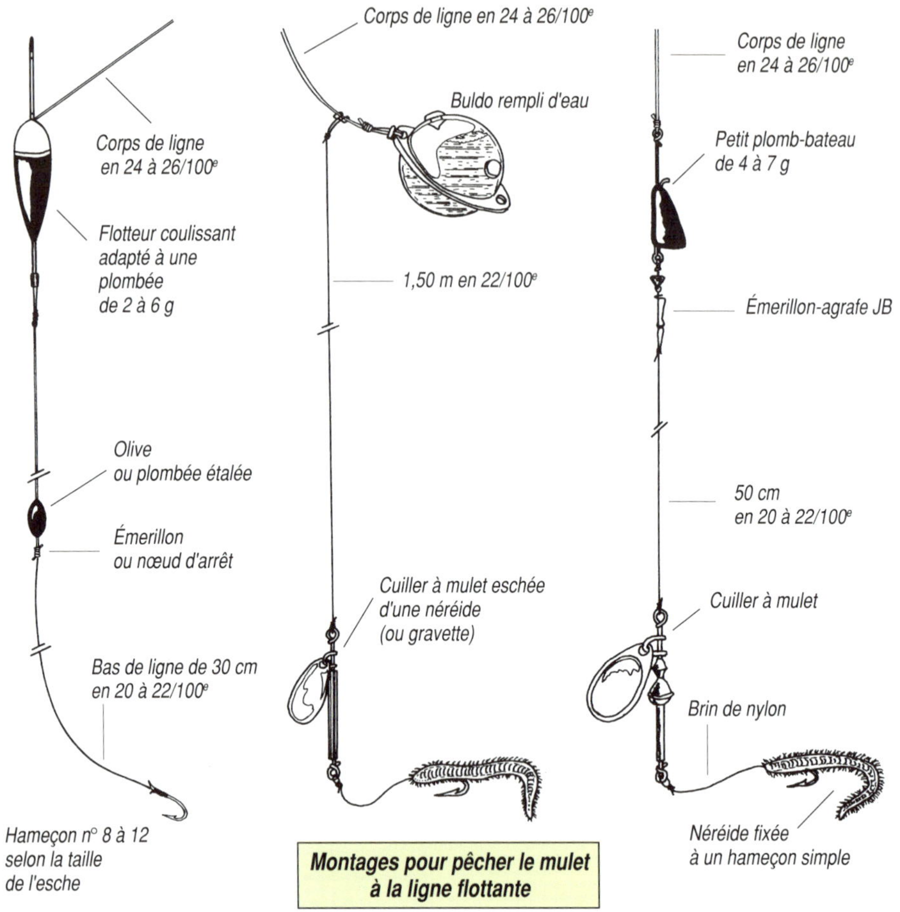

Montages pour pêcher le mulet à la ligne flottante

LA PÊCHE AU LANCER

Le matériel

- *Une canne* de type lancer léger robuste (2,20 à 2,40 m) peut convenir dans la mesure où sa puissance correspond à 500 g environ. Elle est équipée d'un moulinet type lancer léger, à tambour fixe, dont la bobine est garnie de 150 m en 22/100e.

Les leurres

Il existe une cuiller «spéciale mulet» (fabriquée par JB) tout à fait curieuse : elle est armée d'un hameçon simple fixé au bout d'un court brin de nylon et destiné à être esché d'une gravette. Un petit plomb-bateau ou une chevrotine (4 à 7 g) est pincé 50 à 60 cm en amont sur le corps de ligne. La récupération, hésitante, s'effectue entre deux eaux.

Un montage plus simple consiste à fixer un buldo 1,50 m en amont d'un hameçon simple n° 10, fixé à l'empile en 22/100e, également garni d'une gravette. Pour conférer une nage plus irrégulière à l'appât lors de la récupération, le buldo peut être remplacé par une rondelle de rhodoïd de 2 cm de diamètre.

Lorsqu'on utilise un buldo, il est préférable de récupérer sous la surface, en stoppant de temps à autre pour animer le ver. On peut propulser, à l'aide d'un buldo à rempli

Le mulet apprécie les anses calmes et abritées du vent. Il peut se rapprocher très près des côtes pour venir cueillir sa pitance sur les rochers littoraux.

rempli d'eau, un cube de pain sec qui flottera à la surface. Cette méthode est très efficace l'été dans les ports, lorsque les mulets sont en surface et «gobent» avec frénésie les croûtons à la dérive. L'utilisation d'un hameçon triple est alors préférable pour une meilleure tenue, et de bons réflexes sont indispensables... Les touches sont nombreuses, mais les ratés presque autant ! En effet, la défense du mulet est très énergique. Ce magnifique poisson, «taillé» pour la vitesse, parvient souvent à se libérer de l'hameçon.

La pêche à soutenir

Il s'agit d'une pêche à la calée classique, destinée à tenter les mulets au cours de l'hiver, lorsqu'ils cherchent leur nourriture au fond des criques, des ports ou des estuaires. Une simple canne à lancer robuste de 2,50 à 3 m peut convenir, équipée d'un moulinet garni de 24 à 26/100e. On utilise une plombée coulissante classique (plomb hexagonal de 30 à 50 g) qui bute sur un émerillon-agrafe, lequel est relié à l'empile de 60 cm en 22/100e. L'hameçon n° 8 est esché d'une gravette ou d'un gueulin de sardine, puis l'ensemble est propulsé dans une fosse profonde. La canne est ensuite posée sur son support dans l'attente de la touche, dont la perception sera facilitée par la mise en place d'un grelot sur le scion.

BIOLOGIE-ÉCOLOGIE DU MULET

Il existe plusieurs espèces de mulet, dont six peuplent nos eaux, et qui présentent un certain nombre de points communs. Leur corps fusiforme est recouvert de grandes écailles. Ils portent deux nageoires dorsales dont la première est soutenue par quatre rayons épineux. La bouche, protractile, est petite. Elle est entourée de lèvres épaisses. La robe, gris bleuté à gris acier sur le dos, s'éclaircit sur les flancs qui renvoient des éclats argentés et sont marqués de bandes longitudinales plus ou moins apparentes. Les plus gros mulets pèsent de 5 à 8 kg pour une longueur de 60 à 80 cm.

Ces poissons, communs sur toutes nos côtes, remontent parfois très en amont des fleuves. On peut les rencontrer loin au large, car ils adoptent aussi un mode de vie pélagique. Ils affectionnent tout particulièrement les ports. Omnivores, les mulets se nourrissent de divers détritus, petits crustacés, mollusques, vers et alevins. Selon les espèces et le lieu (Méditerranée ou Atlantique), la reproduction a lieu du début de l'hiver à la fin du printemps.

Le maquereau commun

Scomber scombrus

Scombridés

Pêché industriellement à grande échelle, le maquereau, qui autrefois était le véritable «sauve-bredouille» du pêcheur en mer, tend aujourd'hui à se raréfier.

LES PÊCHES DU MAQUEREAU

Le maquereau a longtemps été considéré comme le sauve-bredouille du pêcheur en mer. Il est vrai que ce poisson offrait la possibilité de réaliser des pêches miraculeuses à partir d'un bateau, lorsqu'on avait la chance de découvrir un banc chassant à proximité de la surface. Pourtant ses effectifs, autrefois surabondants, tendent à régresser de façon significative, en raison d'une pêche professionnelle intensive exercée à l'aide de moyens sophistiqués.

La pêche au lancer, à partir du bord

L'époque bénie des grandes chasses de jadis, où l'on pouvait voir, à l'occasion de véritables frénésies alimentaires, les maquereaux s'échouer littéralement sur les plages à la poursuite de leurs proies, est révolue. Aujourd'hui, les bancs évoluent à plusieurs dizaines de mètres des côtes et ne peuvent être atteints la plupart du temps qu'à partir d'une pointe ou d'un promontoire rocheux, à la faveur du flot. L'extrémité de certaines digues (la jetée amont de Calais, par exemple) rassemble au début de l'été des dizaines d'amateurs qui, placés au coude à coude, profitent durant quelques jours, chaque année, de l'aubaine offerte par des milliers de maquereaux en migration, venant chasser à la côte.

Le matériel

- *La canne :* une bonne canne à lancer de 3 à 3,50 m, dont la puissance est adaptée à la propulsion de lests de 20 à 40 g, convient tout à fait. Le pêcheur sportif qui souhaite profiter pleinement des joies offertes par une défense magnifique, sans rapport avec la taille du poisson, optera pour une canne à une main de 2,50 m.
- *Le moulinet :* selon que l'on souhaite pêcher «léger» ou non, le moulinet à tambour fixe est garni de 150 m en 30 à 20/100e. Outre les plaisirs offerts par une défense hors du commun, la finesse du nylon autorise des lancers très lointains, gages de réussite lorsque les poissons évoluent à distance du bord.

Treuil de traîne classique pouvant être utilisé pour la pêche du maquereau.

Les leurres

Le montage classique est un train de 3 à 7 mouches blanches ou colorées (mitraillette d'André Ragot), montées sur hameçons n° 1/0 à 2/0, complété par une cuiller ondulante très brillante de 15 à 30 g, selon le diamètre du nylon.

L'action de pêche

On lance sur les chasses en ramenant de manière irrégulière grâce à des tenues, des relâchers, des accélérations dans la récupération.

La pêche à la traîne

Cette technique permet d'enregistrer les plus beaux «scores» lorsqu'on découvre un banc de maquereaux chassant au large. On peut prospecter au hasard, à l'aide de 2 ou 3 lignes évoluant à des profondeurs différentes, ou pêcher sur les bancs préalablement repérés grâce aux chasses de sternes et aux bouillonnements qui crèvent la surface.

Les montages

La ligne peut être enroulée sur un plioir à main, ou montée classiquement sur une petite canne de traîne équipée d'un moulinet à tambour tournant. Si l'on opère au hasard, une première mitraillette, complétée par une cuiller ondulante de 30 à 50 mm, est lestée par un plomb-bateau – ou un «paravane» – disposé sur le corps de la ligne, de 30 à 80 g, qui pêchera à 2 ou 3 m sous la surface.

Une seconde mitraillette, plus fortement lestée, est montée selon un procédé classique de traîne lourde à mi-lourde. Le plomb, de 500 g à 1 kg, est relié à l'extrémité d'un brin cassant de 50 cm, lui-même rattaché au triangle de traîne. Ce dernier comporte à son troisième sommet un émerillon-agrafe, auquel sont fixés 10 m de nylon en 45/100e, reliés à la mitraillette par un second émerillon. Le train de 4 ou 5 mouches blanches ou colorées est complété par une petite ondulante située en aval de la mitraillette, au bout d'un nylon de 35/100e. Les mouches peuvent être remplacées par de la fleurette de maquereau, découpée sur le dos et les flancs du premier poisson capturé. Elle mesure environ 4 cm de long pour une largeur de 1 cm, et on la monte sur un hameçon n° 2 à 1/0.

Cette languette doit montrer les coloris vert à bleu du dos, contrastant avec le blanc nacré du ventre. La pointe de l'hameçon est piquée en deux fois dans la peau, de manière à laisser pendante la partie claire, qui doit onduler sous la surface.

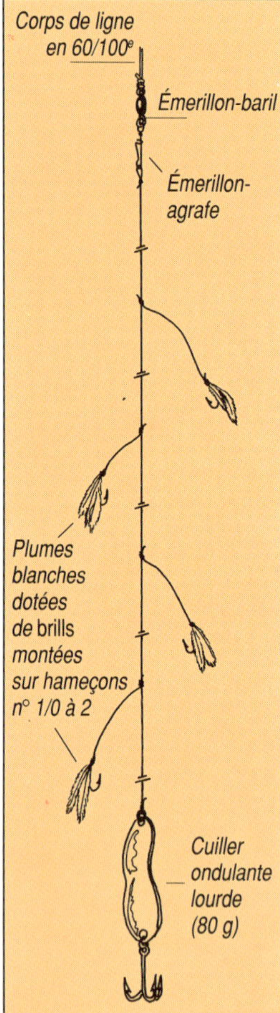

Mitraillette à maquereau, efficace à la canne, du bord, à la dandine ou à la traîne

L'action de pêche

La vitesse de traîne varie de 2 à 5 nœuds. Lorsqu'on a repéré un banc de sternes, on laisse filer la ligne vers le fond avant de décrire de larges courbes au niveau de l'emplacement présumé du banc, en accélérant et en ralentissant, de manière à repérer la profondeur exacte où il évolue. Si l'on sent une touche, il est important de ne pas haler le poisson directement, mais de le laisser au contraire se débattre sous l'eau. Il va jouer le rôle de *teaser*, attirant d'autres maquereaux qui, à leur tour, se feront prendre !

LA PÊCHE À LA DANDINE

Une fois le banc repéré, il est remonté par l'amont, puis le moteur est stoppé avant que l'embarcation soit mise en dérive. On laisse alors filer la mitraillette vers le fond, à la verticale, avant de la remonter lentement, en la dandinant à différentes hauteurs d'eau jusqu'à celle où se trouve le banc. Certains pêcheurs préfèrent utiliser des montages spéciaux qui comprennent huit petits scions souples écarteurs, fixés sur le corps de ligne, terminés par des cuillers Fjord. On peut tâcher de maintenir le banc sur place en amorçant au «broumé» (bouillie à base de sardines broyées).

Les maquereaux chassent de plus en plus rarement près des côtes, où il est encore possible de vivre de belles émotions à l'aide d'une canne à lancer équipée d'une mitraillette.

LA PÊCHE AU BROUMÉ, À LA LIGNE FLOTTANTE

Cette technique, très utilisée au large des côtes du Languedoc, permet l'emploi de nylons très fins et offre ainsi l'opportunité de réaliser de magnifiques pêches, qui s'adressent à des poissons devenus de plus en plus méfiants.
Il faut encore rappeler que vaincre un petit maquereau de 300-400 g sur un matériel léger est un véritable régal !

Le matériel

Afin d'éviter un encombrement inutile en bateau, la canne à anneaux mesure 2,50 à 3 m. Elle est équipée d'un moulinet à tambour fixe dont la bobine est garnie de 150 à 200 m en 30/100e, pour ceux qui ne souhaitent pas avoir de surprise. Les amateurs de sensations fortes opteront sans hésiter pour un 20/100e.

Le montage

La ligne flottante, très classique, comporte un flotteur coulissant apte à supporter une plombée de 30 à 40 g (10 à 15 g quand on pêche sur montage léger). L'olive bute sur un émerillon-agrafe auquel est fixé le bas de ligne long d'environ 30 cm, terminé par un hameçon n°4 à 1/0, selon la taille de l'esche et la finesse du montage. Dans le nuage d'amorce, on peut se dispenser de flotteur.

Les esches

La néréide, le lançon, la fleurette de maquereau peuvent convenir, mais la meilleure esche semble être un sprat.

Le broumé

Il s'agit d'un mélange de chair de maquereau, de sardines, d'anchois broyés, mélangés à du pain, du sang, de l'huile, le tout additionné d'eau de mer de manière à obtenir une consistance très liquide. L'amorçage, abondant en début de séance, est complété par la suite d'une louche tous les 4 ou 5 coups de ligne.

L'action de pêche

La ligne dérive dans le broumé, le flotteur réglé à mi-hauteur d'eau. La touche, rapide, exige un ferrage instantané.

LA PÊCHE À LA MOUCHE

Elle peut être pratiquée à partir d'une embarcation, lorsqu'on a repéré un banc évoluant en surface, ou d'un promontoire rocheux. Dans le premier cas, un amorçage à base de sang, dont le maquereau raffole, va attirer les poissons

Une petite crique irlandaise, où il est encore possible aujourd'hui de réaliser de belles pêches de lieus et de maquereaux à la mouche.

juste sous la surface, les mettant à portée des leurres. Lorsqu'on opère de la côte, il est indispensable d'avoir une mer d'huile, le flot ou l'étale de pleine mer. La moindre houle met en effet les bancs de sprats hors de portée.

Le matériel peut comporter une canne à truite de mer légère, associée à un moulinet manuel garni d'une soie n° 7 flottante ou à pointe plongeante. Le bas de ligne, long de 2 m, est terminé par une pointe de 20 à 24/100e. Les mouches, très simples, sont des streamers blanc, bleu, vert comportant quelques pincées de tinsel brillant, et montés sur des hameçons nos 2 à 2/0, à pointe très affûtée.

L'action de pêche

C'est surtout au bout d'une canne à mouche que le maquereau donne la pleine mesure de ses moyens. Il offre alors une défense extraordinaire ponctuée de bonds et de chandelles qui mettent à rude épreuve le nerf de votre scion ! La soie, posée bien droite, est ramenée par brassées irrégulières entrecoupées de temps d'arrêt.

Les particularités de la pêche du maquereau

Le maquereau vient à la côte à partir du printemps et durant toute la saison estivale ; les périodes les plus favorables correspondent à une mer d'huile et à un temps caniculaire. Il s'approche au plus près du rivage, accompagnant les bancs de sprats et d'anchois, à la faveur du flot, jusqu'à l'étale de pleine mer. Les marées du soir sont les meilleures.

Au large, on peut le rencontrer sur tous les fonds. Il chasse habituellement à faible profondeur ou en surface.

La meilleure façon de localiser un banc de maquereaux lorsqu'on ne dispose pas d'écho-sondeur est de repérer les bancs de sternes qui plongent sur les concentrations de poissonnets tels que sprats, anchois, sardines...

Les petits prédateurs bleus ne sont jamais très loin !

BIOLOGIE-ÉCOLOGIE DU MAQUEREAU

Description

Le corps fuselé et cylindrique du maquereau indique une parfaite adaptation à la nage en pleine eau. Ce maraudeur perpétuel, grand migrateur, est revêtu d'une robe magnifiquement teintée de bleu cobalt ou de vert sur le dos, marquée de lignes sinueuses sombres qui ne dépassent pas la ligne latérale. Les flancs, clairs, renvoient des éclats métalliques et nacrés ; le ventre est blanc. Deux nageoires dorsales nettement séparées caractérisent la famille. Le pédoncule caudal, mince, porte 5 pinules réparties en arrière de la deuxième dorsale sur la face supérieure, ainsi que sous la face inférieure, de la nageoire anale à la caudale. Cette dernière est profondément échancrée. Le maquereau mesure de 30 à 50 cm pour un poids maximum de 1,5 à 2 kg. Cette espèce ne doit pas être confondue avec le maquereau espagnol (*Scomber japonicus*.... comme son nom l'indique !), dont l'aire de répartition est beaucoup plus méridionale (Méditerranée, Atlantique jusqu'au golfe de Gascogne). Les zébrures du dos, moins prononcées chez ce dernier, sont complétées par des taches gris bleuâtre à orange, disséminées sous la ligne latérale.

Habitat

Poisson pélagique, le maquereau peut être présent à toutes les hauteurs d'eau, de la surface à une profondeur d'environ 250 m. Sa quête des bancs de sprats l'amène à s'approcher des côtes à partir du printemps jusqu'à l'automne.

Répartition

On rencontre le maquereau dans l'Atlantique, la Baltique, la Méditerranée et la mer Noire. Il existe plusieurs populations, dont deux très connues : l'une en mer du Nord près du Danemark, l'autre en Manche, au sud de la Grande-Bretagne.

Régime alimentaire

Durant tout l'hiver, le maquereau demeure inactif et ne se nourrit pas. En début de saison, il filtre le plancton pélagique (essentiellement des petits crustacés) avant de se lancer à la poursuite, de juin à octobre, des bancs de sardines, d'anchois, de sprats et autres petits poissons.

Reproduction

Le maquereau est mature à 3-4 ans. La reproduction a lieu au printemps en Méditerranée, en juin-juillet en Manche, quand l'eau atteint 12-13 °C. Chaque femelle pond 300 000 à 400 000 œufs pélagiques qui dérivent au gré des courants près de la surface. La croissance est rapide, le maquereau atteignant la taille de 20 cm à 2 ans.

Comportement

Fondamentalement grégaire, le maquereau peut se déplacer en bancs immenses, longs de plusieurs kilomètres ! La nature ne laissant rien au hasard, ces concentrations spectaculaires de petits prédateurs, en quête de poissonnets, attirent à leur tour et sont prises en chasse par les grands carnassiers (Thonidés, Cétacés). Excellent nageur, le maquereau doit sans cesse se maintenir en mouvement sous peine de couler, car son organisme est dépourvu de vessie natatoire !

La morue et le tacaud

Gadus morhua - (Trisopterus) Gadus luscus

Gadidés

La morue offre l'opportunité au pêcheur opérant en mer du Nord et dans la Manche de continuer à assouvir sa passion durant toute la période hivernale. Quant au tacaud, il est si abondant que sa présence est jugée indésirable en certains secteurs.

BIOLOGIE-ÉCOLOGIE DE LA MORUE

Le corps fusiforme de la morue s'arrondit progressivement avec le temps et, sa boulimie aidant, elle montre souvent un ventre très gonflé. Comme tous les Gadidés, elle porte trois nageoires dorsales et deux anales. On note la présence d'un barbillon à la mâchoire inférieure. Les coloris de la robe varient selon l'environnement. Sa livrée peut présenter une dominante rougeâtre, brunâtre, grisâtre ou verte, avec des reflets dorés sur les flancs et de nombreuses mouchetures sombres. Les plus grosses morues capturées sur nos côtes pèsent entre 10 et 12 kg pour une longueur d'environ 1 m. Elles peuvent atteindre le poids record de 30 kg dans les eaux arctiques. Une eau froide, dont la température varie selon les saisons de 2 à 10 °C, convient à la morue. On la rencontre dans l'Atlantique (Groenland, Irlande, mer de Norvège). La limite extrême méridionale semble être le golfe de Gascogne ou la Bretagne. Elle vit généralement au fond ou entre deux eaux (30 à 200 m, jusqu'à 500-600 m), dans les parages des épaves et des bancs rocailleux. La morue, véritable goinfre, consomme avec un bel appétit des vers, poissons, crabes, Céphalopodes, crevettes. Elle se reproduit au printemps, quand la température de l'eau atteint 6 °C. Chaque femelle, selon sa taille, pond 500 000 à 5 millions d'œufs ! Grégaire et erratique, la morue se déplace en bancs d'importance variable. Elle tend à se rapprocher des côtes l'hiver.

LES PÊCHES DE LA MORUE

Les poissonniers appellent aussi «cabillaud» ce magnifique poisson, qui peut atteindre le poids respectable de 20 kg dans nos eaux, et plus de 30 kg au large des côtes norvégiennes. On rencontre la morue en mer du Nord et dans la Manche, où elle semble se sédentariser dans quelques secteurs favorables, caractérisés par une moyenne annuelle de température des eaux inférieure à 10 °C et une hauteur d'eau suffisante (au moins 30 m).
La morue est présente sur nos côtes d'octobre à mars. Elle n'est donc accessible aux pêcheurs que durant la période hivernale, à la faveur de la marée montante et d'un vent fort de nord-est, qui pousse les poissons vers la côte. Depuis quelques saisons, elle devient toutefois plus rare.
Elle marque une véritable répulsion pour les fonds vaseux, préférant évoluer au-dessus de substrats sableux irréguliers, de cuvettes sablonneuses entourées de rochers couverts d'algues. En remontant les hauts-fonds sableux à la recherche de vers, ces poissons longent les ouvrages portuaires et les digues.

LA PÊCHE AU SURF-CASTING

Le matériel

La canne à *surf*, puissante, mesure 4 à 5 m. Susceptible de lancer 250 g, elle est équipée d'un solide moulinet à tambour fixe, garni de 250 m en 50/100e.
Le montage classique comporte une première potence de 30 cm, montée directement sur le corps de ligne ou reliée à un clipot, armée par un hameçon n° 2/0 à 3/0. A 50 cm sous le clipot se trouve une seconde empile beaucoup plus longue, qui correspond à un traînard de 1,50 m, fixé juste au-dessus du plomb-grappin de 150 à 250 g, selon la force du courant.

Les esches

La morue est friande de crabe mou… malheureusement introuvable l'hiver. Les petits malins penseront donc à en récolter une quantité suffisante, qu'ils congèleront, pour subvenir à leurs besoins durant toute la mauvaise saison. La grosse arénicole est également très prisée, ainsi que le blanc de seiche, le gueulin de maquereau ou la lanière d'encornet.

L'action de pêche

La morue hésitant à se rapprocher du bord, il est important de lancer le plus loin possible, à la faveur du flot. La touche de ce poisson est timide : il mâchouille longuement l'appât et le recrache à plusieurs reprises avant de se décider à l'engamer. Sa défense n'est pas très spectaculaire.

LA PÊCHE À SOUTENIR, EN BATEAU

Elle peut être passionnante lorsqu'on a la chance de tomber sur une épave ou une cuvette occupée en permanence par une grosse troupe de morues.

Le matériel

L'équipement est classique pour la pêche à soutenir : une canne-bateau de 30 lb, complétée par un moulinet à tambour tournant garni de 300 m en 50 à 60/100e. Les montages précédemment décrits peuvent convenir. La plombée est souvent placée en amont, sur un coulisseau.
Le «montage en balancier» est typique de cette pêche. Il comprend un fil d'acier de 100/100e soutenant à chacune de ses extrémités deux empiles de 20 cm en 50/100e et, en son centre, la plombée.

L'action de pêche

La ligne est immergée de manière que le plomb touche le fond. Quelques manœuvres d'aguichage et de dandine peuvent inciter une morue à mordre, bien que la véritable pêche à la dandine soit généralement effectuée à l'aide de leurres travaillés à proximité du fond : il s'agit le plus souvent d'un train de mouches blanches lesté par une grosse ondulante de 100 à 200 g, voire plus.

LES PÊCHES DU TACAUD

Le tacaud est si abondant qu'il est considéré en certains secteurs comme espèce indésirable, volant les appâts destinés à des poissons plus «nobles». Omniprésent sur toutes nos côtes, il marque cependant une préférence nette pour les fonds rocheux irréguliers couverts d'algues, les cuvettes sablonneuses entourées de barres rocheuses, les abords des épaves et des ouvrages portuaires. Il est présent à la côte toute l'année, les gros sujets s'approchant des rivages plutôt l'hiver.
La meilleure période pour pêcher le tacaud correspond à la saison estivale (mai à octobre). Il est surtout mordeur à la faveur des mouvements de marée (flot et jusant) et aux heures crépusculaires. Le tacaud est souvent capturé accidentellement à la ligne flottante, alors qu'on recherche d'autres espèces, mais la meilleure technique semble être la ligne posée sur des fonds importants.

La pêche à soutenir du bord

Le matériel

Une canne à *surf* légère de 4,50 à 5 m ou une canne à lancer pouvant propulser des lests de 50 à 100 g conviennent parfaitement, équipées d'un moulinet à tambour fixe garni de 200 m en 26 à 35/100e, selon l'encombrement des lieux et la taille des poissons envisagés. Le montage comprend 3 ou 4 potences de 20 cm, échelonnées tous les 50 cm au-dessus d'un plomb-grappin, et armées d'hameçon n° 8 à 1/0. Les empiles peuvent être raccordées au corps de ligne par un clipot.

Les esches

Très vorace, le tacaud se contente de tous les appâts animaux : arénicole, néréide, lanière d'encornet, crevette, coquillage, gueulin de maquereau, crabe mou.

L'action de pêche

L'amorçage, à base de sardines et de coquillages broyés, mêlés à du sable pour alourdir la préparation, maintiendra les tacauds sur place. La touche est annoncée par de légers frémissements du scion, auxquels on répond par un ferrage ferme, après quelques secondes d'attente.
On peut également pêcher le tacaud à soutenir à partir d'une embarcation mouillée au-dessus de fonds rocheux et irréguliers. Là encore, l'amorçage (sac de «strouille») est de première importance.

BIOLOGIE-ÉCOLOGIE DU TACAUD

Le tacaud a le corps plus haut et plus comprimé que les autres Gadidés, adoptant plus ou moins une forme losangique. Les deux nageoires anales se touchent. Un barbillon est implanté sous la mandibule, cette dernière étant disposée légèrement en retrait de la nageoire supérieure, qui est proéminente. Une tache noire est visible au début de la nageoire pectorale. Le dos est brun rougeâtre, les flancs plus clairs renvoient des éclats cuivrés. Le ventre est clair. Le tacaud peut mesurer 45 cm pour un poids de 2 kg.

Ce poisson est commun sur toutes les zones côtières de l'Atlantique, du sud de la Norvège au Maroc. On peut le rencontrer également au large, autour des épaves ou sur des fonds rocheux anfractueux. Considéré comme un fléau tant il est prolifique, le tacaud, omnivore, se nourrit de vers, petits mollusques, crustacés, Céphalopodes. La reproduction du tacaud a lieu en mars-avril, près des côtes. Une même femelle pond 400 000 à 500 000 œufs pélagiques.

Le tacaud évolue en petits bancs, à proximité du fond. Il se montre particulièrement actif au crépuscule et la nuit.

La dorade royale

Sparus auratus

Sparidés

BIOLOGIE-ÉCOLOGIE DE LA DORADE ROYALE

La dorade royale suscite autant de passions et de convoitise que le bar auprès des pêcheurs.

La silhouette de ce magnifique poisson est trapue, avec un profil frontal convexe, assez abrupt, caractéristique de l'espèce. Les yeux sont proéminents. La tête, massive, est dotée de mâchoires puissantes. Chacune d'elles porte 4 à 6 fortes canines et 2 à 4 rangées de dents en meule (molaires), capables de broyer les coquilles de mollusques les plus résistantes. Les premiers rayons de la nageoire dorsale sont épineux. On reconnaît surtout l'espèce au bandeau doré qui marque le front entre les yeux et à la tache sombre, à reflets violets, située légèrement en arrière et en haut des opercules, à l'origine de la ligne latérale. Le dos est gris bleuté, les flancs jaune argenté, et le ventre clair, blanc argenté. La dorade royale peut mesurer 70 cm pour un poids de 6 à 7 kg.

Elle est présente en Méditerranée, en mer Noire et dans l'Atlantique, du Sénégal aux îles Britanniques. Appréciant les eaux tempérées, elle devient rare au nord du Finistère. Son habitat typique correspond à des fonds rocheux couverts d'algues, entrecoupés de couloirs sablonneux. Espèce euryhaline, elle s'aventure volontiers dans les eaux saumâtres et les étangs littoraux. On la rencontre généralement à faible profondeur, sur la frange littorale, sauf l'hiver, où elle gagne le large.

La dorade royale se nourrit au fond de mollusques et crustacés dont elle broie les coquilles et carapaces grâce à ses puissantes molaires. Elle apprécie beaucoup les moules, le bernard-l'hermite et les oursins. A l'occasion, elle peut brouter des algues ou capturer des poissons. Hermaphrodite, elle est d'abord mâle puis devient femelle à 3 ans. Elle se reproduit en avril-mai dans le golfe de Gascogne, en novembre dans la Méditerranée, par des fonds d'environ 50 m. La dorade royale chasse seule ou accompagnée de quelques congénères. Elle est très sensible au froid, et une chute brutale des températures peut entraîner une mortalité importante si elle ne parvient pas à gagner à temps les eaux tièdes situées au large.

LES PÊCHES DE LA DORADE ROYALE

Peu de poissons suscitent autant de passions que la dorade royale. Il est vrai que la délicatesse de sa chair associée à sa combativité peu commune en font une prise de choix... réservée aux spécialistes qui savent tromper une méfiance particulièrement développée. Ses séjours dans les rades, près des parcs à coquillages, et ses migrations entre la mer et les étangs littoraux mobilisent des bataillons de pêcheurs.

LA PÊCHE À PARTIR DES CÔTES SABLONNEUSES, AU SURF-CASTING

Le matériel

- *La canne* à surf classique peut convenir, longue de 4 m et pouvant propulser des lests de 100 à 150 g. Les modèles souples et nerveux sont recommandés pour ménager des esches fragiles et faciliter la lutte avec un poisson particulièrement combatif.
- *Le moulinet :* à tambour fixe, muni d'un frein irréprochable, il est garni de 200 m en $35/100^e$.

Les montages

On peut employer un montage classique en potence, qui bride l'appât et risque d'éveiller la méfiance du poisson lors de l'engamage. Les spécialistes de la dorade préfèrent placer le lest en dérivation sur un brin cassant de $28/100^e$ (long de 20 cm) relié à un coulisseau qui bute sur un plomb – ou une perle – destiné à protéger le nœud de raccord avec l'émerillon-baril. Le bas de ligne, en $30/100^e$, mesure environ 1 à 2 m. Il est terminé par un hameçon n° 2 à 1/0.

Les esches

Parmi les meilleures esches, nous pouvons citer bien entendu les coquillages tels que le couteau entier ou décortiqué, la moule dont les valves sont légèrement écartées au couteau, de manière à dissimuler l'hameçon (certains pêcheurs maintiennent ensuite les valves serrées à l'aide d'un élastique), mais aussi le crabe vert mou dont les pattes sont ôtées, la néréide (gravette), le ver américain, l'arénicole, le bibi, la crevette, le bernard-l'hermite.

LES PARTICULARITÉS DES PÊCHES DE LA DORADE ROYALE

■ Les meilleures périodes

En Méditerranée, les dorades commencent à se manifester près des côtes à partir du mois d'avril. Ce sont les plus petits sujets, ou «blanquettes», qui arrivent les premiers ; ils gagnent ensuite les étangs littoraux en empruntant des chenaux, ou «graus». Ils quitteront ces lieux hospitaliers riches en nourriture à l'automne (septembre-octobre). En Atlantique, la dorade royale se rapproche également des côtes dès l'arrivée des beaux jours. Ses apparitions sont aussi inattendues qu'éphémères, le poisson effectuant des déplacements erratiques, d'amplitude variable, lorsque le milieu ne lui offre pas une tranquillité ou un potentiel nourricier suffisants. Juin, juillet, août semblent correspondre aux meilleurs mois pour pêcher la dorade sur nos côtes, à la faveur de la marée montante et surtout au moment de l'étale de pleine mer.

■ Les postes

La dorade se nourrissant surtout de coquillages, il convient donc de la rechercher dans les zones riches en mollusques. Ses lieux de prédilection correspondent aux secteurs rocheux couverts de moules, (on la rencontre en abondance près des bouchots), aux plages de sable et de graviers situées dans des baies abritées couvertes de débris coquilliers, aux chenaux ou couloirs sablonneux situés entre des barres rocheuses. On la rencontre également aux abords des épaves, des ouvrages portuaires, près des embouchures des «graus» et des chenaux, sur le littoral méditerranéen.

Le griset ou canthère (Spondyliosoma cantharus), appelé aussi dorade grise, ne ressemble en rien à la dorade royale. De taille moyenne plus réduite (maximum 2 kg pour une longueur de 50 cm), on le reconnaît à sa robe gris argenté rayée longitudinalement de minces lignes brunâtres ou dorées.

L'action de pêche

L'esche, souvent fragile, est projetée avec délicatesse au large, puis la canne posée sur son support. L'attente est toujours longue mais peut être récompensée par un magnifique combat. Souvent, la touche de la dorade se traduit d'abord par de timides tirées qui précèdent toujours un départ d'une extrême violence. Le poisson mâchouille l'appât, le recrache à plusieurs reprises... et s'enfuit à toute allure dès la moindre sensation anormale. Le ferrage doit être ample et puissant, de manière à faire pénétrer la pointe de l'hameçon dans la gueule pavée du poisson. Il faut mener la lutte avec science, frein serré à la limite de rupture du nylon, en conservant toujours le contact avec la prise. Une dorade, à poids égal, se bat au moins autant qu'un bar, et l'issue d'un combat est toujours incertaine !

La pêche sur les côtes rocheuses ou en Méditerranée

Le matériel

Une priorité est accordée à sa légèreté et sa finesse. La canne peut être choisie dans les modèles «spécial buldo» à scion très souple, de façon à percevoir la moindre tirée indiquant une touche. Elle mesure 3,60 à 3,90 m. Le moulinet à tambour fixe est doté d'un excellent frein.

Les montages

On peut employer un montage léger classique utilisé en Méditerranée : une olive (ou un plomb hexagonal) de 30 à 100 g coulisse sur le bas de ligne en 28/100e. Elle bute contre le plomb de protection du nœud de raccordement de l'émerillon-agrafe, auquel est relié un bas de ligne de 1 m en 26 à 24/100e. Selon la taille des poissons recherchés («blanquette» ou grosse dorade), l'hameçon est choisi dans les numéros 6 à 1/0.
Afin de limiter les risques de refus, la plombée peut être montée en dérivation, en amont d'un très long bas de ligne de 1,50 à 2 m, relié à un brin cassant lui-même fixé à un émerillon qui coulisse sur le corps de ligne.

L'action de pêche

La ligne est lancée sur un secteur propice, puis posée sur un support. Certains pêcheurs préfèrent tenir la canne à la main, de manière à réagir en temps utile et à donner du fil à la moindre tirée. D'autres procèdent pick-up ouvert, le nylon sortant de la bobine coincée sous un galet. Un amorçage quotidien, à base de poissons gras (sardines, maquereaux) broyés et mêlés à des débris de coquillages, peut maintenir plusieurs jours les dorades sur un secteur précis.
Après le ferrage, la lutte doit être menée avec délicatesse, en raison de la finesse des nylons employés.

Le sar (et autres poissons de roche)

Diplodus cervinus, puntazzo, sargus, vulgaris, etc.

Sparidés

Omniprésent sur les côtes rocheuses du golfe de Gascogne ainsi que sur tout le littoral méditerranéen, le sar offre un réel intérêt pour le pêcheur : sa chair est délicieuse et sa capture difficile.

BIOLOGIE-ÉCOLOGIE DU SAR

Il existe plusieurs espèces de sar, rencontrées essentiellement en Méditerranée, et dans l'Atlantique jusqu'au golfe de Gascogne.

Tous les poissons sont dotés d'un corps elliptique, comprimé latéralement. La nageoire dorsale, longue, est soutenue dans sa partie antérieure par des rayons épineux. Les sars aiment se dissimuler en groupes dans les anfractuosités rocheuses, évoluer au pied des ouvrages portuaires, des falaises, ou au-dessus des prairies de posidonies. Ils se nourrissent de mollusques bivalves et d'oursins, dont ils brisent aisément la coquille à l'aide de leurs mâchoires puissantes. Hermaphrodites, les sars pondent des œufs flottants. Adultes, ils mesurent de 30 à 50 cm pour un poids variant de 50 g à 5 kg maximum.

LES PÊCHES DU SAR

Le sar n'est pas toujours apprécié à sa juste valeur par de nombreux pêcheurs qui le considèrent comme une vulgaire «brème de mer». Ce poisson à la chair délicieuse présente cependant un grand intérêt, en raison de sa méfiance instinctive – qui oblige le pêcheur à déployer quantité d'astuces pour tromper sa vigilance –, de sa combativité et de la possibilité de le pêcher en toutes saisons, y compris l'hiver, lorsque la plupart des poissons intéressants ont déserté les côtes. Le sar est omniprésent dans tous les endroits rocailleux riches en coquillages et en crustacés, où il évolue en groupes de moyenne importance, sur les fonds sablonneux entourés de bancs rocheux, le long des digues et des ouvrages portuaires, aux abords des épaves.
Les gros sars, surtout actifs la nuit, se réfugient souvent en petites troupes dans des failles et cavernes, les fameux trous à sars bien connus des chasseurs sous-marins. Il est donc préférable de pêcher ces poissons la nuit ou aux heures crépusculaires. Ils font preuve d'un comportement très lunatique, où la frénésie alimentaire succède à des périodes d'apathie totale parfaitement incompréhensibles. Le sar semble plus mordeur lorsque la mer se lève et «tape» contre les rochers.

La pêche à la ligne flottante

On peut la pratiquer dans les anses rocheuses des côtes découpées ainsi que dans les ports, où cette pêche se montre particulièrement rentable la nuit, et aussi par grosse mer, au large.

Le matériel

Le sar, très méfiant, est doté d'une acuité visuelle exceptionnelle qui lui permet de déceler la moindre anomalie sur le rivage (dont la silhouette d'un pêcheur mal dissimulé !). Une longue canne à coup, équipée d'un moulinet de type lancer léger à mi-lourd, à tambour fixe, d'au moins 6 m, est donc nécessaire pour tromper sa vigilance, surtout lorsque la mer est calme.

Les montages

La ligne, classique, comporte un corps de ligne en 22/100e, sur lequel coulisse un flotteur niçois supportant une plombée étalée. L'utilisation d'un flotteur lumineux est indispensable la nuit. L'empile, en 18 à 20/100e, est armée d'un hameçon simple n° 2 à 8, selon la taille de l'esche.
La plombée doit être légère et située en amont du bas de ligne, afin que l'esche évolue de manière naturelle au gré des courants.

Les esches

Quelle que soit l'esche utilisée, elle sera fixée très solidement car le sar montre une rare habileté à dépouiller un hameçon en toute impunité ! Il apprécie particulièrement les vers de sable (ou escabènes).
En Corse, de nombreux spécialistes du sar utilisent 1 ou 2 petites crevettes grises vivantes, fixées à l'hameçon au niveau des derniers segments de la queue. Plus généralement, un couteau décortiqué, un fragment de gamba crue ou de chair de sardine peuvent convenir, ainsi que des macaronis, dont il semble apprécier la saveur, de la mie de pain ou un cube de fromage.

L'action de pêche

En tout premier lieu, il faut privilégier la discrétion dans les déplacements sur le rivage.
Un amorçage préalable, à base de sardines broyées mêlées à de la farine d'arachide, peut attirer et maintenir sur le coup les sars. On ajoutera des pâtes alimentaires cuites, lorsque ces dernières servent d'esche. La ligne, dont le flotteur est réglé de manière à faire évoluer l'esche entre deux eaux, est immergée au ras des rochers battus par les vagues.
La touche, typique du sar, est très rapide. On y répond par un ferrage immédiat. Les sars changeant fréquemment de secteur au gré de leur fantaisie, il convient de changer de poste sitôt que les touches s'estompent.

LA PÊCHE À LA LIGNE POSÉE

Elle est surtout pratiquée la nuit, dans les anses calmes et les ports, et permet de tromper la vigilance des gros sars. Certaines cannes à buscles, d'une longueur de 3 à 3,50 m, destinées à percevoir les touches extrêmement rapides du sar, ont été mises au point spécialement pour cette pêche. Le moulinet à tambour fixe est garni de 200 m en 24/100e.

Les montages

On utilisera avec succès un montage à plombée coulissante. Un plomb hexagonal de 30 à 50 g coulisse sur le corps de ligne en 24/100e et vient buter sur le plomb de protection du nœud de raccordement de l'émerillon-agrafe.
L'empile, en 20 à 22/100e, d'une longueur d'au moins 1 m, est armée d'un hameçon n° 4 à 7. Les esches sont identiques à celles préconisées précédemment, avec une préférence pour la gravette.

L'action de pêche

Elle se pratique surtout la nuit. La ligne est immergée au ras d'un tombant, d'une digue, ou lancée au niveau d'un couloir sablonneux entouré de barres rocheuses.
La touche se traduit par une série de tirées brèves et nerveuses, auxquelles il convient de répondre par un ferrage immédiat, le sar étant très vif à recracher l'appât.

LE DENTÉ *(Dentex dentex)*

Son corps puissant, élevé et comprimé latéralement, est doté d'une tête au profil céphalique convexe caractéristique. Sa gueule, largement fendue, porte des mâchoires robustes armées de canines effilées, formant une denture impressionnante qui a valu son nom au denté. Il peut mesurer jusqu'à 1 m pour un poids de 12 kg. On le rencontre en Méditerranée, et dans l'Atlantique jusqu'au golfe de Gascogne, le long des tombants, des parois rocheuses et anfractueuses. Il est devenu très rare dans nos eaux, sauf en Corse, où on peut espérer le capturer au vif au-dessus des tombants ou à proximité des «secs» (hauts-fonds), à l'aide de poissons-nageurs.

LA VIEILLE *(Labrus bergylta)*

Ce poisson, paré de mille couleurs, est surtout présent dans l'Atlantique et la Manche. Sédentaire et timide, il reste caché dans les anfractuosités rocheuses ou les forêts d'algues, entre 3 et 30 m de profondeur, et ne se déplace que pour rechercher sa nourriture, faite de coquillages et de crustacés. On peut pêcher classiquement la vieille, du bord, à la ligne flottante ou à soutenir, en proposant des appâts tels que bouquet, gravette (néréide), chair de coquillages (moule, couteau...), eschés sur des hameçons n° 2 à 1/0, eux-mêmes fixés à une empile de 30/100e. Si l'ensemble des Sparidés souffre d'une mauvaise réputation gastronomique, en revanche, la chair de la vieille est excellente.

LES PÊCHES DE L'OBLADE

(Oblada melanura, famille des Sparidés*)*

Ce joli poisson argenté, méfiant, est difficile à leurrer par eau calme. Il aperçoit avec une remarquable acuité la silhouette d'un pêcheur mal dissimulé sur le rivage, décèle toute anomalie dans un montage ou tout défaut de présentation. Il est donc préférable de rechercher l'oblade dans les eaux légèrement brassées, dont la surface est couverte d'écume.

BIOLOGIE-ÉCOLOGIE

Ce petit poisson, dont la taille n'excède guère 25 à 30 cm, est doté d'un corps allongé, ovale. On le reconnaît surtout à l'anneau noir qui entoure le pédoncule caudal, bordé de blanc. Les flancs, gris bleuté, sont striés longitudinalement de minces lignes sombres. L'oblade est présente en Méditerranée, en mer Noire, dans l'Atlantique jusqu'au sud du golfe de Gascogne. On la rencontre sur de petits fonds rocheux couverts d'algues, dont elle se nourrit, ainsi que de petits invertébrés.

LA PÊCHE À LA LIGNE FLOTTANTE

Le matériel est identique à celui préconisé pour le sar. La ligne, en 24/100e, est équipée d'un bouchon niçois.
L'empile, en 20 à 22/100e, longue de 40 cm, est armée d'un hameçon simple n° 6 à 7.

Les esches

L'oblade apprécie aussi bien une petite crevette, une lanière d'encornet, qu'une pâte au fromage ou mélangée avec du pain et de la chair de sardine broyée.

L'action de pêche

Il est préférable de pêcher ces poissons méfiants à l'aube ou au crépuscule. Le flotteur est réglé de manière à faire évoluer l'esche entre deux eaux, puis propulsé au milieu de l'écume, le long des roches qui surplombent des fosses profondes, où évoluent les oblades. L'amorçage, pas impératif, peut maintenir un banc d'oblades sur place. Il est réalisé à base de pain mêlé à des crustacés et des poissons broyés. En absence d'amorçage... et de touches, on peut pratiquer une pêche itinérante très amusante, sur les côtes rocheuses découpées.

LA PÊCHE AU LANCER

Elle s'adresse surtout aux plus grosses oblades et peut être pratiquée à l'aide d'une simple canne à lancer de 3 à 3,60 m, équipée d'un moulinet à tambour fixe, garni de 200 m en 20/100e. Une mouche blanche lestée par un buldo ou une petite ondulante argentée de 5 à 10 g complètent l'ensemble.

Le maigre

Argyrosomus regius

Sciaenidés

Voici le plus grand poisson que l'on puisse rêver de capturer à la ligne, à partir de nos côtes... Encore faut-il opérer d'une plage sablonneuse, ce farouche adversaire utilisant le moindre obstacle pour se réfugier ou rompre le nylon.

LES PÊCHES DU MAIGRE

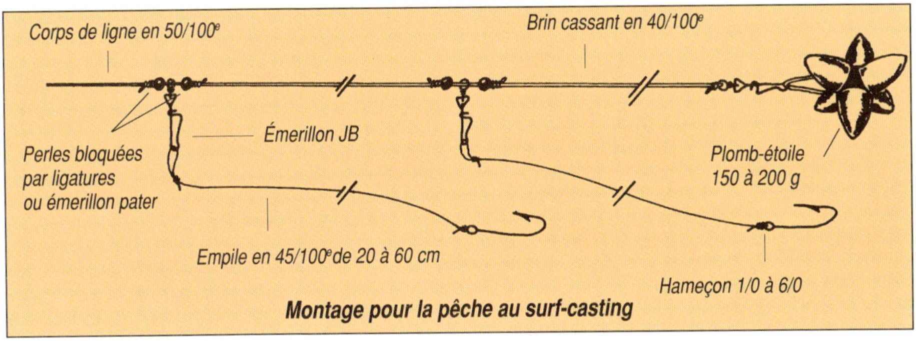

Montage pour la pêche au surf-casting

Après avoir quasiment disparu de nos côtes, le maigre se manifeste de nouveau depuis quelques années sur notre littoral, du sud de la Vendée au Pays Basque. Les vrais passionnés de la «courbine» vont la traquer dans les eaux où elle est réellement abondante, le long des côtes de Mauritanie (Nouadhibou) et du grand Sud marocain (Dakhla). Il est vrai qu'il s'agit d'un poisson prestigieux, en tout cas l'un des plus grands que l'on puisse espérer prendre à la ligne d'une côte. Sa combativité est extraordinaire et il lutte jusqu'à la mort, mettant le matériel à rude épreuve. On ne vaincra par ailleurs un «gros maigre» qu'à partir d'une côte sableuse dépourvue d'obstacles. Le moindre rocher offrira au poisson l'opportunité d'un refuge. Il se servira même des arêtes coupantes pour rompre le fil.
La meilleure période pour pêcher le maigre correspond à la saison estivale, notamment par temps de canicule. Le poisson est surtout mordeur au moment de l'étale de pleine mer, et d'autant plus que le flot se produit à l'aube, au crépuscule, ou durant la nuit.

La pêche au surf-casting

C'est la technique reine pour pêcher le maigre à partir des grandes plages sablonneuses. La ligne est propulsée sur les chenaux profonds perpendiculaires à la côte, nommés «baïnes» dans le Sud-Ouest, ou «fosses à maigres». Les poissons viennent y chasser à la faveur du flot.

Le matériel

Le maigre est une prise exceptionnelle qui mérite un matériel adapté à la brutalité de ses départs et à sa défense vigoureuse.
- *La canne :* on choisit bien entendu un modèle «spécial surf» d'environ 4 m, à action rigide, léger, maniable et nerveux, susceptible de lancer des lests d'au moins 250 g. La «Garbocéan Nouadhibou», de Garbolino, est excellente.
- *Le moulinet :* sa capacité doit correspondre à au moins 300 m de nylon en 50/100e, de manière à pouvoir reculer devant la marée montante en laissant la boëtte en place. En raison de la brutalité des départs, les modèles à ramassage au doigt sont préférables.

Les montages

On peut employer un montage classique à surf, qui comprend trois avançons longs de 20 cm, montés en dérivation sur des émerillons-pater. Pour confectionner les potences, les pêcheurs français utilisent toujours des nylons plus fins que ceux qui

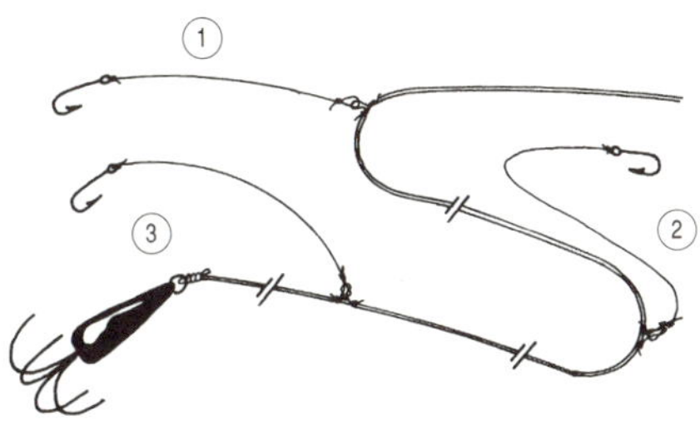

Montage classique à 3 potences de 20 à 60 cm. L'empile n° 3 peut mesurer de 1,50 à 2 m : il s'agit alors d'un traînard.

L'OMBRINE

(Umbrina cirrosa, famille des Sciaenidés*)*

L'ombrine a un corps assez allongé, qui voit sa hauteur maximale atteinte en arrière de la tête. La mâchoire inférieure, nettement plus courte que la supérieure, porte un barbillon mentonnier atrophié, nommé «verrue». On distingue 2 nageoires dorsales jointives. La première, courte, est soutenue par des rayons épineux. La seconde, beaucoup plus allongée, ne comporte que des rayons mous. La robe, gris bleuté sur le dos et les flancs, est ornée de nombreuses lignes obliques jaune doré bordées de sombre. La taille maximale atteinte est de 1 m pour 10 à 20 kg. L'ombrine est surtout présente en Corse et, à un degré moindre, dans le golfe de Gascogne. Elle apprécie les fonds littoraux sableux et vaseux, et fréquente tout spécialement la proximité des estuaires. On peut la rencontrer parfois dans les étangs littoraux. Elle se nourrit de petites proies telles que crabes, crevettes, vers et alevins, s'aventurant parfois en pleine eau à la poursuite des bancs d'anchois et de sardines. L'ombrine se reproduit au début de l'été en Méditerranée. On la pêche également au surf avec des montages plus légers que ceux décrits pour le maigre.

correspondent au corps de la ligne. En Mauritanie, il est conseillé de faire l'inverse. La taille des hameçons, en rapport avec celle des prises envisagées, varie du 1/0 au 6/0. Le plomb-grappin, de 150 à 250 g, est fixé en bout de ligne sur un brin cassant, de manière à éviter la perte de l'ensemble du montage lorsque le lest est ensablé.

Certains pêcheurs préfèrent monter le plomb en amont, fixé en dérivation sur le pater à l'aide d'un émerillon-agrafe. Le bas de ligne est un traînard de 2 m armé d'un hameçon n° 6/0.

La raie est toujours une prise possible pour le pêcheur au surf-casting opérant à partir des côtes sableuses. Sa défense, si elle ne dure jamais bien longtemps en pleine eau, n'en demeure pas moins éreintante pour le pêcheur, le poisson s'obstinant à «coller» au fond. Les prises les plus courantes, lorsqu'on opère du bord, sont les pastenagues, armées d'un dard venimeux, situé au niveau de la queue, qui peut infliger de douloureuses blessures.

Les esches

Le maigre apprécie tout particulièrement les Céphalopodes, tels que les «chipirons» (encornets) découpés en lanières ou entiers «dans leur encre», les «casserons» (petites seiches), les filets de blanc de seiche ou les tentacules de poulpe. On peut également lui proposer des poissons entiers ou en filets (petites soles, sardines fraîches, mulets en Mauritanie et au Maroc), une grappe de couteaux ou d'arénicoles, qui tenteront à l'occasion une ombrine ou un bar moucheté. Les appâts doivent toujours être de toute première fraîcheur.

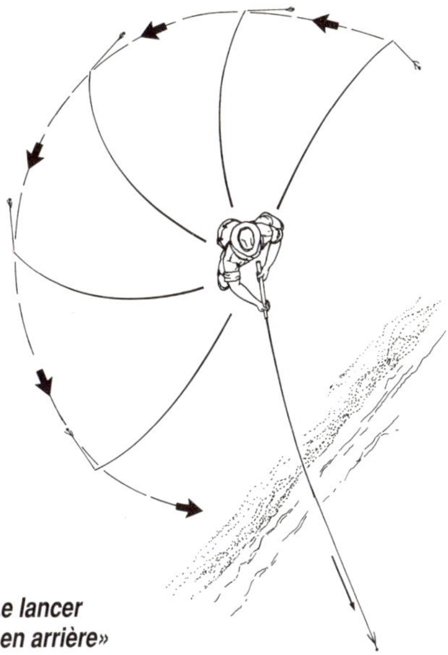

Le lancer «en arrière»

Il permet d'atteindre de longues distances. Le plomb est envoyé en arrière du pêcheur, qui se tient face à l'océan, puis, dans le même mouvement, propulsé vers l'avant en hauteur.

L'action de pêche

Elle commence au début du flot et se termine 2 heures après l'étale de pleine mer. Un vent de force 3, ouest-nord-ouest, est très favorable à cette pêche. Les plus gros poissons mordent la nuit, de minuit à l'aube. Après avoir lancé aussi loin que possible sur les «baïnes», les cannes sont posées sur leurs supports (pas trop éloignées les unes des autres la nuit et, dans ce cas, munies de grelots). Elles sont relevées afin de reculer au fur et à mesure de l'avancée du flot. La touche se traduit par 2 ou 3 «toc» très appuyés, suivis d'un départ brutal et irrésistible vers le large. Le frein doit être réglé très mou, de manière à éviter la casse à cet instant crucial et lors du ferrage. Le «jeu» consiste ensuite à persuader le poisson de nager parallèlement à la côte, en inclinant la canne dans le sens inverse de sa nage. Au départ, il est inutile de tenter de stopper sa puissante accélération. Peu à peu, le poisson se fatigue et «blanchit» dans l'écume. Il faut toujours prendre garde à l'ultime rush lorsqu'il se présente à la gaffe (instrument indispensable pour le hisser sur la plage). Le combat, toujours long et à l'issue souvent incertaine, nécessite parfois de marcher ou de courir sur la plage durant plusieurs centaines de mètres pour accompagner les départs violents du poisson.

BIOLOGIE-ÉCOLOGIE DU MAIGRE

Description

Le maigre est l'un des plus grands poissons que l'on puisse espérer prendre à partir de la côte. Il est curieux que cette espèce, dont la taille peut atteindre 2 m pour un poids record de 80 à 90 kg, soit affublée d'un tel sobriquet ! Le maigre ressemble un peu à un bar, avec son corps fusiforme et puissant. L'intérieur de la gueule, armé de dents légèrement recourbées, est joliment coloré de jaune doré.

On note la présence de 2 nageoires dorsales jointives dont la première, beaucoup plus courte que la seconde, est soutenue par des rayons épineux. Le dos est gris bleuté, les flancs, argentés, s'éclaircissent progressivement vers la face ventrale.

Les jeunes maigres sont souvent dotés de rayons sombres dessinés au-dessus de la ligne latérale. Les nageoires sont brun roussâtre. On distingue une tache foncée peu apparente sur l'opercule.

Répartition

Le maigre, devenu très rare en Méditerranée, est présent dans l'Atlantique, du golfe de Guinée jusqu'à la Norvège.

En France, on le rencontre surtout le long des côtes landaises, jusqu'aux îles de Ré et d'Oléron où il arrive à partir du mois de mai.

Habitat

Les jeunes remontent volontiers dans les estuaires. Les gros sujets demeurent le long du littoral jusqu'au mois d'octobre. Ils s'approchent du rivage à la faveur de la marée montante, en empruntant des couloirs sablonneux, connus des spécialistes locaux sous le nom de «baïnes», qui sont perpendiculaires à la côte.

Régime alimentaire

Ce grand prédateur apprécie tout particulièrement les Céphalopodes (encornets) et les poissons plats, qu'il chasse sur les fonds sablonneux. Au large des côtes mauritanienne ou marocaine, où les mulets sont très abondants, il sait profiter de cette manne providentielle qu'il chasse en pleine eau ou même en surface.

Reproduction

Elle se déroule à la fin du printemps. Le maigre se reproduit, semble-t-il, dans le golfe de Gascogne, car des jeunes de 20 cm environ ont été capturés au mois de mai dans l'estuaire de la Gironde.

Comportement

Grégaire, le maigre se déplace en petites troupes. L'un des traits les plus curieux de son comportement est sa faculté à émettre des sons audibles jusqu'à plus de 30 m (si l'on prend soin de coller son oreille sur la coque d'un bateau), par contraction de sa vessie natatoire.

Autres plaisirs, autres horizons, le big-game fishing *s'adresse aux plus grands poissons. Marlins à l'île Maurice, sailfish à Dakar, requins en Guinée Bissau, tarpons au Costa Rica, autant de destinations de rêve, de poissons-trophées inaccessibles pour beaucoup. Cependant, il faut savoir que les eaux françaises, notamment la Méditerranée et le golfe de Gascogne, dans l'Atlantique, réservent encore de magnifiques surprises. Germons, thons rouges ou requins nous attendent… à nos portes !*

Les étapes du lancer sud-africain

Le plomb est posé derrière soi, puis le pêcheur avance vers le bord, le scion pointé vers le lest.

Pêcheurs au surf-casting opérant à partir d'une plage sablonneuse, en l'occurrence celle du phare des Baleines (île de Ré).

Quand le fil est tendu, la main gauche ramène le talon de la canne vers la hanche tandis que, dans le même temps, la main droite pousse violemment le haut de la poignée, de manière à projeter l'ensemble du montage par-dessus la tête.

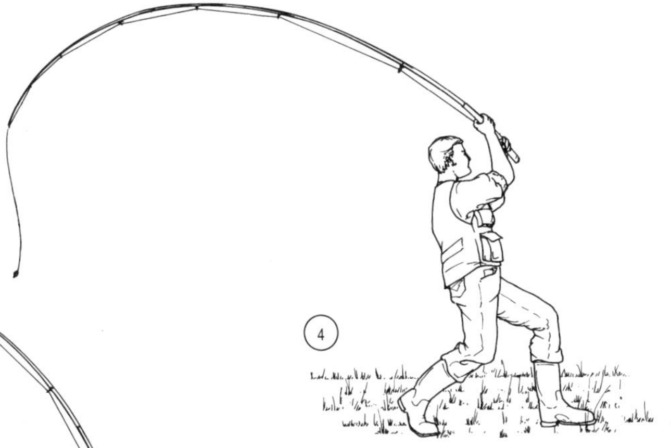

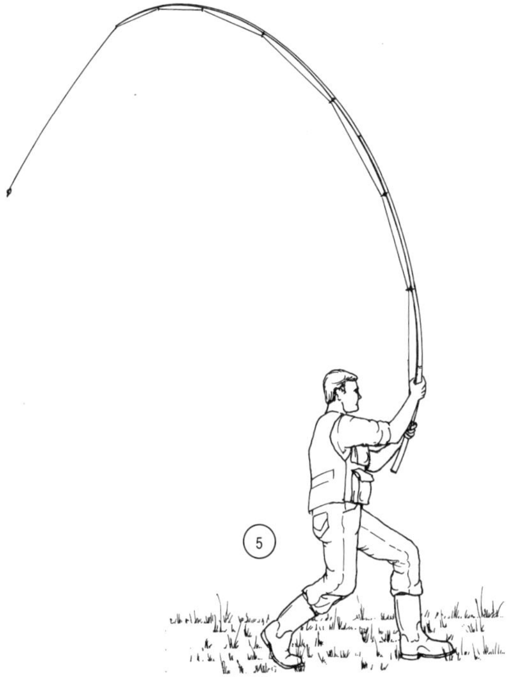

Cette méthode ne peut être envisagée que sur les sols dépourvus d'obstacles.

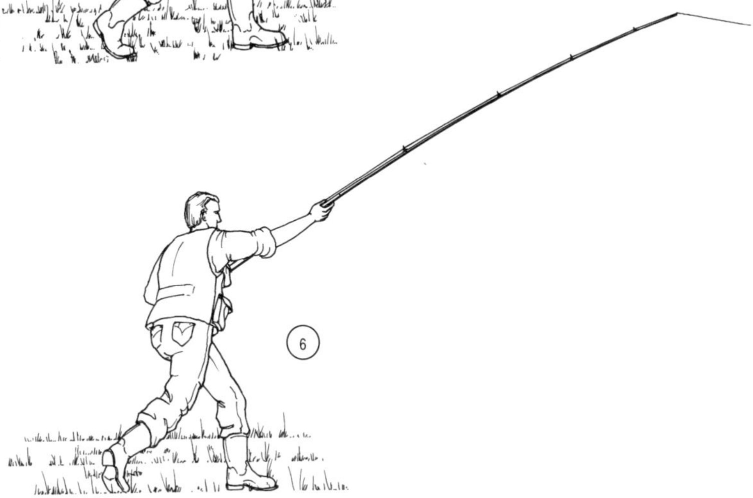

Index des noms d'espèces

Adresses des fédérations départementales de pêche

Ain
10, allée de Challes,
01000 Bourg-en-Bresse.
Aisne
4, rue Porte-d'Ardon,
02000 Laon.
Alpes (Hautes-)
2, rue Cadet-de-Charance,
05000 Gap.
Alpes-Maritimes
PAC - 5, rue Fodéré,
06048 Nice Cedex.
Ardèche
La Résidence du Boulevard,
12, boulevard de la République,
07100 Annonay.
Ardennes
52, avenue d'Arches,
08000 Charleville-Mézières.
Ariège
17, allée Villote
09000 Foix.
Aude
32, rue Mazagran, B.P. 163,
11000 Carcassonne.
Aveyron
52, rue de l'Embergue,
B.P. 305, 12000 Rodez.
Calvados
120, boulevard du Maréchal-Leclerc,
14000 Caen.
Charente-Maritime
M.H.R., 6, rue Eugène-Thomas,
17000 La Rochelle.
Cher
103, rue Mazières,
18000 Bourges.
Corrèze
1, avenue Winston-Churchill,
19000 Tulle.
Côte-d'Or
25, rue Courtépée,
21000 Dijon.
Creuse
60 bis, avenue Louis-Laroche,
23000 Guéret.
Doubs
14, rue Sarrons,
25300 Pontarlier.
Eure
1, avenue de l'Europe,
27500 Pont-Audemer.
Finistère
1, rue du Poher,
29000 Quimper.
Gard
8, rue Sully,
30000 Nîmes.
Garonne (Haute-)
50, boulevard des Récollets,
31000 Toulouse.
Gers
75, boulevard Sadi-Carnot,
32000 Auch.
Gironde
Rue Pierre-Semard,
33310 Bègles.
Indre
19, rue des États-Unis,
36000 Châteauroux.
Isère
1, rue Cujas,
38000 Grenoble.
Jura
5, rue Arney,
39100 Dole.
Landes
Place Aristide-Briand,
40400 Tartas.
Loir-et-Cher
11, rue Eugène-Varlin,
44000 Nantes.
Lot
Quai Eugène-Cavaignac,
46000 Cahors.
Lot-et-Garonne
4 bis, rue Floirac,
47000 Agen.
Lozère
12, avenue Paulin-Daubé,
48001 Mende.
Marne (Haute-)
24, boulevard Tour-Mongeaud,
52000 Chaumont.
Mayenne
12, avenue Robert-Buron,
53000 Laval.

Meurthe-et-Moselle
29, rue François-Richard,
54300 Lunéville.
Meuse
1, rue Gambetta,
55100 Verdun.
Morbihan
1, rue du Lt-Colonel-Moury,
56000 Vannes.
Moselle
16, rue des Marronniers,
57580 Rémilly.
Nièvre
7, quai Mautan,
58000 Nevers.
Oise
10, rue Pasteur,
60200 Compiègne.
Orne
59, rue Jullion,
61000 Alençon.
Puy-de-Dôme
65, rue de l'Oradou,
63000 Clermont-Ferrand.
Pyrénées-Atlantiques
29, rue Aristide-Briand,
64000 Pau.
Pyrénées-Orientales
9, rue des Algues,
66000 Perpignan.
Rhin (Bas-)
1, rue Nomeny,
67100 Strasbourg.
Rhin (Haut-)
29, avenue Colmar,
68200 Mulhouse.
Rhône
88, rue Chevreuil,
69007 Lyon.
Saône-et-Loire
61, rue Héritan,
71000 Mâcon.
Sarthe
40, rue Bary,
72000 Le Mans.
Savoie (Haute-)
1, rue de l'Industrie,
74000 Annecy.
Interdépartementale : Paris, Hauts-de-Seine, Seine-Saint-Denis, Val-de-Marne
83, rue Léon-Frot,
75011 Paris.
Seine-et-Marne
13, rue des Fossés,
77000 Melun.
Sèvres (Deux-)
33, rue Galuchet,
79000 Niort.
Tarn
40, chemin des Meules,
81100 Castres.
Tarn-et-Garonne
56, avenue Gambetta,
82000 Montauban.
Var
Immeuble Foch,
rue des Déportés,
83100 Brignoles.
Vaucluse
5, boulevard Champfleury,
84000 Avignon.
Vendée
10 bis, rue Haxo,
85460 L'Aiguillon-sur-Mer.
Vienne
178, rue Georges Guynemer,
86000 Poitiers.
Vosges
3, rue Saulcy,
88000 Épinal.
Yonne
3, rue du 24-Août,
89000 Auxerre.
Territoire de Belfort
19, faubourg St-Martin,
90150 Foussemagne.
Essonne
7, place Vaillant-Couturier,
91100 Corbeil-Essonnes.
Val-d'Oise
19, rue des Coteaux,
95300 Pontoise.

Bibliographie

Ouvrages généraux

- *La pêche, techniques et secrets* - Hatier
- *La pêche* - Jérôme Nadaud - Larousse
- *Le livre de la pêche* - René Rougeron - Solar

Pêche en eau douce

- *Pêche et poissons d'eau douce* - Paul Boyer - Larousse
- *Bible du pêcheur de saumon* - Hugh Falkus - PEL. SA
- *La pêche et ses techniques* - Solar
- *Le manuel du pêcheur* - Henri Limouzin - Bordas
- *Bass Almanach* - N.B.
- *Vie et mœurs de la truite de mer* - Yvon Carbone - Charles Corbet Éditions
- *Étang de loisirs* - Pierre Affre - Bordas
- *Le silure, poisson-trophée* - J.-P. Poulalier - Henry Limouzin - Bordas
- *Traité pratique de la pêche en eau douce* - Michel Duborgel - CAP Éditions
- *Aménagement et exploitation des eaux closes* - La Maison Rustique
- *Lancer léger et poissons de sport* - Docteur P. Barbellion - Maloine SA
- *Pêches et poissons d'eau douce* - Nathan
- *Pêches sportives* - Didier Magnan - Larousse
- *L'agenda du pêcheur* - J.-C. Chantelat - M. Fesnières - Solar
- *Plaisirs et pratiques de la pêche* - P. Durantel - Arthaud
- *Pêche passion* - Jacques Chavanne - J.-C. Chantelat - Hachette
- *La pêche en eaux douces* - Gilbert Bordes - J.-C. Chantelat - Atlas
- *La pêche à la mouche* - Gilbert Bordes - Atlas
- *La pêche au coup* - Gilbert Bordes - Atlas
- *La pêche* - Nathan
- *Techniques de pêche* - Paul Boyer - Denoël
- *Plantes et animaux d'eau douce* - P. Enjelvin - P. Durantel - Bordas
- *L'ombre à la mouche* - Sourdot - Borlandelli - Bornemann
- *Les secrets du pêcheur à la mouche* - 2 tomes - Sourdot - Bornemann

Pêche en mer

- *Le manuel du pêcheur en mer* - Christian Dantras - Bordas
- *La pêche en mer et au bord de la mer* - Michel Duborgel - Le Livre de Poche
- *Pêche en mer* - Pascal Charoulet - Larousse

Quelques revues halieutiques

- *Le pêcheur de France*
- *La pêche et les poissons - Connaissance de la pêche*
- *Plaisirs de la pêche*
- *Le chasseur français*
- *Pêche-magazine*
- *La pêche en mer*

Crédit photographique

Affre/NATURE : 71, 123 ; **Ake Lindau/OKAPIA** : 133, 182 ; **Andreas Hartl/OKAPIA** : 198 ; **Berthoule/NATURE** : 12, 20, 22-23, 36, 42, 44 h, 48, 50 b, 53, 59, 60, 87, 102, 113, 114-115, 116, 129, 147, 166, 172, 173, 176, 184-185, 188, 213, 223, 224, 232, 236, 239, 247, 255, 258, 260-261, 262-263 ; **Chaumeton/NATURE** : 37, 72, 76, 79, 83, 91, 104, 140, 165, 168, 186 b, 190, 196, 204, 214, 218, 227, 228, 241, 242, 254, 266, 274, 304, 319, 322 b, 323 ; **Chaumeton-Hellio/NATURE** : 324 ; **Courtet** : 158 ; **Cramois/NATURE** : 309 ; **Durantel/NATURE** : 99, 154, 307, 312 ; **Fion/IFREMER** : 314 ; **Frei H./OKAPIA** : 138 ; **Gohier/NATURE** : 220, 270-271 ; **Jagush/ACALUSO** : 193 ; **Lanceau/NATURE** : 298, 303, 320, 322 h ; **Lutra** : 8-9, 10-11, 15, 16-17, 25, 31, 35, 38, 44-45, 49, 50 h, 52, 56, 58, 64, 69, 80-81, 88, 92, 94, 96, 106, 108, 110-111, 120, 128, 135, 136, 142, 151, 155, 162, 178, 186 h, 194, 202-203, 207, 208-209, 211, 237, 244-245, 248, 253, 257, 268, 272-273, 278, 281, 287, 288-289, 290, 293, 294, 296, 300, 308, 311, 326-327, 329, 330 ; **Piednoir/NATURE** : 317.